JN320057

経済学叢書 Introductory

地方財政論入門

佐藤主光

新世社

はしがき

「地方財政論」と聞いて読者はどのような印象を持つだろうか？ 地方（圏）の財政，地方自治体の財政，地方のための財政……。

実際のところ，地方財政論とは地方圏の自治体に限定された学問ではない。東京など都市部の財政も対象となる。また，地方自治体の財政に限られるわけでもない。地方財政論の研究は，地方交付税や国庫支出金制度など国と地方の間の財政関係を包括する。地方のための学問というのも正確ではない。一国の経済全体の視点に立って地方財政のあり方が論じられるからだ。

地方財政は読者にとって最も身近な財政といっても過言ではないだろう。普段使っている道路や，ごみの回収，学校教育や消防・警察，いずれも地方自治体が担う公共サービスである。2008年に一般財源化が決まった道路特定財源からも地方は収入を多く得てきた。「無駄な道路事業」を含めて，地方は道路整備を担い，また求めてきたのである。同じ年に始まり，「高齢者の切り捨て」といった批判が多い後期高齢者医療制度についても，保険料の徴収などその運営を担うのは市町村（の広域連合）だ。市町村は介護保険や国民健康保険の担い手でもある。地方財政は，現在不安と不信が高まっている社会保障と無縁ではない。

とはいえ，地方自治体がこうした役割を独自に担ってきたというわけではなかった。わが国は長らく中央集権国家であり，地方は国に従属する関係（下部組織）に過ぎなかったのである。しかし，1990年代以降，地方分権が現実味を増してきた。地方分権一括法の施行（2000年4月），三位一体の改革（2004年〜2006年）を通じて分権改革が進められている。更には道州制に向けた議論も活発になってきた。次世代が見る日本の姿は今日とは様変わりするかもしれない。地方分権改革はそれくらい大きな改革なのである。

本書は経済学の視点から地方財政の現状と課題，地方分権改革のあり方について考えていく。元々地方財政に関心を持っている読者は，経済学の「考え

方」を学ぶことになるだろう。経済学を学んだ読者にとっては，現実の政策課題に対する（しばしば抽象的で非現実的と思われがちな）経済学の「使い方」を知る機会となるはずだ。用いられる理論は消費者の効用最大化や消費者余剰（分析）など，経済学部であれば学部の1〜2年次のミクロ経済学で勉強するレベルである。難解な数式の展開はなるべく避け，直感的な理解を重視する。現行（2008年時点）の地方財政制度や地方分権改革の動向についても概観するが，単なる制度解説に留まらず，経済学を使った解釈と評価を試みている。

本書は，地方財政が直面する現代的な課題（財政悪化，高齢化など）や今後の地方財政のあり方に対して「答え」を出しているわけではない。読者に対する本書の貢献は，地方財政の現状についての情報と，それを理解・評価するためのツールとしての理論を提供することである。それらを使って，どのような解答を導くのかは読者自身の手に委ねられている。

時代は大きく変化している。2007年に，本書を書き始めてからも地方財政健全化法や地方分権改革推進委員会の第1〜2次勧告など新しい動きが出てきている。政治も経済構造改革路線から，格差是正重視へと様変わりしている。移り変わりが激しい時代だからこそ，読者には振り回されることのない，自身の確固たる視点を持って欲しい。経済学はその一助となり得るはずだ。

最後に本書の刊行にあたっては，新世社の御園生氏・佐藤氏に大変お世話になった。この場を借りて感謝申し上げたい。

2009年1月

佐藤主光

目 次

第1章 地方財政入門　1

1.1 地方分権改革 …………………………………………… 2
1.2 地方財政の抱える課題 ………………………………… 12
1.3 地方の果たす役割 ……………………………………… 25

■参考文献・情報（40）

●ボックス 1-1：地方財政用語集（24）

第2章 地方財政の機能　41

2.1 経済学で考える ………………………………………… 42
2.2 財政の役割 ……………………………………………… 49
2.3 機能配分論 ……………………………………………… 59
2.4 地方分権のタイプ ……………………………………… 67

■練習問題（74）　参考文献・情報（75）

●ボックス 2-1：余剰分析（76）　ボックス 2-2：地方の課税力（78）

第3章 地方財政の理論　81

3.1 分権化定理 ……………………………………………… 82
3.2 「規律づけ」としての競争 …………………………… 93
3.3 地域間外部効果 ………………………………………… 106
3.4 自治体規模の決定 ……………………………………… 114

■練習問題（126）　参考文献・情報（126）

●ボックス3-1：消費者余剰による説明（87）　ボックス3-2：誘因等価（113）　ボックス3-3：最適規模と人口移動（119）

第4章　地方分権の経済的・政治的帰結　129

- 4.1　地域経済の活性化 ……………………………… 130
- 4.2　分権化と政府のアカウンタビリティ ……………… 146
- 4.3　公共部門のガバナンス ………………………… 165

■練習問題（174）　参考文献・情報（174）

●ボックス 4-1：地方分権と実証研究（143）　ボックス 4-2：2つの政府観：「慈悲深い専制君主」か「リバイアサン」か（148）　ボックス 4-3：中位投票者モデル（159）

第5章　地方税と地方の財政責任　177

- 5.1　わが国の地方税 ………………………………… 178
- 5.2　望ましい地方税の条件 ………………………… 191
- 5.3　租税外部効果の理論 …………………………… 199
- 5.4　地方税にふさわしい税源は？ ………………… 212

■練習問題（222）　参考文献・情報（222）

第6章　政府間財政移転の理論　225

- 6.1　政府間財政移転のタイプと機能 ……………… 226
- 6.2　財政移転の経済効果 …………………………… 234
- 6.3　地域間財政力格差の是正 ……………………… 246
- 6.4　政府間補助金の政治経済学 …………………… 258

■練習問題（272）　参考文献・情報（272）

●ボックス 6-1：定率補助金と外部性の内部化（241）

第7章 わが国の政府間関係の実際と課題　275

- 7.1　政府間財政移転制度入門 …………………………………… 276
- 7.2　国庫補助負担金制度 ………………………………………… 286
- 7.3　地方交付税制度の実際 ……………………………………… 290
- 7.4　地 方 債 制 度 ………………………………………………… 303

　■練習問題（322）　参考文献・情報（322）

第8章 地方分権改革に向けて　325

- 8.1　本書で学んだこと …………………………………………… 326
- 8.2　効 率 化 の 視 点 ……………………………………………… 333
- 8.3　地方分権改革に向けて ……………………………………… 341

　■参考文献・情報（343）

索　　引 ……………………………………………………………… 345
著 者 略 歴 …………………………………………………………… 354

第1章

地方財政入門

本章の狙い

「地方が主役の国づくり」とばかりに地方分権がブームである。しかし，地方分権について正しく理解されているのだろうか？　本書の目的は経済学の視点から地方分権の帰結を理解することにある。本章では「地方財政入門」と題して，わが国の地方財政の現代的課題と地方分権改革の動向について学ぶ。1.1節では1990年代から始まり，2000年4月に地方分権一括法を成立させた第1次分権改革，2006年度までに国から地方への3兆円の税源移譲を実現した「三位一体の改革」，道州制を視野に入れた「ポスト三位一体の改革」を概観する。分権改革が本格化する一方，地方財政は悪化し続けている。2007年の北海道夕張市の財政破綻は記憶に新しい。社会の高齢化に伴い医療や介護を担う地方財政が今後とも楽観できないことは1.2節で強調する通りである。わが国の地方財政制度は従来，国が政策決定，財源確保を行い，地方が執行する「集権的分散システム」として特徴づけられてきた。規制や補助金を通じて地方が国に従属する関係にあった。1.3節ではこのような地方財政制度の基本的特徴について述べる。

1.1 地方分権改革

わが国では戦後長らく「**地方分権**」が求められてきた。「地方自治は民主主義の学校」であり，日本に戦後の民主主義を根付かせるためにも地方の自治権を強めていくことが欠かせないと考えられていたからだ。しかし，実際のところ，1960年代の高度成長やその後の国際化，「均衡ある国土の発展」，福祉の充実の流れの中，国は地方自治体に対して様々な関与や規制を強化してきた。憲法で地方自治が保障（第92条）されているにもかかわらず，わが国は典型的な中央集権国家であり，地方自治体は国の「下部組織」（国が本店ならば地方はその支店）に過ぎなかったのである。

1990年代まで，その象徴として取り上げられてきたのが「**機関委任事務**」である。具体的には国が決定した政策を地方自治体が委任を受けて実施するもので，地方自治体の首長は地元住民に対してではなく，国に対して責任を果たすものとされていた。

機関委任事務を称する事務（＝仕事）は数多く，都道府県が通常，こなす仕事の8割，市町村レベルでは5割を占めたと言われる。身近なところでは国民年金の保険料徴収事務，パスポートの発行，飲食店の営業許可，街づくりに関わる規制や許認可が機関委任事務にあたる。結果，極端な言い方をすれば，自治体は地元住民にではなく，中央に顔を向けて仕事をすることが多くなった。

▶ 第1次分権改革

地方分権推進法と地方分権推進委員会　結局，地方分権は久しく机上の空論に過ぎず，実現性が乏しいものだった。しかし，1990年代になってから分権化の動きが本格化した。その起点として，1993年の衆参両院における「地方分権の推進に関する決議」が挙げられる。同決議では「国と地方の役割を見直し，……地方公共団体の自主性，自律性の強化を図り，21世紀にふさわしい地方自治を確立すること」を急務とした。1995年には国会で「**地方分権推進法**」が可決され，この法律に基づいて「**地方分権推進委員**

会」が発足する運びとなった。

　1996年の中間報告では分権改革の方向と目的を①地方の自己決定・自己責任の拡充，②国と地方の関係について「上下・主従」から「対等・協力」への転換などとしている。これらに向けて，地方分権推進委員会は様々な事務・事業の国から地方への権限委譲を図った。その中で特に焦点が当てられたのが，上で紹介した機関委任事務である。地方分権推進委員会は数度の勧告を通じてこの機関事務の廃止をはじめ，地方の公共施設や道路の規格への規制の見直しなど，国の関与の縮小を求めていった。「**第1次分権改革**」と称される1990年代の地方分権改革では国の関与・規制（法律による規制のほか，裁量的なものまで幅広い）が個別に取り上げられ廃止・縮小（地方への権限委譲）の是非が論じられたのである。

　地方分権一括法　　こうした地方分権推進委員会の勧告をうけ，1999年に「**地方分権一括法**」が成立，翌年4月に施行された（**図表1-1**）。この法律の中で，機関委任事務は廃止され，地方の仕事（事務）は新たに**自治事務**と**法定受託事務**に仕分けされた。機関委任事務の一部は国が直接執行することになった。国民年金の保険料徴収事務はその一つである。しかし，（書類・情報の引継ぎなど）移行手続きの不備や保険料徴収事務の経験（能力？）不足から，保険料の未納率が3割以上に達するなど公的年金制度を大きく揺るがす事態となったことは周知の通り。

　自治事務は原則，地方自治体の裁量が認められた仕事を指す一方，法定受託事務は機関委任事務同様，国が地方自治体に執行を委任する形式をとる。

■図表1-1　地方分権一括法の主な内容

(1) 市町村民税への制限税率の撤廃
(2) 法定外普通税の許可制から協議制への移行
(3) 法定外目的税の創設（協議制）
(4) 地方債の許可制から協議制への移行（実施は2006年度より）
(5) 機関委任事務の廃止
(6) 国・地方係争処理委員会の設置

ただし、国の関与は裁量ではなく、予め決めたルールに従ったものとされる。国の関与には基本原則が定められ、①関与には法律的な根拠を必要とする「法定主義」（改正地方自治法245条の2）や②必要最小限の関与であること（同法245条の3第1項）が掲げられた。地方分権一括法で改訂された地方自治法では地方自治体は地域に関わる一般的な行政を担うものとされ、その中で法定受託事務は限定列挙されるに留まる。法定受託事務に指定されていない地方の仕事は全て自治事務ということになった。

加えて、地方自治体が国の関与に不服がある場合、それを訴えて裁定を求める場として「**国・地方係争処理委員会**」が設けられた。国の口出しに対して地方が泣き寝入りしなくて済むようにするシステムである。これには従来「国の下部組織」だった地方自治体を、新たに「国と対等なパートナー」と位置づける狙いがあった。

収入面での権限強化　地方分権一括法では、機関委任事務以外に収入面でも地方の権限強化が図られた。これまで地方は借金（地方債を発行）するにも国からの起債許可が必要だった。これは戦後間もない1947年に施行された地方自治法で、「当分の間」の措置として定められたものである。しかし、当分のはずが半世紀に渡って続けられてきた（地方財政に限らないが、税制上の特別措置など国の政策の中には本来、臨時的な措置だったものが半ば恒久化して現在まで続くものが少なくない）。

地方債に対する国の起債制限の詳細は第7章に譲るが、2006年度から地方自治体は国からの同意がなくとも、自分たちの議会からの承認が得られれば地方債を発行できるようになった。ただし、後で紹介する夕張市のように財政破綻した、あるいは財政状況が著しく悪化していると判断された自治体については、これまでと同様国の許可が必要となる。

また、「法定外税」と呼ばれる地方税法には定められていない税金の導入も以前より認められ易くなった。具体的には、①国の政策に矛盾せず、②税の負担上、著しい不公平を招かず、③地域の間での物流を妨げないことを条件に認められている。これを受けて、釣り人から税を徴収する「遊漁税」（山梨県河口湖町（当時））や産業廃棄物を扱う業者への課税である「産廃税」（三重県など）、ホテルの宿泊者から税をとる「ホテル税」（東京都）な

ど，いわゆる「地方新税」が流行した。

新税の狙いは既存の地方税法では税を課すことができなかった観光客や事業者にも，彼らが訪問したり事業をしたりしている地域の自治体が提供する公共サービス（例えば自然環境の保全，道路を含むインフラなど）に対して「応分の負担」を求めること，あるいは産業廃棄物を典型例とする地元地域への迷惑料を徴収することにある。自治体の財政を潤すほどの税収はなかったが，地方の課税権を象徴するものとなった。

未完の分権改革　地方分権一括法に至るまでの「第1次分権改革」はわが国の集権体制の象徴たる「機関委任事務」を廃止し，国の地方に対する関与のルール化・縮減を図るなど，地方の裁量と権限を高める上で一定の成果を挙げたと評価もできる。

しかし，自治事務となった地方の政策に対して（法定受託事務に比べれば緩いとはいえ）国の規制が無くなったわけではなかった。義務教育などは地方の自治事務に含まれるが，（地方自治法ではなく）個別の法律ベースでの国の規制は相変わらず続いてきた。「自治事務とは，様々な性格を有する事務の総称に過ぎない。地方公共団体がどのような裁量をもつか，またその処理に国がどの程度関与するかは，個別の事務ごとに法令の規定によって定めるもの」というのが中央官庁の認識であった。また，地方が国からの財政移転に依存する体質にも変化はなかった。多くの自治体は依然として補助金を受け取っており，見返りとして，道路や公共施設の建設といった補助金の対象事業は国によってコントロールされていた。

地方も地方で「最終的には国が何とかしてくれるだろう」という甘えや財政規律の弛緩がなかったともいえない。補助金に頼り続ける限り，地方の自己決定や自己責任の確立はあり得ないことが認識されるようになっていく。

▶第2次分権改革（「三位一体の改革」）

三位一体の改革の始まり　2001年に誕生した小泉政権の下で，地方分権改革の第2幕（**第2次地方分権改革**）が開いた。第1次地方分権改革の狙いが事務事業の権限委譲（機関委任事務の廃止など）であったのに対して，この分権改革の特徴は地方の財源に焦点を当てたところにある。

地方分権推進委員会はその「最終報告」（2001年）において，「住民の受益と負担の対応関係の明確化の観点」から地方税源の充実と，「ひも付き」の補助金の削減を通じた地方の財政的自立の促進を求めている。経済財政諮問会議も「均衡ある発展」から「地域間競争」への理念転換を促し，地方が「自らの選択と財源で効果的に施策を推進する方向に見直していくべき」で，そのため「国庫補助負担金の整理合理化や地方交付税のあり方の見直しとともに，税源移譲を含め国と地方の税源配分について抜本から見直しそのあり方を検討する」とした。

ここに①国から地方への**税源移譲**，②国庫補助負担金の削減による**国の関与・規制の縮小**，③**地方交付税の見直し**の3本柱からなる「**三位一体の改革**」が始まった（**図表1-2**）。「税源移譲」とは国税を減らし，相当額だけ地方税を増やすことをいう。

三位一体改革の狙い　具体的には2004年度から2006年度にかけて，国の所得税から地方の個人住民税（地方レベルの個人所得課税）へ3兆円あまりの税源移譲と，移譲額分（プラスアルファ）の国庫補助負担金の廃止・縮

■図表1-2　三位一体の改革

国庫補助負担金改革	4兆6,661億円	税源移譲向け削減	3兆1,176億円 ・国民健康保険国庫負担金＝6,862億円 ・義務教育費国庫負担金等＝8,467億円(注) ・児童手当国庫負担金＝1,578億円 など
		その他の補助金改革	1兆5,485億円（交付金化—スリム化）
税源移譲	所得税から個人住民税への約3兆円の税源移譲		
地方交付税改革	地方交付税及び（元利償還費を将来の交付税で措置する）臨時財政対策債を3年間で約5兆1,000億円削減		

（注）　金額は2004年度政府・与党合意（2005〜2006年度実施）に係る分。このほか，2004年度税源移譲に係る分として退職手当・児童手当2,309億円がある。
（出所）　総務省資料より作成

小が打ち出された。国庫補助負担金を削減することで，地方に対する中央省庁のコントロールが弱まる（「お金の切れ目は縁の切れ目」ともいう）一方，財源として地方税の比重を高めることで地方の財政責任が増すものと期待された。

国から地方への補助金としては，国庫補助負担金以外に地方交付税（以下，交付税と呼ぶ）がある。この交付税も改革の対象となった。国庫補助負担金とは異なり，「原則」その使途は地方の裁量に委ねられる「一般補助金」（補助金のタイプについては第7章で説明）に分類されるものの，交付税は1990年代を通じて膨張を続け，地方の甘え（モラル・ハザード）を助長しているとの批判が出ている。国庫補助負担金の縮減と合わせて，交付税の抑制は何かと国の財布を当てにする地方の依存体質（甘え）を是正する狙いがあった。

財源を巡る思惑　もっとも，三位一体の改革を進めた当事者たちの間で税源移譲や補助金改革のあり方，あるいは改革の優先順位について意見の一致をみていたわけではなかった。地方分権推進委員会は，税源移譲を通じて国と地方間の歳出比率（国：地方＝4：6），税収比率（国：地方＝6：4）のギャップの是正，つまり，地方の支出面での役割に見合った税収を求めていた。その一方で，地域間での財政格差の是正を担う地方交付税制度の役割は「依然として重要」と位置づけている。配分基準の簡素化・削減を含めた交付税の見直しは，国庫補助負担金の一般財源化を含めた国の関与の縮小と一体として進めるべきと慎重な姿勢を示している。

経済財政諮問会議は，構造改革として「地域間競争」を促進する観点から，交付税を聖域視せず，国から地方への財政移転の削減を重視していた。政府の税制調査会は国の財政の悪化を背景に，税源移譲に対しては否定的だった。代わって，既にある地方税源（住民税・事業税・固定資産税など）への課税強化，つまり税率を地方税法にある標準税率を超えて課す「超過課税」の実施や，法定外普通税の拡充など「課税自主権」の活用を求めた（地方の課税自主権については第5章参照）。

中央官庁 vs 地方自治体　地方分権改革には様々な利害当事者が複雑に絡み合う（**図表1-3**）。全国知事会など，地方自治体を代表する地方六団体は

■図表1-3　三位一体の改革のステイク・ホルダー

		税源移譲	補助金削減	交付税改革
中央官庁	財務省	反対		賛成
	総務省	賛成	賛成	反対
	補助金所管省庁		反対	
地方自治体	交付団体	賛成	賛成	反対
	不交付団体	賛成	賛成	

　三位一体の改革に際し，「国庫補助負担金等に関する改革案」（2004年8月24日）をまとめた。その中では税源移譲の見返りとして義務教育費のほか，ひも付きの性格の濃い公共事業に対する補助金の削減を求めていた，合わせて国の規制・関与の廃止も要求している。

　しかし，公共事業関係の補助金の廃止については，「建設国債が財源で，そもそも移譲するべき税源が存在しない」（財務省）という中央官庁の反対にあった。義務教育費国庫負担金を減らすことについても，文部科学省は「義務教育の根幹の顕示は国の責務」であり，この補助金がなければ教育水準に地域間格差が生じかねないとして抵抗した。教員の給料や教員数への規制緩和は既に実施済みでこれ以上国の関与を縮小させる必要はないという姿勢だった。

　社会保障関係では，地方六団体が福祉施設などに関わる補助金の廃止を求める一方，厚生労働省は，自治体が医療・介護・福祉で主体的な役割を果たすべきとして，生活保護を含む社会保障・福祉サービス分野での国庫負担率引き下げを逆提案している。これに対して地方は「負担の押し付け」であると反発した。

　もっとも，地方自治体側も一枚岩だったわけではない。東京都など都市圏の富裕な自治体は税源移譲を優先する姿勢をとる一方，補助金に多く依存する財政力の乏しい地方圏の自治体は交付税の確保を絶対条件としていた。

　このように中央官庁，地方自治体を巻き込んだ三位一体の改革だったが，利害当事者同士の対立やいがみ合いを経て，「3兆円の税源移譲」という**数**

値目標を優先するよう展開していくことになった。

　結果，2006年度までに4兆7,000億円あまりの国庫補助負担金がスリム化（廃止）を含めて改革され，うち義務教育費国庫補助負担金，国民健康保険国庫負担金など3兆1,176億円が税源移譲向けに廃止・縮小された。合わせて所得税（国税）から個人住民税（地方税）への3兆円規模の税源移譲が実現した。

　また，地方交付税については地方への**配分基準（フォーミュラ）**の見直しと合わせて，2004年度～2006年度の3年間で5兆円規模の削減が行われた。

　改革の成果　　三位一体の改革の目的は，「地方が自らの支出を自らの権限，責任，財源で賄う割合を増やすとともに，国と地方を通じた簡素で効率的な行財政システムの構築」（基本方針2004）をすることにあった。そのために「地方の裁量を高め自主性を大幅に拡大する」べく，国庫補助負担金の改革が図られ，交付税についても「地方団体の改革意欲を削がないよう……地方の歳出を見直し，抑制する」方針が打ち出されていた。

　では，改革は期待通りの成果を挙げることができたのだろうか？　税源移譲について，総務省や地方自治体は国の関与を残したままの「単なる補助率の引き下げは，（地方の）自由度の拡大につながらず改革対象とすべきではない」としていた。しかし，補助金が8,500億円あまり削減された義務教育の場合，教員の配置や定数を定めた関係法令によって国の関与は続いている（よって，お金が切れても縁は切れなかった）。これらを抜本的に見直すことなく，義務教育費負担金を2分の1から3分の1へと「単なる補助率の引き下げ」に終わっている。全国で一律な教育サービスの提供体勢が維持されるものの，地方の裁量が増すわけではなかった。

　国の関与が密接に結びついた公共事業関係の補助金は所管する省庁に加え，上記のように「建設国債が財源」との財務省の反対があり，本格的には縮減されなかった。

　交付税による調整　　税源移譲と補助金カットに対しては，地域間で財政力の格差を拡大し，自治体によっては公共サービスのナショナル・ミニマムが確保できなくなるという懸念が出されていた。そこで「財政力の弱い団体においては，税源移譲が国庫補助負担金の廃止・縮減に伴い財源措置すべき

額に満たない場合……交付税の算定等を通じて適切に対応する」(骨太の方針2004)ことになった。具体的には税源移譲の後，地域間で財政力（地方税収）の格差が広がるのを避けるべく，「税源移譲等に伴う増収分は，当面（交付税の）基準財政収入額に100％算入（通常75％）し，交付税の財源保障・調整機能を適切に発揮すること」とした。地方交付税を受け取っている自治体（＝交付団体）については，1億円分，税源移譲がなされても，交付税が同額減少するということだ（**図表1-4**）。

その一方で，「税源移譲に結びつく国庫補助負担金改革分について，……特別の地方債が充てられるものを除き，その全額を基準財政需要額に算入すること」(平成18年度普通交付税大綱)とされた。国庫補助負担金の削減分を交付税でもって補塡する措置である。

交付税は税源移譲や補助金削減の効果を相殺する役割を果たしていたわけだ（交付税制度の詳細については第7章参照）。地方も税源移譲額が「国庫補助負担金廃止に伴い財源措置すべき額に満たない地方公共団体については，地方交付税……を通じて確実に財源措置を行なう」ことを求めており，国からの財政移転に頼る構造に大きな変化はなかった。

もっとも，交付税について三位一体の改革は地方自治体の間で不満を残す結果となった。交付税総額の抑制（5兆1,000億円）により従来，交付税に依存してきた自治体の多くが財政的に苦しい状況に陥ったからだ。自治体に

■図表1-4 「バッファー」としての交付税

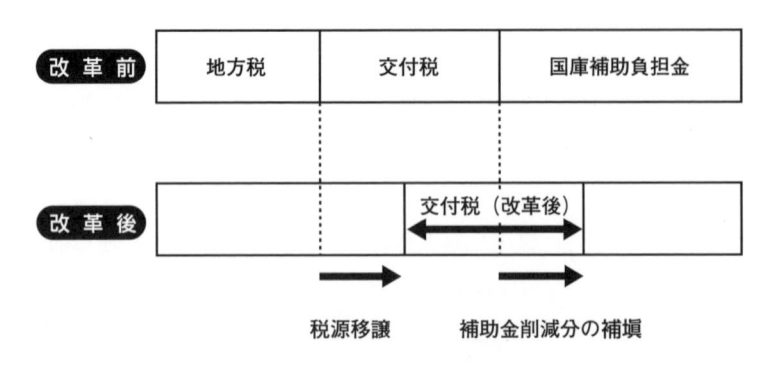

| 改革前 | 地方税 | 交付税 | 国庫補助負担金 |

改革後：税源移譲／交付税（改革後）／補助金削減分の補塡

言わせれば，地方財政を犠牲に「国の赤字を地方へつけ回した」措置にほかならない。その後，地方自治体からは「地方交付税総額の復元・充実」措置の要求が続くことになる。

▶ ポスト三位一体の改革

新分権一括法　地方分権改革はこれで完結したわけではない。現在，ポスト三位一体の改革が推し進められている。政府の経済財政諮問会議は「基本方針2007」において「地方分権改革推進委員会」を発足させ，国と地方の役割分担などについて改めて検討することを打ち出した。地方分権改革推進委員会は「**自治行政権**」，「**自治財政権**」，「**自治立法権**」を備えた地方政府を確立すべく 3 年以内での**新分権一括法**を目指して作業を進めている。

これに先立ち，全国知事会は①更なる税源移譲を実施し，現在 6 対 4 となっている国と地方の税収比率（第 3 節で詳しく述べる）を 5 対 5 にすること，②地方交付税を「地方共有税」に衣替えして，これが地方の「固有の財源」であることを明確にすること，③「国と地方の協議の場」の法定化して地方の意見を国の政策に反映し易くすることなどを求めている。このうち，地方共有税への衣替えは三位一体の改革のときのように国の都合で一方的に移転額が削減されることがないようにする対抗策といえる。

加えて，「**道州制**」も本格的に議論され始めた。いわゆる「平成の大合併」は 3,300 あまりの市町村を 1,800 まで再編成し，これらを分権化の受け皿たる基礎自治体と位置づけたのに対して，道州制は現在 47 の都道府県を広域化，9〜13 程度の行政区に再編成した上で，国からの大幅な権限委譲を行うこと，合わせて都道府県の権限の一部を市町村に移すことなどを狙いとする。また，雇用や社会インフラなどに関わる国の出先機関を新たな道州政府に移管することなどが焦点となっている（道州制については第 4 章を参照）。

地方分権改革推進委員会は「中間的な取りまとめ」（2007 年 11 月 19 日）において，「地方が主役の国づくり」として，「各地域がその特性をいかし，独自の発展を遂げることができるよう，地方自治体の自由度を拡大する仕組みを構築」すべく，地域住民に身近な行政サービスに対する地方自治体の主体性を尊重して，教育，福祉などへの国の義務づけ・枠づけを見直すほか，

「国の地方支分部局の事務を地方が担うことは可能」とした。税財政については地方の主張を受け，国と地方の税財源の配分5対5を「念頭におくことが現実的な選択肢」としている。こうして地方分権は第2ステージの幕があいたものの今後も紆余曲折が予想される。

1.2 地方財政の抱える課題

「ニッポンの未来は」といえば，財政に関しては残念ながら当面，明るい兆しはない。本節ではわが国の地方財政の足元を脅かしている課題について概観していく。

▶ 高齢化の進展

急増する社会保障費　日本では**高齢化**が進んでいる。65歳以上が人口全体に占める割合は2007年で21.5%，2050年度には約4割に達する見通しである。高齢化に伴って増加するのが年金，医療，介護といった社会保障給付費だ。厚生労働省の見通し（2006年度版）によれば，年金，医療，介護を含む社会保障給付費は2006年度89兆8,000億円だったのが，2025年度には141兆円まで膨らむことになる。

このうち，医療は2006年度27兆5,000億円が2025年度48兆円，介護は2006年度6兆6,000億円だったのが2025年度17兆円となる見込みである。しかも，2006年度の医療制度改革で掲げたメタボリック・シンドローム対策を含む「生活習慣病対策」がうまくいくことなどいくつかの前提条件があるため，これらが思ったほどの成果を挙げない場合，社会保障給付費はもっと増えるかもしれない。

無論，日本の経済が今後十分に成長してくれるならば，税収や社会保険料の自然増収が見込めるので，国民の負担を高めることなく，社会保障給付額の増分を賄うことができるだろう。しかし，悪いことに日本の経済成長の見通しもさほど明るくはない。2010年度前半についていえば多くのシンクタンク・政府機関は日本のGDPの実質成長率を1%半ばと予測している。日

本の社会保障自体が経済の「身の丈」に合わなくなっていく懸念がある。

高齢化と地方財政 高齢化の進展は地方財政にも深刻な影響を及ぼす。地方が医療や介護の分野で大きな役割を果たしているからだ（**図表1-5**）。

介護保険を提供しているのは市町村であり，一号被保険者と呼ばれる65歳以上の住民から保険料を徴収，国が全国一律に集める二号被保険者（40歳以上）からの保険料や国・地方自治体からの税金を合わせた財源で要支援・要介護に認定されたお年寄りの介護サービス費用を賄っている。

また，自営業者や農家，無職の世帯が多く加入する国民健康保険を運営し

■図表1-5　高齢化と地方財政（一般会計ベース）

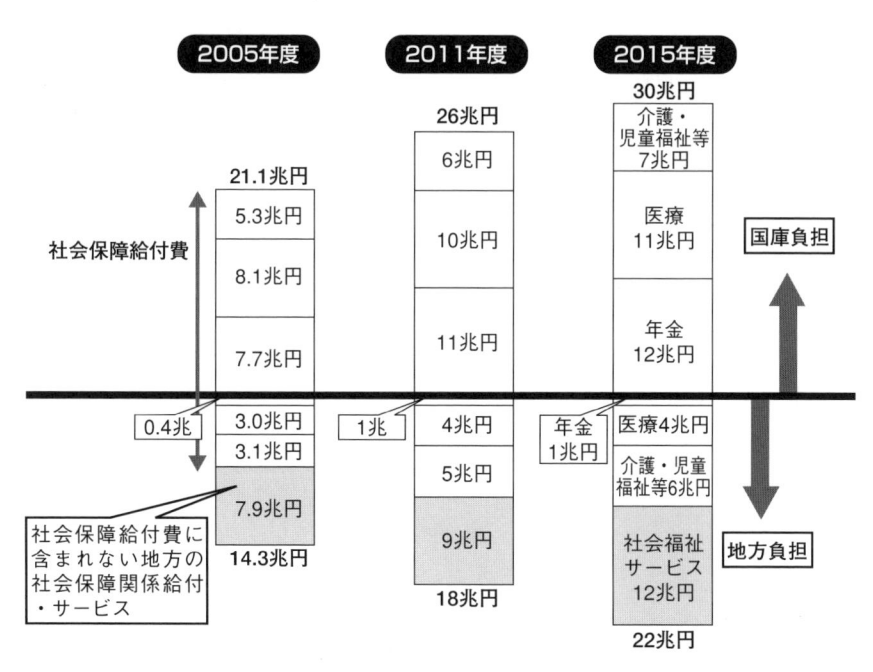

	2005年度	2011年度	2015年度	
社会保障給付費	21.1兆円 5.3兆円 8.1兆円 7.7兆円	26兆円 6兆円 10兆円 11兆円	30兆円 介護・児童福祉等 7兆円 医療 11兆円 年金 12兆円	国庫負担
社会保障給付費に含まれない地方の社会保障関係給付・サービス	0.4兆 3.0兆円 3.1兆円 7.9兆円 14.3兆円	1兆 4兆円 5兆円 9兆円 18兆円	年金 1兆円 医療 4兆円 介護・児童福祉等 6兆円 社会福祉サービス 12兆円 22兆円	地方負担

（注1）　2005年度の社会保障給付費は予算ベース。同年度の地方の「社会福祉サービス」は，地方公共団体に対する調査（決算ベース）に基づいて推計。
（注2）　2007年9月時点の推計。その後の社会保障給付費の対象範囲変更等により，数値に異動が生じている。
（注3）　支出額は国の一般会計，地方の普通会計ベース（社会保険料からの支出は含まない）。
（出所）　社会保障国民会議資料中間報告参考資料（2008年6月19日）

ているのも市町村である。この国民健康保険には退職した高齢者も多く加入しているほか，非正規社員・フリーターの若年層の加入も増えてきている。このような世帯は所得が低く保険料の徴収はままならない。しかも，高齢者ほど病気にかかりやすいため，病院や医師への診療報酬として支払われる医療保険給付費が高くつく。実際，多くの市町村で国民健康保険の収支は赤字が続いている。

　加えて自治体が運営する**公立病院**は，そのほとんどが慢性的な赤字を抱えている。地方圏の自治体では医師不足から十分な医療提供体制を確保できず，それが患者離れを招いて赤字を膨らませる悪循環だ。国や都道府県からの財政支援があるとはいえ，このような社会保障費は自治体の財政にとって重石になってきた。更に，2006年の医療制度改革で導入が決まり，2008年4月から始まった「後期高齢者（長寿）医療制度」は都道府県を単位とした市町村の広域連合が担う仕組みである。市町村は被保険者である75歳以上の高齢者からの保険料の徴収事務などを行わなくてはならない（しかも，この後期高齢者医療制度は非常に評判が悪いときている）。

▶ 地方財政の悪化

基礎的財政収支の黒字化　わが国の国・地方の財政は1990年代を通じて悪化の一途を辿ってきた。国・地方を合わせて長期債務残高は2007年度には770兆円を超え，GDPの約1.5倍に達している。このうち地方の借金は200兆円あまりに上る。地方債務残高の推移は**図表1-6**で示す通り。

　このため，財政の再建が急務になっている。政府は基本方針2006において，2011年度までに国・地方の**基礎的財政収支**を黒字化すべく国，地方の歳出の抑制を図るとした。ここでいう基礎的財政収支とは税収（及び地方自治体であれば国からの財政移転）など，借金以外の収入と借金返済以外の支出（公共サービスに充当する経費）の差で定義される。これが赤字であるということは今年度の経費を今年度の税収で賄えず，借金が積み重ねられている状態をいう。

　2006年時点で国の基礎的財政収支は8兆6,000億円の赤字，地方は4兆4,000億円の黒字で合わせて4兆2,000億円の赤字となっている。2011年ま

■図表 1-6　地方債務の累積残高

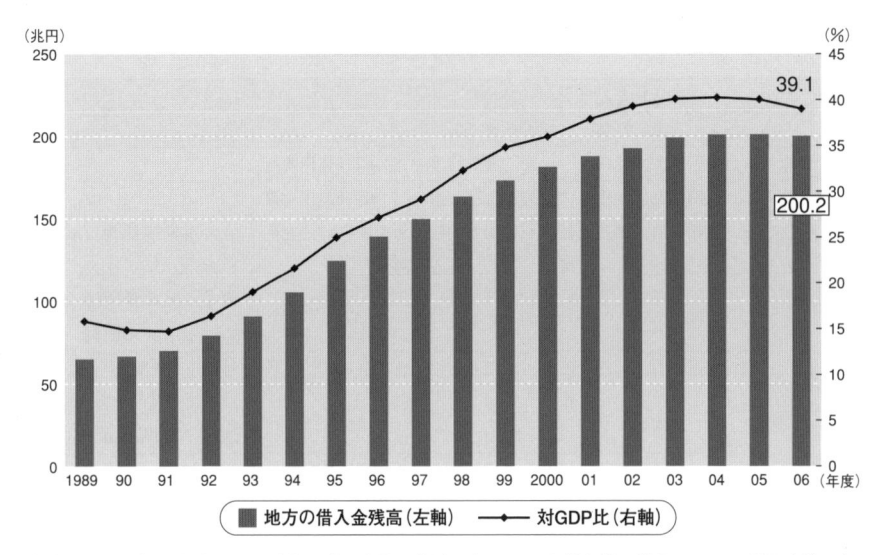

（注）　地方の借金残高には，地方の普通会計の債務に加えて，公営企業の借入のうち，普通会計で負担する部分，及び地方交付税特別会計の借入金（地方負担分）が含まれる。普通会計については後述，交付税特別会計の借入については第7章で説明する。
（参考）　学陽書房『図説地方財政データブック〈平成20年度版〉』・262頁

でに，この赤字を解消するには，公共事業関係費を毎年3％ずつ削減するほか，人件費，社会保障費のカットも不可欠とされる。**図表1-7**では基本方針2006で定められた2011年度までの歳出カットの概要がまとめられている。これらには地方自治体の支出も含まれる。国と地方の相互理解の下，「国・地方間のバランスのとれた財政再建の実現に向けて協力する」ことが求められた。

もっとも，2011年度までに国・地方の基礎的財政収支を黒字化するという目標も景気が後退局面に入ったため，その達成が危ぶまれている。税収が低迷するほか，景気対策のため歳出圧力が高まっているからだ。

国の財政再建は地方財政に深刻な影響を及ぼす。地方自治体の多くが交付税や国庫補助負担金に大きく依存しており，仮に社会保障関係費や公共事業費のカットとなれば，関連する補助金が削減の対象になるためだ。地方全体

■図表1-7　国と地方の歳出カット

今後5年間の歳出改革の概要

	2006年度	2011年度 自然体	2011年度 改革後の姿	削減額	備考
社会保障	31.1兆円	39.9兆円	38.3兆円程度	▲1.6兆円程度	
人件費	30.1兆円	35.0兆円	32.4兆円程度	▲2.6兆円程度	
公共投資	18.8兆円	21.7兆円	16.1〜17.8兆円程度	▲5.6〜▲3.9兆円程度	公共事業関係費　▲3%〜▲1%　地方単独事業（投資的経費）▲3%〜▲1%
その他分野	27.3兆円	31.6兆円	27.1〜28.3兆円程度	▲4.5〜▲3.3兆円程度	科学技術振興費　＋1.1%〜経済成長の範囲内　ODA　▲4%〜▲2%
合　計	107.3兆円	128.2兆円	113.9〜116.8兆円程度	▲14.3〜▲11.4兆円程度	
		要対応額：16.5兆円程度			

(注1)　上記金額は，特記なき場合国・地方合計（SNAベース）。
(注2)　備考欄は，各経費の削減額に相当する国の一般歳出の主な経費の伸び率（対前年度比名目年率）等及び地方単独事業（地財計画ベース）の名目での削減率を示す。
(出所)　経済財政運営と構造改革に関する基本方針2006

でみた基礎的財政収支の黒字も交付税など国からの手厚い財政移転によるもの，いわば地方の収入不足を国が肩代わりしているからであり，これらが減らされるならば，あっという間に地方財政は危機に陥る。

財政破綻する地方自治体　　既に財政危機に陥った自治体もある。ここで全国の都道府県・市町村を合わせた総体としての地方と個々の自治体としての地方を区別してほしい。全体では基礎的財政収支は黒字でも，個々の自治体ごとにみると財政難に喘いでいるところは数多い。

　北海道夕張市は2007年2月に財政破綻した。そして，国の管理の下，今後18年かけて351億円に上る累積赤字を解消することになった。具体的には職員数の半減・一般職員給与を平均3割削減，小中学校の統合，市民税や公共料金の引き上げなどの措置がとられることになっている。地域住民の困惑と憤りは連日のようにメディアで報じられていた通りである。

もっとも，自治体の破綻は民間企業の破産と同じではない。破綻した自治体そのものが清算されるわけではないからだ。従来，**実質収支比率**（ボックス 1-1 参照）の赤字が一定水準以上になると国によって地方債の発行が制限されていた。起債を制限された自治体は①自主的に財政再建するか，あるいは②「**財政再建団体**」となり国の監督の下で再建を進めるかという選択を迫られることになる。夕張市は後者を選択したのである。財政再建団体になることは地方自治を失うに等しいともいわれるが，その一方で，再建のための借金が許可されるほか，その元利償還費に対しては国の財政支援が施される。

公共サービスのカットや住民負担の引き上げを含む財政再建計画には自治体，地域住民にとって厳しいところがある反面，国からの財政支援は「救済色」を持つ。現行制度が破綻自治体に甘いか，厳しいかは評価の分かれるところだ。

いずれにせよ，夕張市のような自治体の財政状況を正しく把握できないことが財政再建団体になるまで財政の悪化を放置したとの批判は多い。このため，政府は新たに「**地方財政健全化法**」（2007 年 6 月 15 日）を成立させた。実質赤字比率に加え，新たな財政指標を設け，それらが基準値を超えた場合，自治体がまだ破綻を宣言していなくとも，財政健全化計画の作成と実施を求める早期是正措置がとられることになった（詳しくは第 7 章で説明）。この早期是正措置は，サッカーの試合での「イエローカード」にあたる。

なお，財政破綻の可能性があるのは夕張市のような過疎地域だけではない。大阪府も財政破綻（＝財政再建団体化）の瀬戸際だった。2004 年度から，大阪府は借金返済を先送りして（正確にいえば，満期になった借金の借り換えを繰り返し）赤字を少なく見せかけていた。この「赤字隠し」が 2007 年度を含めると総額 3,500 億円にのぼるとされる。借金返済を先送りしなければ，府の試算では 2007 年度の実質収支の赤字は 1,100 億円に達し，大阪府の財政規模からみて財政再建団体に転落する水準（ボーダーは約 720 億円）を大きく超えていたことになる。

財政難の原因 何故，地方自治体はこれまで借金を抱える羽目になったのだろうか？ これについては，1990 年代のバブル経済崩壊後，「景気対策など国の施策の誘導に利用されたことが，地方が多額の借金を抱える要因

の一つ」であり，地方がそのツケを払わされているとの意見がある。事実，わが国の公共投資の多くを地方が担っており，地方自治体は景気対策として国からの要請や補助金による「誘導」（誘い水）に乗る形で公共事業を増やしていた。

マクロ経済学の標準的なテキストで，読者は45度分析として公共支出の拡大が乗数効果を解してマクロ経済の有効需要を喚起することを学んだかもしれない。日本ではこのような**有効需要政策**を国の企画・指導の下で地方が実施してきた。1990年代，その財源の多くは**地方による借金**だった。税収不足のため国は，交付税や国庫補助負担金を手当てすることができなかったからである。2000年に入ると地方は公共投資のためのみならず，赤字の補填にも借金を（「**臨時財政対策債**」という赤字地方債を発行）する羽目になった。

財政規律の問題　地方の借金は国が本来すべき借金を肩代わりしたものであり，国に責任があるということなのだが，一概にそれだけともいえない。交付税など国から地方への財政移転は行き過ぎており，国の財政を圧迫する要因になっているとの指摘もあるからだ。基礎的財政収支を比較すると，地方よりも国の財政事情の方がはるかに厳しいのは確かである。国だけで500兆円を超える借金に喘いでいるのに，この上，地方の分まで被ることになったらかなわないというわけだ。

交付税を支払った後の国の税収と国の借金を比較すると，その比率（借金が税収の何年分かを測っている）の悪さは「夕張市並み」ともいわれている。地方自治体は，自分たちがこれまで公務員の給与の抑制など歳出カットに向けた努力をしてきたというが，財務省は地方公務員の給与を個別にその責任・役職に照らせば，まだ（国家公務員に比べて）過大と反論する。地方歳出や（その財源を支える）交付税はバブル期とその後の1990年代に著しく増加しており，地方が主張する近年の削減努力も財政が相当膨張した後での適正化に過ぎないということだ。「交付税の財源保障機能は，歳入と歳出の差額を補填するので，歳出拡大に対する地方の負担感を希薄化」したとして，地方の財政規律の緩み，甘えの構造への批判もある。

責任の所在　このように国，地方のいずれにも言い分はある。問題

を複雑にしているのは，国と地方の間の責任関係にある。わが国は国（＝中央）が義務教育，社会資本整備など，政策を決め必要な財源を確保した上で地方がその執行を担うという仕組みになっている。前述の機関委任事務などはその典型であるが，地方の事務事業の多くが，このシステムに組み込まれてきた。実際，交付税の財源保障機能（第7章で詳述）も国が義務づけた仕事を地方が円滑に実施するためにある。

　1990年代の公共事業についていえば，地方が主張する通り，景気対策として行われた国の政策であり，地方はそれに従ったに過ぎない。もっとも，国の要請あるいは政策誘導（公共投資の見返りに交付税を増額するなど）に従って政策を実行し，借金を重ねたのは地方自治体自身にほかならない。政策誘導という「アメ」に飛びついた地方が悪いのか，アメをぶら下げた国が悪いのかの問題なのである。

　一見，争っているようにみえても責任の所在を不明瞭にしたまま，国も地方も揃って責任を回避できてしまっている。更に悪いことにそうこうしているうちに，肝心の財政再建は先送りになってしまう。地方分権改革推進委員会が唱えるように「国と地方の役割分担を徹底的に見直すことで不明確な責任関係がもたらす両者のもたれ合い状態から脱却」しないことには何も解決しない。

▶地域間格差

交付税カットの影響　2002年2月からの景気の回復によって都市圏の自治体では税収が増え，財政は好転した（ただし，2008年以降，景気は後退を始めた）。一方，地方圏の自治体では収入が伸び悩んでいる。

　皮肉なことに1990年代の不況期に財政危機に陥っていたのは東京都や大阪府など都市部の自治体の方だった。地方税の中でも「**法人二税**」（**法人事業税，法人住民税**）が企業の収益の悪化とともに落ち込み，税収が激減したためだ。地方圏の自治体は地方税収こそ減ったものの，交付税によって財政的に護られていた。これは交付税の財政調整と財源保障の機能が発揮されたことによる（第7章参照）。一方，交付税を受け取らない不交付団体である東京都などは，地方税の減収のあおりをまともに受けたのである。

しかし，構造改革により，交付税など財政移転が大幅にカットされ，今度は地方圏の自治体が財政難にみまわれる事態となった。加えて公共事業が削減されたことで，公共事業頼みの地域経済は景気回復から立ち遅れた。結果，経済，財政の両面で**地域間格差**が顕著になり始めた。

地域間の財政力の格差は，一人あたり税収の違いで測られることが多い。2005年度，東京都の人口一人あたり都税収22万円であったのに対して，最低となる沖縄県の一人あたり県税収は7万円程度であり**3分の1**ほどに過ぎない。特に法人二税の格差は顕著で，法人事業税の人口一人あたり税収は最大の東京都（10万円）と最小の沖縄県（1万4,000円）で7倍弱の開きがある。政府は「法人二税を中心に税源が偏在するなど地方公共団体間で財政力に格差があることを踏まえ，地方間の税源の偏在を是正する方策について検討」（基本方針2007）するとしている。

格差の是正 具体的な格差是正策として，2008年度までに「**ふるさと納税**」の導入や法人事業税の見直しが実施された。このうち，ふるさと納税は住んでいる自治体に納めている個人住民税に代えて，その1割を上限にほかの自治体に納税できるという仕組みである。これに類似した制度としては，所得税の1～2％程度を公共機関に提供できる東欧5カ国の「パーセント法」や，市民税の1％を納税者自身が選んだ団体への助成金とする千葉県市川市の「1％支援制度」がある。

ふるさと納税の場合，例えば地域Aに居住する納税者が地域Bに5万5,000円を寄付すると5,000円を差し引いた5万円が税額控除される（所得税・住民税が軽減される）ことになる。都市圏の納税者から故郷への納税が進めば「地域間の財政力格差を縮小する流れに沿う」だろう。自分を育ててくれた故郷を想いお金を払うことは「美しい日本」の精神でもある。「高校まで地方で育ち，いよいよ納税するときは都会に出て行く」人々のために福祉や教育の費用を負担しているのは故郷の自治体であるという意見もある。ふるさと納税は過去に故郷自治体から受益した公共サービスへの「キックバック」ということだ。

ふるさと納税とは称されているが納税先は生まれ故郷である必要はない。自分の好きな（こころの故郷になっている）自治体に納税することも可能で，

地域の「人気投票」という側面もある。

しかし、本来の「行政サービスの受益と負担の関係が崩れる」、あるいは交付税の減額によって拡がった地域間格差を都市部と地方の対立にすり替えることは本末転倒という反対論も根強い。

法人事業税については2008年度から、暫定的にその税収の2兆6,000億円分（平年度ベース）を**「地方法人特別税」**として国税化し、人口と従業員（労働者）数で按分することになった。2007年度の法人事業税収は5兆6,000億円余りであるから、半分弱が地方から国に逆移譲されたことになる。これで、立地企業が少ない地域であっても人口に見合った収入を得ることができるようになる。これまで東京都など都市部に集中していた税収が地方圏に移転されるのである。格差の是正効果は明らかであるが、地方税の原則とされる受益に応じた課税（**応益原則**）に反する、国税化は税源移譲による地方分権の流れに反するという意見もある（地方税の原則、現行制度については第5章で説明する）。

交付税移転による逆転現象　そもそも地域間格差は問題なのだろうか？税収格差はそのまま公共サービスの地域間格差を意味するわけではない。財政力の乏しい地域に対しては国から交付税が支払われているからだ。しかも、地方税に交付税を加えて一人あたり収入を測ると財政力に逆転現象がみられる。例えば、2005年度の島根県の一人あたり県税収は9万円ほどで前述の東京都の一人あたり税収22万円の半分以下に留まるが、交付税移転後は約34万円と交付税を受け取らない東京都を上回る（**図表1-8**）。

この逆転現象は、地方の経費に対する**交付税の財源保障機能**に起因する。交付税の配分は特に人口規模の小さい自治体に手厚くなっている。また、地方圏で公共投資が多く行われ、その財源（の一部）が交付税で手当てされてきたことにも関係する（地方経済の公共事業依存体質については第4章で言及する）。

財政力の逆転については地方圏の社会資本整備が遅れていること、域内で住民分布が拡散しがちなため教育、福祉サービスを提供する費用が高くつくことなどから、交付税が過大なわけではないとの意見がある。しかし、都市部では公共事業の用地取得費や人件費が高いことから同じロジックに従えば、

■図表 1-8　財政力の逆転

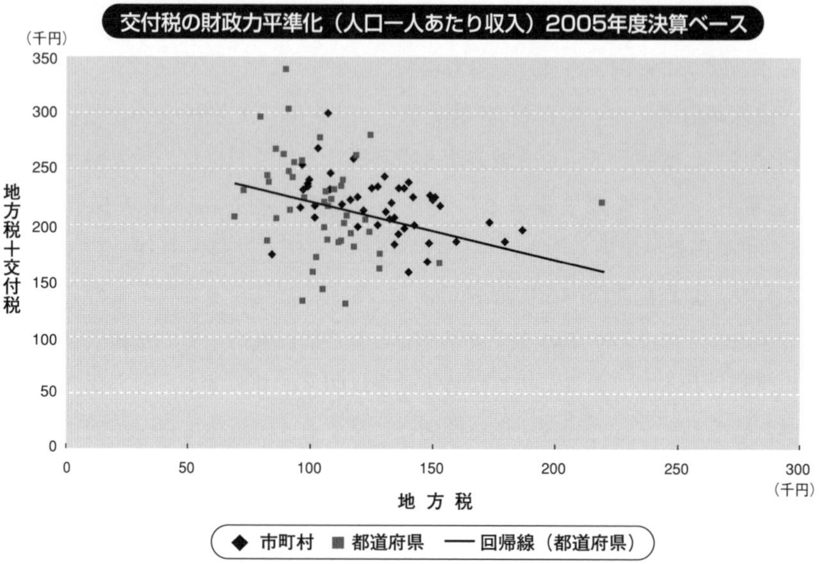
交付税の財政力平準化（人口一人あたり収入）2005年度決算ベース
（千円）
350
300
250
200
150
100
50
0
地方税＋交付税
0
50
100
150
200
250
300
（千円）
地方税
◆ 市町村 ■ 都道府県 ― 回帰線（都道府県）

（注）　市町村は都道府県単位で集計。
（データ出所）　地方財政関係資料

「一人あたり税収」で都市部自治体の方が財政的に余裕があると断じることもできない。事実，東京都は「人口・企業の集中は用地取得費や物価の高騰をまねき，行政経費を引き上げるとともに，警察，交通，都市基盤等の面で膨大な財政需要を生み出している」（東京都税制調査会）と反論している。

いずれにせよ自治体の豊かさ（財政力）と地方税収を同一視するのは必ずしも正しくはない。

まとめ

ここまでの説明をまとめよう。1990 年代，経済の低迷や国の景気対策により，国・地方の財政は著しく悪化した。地方にいわせれば，減税，公共投資など，国の経済政策に付き合った結果，借金が積み重なったことになる。それが 2001 年以降は構造改革・財政再建の一環として，交付税など財政移

転が削減されたため，これまで国からの補助金に頼ってきた自治体が財政難に陥る事態になった。

一方，景気の回復とともに都市部の自治体の財政は好転したことから地域間での税収格差が顕著になってきた。三位一体の改革での税源移譲もこの格差を助長することになる。移譲される税源（三位一体改革では所得税）は都市圏に多く集中するからだ。

ただし，地方圏の自治体の方が財政力に乏しいわけではない。減額されているものの，人口一人あたりでみれば手厚い交付税を受けてきた。それでも北海道夕張市のように破綻する自治体が出てくるということは地方自治体の高コスト体質（例えば割高な人件費や事業費）や，公共事業に依存して民間経済の活力に乏しい地域経済などに原因が求められるのかもしれない。財政・地域経済の体質改善なくしては，自治体の財政難は解消しそうにない。

最近では構造改革の「行き過ぎ」への批判から，以前より地方に配慮する方向に国は政策の舵を切り替えつつある。地域経済の再生に向けて「頑張る地方」の応援，「都市と地方の共生」を図るためのプログラムが実施されてきた。具体的には中心市街地の活性化や街づくりのための補助金，農業の振興への財政支援，「地域再生・活性化対策費」向けの交付税の特別枠（加算）などが挙げられる（第4章参照）。ただし，このような支援が地方の再生・自立の契機となるのか，単なる「ばら撒き」政策に終わり，地方の再生も自立も促さないままとなるのかは定かでない。

目を転じれば，わが国は社会の高齢化が進んでいる。それに伴い社会保障関係費（年金・医療・介護など）の増加が見込まれる。この問題は地方財政と無縁ではない。地方自治体は医療や介護に大きな役割を果たしてきたからだ。高齢化は長期に渡る課題であるから，景気が良くなれば，何とかなるものではない。小手先の対応（「当面の措置」）で凌ぐにも限界がある。

❖ボックス1-1　地方財政用語集

実質公債費比率：地方自治体における公債費（地方債の元利償還費）による財政負担の度合いを測る指標であり，標準財政規模（＝標準税率で測った地方税＋普通交付税）に対する比率である。この実質公債費比率の公債費には地方自治体が地方公営企業の借金の返済に充てた支出も含まれる。同比率が18％を超えると地方自治体は2006年度以降も国の許可なくして地方債を発行できない（詳細は第7章参照）。

実質収支比率：歳入マイナス歳出（形式収支）から翌年度に繰り越した財源を差し引いた値が標準財政規模（以下参照）に占める比率である。簡単にいえば年度末，自治体に残る手元現金（キャッシュ・フロー）にあたる。この比率でみた赤字の程度が一定限度以上になると地方債の起債ができなくなる。

地方交付税（略称：交付税）：国から地方自治体に対する最も重要な財政移転（補助金）。原則，その使途には縛りがないことから「一般補助金」と呼ばれる。他の補助金に比べて地方自治体からの支持が高く，地方分権を進める中でも，その確保・充実を求める向きがある。中央官庁の中では総務省が所管する。所定のフォーミュラ（基準）に従い，交付税は財政力（税収）が乏しい，公共事業など財政需要の高い地域に対して重点的に配分される。その制度と実態については第7章で詳述する。

財源保障：国は地方自治体に対して様々な関与・義務づけを行う一方，その財源を保障してきた。具体的には国が必要とみなす，あるいは奨励しようと思っている事業（公共サービス）の経費について，財政力の乏しい自治体でも賄うことができるよう補助金（交付税を含む）を充てる仕組みである。具体的には「地方財政計画」（第7章参照）でもって財源保障の対象事業（公共サービス）や総額が決められる。

法人二税：地方自治体が課す法人課税で，法人事業税と法人住民税を指す。いずれも法人税の地方版であり，わが国の法人税の「実効税率」40％のうちの10％分を両税が占めている。法人企業に対する課税であるから，当然，都市部に税収が集中するため，地域間格差の原因の一つとなってきた。

1.3 地方の果たす役割

▶「4対6」と「6対4」

国と地方の割合　本節では，地方自治体（都道府県・市町村）が現行制度で果たしている役割について概観していく。主として「制度論」だが，この制度自体が分権改革の中で変遷してきていることを最初に指摘しておきたい。従って現行制度が分かっていれば，地方財政を理解したことにはならない。むしろ重要なのはその背後にある（第2章以降で学ぶ）普遍的な経済理論である。

わが国の地方財政を理解する上で，重要な数字がある。「**4対6**」と「**6対4**」だ。このうち「**4対6**」とは（社会保障基金からの支出を除く）**政府の支出に占める国と地方の割合**を表す。公共サービス提供の半分以上が地方によって担われているのである。読者にとって身近なサービス，例えば，教育や公衆衛生，医療・介護，福祉，社会資本（インフラ）の整備など，その多くは地方自治体のサービスである。警察や消防もそうだ（**図表1-9**）。

一方，「**6対4**」とは**国と地方の税収比率**を指す。税収の6割が国税で，残りの4割が地方税となるという具合だ。国対地方の支出，税収は長らくこの比率で推移してきた。

国と地方の支出，税収の比率が逆転しているというのは何を意味しているのだろうか？　総じて地方は自らの支出を満たすだけの税金を自分たちで集められていないということだ。このギャップは交付税や国庫補助負担金（国庫支出金）といった国から地方への財政移転で埋め合わされなくてはならない（**図表1-10**）。

垂直的財政力格差　わが国の自治体の多くが国からの財政移転に頼る構造になっているのは，総じて支出責任に見合うだけの税収が与えられていないことに拠る。財政力（＝税収）でみて国が地方に勝っている状態を「**垂直的財政力格差**」という。ここで「垂直的」というのは国―地方という垂直的な関係で生じる格差だからだ。地方分権改革で税源移譲が求められるのも，

■図表1-9　国と地方の役割分担

	公共資本	教育	福祉	その他
国	高速道路 国道（指定区間） 一級河川	大学 私学助成	社会保険	国防 外交 金融
都道府県	国道（その他）・都道府県道 一級河川（指定区間） 二級河川 港湾 公営住宅 市街化区域・調整区域決定	高等学校 特殊学校 小中教員の給与・人事 私学助成 公立大学	生活保護（町村の区域）児童福祉 保健所	警察 職業訓練
市町村	都市計画等 市町村道 準用河川 港湾 公営住宅 下水道	小中学校 幼稚園	生活保護（市） 児童福祉 国民健康保険・介護保険 上水道 ごみ・し尿処理 保健所（特定の市）	戸籍 住民基本台帳 消防

（出所）　総務省ホームページ

　この垂直的財政力格差を縮小させることで，「地方が自らの支出を自らの権限，責任，財源で賄う割合を増やす」ためである。

　ただし，税収の6割を占めるから国が財政的に豊かであるというわけではない。国や地方の支出の一部は財政赤字（借金）で賄われているからだ。国の立場からすれば，地方への財政移転も税収から拠出するというより，国が借金をして支払っている部分が少なくない。「垂直的財政力格差」は国の地方に対する財政上の**相対的優位**の指標であり，国の財政的な余裕をあらわすものではない。

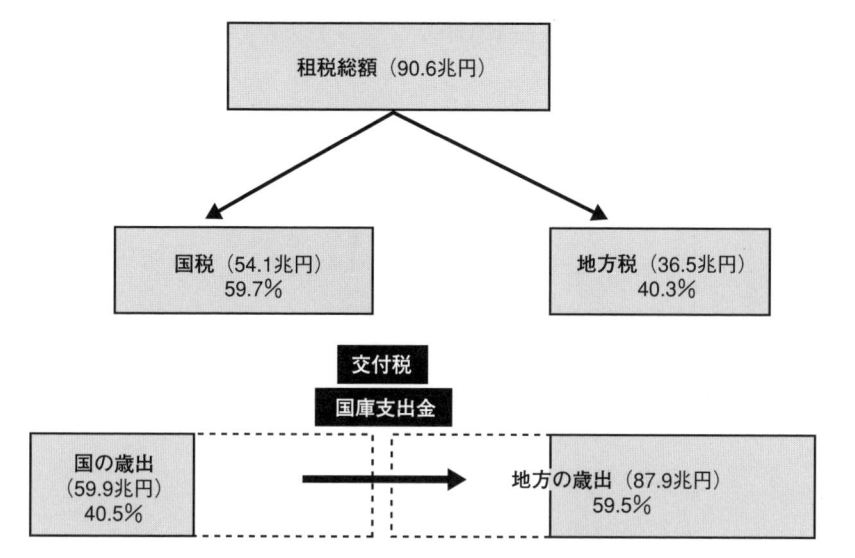

■図表 1-10　垂直的財政力格差（2006 年度）

```
                租税総額（90.6兆円）
               ↙              ↘
       国税（54.1兆円）        地方税（36.5兆円）
           59.7%                  40.3%

              交付税
             国庫支出金
   国の歳出    ────→    地方の歳出（87.9兆円）
  （59.9兆円）                    59.5%
    40.5%
```

（注）　租税総額と歳出総額は一致しない。その差額は財政赤字（国債・地方債の新規発行），あるいは税外収入（手数料・使用料，資産収入）などで埋め合わされなくてはならない。

▶地方の支出

支出の実態　地方自治体がどのような使途に支出しているかを概観しよう。ただし，ここでみるのは地方自治体「全体」（マクロレベルでみた地方）の動向である。

個別の自治体ごとでは支出の事情も異なる。例えば，高齢化の進んだ地方圏の自治体では医療や介護への支出が嵩むだろうし，若い世帯の多い都市圏の自治体の場合，教育や保育サービスに支出を多く充てるだろう。

また，一口に地方財政といってもそれがカバーする範囲は多様である（**図表 1-11**）。自治体の役所の中だけの仕事が地方財政の全てではない。例えば，公営事業（例えば，上下水道や病院），地方公社（土地，住宅供給，道路），あるいは第3セクター（観光事業，地域開発，鉄道など）も本来は地方財政の一部となる。事実，多くの自治体が財政難に陥ってきた背景には公

■図表1-11　地方財政の範囲

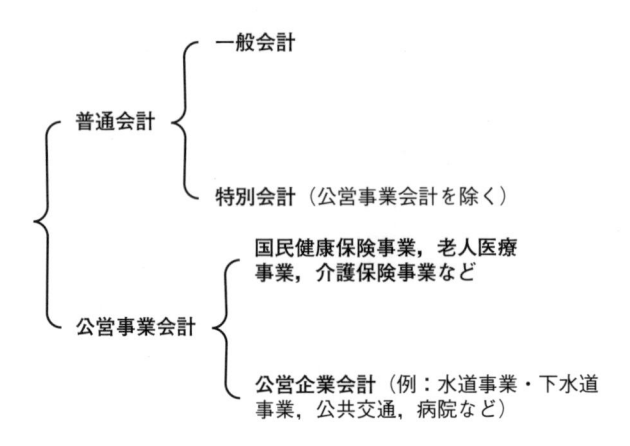

```
                 ┌─ 一般会計
       ┌ 普通会計 ┤
       │         └─ 特別会計（公営事業会計を除く）
       │
       │         ┌─ 国民健康保険事業，老人医療
       │         │  事業，介護保険事業など
       └ 公営事業会計 ┤
                 │
                 └─ 公営企業会計（例：水道事業・下水道
                    事業，公共交通，病院など）
```

地方三公社（土地開発・地方道路・地方住宅供給）

地方独立行政法人

第3セクター（例：観光，交通など）

営事業や地方公社，第3セクターの赤字，財政破綻があった。よって，地方財政の健全化にあたっては，これらの部門を含めて地方財政の現状を捉えなくてはならない（第7章参照）。

　普通会計と公営事業会計　従って，少し面倒な話だが，地方財政の大きさを測定する仕方は一様ではない。以下では一般の行政サービスを担う「**普通会計**」に着目したい。地方税や交付税はこの普通会計の収入であり，地方分権改革は概ね普通会計の収入・支出に対する地方の責任と権限に係わってきた。

　地方の会計にはこの普通会計のほか，「**公営事業会計**」があり，地方公営企業，国民健康保険事業，老人保健医療事業，介護保険事業などを含む。前述の地方公社や第3セクターは更にその外側に位置する。なお，個々の地方自治体では普通会計，公営事業会計ではなく「一般会計」，「特別会計」という分類を用いている。ただし，自治体ごとに区分が異なるため比較が難しい。

普通会計は自治体の財政の統一的な掌握，比較のための会計区分であり，地方財政白書や地方財政計画など国が作成する地方財政関係資料に出てくる。

決算と予算　更に，財政では「**決算**」と「**予算**」が区別される。「予算」とは年度はじめに計画された支出や収入であり，「決算」とは当該年度末までに実現し，集計された支出や収入となる。景気の変化や年度途中での政策方針の変更もあるため，両者が一致するとは限らない。

目的別と性質別　普通会計の規模（歳出額）は概ね90兆円あまりに上る。この普通会計の歳出の分類としては「**目的別**」と「**性質別**」がある。いずれを用いるかは，知りたい情報による。つまり，地方が提供するサービスの量（＝目的別）か，行政サービス提供に要した経費の内訳（＝性質別）か次第である。地方自治体の人件費や公共事業費の適正化を評価するならば，性質別の分類がふさわしい。一方，学校教育の充実度というならば，（児童一人あたりに基準化するなどした）目的別の教育費で測るのが妥当だろう。

目的別支出の内訳　目的別は行政（公共）サービスごとの経費を大別したもので，民生費，教育費，土木費，警察費，消防費などからなる（**図表1-12**）。**民生費**とは生活保護や社会福祉サービスに要する支出を指し，**土木費**には道路や橋の建設・整備，都市開発に係わる支出が含まれる（なお，地方自治体が担う医療や介護は普通会計ではなく，公営事業会計（地方版特別会計）からの支出のため，**図表1-12**に全額は現れない）。

図表1-12より，2001年度以降，高齢化や格差の拡がりなどを反映して民生費のシェアが増加傾向にあることが分かるだろう。一方，2001年度以降，構造改革路線が脱公共事業を図ったこともあり，土木費シェアは減少してきている。2006年度決算でみると，地方歳出の中で**教育費**（18.5％）が最も高い割合を占めている。これに民生費（18.2％），土木費（15.5％）が続く。2001年度と比べると民生費と土木費の地方財政におけるウェイトが入れ替わっている。公共事業といった「ハード」の整備から福祉など「ソフト」の充実に転換してきたことが伺える。**公債費**とは地方債の元利償還費であり，2006年度にはそのシェアが15％弱に上るなど，地方財政の悪化を反映している。

都道府県と市町村とでは担っている役割が異なる以上，目的別歳出にも違

■図表1-12　地方歳出の推移（目的別）

区　分	決算額構成比					
	2001	02	03	04	05	06
議　会　費	0.6	0.6	0.6	0.6	0.5	0.5
総　務　費	9.2	9.0	9.8	9.8	9.6	9.7
民　生　費	14.4	15.1	15.7	16.6	17.3	18.2
衛　生　費	6.9	6.8	6.4	6.3	6.3	6.2
労　働　費	0.8	0.5	0.4	0.4	0.3	0.3
農林水産業費	5.7	5.4	5.1	4.7	4.4	4.2
商　工　費	5.5	5.3	5.2	5.4	5.1	5.3
土　木　費	19.1	18.6	17.8	16.7	15.9	15.5
消　防　費	1.9	2.0	2.0	2.0	2.0	2.0
警　察　費	3.5	3.6	3.6	3.7	3.7	3.8
教　育　費	18.5	18.6	18.6	18.5	18.3	18.5
そ の 他	13.9	14.5	14.8	15.3	16.6	15.8
歳 出 合 計	100.0	100.0	100.0	100.0	100.0	100.0
歳 出 金 額	97.4兆円	97.8	92.6	91.3	90.7	89.2

（出所）　地方財政白書（2008年度版）

いはある（**図表1-9**参照）。2006年度決算ベースでみると，都道府県では教育費が最も大きな割合（23.8%）を占め，以下，公債費（14.5%），土木費（14.5%），民生費（10.2%），警察費（7.1%）の順となる。教育費のシェアが高いのは小中学校の教職員への給与の支払いが都道府県の仕事になっているからである。市町村においては，児童手当，生活保護など社会福祉関係の比重が高いことから民生費が最大支出項目で2006年度，27.1%であり，以下，土木費（15%），公債費（13.5%），総務費（12.8%），教育費（10.9%）となっている。

性質別支出の内訳　目的別が支出「先」に応じた分類ならば，支出の「形態」に着目したのが「性質別」である（**図表1-13**）。この性質別には①**義務的経費**と②**投資的経費**が含まれ，前者は更に**人件費**，**扶助費**，**公債費**に分けられる。

■図表1-13 地方歳出の推移（性質別）

区　分	決算額構成比					
	2001	02	03	04	05	06
人　件　費	27.5	27.8	28.0	28.1	27.9	28.2
物　件　費	8.1	8.4	8.5	8.7	8.6	8.4
維持補修費	1.1	1.1	1.1	1.2	1.2	1.1
扶　助　費	6.6	7.1	7.6	8.2	8.5	8.7
普通建設事業費	23.1	22.0	19.7	17.9	16.7	16.0
災害復旧事業費	0.4	0.4	0.3	0.5	0.8	0.5
失業対策事業費	0.0	0.0	0.0	0.0	0.0	0.0
公　債　費	13.2	13.7	14.2	14.3	15.4	14.9
積　立　金	2.1	1.4	1.7	1.7	2.0	2.3
そ　の　他	17.9	18.1	18.9	19.4	18.9	19.9
歳 出 合 計	100.0	100.0	100.0	100.0	100.0	100.0
うち 義務的経費	47.3	48.7	49.8	50.6	51.7	51.8
うち 投資的経費	23.6	22.3	20.1	18.5	17.5	16.6
歳 出 金 額	97.4兆円	97.8	92.6	91.3	90.7	89.2

（出所）　地方財政白書（2008年度版）

　経費が「義務的」なのはその削減が容易ではないという事情を反映している。実際，（目的別分類にも登場する）公債費は過去の借金の元利償還であり，踏み倒すことをしない限り，支出を減らすことはできない。人件費とは学校の教職員や地方公務員への給与支払いであり，扶助費には生活保護や児童手当などが入る。法律の縛りもあり，地方が裁量的に減らすことは難しいということがこれらの経費を「義務的」にしている。

　投資的経費とは**公共事業費**であり，その中に普通建設事業費，災害復旧費，失業対策事業費を含む。例えば目的別分類の教育費の中の教職員への給与は性質別上，人件費であるが，学校施設の建設は投資的経費となる。

　図表1-13にあるように，義務的経費は地方歳出の約半分を占めてきている。特に人件費の比重が2006年度決算で28.2％と高い。これに対して，国が公共事業をカットしてきたことから，投資的経費のウェイトは減少傾向に

ある。義務的経費を柔軟に削減するのが（制度上，及び政治的に）難しいことに鑑みれば，地方財政の「硬直化」が進んでいることを**図表 1-13** は示唆している。

▶ 分権国家日本？

集権的分散システム　わが国の地方自治体は国際的にみても支出面で大きな役割を果たしてきた。分権化の程度を数量化して国際比較するにあたって，公共支出に占める地方の割合，あるいは税収の地方シェアを用いることが多い。この指標に従えば，日本は少なくとも支出サイドでは分権化の進んだ国ということになる。少し古いが1996年～1998年のデータを使うと，英国やフランスにおける地方の支出は3割程度に留まる。6割あまりに上るわが国の地方支出シェアは連邦国家であるカナダやドイツに匹敵する。もっとも，地方が支出を多く担っているから分権化が進んでいるというのは実態から程遠い。指標と実態の乖離は，機関委任事務に象徴されたように国が地方を自らの政策の執行機関として位置づけてきたことによる。この仕組みはしばしば「**集権的分散システム**」と呼ばれている（第2章で言及するように，地方の支出シェア，あるいは税収シェアは分権化の量的な側面を捉えているに過ぎない）。

義務教育の例　ここで公共政策を，①**企画・立案**，②**財源確保**，③**執行**の3段階に分けて考えてみよう。義務教育を例にとれば，企画・立案とは生徒数に対する教員の数や配置，クラスの規模，学校施設の規格標準，教科書の指定，指導要領（カリキュラム）を指す。わが国では近年，規制緩和されてきたとはいえ，これらを決める権限の多くは国が持っている。

例えば，「文部科学大臣は公立の義務教育諸学校における学級規模と教職員の配置の適正化を図るため必要があると認められたとき，都道府県に対し，学級編成の基準又は公立の義務諸学校におかれている教職員の総数について報告を求め，および……指導又は助言することができる」ものとされる。

財源確保についても，義務教育費の3分の1（三位一体の改革で2分の1から引き下げ）は**国庫補助負担金**であり，残りも財政力の弱い自治体に対しては交付税で面倒を見る仕組みになっている（交付税と国庫補助負担金との

関係は第7章で説明する）。

いうまでもなく義務教育を実際に提供しているのは地方自治体である。都道府県が教員の採用や学校間での配置を決める一方，市町村が学校施設の建設・管理を担う。公立の小中学校の多くが市町村立なのはこのためだ。

国が定める行政サービスの基準　義務教育に限らず，国の地方への関与は多岐に渡る（**図表1-14**）。

上記のように警察や消防は地方の行政サービスであるが，警察官や消防隊員の数や配置は国の法律で定められている。市町村は介護や医療の分野で保険給付を担っているが，介護事業者や病院への報酬の支払いは国が全国一律に決めている。

福祉関連でいえば，国民にとって生活の最後の拠りどころになる生活保護も，地方がその運営を担うが，給付を受けるための資格の認定や給付の水準は国が定める基準に拠る。

このように支出を行っても，当該支出に自治体が権限や責任を全面的に有しているわけではない。わが国の行財政制度は執行＝分権化，政策の企画・財源調達＝集権化として特徴づけられてきた。

もっとも，地方自治体に裁量がなくもない。児童手当など福祉では国の基準を超えて給付を行っている自治体もあるし，生活保護の認定やその取消しに自治体のさじ加減がないわけではない。義務教育についても，国の決めた枠とは別に独自に英語教育や地域社会との交流などに力を入れているところもある。一般に国の規制・関与（あるいは地方の裁量）は有無というよりも，程度の問題なのである。

▶ 地方の事業（仕事）と財源

事業と政策　自治体の仕事の区別としては①（第1節で紹介した）地方自治法による「自治事務」と「法定受託事務」，あるいは②財源に着目した「単独事業」と「補助事業」がある。

経済学では医療や学校教育など**政策単位**で，その効果を分析・評価するが，実務・制度上では**事業や事務単位の区別**を重視することが多い。実際，地方分権改革において議論されている権限委譲の単位は事業・事務ベースになっ

■図表 1-14　地方に対する国の関与

	←強い　　　　　　　　関与の度合い　　　　　　　弱い→			
	①事務の実施と具体的な水準を法令で義務づけている事務	②事務の実施を法令で義務づけている事務（事務処理の基準を定めるものも含む）	③法令・予算等により地方団体が実施することを想定している事務や実施する場合の基準を法令で定めている事務	④国の関与がない事務
教育・文化	・小中学校教職員 ・高校教職員	・小中学校の設置 ・重要文化財の保護	・私学助成 ・幼稚園 ・図書館，博物館，公民館 ・学校給食	・地域文化振興 ・国際交流
社会保障等	・国民健康保険 ・老人医療 ・介護保険 ・生活保護 ・児童扶養手当 ・児童手当	・児童相談 ・児童保護 ・職業訓練	・健康づくり ・へき地医療 ・母子家庭自立支援	・障害者・乳幼児等医療費助成 ・国保対策（赤字繰出）
公共事業	・直轄事業負担金の支払い ・公営住宅の供給	・道路管理 ・河川管理	・土地改良 ・下水道の整備	・普通河川の管理 ・庁舎の整備
その他	・警察官 ・消防職員	・ゴミ処理 ・戸籍 ・住民基本台帳	・リサイクル ・制度金融 ・国の法律・プロジェクトに係る地域振興	・地域振興（国の法律・プロジェクトに係るものを除く）

（注）　事務の多くは単独事業（国庫を伴わない事業）である。
（出所）　総務省資料

ている。本書でも，理論を説明する際には「政策」，制度を解説する際には「事務」ないし「事業」という用語を用いる。

このような政策と事業・事務の関係は以下のような生産関数に例えると分かりやすいだろう。

$$y = F(x_1, x_2, \ldots, x_N) ; y = \text{アウトプット}, \quad x_i = \text{第}\,i\,\text{番目のインプット} \tag{1.1}$$

個別の事務・事業がインプット，それを結合する生産技術が政策（体系）にあたる。左辺のアウトプット y はサービスの水準など政策の成果を現す。

義務教育でいえば，インプット（＝事務・事業）には教員定数の設定，カリキュラム（教育指導要領）・テキストの選択，学校施設の整備，教員への管理指導などが含まれる。学力向上を学校教育の「政策目標」とするならば，事業＝インプットはそれを実現するための「手段」と位置づけることができる。

近年，生徒の学力低下や学級崩壊など公立学校の教育サービスの質の悪化が言われているが，これはアウトプットとしての教育サービス水準の低下を指す。

地域医療の場合，インプットは公立病院の整備・運営，医療計画（ベッド数への規制を含む），健康診断など保健事業などからなり，アウトプットが地域住民の健康水準ということになる。

法定受託事務と自治事務　地方自治体は「地域における行政を自主的かつ総合的に実施する役割を広く担う」（地方自治法1条の2）とされ，「住民に身近な行政はできる限り地方公共団体にゆだねることを基本」とする。地方分権一括法（2000年4月）以降に国が地方に委託した事業は「法定受託事務」として，国政選挙やパスポートの発行など地方自治法で限定列挙され，それ以外の自治体の仕事は「地方固有の事務」たる「自治事務」に分類されている。

このように自治事務が「地方公共団体が処理する事務のうち，法定受託事務以外のもの」と残余的に規定されていることは，政府（公共）部門の仕事のうち，地方への割当て分が広く解釈されていることを示唆する。

とはいえ自治事務だから国から完全に独立して自治体が企画・実施しているわけではない。地方に対する国の関与は幅広く，自治事務も例外ではない。第1次分権改革の結果，「量的」には多くの仕事が「地方固有の事務」となったが，地方の裁量の拡充という「質」は必ずしも伴っていたわけではなかったことは第1節で言及した通りである。

従って，法定受託事務＝国の関与・規制，自治事務＝地方の裁量という二分論はわが国には当てはまらない。

特定財源と一般財源　地方の財源は国のよって用途が概ね決められた**「特定財源」**と原則地方が自由に使い道を決められる**「一般財源」**からなる。特定財源を構成しているのが，地方債や国庫支出金（国庫補助負担金）であり，一般財源は地方税や交付税，地方譲与税からなる。

このうち地方債が特定財源に入るのは，原則，起債目的が公共事業（**建設地方債**）に限られているからだ（第7章参照）。地方税は地方の「**自主財源**」，交付税や国庫補助負担金は「**依存財源**」にあたる。かつて「3割自治」と揶揄されていたのは，地方歳入に占める地方税の割合が3割に留まっていたからである。

ただし，自主財源，あるいは一般財源だから地方の裁量に全てが委ねられているわけではない。また，一つの事業あるいは公共サービスがいずれかの財源だけで賄われることもなく，第7章で概観するように両者が入り組んだ構造になっている。

単独事業と補助事業　地方の仕事をこの財源に応じて区分したのが**単独事業**と**補助事業**である。その区分は前述の自治事務や法定受託事務とは異なる（**図表1-15**）。

補助事業とは国庫補助負担金（特定財源）が財源に入っている仕事で義務教育や介護・医療，福祉などが典型例として挙げられる。この補助事業に関わる経費のうち，国庫補助負担金で賄われない部分は「補助裏」と呼ばれ，一般財源や地方債が充てられる。国から補助されている以上，一般財源充当分にも国の関与・規制がある。

一方，単独事業は一般財源と（投資的経費については）地方債でファイナンスされる事業で，国庫補助負担金には拠らない。補助金所管省庁の関与が

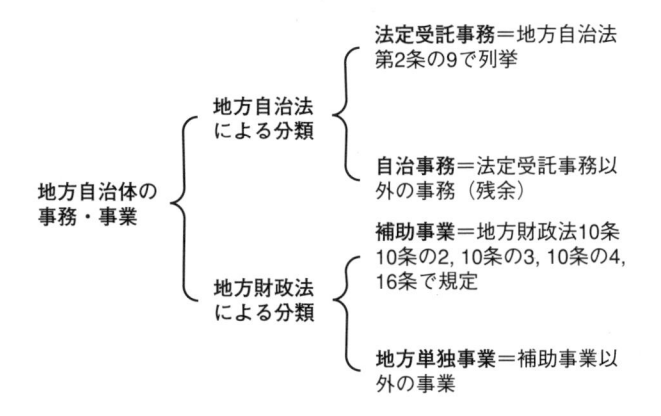

■図表1-15　地方の仕事の区分

```
                        ┌ 地方自治法  ┌ 法定受託事務＝地方自治法
                        │ による分類  │ 第2条の9で列挙
                        │            │
                        │            └ 自治事務＝法定受託事務以
地方自治体の ─┤                         外の事務（残余）
事務・事業    │
                        │ 地方財政法  ┌ 補助事業＝地方財政法10条
                        │ による分類  │ 10条の2, 10条の3, 10条の4,
                        │            │ 16条で規定
                        │            │
                        └            └ 地方単独事業＝補助事業以
                                       外の事業
```

ない分，補助事業に比べて地方の裁量の余地は大きい。

自治事務の中には単独事業もあれば，補助事業もある。例えば，義務教育は自治事務であるが，教職員給与の支払いは補助事業にあたる。

地方の補助金依存の裏付け　国の財源保障は補助事業，あるいは特定財源に限らない。地方自治法第232条第2項は「法律又はこれに基づく政令により普通地方公共団体に対し事務の処理を義務付ける場合において，国はそのために要する経費の財源につき必要な措置を講じなければならない」としている。ここで「必要な措置」とは具体的には国庫補助負担金や地方交付税といった財政移転による財源保障である。

従って，地方単独事業であっても，国が実施を要請するものである（第7章でみるように地方財政計画に計上される）限り，財源保障が施される。単独事業だから自主財源だけで賄われているわけではない。自治事務についても法令で定められた仕事は財源保障の対象になる。

このような財源の手当てをみれば地方の**補助金依存の体質**が浮かび上がってくる。その一方で，国の関与や規制は法定受託事務あるいは補助事業に留まらず，自治事務や単独事業にまで及んでいるという事実がある。

地方分権改革ではしばしば，国の関与・規制が批判されたり，地方の甘え

（財政規律の弛緩）が指摘されたりする。どちらかが誤った認識なわけではなく，国が政策のデザインと財源保障を担い，地方が執行する「集権的分散システム」の，それぞれの一面に過ぎない。

▶ 責任の共有と擦り合い

不明瞭な責任所在　わが国では，政策の企画から財源確保，執行に至るまで国と地方（都道府県と市町村）が複雑怪奇に絡み合う。

いま，生徒の学力低下や学級崩壊など公立学校の教育サービスの質の悪化への懸念が高まっている。その理由の一つとしては教育に関わる諸政策が地域の実態に即していないことが挙げられる。しかし，仮にそうだとしても，例えば，①教員の数や配置などに対する国の全国一律な規制がいけないのか，あるいは②教員の採用や指導などに対する自治体の努力が足りないからなのかは明らかではない。

教育への予算が十分ではないとしても，③国が必要な財源を保障していないからか，④地方が地方税（自主財源）を十分に充てることなく無駄遣いしているからかもよく分からない。つまり，教育サービスの低下という認識に対して，誰がどのような責任を負っているのか不明瞭なのである。

地方の財政悪化の責任についても不明瞭さが付きまとうことは第2節で述べた通りである。そもそも地方分権とは，国から地方への権限・責任の委譲に留まらず，その役割分担を明確にして，地域住民に対し，政策の責任の所在を明らかにすることにある。さもなければ，住民も政策の失敗について誰に不満を表明したらよいか，国政選挙，地方選挙のいずれの投票に反映させたらよいのかはっきりしない。

受益者意識の欠如　国が自ら行う直轄事業として道路やダム，河川を整備する際，地元自治体に一定の負担を求める「**直轄事業負担金**」（2008年度は総額1兆5,000億円）というものがある。「受益者負担」を建前にしているが，自治体にしてみれば，頼んでもいない公共事業の費用のツケを一方的に押し付けられた感もある。その一方で，原則，地方が独自に担う単独事業についても交付税を通じた国の補助がある。

いずれにしても自分で決めた事業であれば，自分で費用を負担する（第3

章で学ぶ「限界的財政責任」に通じる）のが筋なのに，国も地方もそうなっていないのが現状なのだ。ここでも国と地方の責任関係は不明確になっている。

▶ **本章のまとめ**

日本の地方財政の特徴は次のようにまとめられよう。
(1) 地方自治体は警察サービスから教育，社会福祉，地方インフラ整備まで幅広く公共サービスの提供を担っている
(2) 税収面でみると国と地方の税収の比率は6対4だが，支出面では4対6と逆転するなど，地方が税収サイドよりも大きな支出責任を担う「垂直的財政力格差」が顕著である。
(3) 国が企画・立案，財源を保障する一方，地方が執行を担う「集権的分散システム」になっている。
(4) 国の関与・規制は詳細で（一見，分権化が進んでいるように見える），支出面でも地方の裁量・権限は限られる一方，幅広い財源保障によって地方の財政上の責任も限られている。
(5) 国と地方の責任関係があいまいである。

参考文献・情報

《わが国の地方財政の現状》
総務省『地方財政白書』(各年度版)
出井信夫・参議院総務委員会調査室(編)『図説地方財政データブック』学陽書房(各年度版)

《地方財政の統計資料》
財団法人地方財務協会『地方財政統計年報』(各年度版)
財団法人地方財務協会『地方財政要覧』(各年度版)

《日本の財政状況全般についての統計資料》
財務省 HP：http://www.mof.go.jp/zaisei/con_07.html

《地方行財政に関する政府の政策・政策評価》
総務省 HP：http://www.soumu.go.jp/menu_02/chiho/index.html#c_suisin

《地方分権改革についての各種資料》
経済財政諮問会議 HP：http://www.keizai-shimon.go.jp/
地方分権改革推進委員会 HP：http://www.cao.go.jp/bunken-kaikaku/iinkai/iinkai-index.html
地方六団体地方分権改革推進本部 HP：http://www.bunken.nga.gr.jp/

第2章

地方財政の機能

本章の狙い

　本章では経済学の観点から地方財政のあるべき機能について学ぶ。経済学の基本的なアプローチについては2.1節で説明する。建前や信念に代えて，実態（エビデンス）と理論（ロジック）に基づいて現状を把握，理解，評価し，課題への対処を図るのが経済学の特徴である。本書では一貫してこのアプローチに従う。地方を含む財政の役割は市場にとって代わることではなく，その機能を補完することにある。2.2節では「市場の失敗」を矯正する財政の役割を概観する。そこでは個別・具体的な政策を取り上げる前に財政の機能（効能）に着目していく。政策ありきではなく，むしろ財政の機能をいずれの政策（手段）でもって充足するかが問われなくてはならない。続く2.3節では財政のいずれの機能を国と地方に割り当てるべきかについて考える。役割分担の指針として「機能配分論」を紹介する。機能は国と地方の「比較優位」に従って割り当てることが望まれる。一口に地方分権といっても，そのタイプは様々である。問われるべきは分権化の是非ではなく，その形態といえる。2.4節は異なる分権化のタイプについて述べる。

2.1 経済学で考える

　地方財政に対するアプローチは政治学，行政学，社会学など様々あるが，本書では経済学の理論・分析手法を使って地方分権のあり方や地方財政の諸問題について考えていくことにしたい。では，経済学のアプローチの特徴とは何だろうか？　それは大きく①現状の把握（事実解明），②理解・分析，及び③評価の段階に分けることができる。

▶ 事実解明

　現状の把握　経済学的な思考はまず現状を正しく把握するところから始まる。地方財政の文脈では歳出，税収，その構成など自治体の財政状況に関する統計を調べ，その特徴や傾向（**時間を通じた変化**，**地域間での相違**や**国際比較**）を分析する。

　「地域間格差」といえば，地方＝弱者，格差＝悪といった印象を持つ読者も多いのではないだろうか？　そのようなイメージに即した地方の現状に関する報道も多い。しかし，実態と印象は必ずしも一致しない。報道される自治体・地域がわが国の自治体・地域のたとえ一例であったとしても「典型的」な事例であるとは限らない。報道されるような特定の自治体が真に弱者であるとしても，そのことをもってほかの全ての自治体も同様に弱者であるとは断言できないからだ。

　わが国は強力な中央集権で地方は国のいった通りにしか教育，福祉などの政策を行えないという印象を持つ読者もいるだろう。しかし，社会福祉では子供の医療費の無料化など国の基準を超えたサービスを提供している自治体がある。企業の誘致や産業の育成のために，独自に地方税の減税や補助金の給付を実施している自治体も少なくない（第5章参照）。国の関与や規制の余地が大きいとはいえ，地方もそれなりの裁量を発揮しているのが実態だ。

　計量分析　収集したデータに計量分析を駆使して実情を明らかにすることもできる。社会資本の整備＝地域経済の活性化というイメージから道路投資などの必要性を唱える向きもあるが，本当に道路を含む社会（公共）イ

ンフラが地域経済の発展・自立に寄与しているかどうかは検証されなくてはならない。わが国の実証研究の多くはこの印象とは異なる結果を示している。

頻発する不祥事から国に対する国民の不信感が増している。このため分権化すればクリーンな政治が実現し，住民の声を反映した行財政が実現するといった国＝悪人，地方＝善人のイメージを地方分権改革に抱く人もいるかもしれない。この問題については諸外国の経験・データから知見を得ることができる。実際のところ，既存の実証研究からは地方分権が汚職を減らして政治のアカウンタビリティを高めるか否かは断定的にはいえない（第4章の説明を参照）。

▶ 理論モデルと誘因

理論モデル　このような経済の実態を理解・説明するために用いられるツールが**理論モデル**である。

例えば，地方分権改革の経済的帰結を巡って議論は様々である。分権化すれば，財政の効率化や政治の透明化など全ての課題が解決する「万能薬」とみなす希望的な観測がある一方，公共サービス格差を拡大させ，地方を切り捨てるといった悲観論も横行している。

そもそも，地方分権を行う経済的なメリットはどこにあるのだろうか？ 現行制度において住民の厚生に即した公共サービスが提供されない，行財政の運営が透明でない（特定利益団体の利益に偏っている）としても，それが分権化で解決するかどうかは別の問題である。一方の制度で生じた問題が必ずしも別の制度で自ずと解決するわけではない。中央集権と地方分権の経済的帰結とその費用・便益が比較されなくてはならない。社会資本整備や教育サービス，都市計画などに関わる権限を地方に移すことで国が全国一律・集権的に担うときに比べてどのような改善が期待されるのだろうか？ 分権化することで新たに生じる問題は何だろうか？

理論は地方分権も失敗し得ることを明らかにする。詳細は後の章に譲ることにしたいが，地域間格差の拡大や地方税・公共支出が近隣地域に及ぼす影響(外部効果)などが「地方分権の失敗」の例として挙げられる。ただし，このような失敗を理由に分権化をやめるべきだというわけではない。地方分権

の失敗を矯正するのが分権的財政制度における国の役割である。

誘　　因　経済理論で重視されるのが**誘因（インセンティブ）**である。ミクロ経済学を学んだ読者であれば，家計の効用最大化行動や企業の利潤最大化行動といった誘因（インセンティブ）の問題を覚えているだろう。

一般的にいえば，誘因とは自身の目的（家計であれば効用，企業ならば利潤）の追求であり，経済環境（市場価格や税制，制度など）の変化に対する反応をいう。地方財政理論において，この誘因を持って振る舞う主要なプレーヤーとしては中央政府（国），地方自治体，地域住民が挙げられる。地方分権改革の中ではしばしば，問題を国対地方の対立構造として捕らえる向きもあるが，地方自治体は必ずしも一枚岩ではない。「都市と地方の共生」，「地域間の助け合い」などといわれるものの，企業の誘致・地域経済の活性化，あるいは国への補助金の陳情などにおいては地域と地域の間で利害対立が生じることになる。無論，地域間での協調が結果的に実現する可能性を排除するわけではないが，それを前提に話は進めない。

加えて，地方自治体と地域住民の利害も同一視することはできない。選挙を通じて自治体の首長，議員が選出されるとしても，彼らが有権者の「忠実な代理人」とは限らないからだ。経済学では企業経営などに関わる契約論の文脈で**エージェンシー問題**として説明されるが，エージェント（＝自治体）はプリンシパル（＝地域住民（有権者））の利益に反した意思決定（政策決定・執行）をするかもしれない（第4章参照）。地方分権で地方自治体の権限を強化することと，地域住民が自治体を動かして自分たちのニーズや要求に応えた政策を実現することは別途，問われるべき問題なのである。行政学の用語を使えば，前者は団体自治の問題，後者は住民自治の問題となる。

誘因効果と意図せざる結果　誘因を勘案すれば自治体への権限委譲や財政支援が意図した結果をもたらすかどうかは必ずしも自明ではない。例えば，生活保護など社会福祉サービスへの権限・責任を分権化することで地域のニーズに即したサービス提供を行い，住民間の連帯や「共生の精神」を促したいとしても，自治体はそのように権限を行使するだろうか？　財政的な負担を回避すべく，福祉を抑制（あるいは受給資格を厳しく）して給付対象となる低所得者を地域内から排除しようとするかもしれない。

地域間格差を是正して地域を再生すべく，財政難に陥った自治体あるいは地域経済の低迷した自治体に対して補助金を与えるとしても，それが自治体の自立に向けた「やる気」を促さない限り，その意図は実現しない。「弱者」としての地域を財政的に救済することは，産業の振興や行財政改革などの自助努力をせず，国からの支援を当てにし続ける弱者を生み出しかねない。現に自立困難な地域があることは確かだが，自立できる地域であってもそうしないことは選択できる。

　皮肉だが，経済理論はしばしば社会的弱者の救済など善意ある政策がその意図に反する帰結，つまり，補助金依存体質の助長などをもたらすことを明らかにする。地方財政に限ったことではないが，政策効果の見通しは，こうあってほしいといった希望的観測やこうあるべきだといった信念ではなく，影響を受ける経済主体（地域，企業や住民など）への誘因効果を織り込んだ冷静なロジックから導かれなくてはならない。

▶評価の視点

　経済分析の評価の視点は多面的である。従って，公共政策や制度改革で問われるべきは絶対的に正しいかどうかではなく，どの観点からみて正しいか否かということになる。このような評価の視点は①効率と②公平に大きく区別される。このうち，効率は資源配分，地方財政の文脈でいえば，公共サービス供給に関わる価値基準であり，公平は所得分配，地方財政に即すると地方の財源の費用分担に関わる価値基準となる。

　効率，公平のいずれも「社会的」な観点からの評価であり，中央官庁，地方自治体など「利害当事者」の視点には拠らない。地方自治体など当事者にとって望ましい地方分権が，経済学的に望ましい地方分権というわけではない。経済学にとって重要なことは社会の厚生の増進であって，利害当事者の利益ではない。

効率性　　資源配分の**効率性**とは厳密には，「誰かの厚生を損なうことなく他の経済主体の厚生を増進するような実行可能な資源配分がほかに存在しない」という**パレート効率性**を意味する。直感的にいえば，限られた資源を最も価値の高い用途に充てた状態を指す（これに関連するが部分均衡分析で

は効率性は社会的余剰（＝社会的便益－社会的コスト）の最大化として定義される。最大化し損ねた余剰は効率性のロスとなる）。

世間で使われている効率性と経済学における評価としての効率性が異なることに注意してもらいたい。経済学の効率性は生産第一主義，あるいは収益至上主義ではない。経済価値を最も高めるような効率性の追求と営利を求めた商業価値の最大化は異なる。資源の価値は人々の**厚生（効用）水準**で測られ，環境破壊・温暖化などは経済活動の**社会的なコスト**として勘案される。公害を撒き散らしても経済成長を優先させるような政策は経済学的には効率性に適っていない。もっとも，環境汚染をもたらすような経済活動にも（その製品を消費する家計の満足の増進など）社会的な価値を見出すところで，経済学者の立場は環境至上主義的な活動家とは決定的に異なる。いずれにせよ，効率性とは個々の経済主体ではなく，**社会的な観点からの評価**であることに注意してもらいたい。

希少な資源の有効活用　何故，効率性が大事なのだろうか？ キーワードは**資源の希少性**である。つまり，利用できる資源，具体的には労働，資本，（土地を含む）天然資源などは限られているからこそ，それを大事に使っていこうというのが効率性の基本的な哲学である。資源を最も必要とされているところ，最も高い経済価値が見出されているところに投下することが効率性の追求にほかならない。

読者の中には効率性は市場（民間）部門に限られた価値基準と思っている人もいるかもしれない。しかし，近年になって公共部門においても効率性が強調されるようになった。財政難の中で限られた予算の有効活用が意識され始めたからといえる。

公平性　次に**公平性**について言及しておきたい。効率性が資源配分に対する評価であるのに対して，公平性は経済活動の果実としての**所得の分配**などに関わる価値基準である。大雑把にいえば，効率性がパイ（余剰＝経済価値）の大きさならば，その分割に関わる基準が公平性である。ただし，効率の「パレート効率性」のような厳密な定義があるわけではなく，個々人の価値観に依拠するところが大きい。

一口に格差是正といっても，どの程度格差を縮小するのが公平に適ってい

るのかは人によって意見が異なる。完全平等こそ公平という人もいるだろうし，自由主義的な観点から努力の成果に応じた分配こそが公平という人もいる。どちらが正しいかではなく，求める公平性の程度は価値観に応じて異なるということがここでは重要なのである。

応能原則と応益原則　公平性が求められるのは所得分配だけではない。財政の文脈では公共サービス・社会保障給付の費用分担のあり方でも公平が問われる。所得が高く，税を支払う能力のある個人が多く税負担することを公平とみなす向きもあれば，サービスから享受している便益に対応した支払いが望ましいという見方もある。前者を**応能原則**と呼ぶ。この原則に従った課税は富裕な納税者が多く税を払い，低所得者の税支払いは少なく済むことから，負担を肩代わりする前者から後者への所得再分配を含意する。課税所得とともに税率が引き上げられる累進所得税は，この応能原則に即した課税の典型例である。

一方，受益に応じた費用分担は**応益原則**と呼ばれる。公園や生活道路など，地域住民が皆等しく享受する公共サービスのコストは皆で等しく負担することが公平に適うといった考えがこれにあたる。

しばしば，年金・医療など社会保障に関わる世代間の不公平（格差）が問題視される。若い世代は自分たちの支払う社会保険料に見合った給付を将来的に期待できない，逆に現在給付を受けている高齢者は若いときの保険料負担以上に優遇されているということだ。受益と負担の乖離を不公平というのは応益原則の観点からの公平感にあたる。これに対して社会保障制度は世代間の助け合いであって，「損得勘定には馴染まない」という反論もあるが，こちらは（若年世代に支払い能力があるとすれば）応能原則にたった見方といえよう。

公平感の多面性　応能原則と応益原則のいずれが公平性の基準として正しいかを説いているのではない。ここで留意すべきは**公平感の多面性**である。少なくとも「公平」という言葉を使ったとき，その意味するところ（応益原則か応能原則か）を明らかにしておくことだ。さもなければ，同じ言葉で異なることを意味するわけで，議論が混乱しかねない。

地方財政に求めるべき公平は地方が果たすべき役割（機能）による。国税

と地方税に関わる公平の違いについては第5章で説明したい。

▶「あるべき」論と「ある」論

本節の最後に政策の**規範と実態の区別**について述べておきたい。経済学は経済の実態を明らかにした上で理論に従い分析，公平・効率の観点から評価して，格差や非効率など課題の解決に向け政策提言を行う。ここで提言されるのは「**あるべき**」政策にほかならない。財政学では環境破壊，市場独占，あるいは所得分配の不平等など，いわゆる「市場の失敗」を是正するための公共政策のあり方を学ぶ。CO_2 排出に対する環境税は，地球温暖化のコストを市場価格に反映させるためにあるべき税制の一例である。

地方財政にも国のある「べき」政策がある。例えば，地域間での財政力格差を是正したり，教育・医療など社会的に重要な公共サービスの「ナショナル・ミニマム」を確保したりするのが政府間財政移転のあるべき役割となる（第6章参照）。義務教育のカリキュラムなど全国で統一性が求められるようなケース，森林保全など環境政策のように管轄自治体を超えて影響が広域に及ぶ，あるいは感染症対策のような高度な専門知識が不可欠なものにも地方行財政に対する国の関与・規制が必要になるかもしれない。

ただし，国の政策の現実が「あるべき」政策に即しているとは限らない。補助金は「ばら撒き」に過ぎないかもしれないし，国の規制は地方の主体性・自己決定を過度に阻害しかねない（**図表 2-1**）。そもそも，政治は経済的な規範ではなく，利害当事者（中央官庁，政治家，自治体など）の間での政治ゲーム（妥協と競合）の均衡として帰結する。彼らが規範的に振る舞うことは一般に期待できない。

従って，政策の理念＝規範的（あるべき）役割は，その実態を正当化しない。現行制度をあたかも望ましい（規範に従った）制度であるかのように解釈するのはミスリーディングといえる。逆に現行制度への批判から財政移転など，その規範的役割そのものを否定するのも誤りである。

ここで重要なのは，政策の実態論と規範論のいずれが正しいかではない。経済分析を行う上で，各々に役割がある。現行制度や政策の現状を把握し，理解するには実態論が必要になる。規範分析は現状を評価するためであり，

■図表 2-1　規範 vs 実態

交付税	規範	「地方団体が自主的に……財源の均衡化を図り……地方行財政の計画的な運営を保障することによって，地方自治の本旨の実現に資する……」（地方交付税法第1条）
	実態	国の政策誘導（公共事業），地方の財政規律の弛緩
公共事業	規範	社会資本の整備，マクロ経済安定化（景気対策），地方（圏）の生産性・生活水準の向上
	実態	地方（圏）へのばら撒き，地方の公共事業依存体質の助長

現状があたかも公平・効率に即していることを前提にして，いかに望ましいかを説明することではない。提言に際しては，中央官庁，政治家，地方自治体など，現状の利害当事者に配慮して現実性（実現可能性）を担保することも大事だが，それを過度に重んじると，本来改革への規範を与えるべき提言が現状迎合的になりかねない。

2.2　財政の役割

　ここでは（国・地方を含む）財政＝公共部門の役割の「そもそも論」について考えていきたい。

　地方財政論を含む財政学を志す読者の中には，市場経済における営利の追求が好きではないから非営利である公共部門について学びたいという人や，格差・不平等をもたらす市場メカニズムは信用できない，あるいは市場経済の複雑なメカニズムやそれを分析する経済学の手法（一般均衡論やゲーム論）に馴染めないから，政策や制度が具体的な（よって現実味のある）財政学がよいという人もいるのではないだろうか？　残念ながら，このような期待に（少なくとも本書が従う）財政学は応えられないし，応えることは意図していない。

▶「政府」vs「市場」

市場機能の補完　財政のあるべき役割は市場経済にとって代わることではない。確かに市場メカニズムは所得格差や地球温暖化を含む環境問題など様々な弊害をもたらすことがある。実業家と称する一部の人々のセレブな暮らしぶりに反感を抱く人もいるだろう。市場メカニズムは完全でなく失敗もする。

しかし,「市場の失敗」は政府の介入による経済の計画化,ちょっと古い言葉を使えば社会主義化を正当化しない。20世紀の共産主義国家の顛末からも,全てを政府に委ねる(経済,政治,人道に関わる)危険は歴史的に証明されている。むしろ,政府(国・地方)に求められるのは市場の失敗による資源配分の非効率,所得分配の不公平を「矯正」することにある。

ここでいう矯正とは**市場機能の健全化**を指す。つまり,公共政策に求められるのは市場を代替するのではなく,公平・効率の観点から市場機能の便益を高めるという意味で,それを**補完**することにほかならない。環境税や排出権取引も市場の自由な取引を制限することは狙いとしていない。むしろ,市場が追求する商業的・私的利益と経済的・社会的利益の整合性を図るものである。

二元論の誤り　公共部門は非営利だから,その目的は社会厚生(公益)の増進であり,その運営にあたっては市場メカニズムのような競争原理は馴染まないというのも正しくない。①市場＝自己利益の追求,政府＝公益の追求,②市場＝競争原理,政府＝協調・共生といった二元論は現実には妥当でない。

政府は社会厚生を追求す「べき」だが,中央官庁や政治家の実際の振る舞いは違うだろう。彼らにも自身の目的(予算の確保や選挙対策)がある。残念だが,自己利益の追求は政府の中でも顕著である。非営利であることと社会厚生の増進は同義ではない。病院や学校など公共サービスの担い手は非営利であることが多いが,経済学の観点からすれば非営利とは,上がった利益を法人企業のように「**配当**」として**分配しない**制度に過ぎない。利益を追求しないというわけではないし,非営利団体の理事が高い給与や豪華な理事長室といった形で利益を享受しないわけでもない。

無論，営利企業は配当支払いを優先するあまり，効率化（ここではコストの削減）に偏った経営をするのではないかという意見もあるだろう。その結果，採算性の取れない病院など事業所は閉鎖されてしまうかもしれない。しかし，非営利で利潤追求のプレッシャーのない場合，効率性を無視した経営に陥るリスクがある。一長一短といったところだ。

　「競争原理」の意味　公共部門に競争原理は馴染まないというのも誤りである。例えば欧米諸国では医療など社会サービス提供の効率化のため競争原理を用いる試みがある。わが国でも公共事業への PFI，民間委託や市場化テストなど公共部門への市場メカニズムの導入が進んできた。地方分権にも地域（地方自治体）間での競争を促進するという面がある（政府間競争については第3章参照）。

　元来，人は良くも悪くも競争する生き物である。言うに及ばず選挙というのは有権者からの得票を巡る政治的な競争だ。地方自治体や利益団体による国への陳情合戦も補助金の争奪戦にほかならない（第6章参照）。競争をするかしないかではなく，何を巡ってどのように競争するかが重要なのである。分権化も，これまで協調・共生してきた自治体を新たに競争に巻き込むというよりは**競争のルール**を変えるものといえる。例えば，自治体がこれまでは霞ヶ関で補助金獲得のため競争していたのを，魅力ある街づくりを通じ企業や住民の獲得を目指した競争（「アイディア合戦」）に転換するものと考えるのが正しい理解であろう。

　市場経済のメカニズムを学ぶ意味　市場経済がどのように働いているかを正しく理解することなく，課税など公共政策の経済的な帰結を適確に予見することはできない。

　例えば，法人企業に対する課税の強化は企業の立地や設備投資，新規事業の実施，ファイナンス，雇用の選択などに影響を及ぼすだろう。「儲けている大企業から多く税をとればよい」という主張は一見，社会正義に即していて大衆からの政治的な受けがよいかもしれない。しかし，大企業課税の結果，その企業が海外に生産拠点を移したらどうだろうか？　国内では工場や事業所が閉鎖され，そこで働いていた労働者が雇用を失うかもしれない。さもなければ国内で行われていた研究開発や新しい生産拠点も海外に移るならば，

逸失利益は計り知れない。

　このようなシナリオは決して非現実的ではない。1990年代以降，経済のグローバル化とともに，ヒト・モノ・カネの国境を越えた自由な移動が起きているからだ。

　地方財政に関していえば，第3節の「機能配分論」で詳しく述べるように，地方自治体に委譲すべき政策は，居住地・立地の選択など**民間経済主体（企業や個人）の誘因（行動）に及ぼす影響**に応じて決められなくてはならない。

▶ 市場の成功と失敗

　市場経済の利点　「神の見えざる手」（厚生経済学の基本定理）として知られるように市場メカニズムが理想的に働くならば，**市場均衡**として実現する資源配分は効率的になる。

　市場経済の優れているところは，①経済主体（家計や企業）の**自己利益追求の誘因**と整合的であること，これに関連するが②家計のニーズ（選好）や企業の生産技術などに関する**情報の自発的な表明**を促すこと，その上で③**価格の需給調整機能**を通じて数多くの経済主体の選択を**調和**させることにある。

　市場取引に関わる情報（家計のニーズや企業のコスト構造）は自ずと市場の需要関数や供給関数に織り込まれる。このような情報は誰から求められるまでもなく，あるいは誰かによって集められる（一元化される）までもなく，市場取引の中で自然と顕示されるわけだ。

　また，市場参加者は互いに意識して協調するまでもない。価格メカニズムが彼らの需給選択を調整するからだ。誰が意図することなく市場均衡は効率的な資源配分を実現する。この望ましい帰結を導くのに，われわれは誰かの善意や心がけ，調整能力に頼る必要はない。しばしば市場原理の下で個人は利己的に振る舞う（一方，公共の福祉に関しては自己犠牲をいとわない）といわれる。しかし，見方を変えれば，個人が利己的に振る舞うにもかかわらず，市場原理は彼らの利害を調和できるのである。同じことを中央政府が集権的・計画的に行おうとしても無理がある。

　とはいえ，市場メカニズムが常に理想的に働くわけではない。市場が理想的であるためには**図表 2-2** で列挙したいくつかの（結構きつい）条件がある。

■図表 2-2　市場が理想的なための条件

条　件	含　意	満たされないときの帰結（例）
完全競争	全ての経済主体（企業・家計）は市場価格を与件として行動	独占企業，寡占企業による価格の吊り上げ
情報の対称性	取引に関わる経済主体（買い手と売り手）の間で情報を共有	逆選抜，モラル・ハザード
外部性の欠如	生産・消費に関わる全ての費用，便益が取引当事者（企業・家計）によって織り込まれている（需要・供給曲線に反映）	環境破壊・公害など外部不経済の発生
私的財の取引	市場で取引されるのは「私的財」としての性格を持つ財貨・サービス	「公共財」の自発的供給に伴う「只乗り問題」

　理想的な市場など存在しないから，神の見えざる手は意味がないと感じる読者もいるだろう。しかし，経済学において理想化された市場は現実の市場の問題点を理解するためのベンチ・マークになる。現実が理想的でないのは，理想が実現するための条件（のいくつか）が満たされていないからだ。その条件が分かれば，問題の根源と対応策も見えてくる。

　不完全競争　市場が完全競争的でないとき，市場を**独占**あるいは**寡占**する企業は価格支配力を発揮することで自らの利益の増加を図るだろう。均衡価格は完全競争のときに比して高くなり，均衡生産量は効率水準よりも過少になる。さもなければ，独占・寡占状態になりがちな市場については新規参入の促進，不当な価格の吊り上げへの監視，カルテル（企業間の結託・談合）の禁止など，政府による競争政策が求められる。公正な競争は市場に限らず，第3章で紹介する政府間競争にも不可欠となる。

　情報の非対称性　市場経済の原則たる「消費者主権」が機能するには，消費者が自ら購入する財貨・サービスの品質・効能を正確に理解している必要がある。品質・効能が「偽装表示」されているならば，消費者主権の前提は満たされない。品質への不信は当該財・サービスの価格を低下させるだろう。個人は質の悪いモノを掴まされるリスクを見越して，低い購入価格を提

示するようになるからだ。

「逆選抜」として知られるように価格の低下はコストこそ嵩むが真に質の高い財貨を市場から排除してしまう。その結果,

> 情報の非対称性⇒市場価格の低下⇒相対的に質の高い財貨の撤退⇒市場で供給されている財貨の平均的な質の低下⇒（質の低下を予見した消費者の提示する）市場価格の一層の低下⇒質の高い財貨の更なる撤退

という悪循環に陥ることになる。「悪貨は良貨を駆逐する」のである。市場では良質な財貨・サービスが提供されなくなってしまう。ただし，情報の非対称性は市場に限ったことではない。政府もこの問題に苛まれることが多い。地方分権がその対処となり得ることは次章で紹介する通り。

外部性　水質・大気汚染など環境問題は，市場メカニズムの失敗の典型例として挙げられる。経済学ではこれを**外部性**と呼ぶ。

市場価格に反映されるのは消費者・企業といった取引当事者らの私的便益，費用である。生産や消費に伴う環境破壊による健康被害は考慮されない。ここでは環境コストを含む社会的な観点からみた便益・費用と私的な便益・費用が一致していない。両者の乖離が**外部費用（コスト）**にあたる。同費用が市場価格に織り込まれない分，均衡産出量は効率水準よりも過剰になる。市場がコストを**過少評価**するからだ。

外部性は**便益面**で生じる場合もある。インフルエンザなどの感染症の予防はそれを受けた個人だけではなく，家族・友人を含めて周辺の人々が感染するリスクを減じるという利益がある。（家族愛や友情を否定しないまでも）このような便益は予防接種を受ける当事者によって正しく認識されることはあまりない。私的便益が社会的な便益を下回る分，感染症予防の便益は過少評価されている。外部費用のケースとは逆に予防接種均衡水準は効率に比して過少となる。

外部性を市場メカニズムに「内部化」する手段として，政府による補助金や税の活用が要請される。環境税はその一例といえる。

外部性と歪みの方向　外部性を定量的に捕らえることは難しいが，その

■図表2-3 外部性と歪みの方向

外部性の符号	均衡と効率水準の比較	評価
正	均衡水準＜効率水準	過少
負	均衡水準＞効率水準	過大

符号と均衡の効率水準からの乖離の関係は分かっている。ある経済活動（生産や消費）を拡大する外部性がプラス（外部便益を及ぼしている）であれば均衡は効率に比べて過少であり，逆にそれがマイナス（外部費用を課している）ならば均衡は効率よりも過剰になる（**図表2-3**）。この結果は本書でしばしば言及するように地方分権の効率性を理解する上でも有用である。

公共財 市場で効率的に供給することが困難な財としては**公共財**がある。公共財とは，市場で取引される私的財に対比される性質を有する財であり，非競合性・排除不可能性で特徴づけられる（政府が供給するから公共財というわけではないことに注意せよ）。

非競合性とは個人の消費が他の人々の消費機会を損なわないことをいう。例えば，1枚のピザは誰かが食べてしまえば，ほかの人は同じピザを食べることはできない。消費が競合的なケースである。ほかの人もピザを消費できるようにするには，ピザの供給を追加しなくてはならない。競合性により消費の増加は追加的生産を必要とする。

一方，大学での講義は教室が混雑していない限り，1人履修する学生が増えたとしても，教室にいるほかの学生の学ぶ機会を減じたりはしない。TVドラマは視聴者の数が増えたとしても，誰かが同じドラマを観られなくなるわけではない。これらは非競合的なサービスの例である。

排除不可能性とは費用負担をしない個人であっても便益を享受できることを指す。通常，私的財を消費するためには対価の支払いが求められる。支払いをせずに消費をすることは（食い逃げや詐欺といった犯罪行為を別とすれば）できない。しかし，生活道を通るのにいちいち利用料金を求められることはない。河川の清浄化など地域環境の改善からも，その対価を払っている

か否か（例えば，河川の清掃に参加したかどうか）を問わず人々は便益を得ることができる。

このような非競合性や排除不可能性を伴う財貨を市場で自発的，かつ効率的に供給することは（不可能ではなくとも）難しい。特に排除不可能性は対価を負担しないでほかの人の公共財拠出（河川の清掃など）の努力を当てにする「只乗り」（フリーライダー）の誘因を与えることが知られている。そこで地方自治体など政府の出番（次に紹介する「資源配分機能」）となる。

所得分配格差の是正　ここまでは市場均衡が非効率的になるケースを取り上げてきた。そもそも市場均衡の下での所得分配が，社会的に共有されている公平感に即しているとは限らない。格差は市場メカニズムの中では自律的に是正されないのである。企業・家計を競争にさらす市場は「勝ち組」，「負け組」を生み出すことになる。この格差を是正するには**政府の介入**が不可欠となる。

市場の自由化，規制の緩和が進めば，所得格差が拡がるのは必然である。だから，自由化・規制緩和が望ましくないのではなく，格差を是正する政府の再分配政策の充実が要請されると考えるのが正しい。

▶ 財政の三機能

規範的観点からみた財政の機能（役割）とは簡潔にいえば，市場機能の補完であり，所得分配の不公平を含む市場の失敗の矯正である。

このうち外部性の内部化，逆選抜問題の解消，公共財の供給などによる資源配分の効率化を**資源配分機能**という。所得格差の是正による所得分配の公平の改善は**再分配機能**である。

このような配分や分配といったミクロ経済学で学ぶ問題のほか，財政には**マクロ経済に対する役割**がある。景気の循環はいわば市場経済の新陳代謝ともいえるが，極端な変動は雇用の不安定や経済の先行きへの不安を招くため望ましくない。マクロ経済への悲観は消費や設備投資など，有効需要を減退させ，更なる景気後退を招く悪循環に陥りかねない。事実1990年代のデフレ不況は不良債権の累積といった構造問題もさることながら企業・消費者など経済主体の悲観が自己実現する形で景気を低迷させたところがある。景気

の変動を緩和する，不況の長期化を防ぐのが「マクロ経済安定化」機能である。

以上，①資源配分機能，②再分配機能，③マクロ経済安定化機能を**財政の三機能**という。

メリット財の提供　経済学は「消費者主権」として知られるように，個々人の選択を最大限尊重することが望ましいと考える。自分のことは自分が一番よく分かっているはずという観点に立てば，何をどれだけ需要するかなどは個々人の意思に委ねられて然るべきだろう。しかし，このような個人の好みを超えて，社会的に価値の認められた，あるいは認められない財貨もある。これらはしばしば**メリット財**（**価値財**）と呼ばれる。

子供には勉強嫌いな子もいるし，親の中には教育熱心でない者もいる。しかし，読み書き演算ができることは将来全うな大人になるために価値があるというのが社会的な評価だろう。自然や芸術品，古い建造物，伝統芸能についても，それに直接関わる人々（所有者，継承者，地域住民など）の意向を超えた社会的な価値というものがある。このようなメリット財の提供も政府の役割（資源配分機能）となる。

政策と機能　財政の機能を満たす具体的な政策は様々である（**図表2-4**）。電力やガスなど独占産業の料金への許認可（価格規制）は価格の吊り上げのような独占の弊害を除く役割がある。

大気汚染など外部不経済（コスト）への対処としては，排気ガス規制や，課税があり得る。予防接種の普及は外部便益を内部化する政策である。公的な供給が求められる「公共財」の具体例としては，国防，治安維持，司法，公衆衛生，道路・橋梁，上下水道等社会資本（インフラ）などがある。年金，医療など公的な強制保険（国民皆保険）は保険市場における逆選抜の解決策となる。

所得再分配を担う政策には累進的所得課税・相続税のような税制のほか，生活保護や公的年金を含む社会保障制度がある。生活保護を典型とする現金給付のほかにも，公営住宅や介護，医療サービスといった現物サービス提供も再分配効果を持つ。中央銀行による金利誘導，貨幣供給量のコントロールなど金融政策や不況期の減税，公共事業等有効需要の喚起を含む財政政策は

■図表2-4 財政の機能と政策

機能		対応する公共政策
資源配分	公共サービスの提供	国防，治安，司法，道路・港湾等生活・産業インフラ，教育，医療サービス，都市計画，公園
	規制	環境規制，品質規制，免許制（医者・教員など），土地利用規制
	リスク・ヘッジ(保険)	社会保障（年金・医療・介護）
所得再分配		生活保護，(累進的) 所得税
経済安定化（マクロ政策）		金融政策，財政政策（公共投資など）

経済安定化機能を果たす政策にあたる。

政策と機能の対応関係　こうした政策と機能の間に一対一の対応関係があるわけではない。例えば，高所得者から低所得者への所得再分配は累進的所得税で高所得者から徴収した税を生活保護で低所得者に移転してはじめて実現する。ここでは，累進的所得税＋生活保護でもって所得再分配機能となる。**複数の政策の組合せ**が一つの機能を果たす例である。

逆に一つの機能に対応する政策が複数存在するケースもある。地球温暖化策としては，環境税，排出量規制のほか，排出権の創出と取引市場の整備がある。高齢者の最低限の生活保障としては，公的年金制度の基礎年金のほか，生活保護もあり得るだろう。地方圏における雇用創出の政策手段としては，公共事業があるが，民間企業の誘致や産業振興策も考えられる。

公共事業の機能　一つの政策が複数の機能を充足する典型例としては**公共事業**が挙げられる。生活基盤，産業基盤等社会インフラの整備としてみれば公共事業は**資源配分機能**にほかならない。その期待される効果は地域経済の生産性の向上である（ミクロ経済学的には公共資本ストックは地域の生産関数のインプットの一つにあたる）。しかし，ケインズ政策として知られるように，公共事業は不況期には乗数効果を介して有効需要を喚起する**マクロ**

経済安定化機能を果たす。1990年代，景気対策の一環として矢継ぎ早に公共投資の増額が打ち出されている。不況期にマクロ経済の底支えをしたと評価する向きがある一方，生産性効果が低いという意味で無駄な公共事業のばら撒きとの批判もある。

加えて，公共事業は地域経済の低迷した地方圏における雇用創出の手段であり，**セイフティネット（所得保障）**としての役割を担ってきた。その財源は現在ないし，（今期の支出を財政赤字で賄うならば）将来の都市圏の納税者が多く負担する税である以上，公共事業は都市部から地方圏への「地域間」所得再分配を伴う。

資源配分機能の観点からすれば公共事業は生産性の高い地域に重点的に配分されるようメリハリをつけるべきで，経済安定化機能としてみれば景気が一旦上向けば，その役割を終えたことになる。しかし，所得再分配機能としての公共事業は，生産性や景気の動向とは別に要請されるものである。複数の機能を持つ場合，政策評価・政策判断は難しい。資源配分機能としてみれば「無駄な公共事業」であっても，再分配機能によっては有用と判断されるかもしれないからだ。

もっとも，同じ機能（ここでは地域の雇用創出・地域間再分配）を満たす，より効果的・効率的な政策手段がほかにあるかもしれない。財政学では個別・具体的な政策を取り上げる前に財政の機能（効能）に着目していく。はじめに政策ありきではなく，むしろ財政の機能をいずれの政策（手段）で充足することが望ましいのかが問われなくてはならない（機能＝政策目的と政策手段との関係については第8章で述べる）。

2.3　機能配分論

現実の分権改革では生活保護や義務教育，道路整備，まちづくりなど個別具体的な政策・事業ごとに権限委譲の是非が論じられることが多いが，標準的な財政学では最初に国と地方の間での「機能」の配分から議論を始め，その上で，各々の機能を充足する政策・事業の配分問題に移る。機能配分の判

断基準は**比較優位性**であり、その決め手になるのが①**ヒト・モノ・カネの移動可能性**、および②**地域住民との緊密さ**である。

▶ マクロ経済安定化機能

県独自の公共事業の場合　安定化機能が分権化されているケースから始めよう。景気後退期に「独自」に地方自治体、例えばA県が景気対策として公共事業による雇用の創出と有効需要の喚起を図ったとする。マクロ経済学で学ぶように公共事業は新たな雇用と所得を生み出すだけでなく、この所得×消費性向分が消費に回る分、更なる有効需要を喚起、派生的な雇用と所得を創出することになる。「乗数効果」を通じて最初の公共事業支出以上に総需要は拡大する。

しかし、その程度はヒト・モノ・カネの自由な移動によって制限される。A県で新たな就職の機会ができたとなれば、周辺地域からの失業者が流入してくるはずだ。その分、A県の地域住民の雇用機会はさほど増えないかもしれない。新たな雇用所得が消費に回るにもA県内ではなく、近隣の県での消費、あるいは他地域からの財貨・サービスの購入（＝輸入）に充てられるかもしれない。派生需要は県内での有効需要をあまり拡大させない。

地域経済の特徴は**開放性**にある。マクロ（一国）経済のレベルでも諸外国との貿易が皆無ではない。むしろ、近年、経済のグローバル化とともに国境を越えてヒト・モノ・カネの移動は高まっている。しかし、地域間取引は国際取引に比して言語や文化、政治などの壁が低い。よって、地域経済はマクロ経済と比べて相対的に開放の程度は高い。このためA県独自の景気対策の乗数効果は総じて国の政策の乗数効果よりも低くなる。景気対策については国に**比較優位**がある。

政策協調の問題　ここではA県が他地域と共同歩調をとることなく、単独で景気対策を打ち出したケースを想定している。A県での雇用機会の拡大により周辺地域から失業者が移動してくるのも、それらの地域では景気対策が行われていないからである。仮に全ての地域が一致して景気対策に望むならば、失業者の流入は起こらないし、A県は他地域の対策による有効需要の創出の恩恵を得るだろう。他県で経済が活性化すれば輸出が伸びるからだ。

ではそのような**政策協調**は国を介在させることなく実現可能だろうか？ここに公共財供給の只乗りと同様な問題が生じる。A県を含む各地域は，他地域における有効需要の喚起・雇用創出の政策が（当該地域への失業者の移動，同地域への輸出の増加といった形で）自分たちの経済へ派生効果をもたらすことを当てにして，自身の景気対策を怠るかもしれない。この場合，政策協調は約束通りには履行されないことになる。

わが国では1990年代，減税，公共事業の拡大など，地方が景気対策に関わってきた。しかし，これは国が地方に要請，政策誘導したもので地方は国の決めた経済対策を執行したに過ぎない。地方が独自に担ったわけではない。

金融政策の場合　マクロ経済の安定化としては上記の財政政策のほかに**金融政策**がある。現在，日本銀行が独占している貨幣の発行権を地方支店に分権化，独自に円を発行できるようにしたときの経済的帰結は想像に難くない。各支店がばらばらに金融緩和を行うならば，国内の貨幣供給量が増え，インフレ（物価上昇）を招くだろう。このインフレを統一的にコントロールする機関が存在しないため，収集がつかなくなる。統一貨幣を用いる限り，金融政策は**集権的**であることが望ましい。実際，EUはユーロ導入に際して金融政策をユーロ参加国から欧州レベルに集権化している。

▶ 資源配分機能

問題の性質により異なる該当範囲　資源配分機能に移ろう。環境破壊といっても，CO_2ガスの排出には地球規模の対策が求められる一方，河川汚染や森林保全などは地域的な問題といえる。社会資本の分野でも高速道路など高速交通網の整備はマクロ（一国）経済の生産性に関わるが，生活道や上下水道の便益は地域経済に留まる。国防や外交は国家の安全保障に関わるが，防犯や防災はより地域的な対応が求められる。医療の分野でも，最先端のがん治療などの高度先進医療と風邪などの軽度な病気の診察や生活習慣病対策では守備範囲が異なる。

便益の及ぶ範囲での区別　機能配分論は規制，公共サービス供給の**便益の及ぶ範囲**に着目する。結論を先にいえば，受益の範囲が全国に及ぶ，あるいは全国で一律実施が公平や効率に適う資源配分機能は国レベルに割り当て

る一方，地域に密着した，地域の特性を反映すべき同機能は地方に任せることが望ましい。

同じ公共財にも便益が全国に渡る**国家公共財**とそれが地域的・空間的に限定される**地方公共財**の区別がある。国防や司法，外交などは前者の典型例であり，公園，生活道路，地域環境保全は後者のカテゴリーに属する。機能配分論に従えば，国家公共財は国が責任を負い，地方公共財はその名前の通り地方レベルの政府が担うことが望ましい。

国家公共財を地方が提供するにも，域外への便益のスピルオーバー（拡散）や供給に関わる「規模の経済」からコストが嵩み非効率となってしまう。国土の防衛のために都道府県ごとに自衛隊を雇用する費用を想像してみよ。憲法・法律の遵守に関わる司法はいうまでもなく，諸外国との経済，政治の交渉に携わる外交も一元的でなくてはならない。このような公共財には国が比較優位を持つ。

これに対して，公園の整備は子供の数や近隣住民からの要望など地域的な特性を考慮して然るべきだろう。生活道路にしても気候や通行量を勘案すれば，道路幅などの規格には地域差があってもよい。また，生活習慣病対策などプライマリーケアにあたる医療分野は健診の普及に向けて，地域ごとに工夫がなされてもよい。

小中学校教育の場合，基本的なカリキュラムは全国一律でなければ，子供らに読み書き演算など，基礎的な知識が身につかないかもしれない。私たちが当たり前のように日本語でコミュニケーションできるのにも学校教育の貢献が少なからずある。その意味で「義務教育の根幹の堅持は国の責務」といえる。ただし，子供の学力や社会性の向上に向けたきめ細かい教育サービスや教職員の配置を含む学校運営については地方によって事情が様々だ。国の通達で画一的に行うことの弊害は大きい。教育には国家公共財（読み書き演算）と地方公共財（地域に溶け込んだ学校運営）の側面がある。機能配分にはその使い分けが求められる。

規制の配分　公共財に限らず**規制**についても国と地方間で機能配分があり得る。環境規制の場合，「京都議定書」の遵守（2008～2012年の間でCO_2ガスの排出量を1990年比で6%削減）は全国的な取組みである一方，

森林保全・河川の浄化などは地域単位の規制に委ねた方が各々の環境事情に即した対応が可能になる。産業規制関連では（偽装表示の防止など）品質管理は全国一律であっても，中心市街地活性化（「まちづくり三法」）を含む都市計画などは地方レベルで担うことで地域の経済的特性を反映できる。諸外国との自由貿易協定や為替対策は国家レベルの政策としても，地域経済の再生・活性化は地域の潜在力に精通した地方自治体の方が比較優位を持つ。

集権性と情報格差　機能配分論によれば，地域差のある，地域の事情を考慮することが望ましい政策（サービス供給や規制）は地方レベルに割り当てる。では何故，このような政策を集権的には担えないのだろうか？　このことを理解するには，中央官僚の既得権益や政治的な駆け引きなど政治経済学を持ち出すまでもない。キーワードは「情報の非対称性」である。

簡単にいえば，地域経済の特性・財政需要（ニーズ）に関して国よりも地方がより詳細，かつ正確な情報を持っていると考えられる。優位な情報を持つ地方に権限と責任を与え，その情報を最大限活用させた方が効率性に適っているというわけだ。「分権化定理」と呼ばれる地方分権による効率性の改善については次章で詳述する。

地域単位の問題　なお，同じ「地方」といっても都道府県もあれば市町村もある。地方公共財の受益の範囲も，公園や生活道のように市町村単位に留まるものもあれば，医療サービス提供など，都道府県レベルに渡るものまで様々だろう。

分権化といえば国から地方への権限委譲とみなされがちだが，本来は都道府県と市町村との間での機能配分の見直しも含意する。これまでの機能配分論を都道府県―市町村の関係に拡張すれば，便益や影響の範囲，ニーズ差が市町村単位で括れるか，都道府県単位に広域化するかによって公共財・規制のあるべき配分が決まってくる。この際，受益のほか規模の経済の有無など公共財提供に関わるコスト構造も考慮されなくてはならない。

もっとも，都道府県・市町村の行政区の境界を与件として，機能配分を考えるのではなく，所定の機能に即するように行政区の大きさを変えることもあり得る。例えば，介護・医療保険の場合，その責任主体を既存の市町村にするか都道府県にするかではなく，高齢化など人口構造を勘案して**望ましい**

行政区規模を決めることも可能だ。地域経済の活性化などは都道府県の枠を超えた政策が求められるだろう。だから国が集権的に実施するというのではなく、当該機能を担うため地方自治体の合併など再編成をしてより広域な行政区を作ってもよい（地方自治体の規模については第3章参照）。

▶ 所得再分配機能

マクロ経済の安定化と同様、地域経済の開放性、つまり、ヒト・モノ・カネの自由な移動が地方レベルでの再分配に制限を課すことが知られている。

地方独自の所得再分配　　A市が単独で生活保護給付など、福祉を手厚くし、その財源を域内の富裕層に対する課税（例えば、個人住民税の引き上げ）で賄ったとしよう。これはA市独自の政策のため国からの補助金や交付税による手当てはない。福祉の拡充は周辺地域から受給資格を有する低所得者層の同市への流入を招くだろう。低所得者にとってみれば他地域に比べてA市への移住が魅力的になるからだ。一方、富裕層は相対的に税負担の低い地域に流出するだろう。このような地域間での移動は瞬時に起こるものではないにせよ、時間の経過とともに顕著になっていく。

A市にとって富裕層の流出は税収の減少を、貧困層の流入は福祉経費の増加を意味する。明らかに財政収支のバランスは取れなくなる。受給者一人あたりの福祉支出を維持しようと思えば、まだ市内に残っている納税者への課税を更に強化しなくてはならない。高所得者（＝納税者）の流出が一層増す。このプロセスは上記の逆選抜問題に類似した悪循環をもたらすだろう（**図表2-5**）。いずれ、A市の福祉政策は財政的に持続できなくなり、見直しを迫られることになる。

国の所得再分配政策の場合　　一方、国レベルで全国統一的に同じ政策を実施した場合、富裕層や低所得者の地域間移動は誘発されない。どこに居住しても税負担や福祉水準に違いはないからだ。無論、経済のグローバル化により、高い税金を嫌った納税者が海外に居住地を移す可能性も否定できない。国も国境を越えた人口移動から政策上、制約を受けないわけではない。しかし、上述の通り国家間移動よりも地域間移動の頻度が高い（地域経済が一国経済より開放的である）以上、**制約の度合い**は国レベルの方が低くなる。所

■図表 2-5　地方独自の福祉政策の経済的帰結

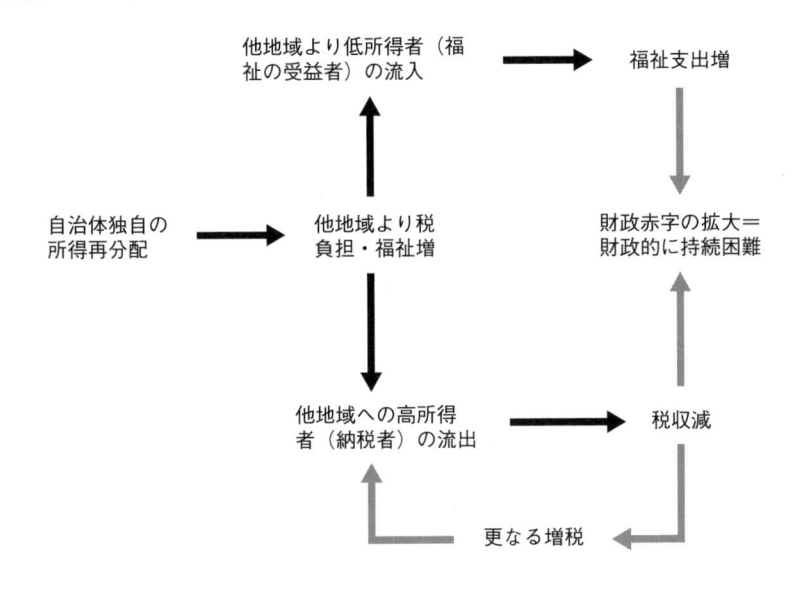

```
自治体独自の         他地域より税       他地域より低所得者（福      福祉支出増
所得再分配    →    負担・福祉増  →   祉の受益者）の流入    →

                                                          財政赤字の拡大＝
                                                          財政的に持続困難

                     他地域への高所得
                     者（納税者）の流出   →   税収減

                            更なる増税
```

得再分配機能に関しては国に比較優位がある。

　地域住民の共生を図る観点から，地域独自の福祉政策＝所得再分配に共感する向きがあるものの，経済学のロジックは意図＝地域の共生とは異なる経済的帰結をもたらし得ることを明らかにしている。このような主張に対しては現行の地方自治体は福祉等再分配政策で重要な役割を担っているという反論があろう。しかし，わが国の自治体は国の基準・義務づけ，財源保障の下で再分配の多くを執行してきたに過ぎない。ここで問われているのは地方が自らの財政責任と裁量でもって再分配機能を請け負った場合の帰結である。

▶ 機能配分論の実際

　機能配分論のリアリティ　　国と地方との間の役割分担を財政の「機能」＝効果（資源配分，所得再分配，経済安定化）に応じて決めるのが機能配分論

■図表 2-6 機能配分論

財政の機能		機能を割り当てる政府レベル
資源配分機能	国家公共財の供給	中央（国）
	地方公共財の供給	地方（受益の範囲等に応じて都道府県・市町村）
所得再分配機能		中央（国）
経済安定化機能		中央（国）

である（**図表 2-6**）。

しかし，個別具体的な政策や関連する事務事業をこの機能に即して配分することは難しい。上述のように一つの政策が複数の機能に対応するケースもある。例えば，公共事業などはインフラ供給という機能配分機能のほか，不況期の景気対策，地方圏での雇用確保（＝所得保障）の機能を有してきた。

小中学校教育サービスは供給だけみれば資源配分機能にあたる。しかし，その財源を仮に所得税でもって賄うならば，公的教育は高所得者から相対的に所得が低く子供が公立学校に通っている世帯への再分配を含意する。前者が教育費用を肩代わりしていることになるからだ。

教育に限らず，受益者と費用負担者（ここでは所得税納税者）が一致しない限り，財・サービスの公的供給には再分配が伴う。ただし，再分配の方向や度合いは財源の性格に依存する。（税率の逓増する）累進所得税の方が（税率がフラットな）比例的所得税よりも再分配の程度は大きい。

機能配分論の意義　とはいえ機能配分論が非現実的というわけではない。例えば，財源確保と公共サービス供給を同じ政府が担うとは限らない。国が所得税を課税し，その税収を地方自治体に財政移転，それを財源に自治体が教育に充てることもできるだろう。政府間財政移転は地方支出を財源保障する。経費の一部は地方税などで財源調達してもよいが受益に即するようにす

■図表 2-7　再分配機能と資源配分機能の分離

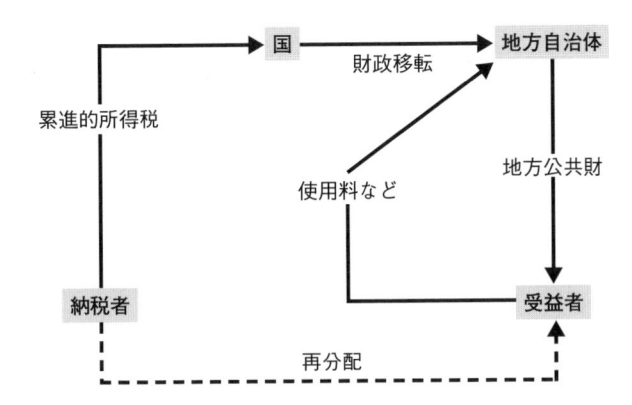

```
                        財政移転
        国 ─────────────→ 地方自治体
        ↑                      │
累進的所得税│          使用料など │地方公共財
        │                      │
        │          ┌──────────┘
        │          ↓
      納税者              受益者
        └ ─ ─ ─ ─ ─ ─ ─ ─ →
                  再分配
```

れば，再分配効果は極力抑えられる。ここでは再分配機能を国に，資源配分機能（＝公共サービス提供）を地方に分離しているのである（**図表 2-7**）。

　また，公共事業が充足している再分配機能（セイフティネット）は税制や福祉，職業訓練などで代替することも可能であろう。次善（セカンド・ベスト）の観点からすれば，最も効果的・効率的にその目的を達成する政策手段を選択することが望ましい。政策目的（＝地方圏における所得保障）は，現行の政策手段（＝公共事業）を正当化しない。再分配をほかの政策手段に委ねて，公共事業は資源配分機能（＝社会資本整備）に専念させてもよいからだ。公共事業など，所定の政策が他の機能（公共事業であれば再分配や経済安定化）を果たすとしても，「主たる」機能に着目して機能配分を行えばよい。

2.4　地方分権のタイプ

　一口に「地方分権」といっても，その形態は多様である。分権改革の議論

がしばしば混乱するのも，地方分権の意味するところが利害当事者や識者の間で異なることによる。

例えば，財政力の乏しい自治体は分権化でもって福祉・教育など公共サービスや公共事業に対する裁量（＝自己決定権）の拡充に期待する一方，税源移譲のため交付税・補助金を削減することには反対するだろう。富裕な自治体であれば，税源移譲による地方税の拡充を求めるだろう。そもそも地方は公共支出の6割を担っており，その意味で既に「分権化」しているともいえる。

▶ 支出サイドと収入サイドの分権化

地方分権は大きく①**支出サイドの分権化**と②**収入サイドの分権化**に区別される。前者は地方に公共支出の使途の選択，つまり予算配分への権限・裁量を強化することであり，後者は補助金に代えて地方税による財源確保を促すことをいう。

支出サイドの分権化　支出サイドの分権化の場合，地方自治体は権限委譲された支出分野，例えば教育，医療・介護，インフラ整備に充てる予算を地域の特性やニーズに応じて自ら決めることができるようになる。この際，財政移転は「一般財源化」（少なくとも補助金の用途が拡大）されなくてはならない。補助金の使い道が縛られたままでは地方の自由度が高まらないからだ。

結果，予算を融通してもらうよう国に働きかける必要はない。一旦公共事業を分権化するならば，道路が必要という自治体は他の経費を削ってでも道路の整備に予算を充てればよい。教育支出の中でも校舎の改築，教員の採用，IT整備，課外授業，不登校児・いじめ対策など使い方は地方の裁量に委ねられる。

ただし，分権化の程度は対象となる政策・事業（教育，医療，福祉，公衆衛生，雇用対策，社会資本整備など）の性質によって様々である。分権化しても，ナショナル・ミニマムの観点から国は最低限の支出義務を地方に課すかもしれない。地方の裁量はそれを超過する範囲でのみ認められる。この場合，地方の裁量の程度は義務的支出の水準に拠るだろう。当然，その水準が

高いほど地方の裁量の余地は限られる。

収入サイドの分権化　一方，収入サイドの分権化は，地方が自らの権限と責任で賄う財源の割合を増やすことである。具体的には，①国税から地方税への税源移譲や②地方の「課税自主権」の拡充が挙げられる。支出サイドの分権化が地方の自己決定を促すのに対し，収入サイドの分権化が求めるのは地方の自己責任である。ここでいう財政責任とは地方が自ら決めた支出の財源は原則，自身の地方税で賄うこと，放漫財政のため赤字が膨張しても国の財政支援を当てにすることなく地域住民らの負担（＝地方税の増税）で対処することにほかならない。

収入サイドの分権化に際しては支出サイドの分権化（国と地方の役割分担の決定）が先行しなくてはならないという原則がある（"money follows function" の原則）。支出責任の所在は曖昧なまま，収入サイドだけで分権化を進めるのは，国と地方との間での「財源の奪い合い」に過ぎない。

この分権化も移譲される税源の種類（所得課税，法人課税，消費課税，資産課税等）によってタイプは色々だ。所定の税源が地方に独占的に配分されることもあれば，国税と重複することもある。例えば，固定資産税（不動産税）はわが国を含めて大概，市町村レベルのみによって課されている。一方，個人・法人所得税は複数レベルの政府の間で重複していることが多い。わが国では国，都道府県，市町村の全てのレベルで課されている（第 5 章参照）。

課税自主権　移譲された税源に対して地方が行使できる権限（＝課税自主権）も多様である。この課税自主権は**①課税対象の選択**や**②税率の選択**，及び**③徴税**に区別される。地方分権一括法（2000 年 4 月施行）以来，ブームになった地方新税（法定外普通税・目的税）は，「納税者に過大な負担をもたらさない，物流を妨げない，国の経済政策と矛盾しない」範囲という条件付きながら，これらの権限が全て地方に委ねられたケースである。

ただし，①～③が一体で地方に権限委譲されなくてはならないというわけではない。例えば，連邦国家であるカナダでは長らく徴税協定を結んだ州政府と連邦政府との間で個人所得税について課税標準（ベース）の定義と徴税を連邦政府に委任することが合意されてきた。州政府は税率の選択に課税自主権を発揮する。ちなみに，わが国でも都道府県民税（都道府県の住民税）

は市町村が代理徴収している。

共有税 税収に対する権利を認めながら地方独自の課税権を与えていないのが**共有税**（tax sharing）である。税率，課税ベースは全国一律に決められる。わが国の地方消費税は共有税のカテゴリーに入る。課税標準は国の消費税と同一，税率は現行1％（正確にいえば，国の消費税率（現行4％）の25％）に固定され，「当分の間」の措置としながらも国が消費税と合わせて徴収している。ドイツでは所得税・法人税が共有税の対象であり，州政府が徴税責任を負っている。地方の課税自主権が制限されているにもかかわらず，共有税が「地方税」たるのは税収がその発生地域に帰属するところ（＝発生地主義）による（共有税の役割については第6章でも説明する）。

▶ 分権化の質と量

第1章で述べたように，わが国では地方が公共支出の6割あまりを占めてきた。この数字だけみると，既に支出サイドでは分権化しているようにも見えるだろう。しかし，わが国の地方歳出に対して，国の関与・義務づけ（国が法令で基準を設定，あるいはその実施を義務づけ）が幅広くなされている。支出シェア6割という数値は地方の自己決定と自己責任は反映していない。

量的分権化と質的分権化 地方分権には量的側面と質的側面がある。地方支出の増加や「地方における歳出規模と地方税収の乖離を縮小」する観点からの税源移譲は**量的分権化**にあたる。一方，**質的分権化**とは支出面では国の関与・義務づけの縮小，収入面では地方の課税自主権の強化である。地方新税の導入や地方税へ制限税率（＝地方自治体が課税できる税率の上限）の撤廃などは，この課税自主権の拡充にあたる。質的分権化とは即ち，地方の「自己決定権と自己責任」の促進にほかならない（**図表 2-8**）。

「地方が自らの責任と判断で行政サービスを実施できるように」すべく行われた三位一体の改革も，補助金の削減で国の関与・規制を減らし地方の裁量と責任を高める「質的」分権化を意図して始まった。もっとも，実態としては，「平成18年度まで3兆円規模の税源移譲」という数値目標の実現が優先されるなど収入サイドの「量的」分権化に偏ってきた向きがある。

■図表 2-8　地方分権のタイプ

	分権化	狙い	「量」と「質」
支出サイド	政策執行	国の政策執行の円滑化	「量的」分権化
	政策のデザイン	地方の裁量・主体性の拡充	「質的」分権化
収入サイド	税源移譲	地方の財政責任の確立	「量的」分権化
	課税自主権の強化		「質的」分権化

▶ 良い分権化と悪い分権化

分権化のデザイン　地方分権のタイプは様々でも，その全てが経済的に等しく望ましいわけではない。「良い分権化」と「悪い分権化」があるのだ。問われるのは分権化の是非ではなく，その「デザイン」である。ここでは望ましい地方分権の特徴について説明したい。規範的には，前述の機能配分論の即した国と地方の役割分担が求められる。具体的には地方自治体は便益の範囲が地域的に限定された「地方公共財」の供給に対して権限・裁量を行使するなど資源配分機能において重要な役割を果たすことが望まれる。所得再分配や経済安定化は国の責任とする。

なお，医療や介護など「現物給付」は，その供給自体は資源配分機能でも，応能原則に従う限り，財源調達には（受益者と納税者が一致しないことから）再分配が伴う。この場合，国が課税を行い，税収を地方に財政移転して経費を賄う必要が出てくるだろう（**図表 2-7**）。

役割分担の見直しと明確化　分権化とは**国と地方の役割分担の見直し**であって，地方への一方的な権限・責任の委譲を意味しない。結果的に現在地方が担っている権限が集権化されることを排除していない。

規範的には役割分担（責任配分）は適切であるだけではなく，明瞭でなくてはならない（第1章参照）。わが国のように国が企画・財源保障して地方が執行する「集権的分散システム」は責任の所在を曖昧にしかねない。教育などの公共サービスの質が劣るとしても，地方は国の財源保障が不十分，あるいは国の規制による弊害を強調することで責任を免れようとするだろう。

一方、国は地方の無駄遣いを批判するかもしれない。責任の擦り合いに終始する結果、事態がうやむやとなり、いずれも責任を回避できてしまう。

分離型 vs 融合型　行政学では集権・分権のほか、国と地方の責任関係に着目した分離・融合という分類で財政制度を特徴づけている。政策の企画・財源確保から執行まで、あるいは幅広い国の関与・規制と財源保障といった具合に国と地方の責任関係が入り組んだ集権的分散システムは融合型の典型である。一方、分離型の下では、国と地方の権限・責任の範囲に重複がない。英国の財政制度はこの分離型の例として挙げられることが多い。各々の政策分野に対する権限と責任はただ一つの政府に帰属するため、その所在は明確になる。

「国と地方の明快な役割分担を確立」する観点からは分離型が好ましい。もっとも、学校教育などはカリキュラムの作成と実施、教科書検定、学校施設整備、教員の採用・配置、給与の支払いなど、複数の事業を包含した政策体系であり、国家公共財的な側面（読み書き演算など）から地方公共財（学校運営など）としての性格まで含む（第1章で紹介したように個別の事業はインプット、政策はそれらを結合する生産技術にあたる。子供の学力など教育の成果がアウトプットにほかならない）。

そのため、学校教育のうち、ナショナル・スタンダードが要請される（国家公共財的な）事業（例えばカリキュラムや教科書検定）は中央レベルに、地域差があっても構わない（地方公共財としての）事業（教員の採用・配置、学校運営など）については財源を含めて地方レベルに権限委譲することがあり得るだろう。機能配分論に即するよう個別事業ベースで分離型を目指すというわけだ。

それでもなお、学力低下（教育サービスのアウトプット）が国の作成するカリキュラムのせいか、地方が監督する教員の質の低下によるか責任の擦り合いが起きるかもしれない。ただし、国の政策は全国一律であるから、その政策が問題ならば全国で**平均**学力の低下が見受けられるだろう。一方、ある地域での子供の学力が他地域よりも**相対的**に劣るならば、それは当該地域の責任となる。従来は国の規制が地域のニーズや事情に合致していないと言い訳できたが、地域のニーズを反映すべき事業は分権化されてしまっている。

他地域との比較によるパフォーマンス評価については次章で詳しく述べることにしたい。

医療・介護事業などは社会的な観点からナショナル・ミニマムが求められる（メリット財としての性格を持つ）。この場合でも，国の財源保障はその水準に留め，超過する部分については地方に財政責任を求めるようにする。国が責任を果たすべきナショナル・ミニマムが明確に定義される限り，責任関係が曖昧になることもない。

分権化と財政移転　地方分権と補助金の廃止を同一視する向きがあるが，これは必ずしも正しくはない。分権化にあたって問われるのは財政移転の規模よりも，その性質である。地方の自己決定権を尊重するには財政移転は国が用途を指定しない「一般補助金」，あるいは用途は限定的でも，その具体的な使い方は地方の判断に任せる（使途は教育であっても，それを教員の雇用に使うか，校舎の改築に回すかは地方が独自に決められる）「交付金」を用いればよい。垂直的財政力格差が大きいからといっても，分権度が低いとは限らない。地方税に対して地方が十分な課税自主権を発揮できるならば，「質的」には分権化していることになるからだ（財政移転の経済分析については第6章参照）。

政治 vs 規範　無論，地方分権改革は所詮，「国民の付託を受けた」（はずの）政治家による政治的な判断であり，必ずしも経済学的な合理性（規範）に即して決められるわけではない。そもそも経済的規範だけが地方分権の全てではない。多くの途上国・移行国の場合，分権化の狙いとしては民主化の促進がある。地方レベル政府は地域住民に身近だからこそ，監視・コントロールが及び易いという面があるからだ。まさに地方自治は民主主義の学校である。アジア危機（1997年）以降のインドネシアや，市民革命（1986年）後のフィリピンでは二度と独裁者を出さないために分権化（＝民主化）が進められた。ロシア，東欧諸国でも1990年代，社会主義から市場経済に移行する過程において地方分権が進められた。

国に対する不信も分権化の政治的な原動力となる。国が当てにならないから地方を当てにしようというわけだ。しかし，地方分権の実態がこうした期待に適うわけではない（第4章参照）。

第1章で概観したように現実の分権改革は国と地方自治体，中央官庁間，政治家と官僚間など，様々な利害当事者の間での政治的な駆け引き（＝ゲーム）の帰結である。国は自身の財政負担の軽減のため，生活保護のような再分配政策を地方に委譲（＝押し付け）しようとするかもしれない。その一方で，地方に任せても構わないような政策でも中央官庁は「統一性」，「広域性」，「専門性」を盾に自身の権限として留保することを望む。

政策や制度の規範と実態は異なる。ただし，実態とは異なるからといって，規範が無意味というわけではない。望ましい地方分権の規範は，実態を評価するための「ベンチ・マーク」となる。分権化の実際がこのベンチ・マークから乖離するほど，その経済的帰結は効率・公平の観点からすれば望ましくはならない。

練習問題

問1：市場経済において「神の見えざる手」が有効に機能するための条件を挙げた上，その条件が満たされないときの経済的帰結を説明せよ。

問2：公平の基準として①応能原則と②応益原則がある。これらの原則の違いについて述べよ。わが国の地方税である個人住民税には，原則，所得の多寡に拠らず全ての地域住民に対して定額の課税を行う「均等割」がある。この課税が公平に適っているかどうか論じよ。

問3：財政の三機能として①資源配分機能，②所得再分配機能，及び③経済安定化機能がある。三機能の定義とこれらを充足する具体的な公共政策をあげよ。

問4：財政の三機能は国・地方のいずれのレベルの政府に割り当てるのが望ましいか？　その理由を合わせて説明せよ。

問5：地方分権のタイプも様々である。①支出サイドと収入サイドの分権化の違い，②量的分権化と質的分権化の違いを述べよ。

参考文献・情報

《財政の機能など財政学の基礎について》

井堀利宏『財政学（第4版）』新世社，2013年

土居丈朗『入門 公共経済学』日本評論社，2002年

畑農鋭矢・林　正義・吉田　浩『財政学をつかむ』有斐閣，2008年

林　宣嗣・林　亮輔・林　勇貴『基礎コース財政学（第4版）』新世社，2019年

❖ボックス 2-1 余剰分析

　本書では，しばしば余剰の概念を使って効率性を説明する。私的財，あるいは公共サービスの生産に伴う余剰は便益と費用の差として定義される。

　　余剰＝便益－費用

　以下の図表では，横軸にある財 X の生産量，縦軸に限界便益と限界費用をとっている。ここで限界とは追加的な財1単位を指す。従って，限界便益であれば現行の消費水準（例えば，X_0）をスタートにして，そこからもう1単位（少しだけ）消費を増やしたときに得る受益（＝満足）の増加となる。限界費用は1単位生産を増やすことによる費用の増分である。一般に，限界便益は消費の増加とともに逓減，限界費用は逓増することが仮定される。前者は消費の量が少ないほど，財貨は「希少」となって高い価値が見出されることを含意する。財貨の消費や生産には1個，あるいは1グラムいった単位があるが，経済学ではこの単位を一般化，限界便益や限界費用を消費・生産量（ここでは X）の「連続関数」として表現することが多い。

　競争的な市場では，家計の効用最大化行動から家計が消費から得る限界便益は需要関数（効用最大化の条件式は価格＝限界便益）に，企業の利潤最大化行動から生産に伴う限界費用は供給関数（利潤最大化の条件式は価格＝限界費用）に織り込まれる。

　余剰の増減は，限界便益と限界費用の比較による。このことは X が1単位増加することに伴う余剰の変化が

　　Δ余剰＝Δ便益－Δ費用＝限界便益－限界費用

と表されることからも分かるだろう。限界便益が限界費用を超過する範囲（図表では X_0）で余剰は X と共に増加，限界費用が限界便益を上回る範囲（図表では X_1）では X が増えると減少する。限界便益が逓減，限界費用が逓増する性格から，余剰を最大にする X は一意（図表では X^*）に決まる。この点が，余剰を最大化した生産・消費水準となる。

余剰の最大化 ⇔ 限界便益＝限界費用

経済学の効率性は（限界）便益や費用を「社会的」な観点から評価する。一方，市場が織り込むのは，（消費者自身が享受する）私的な便益，（生産者・企業が被る）私的な費用である。つまり，効率性は社会的な余剰の最大化（社会的限界便益＝社会的限界費用）を求めるのに対して，市場が実現するのは私的な余剰の最大化（私的限界便益＝私的限界費用）である。本節で紹介する「外部性」は社会的余剰と私的余剰を乖離させてしまう。

■余剰の最大化

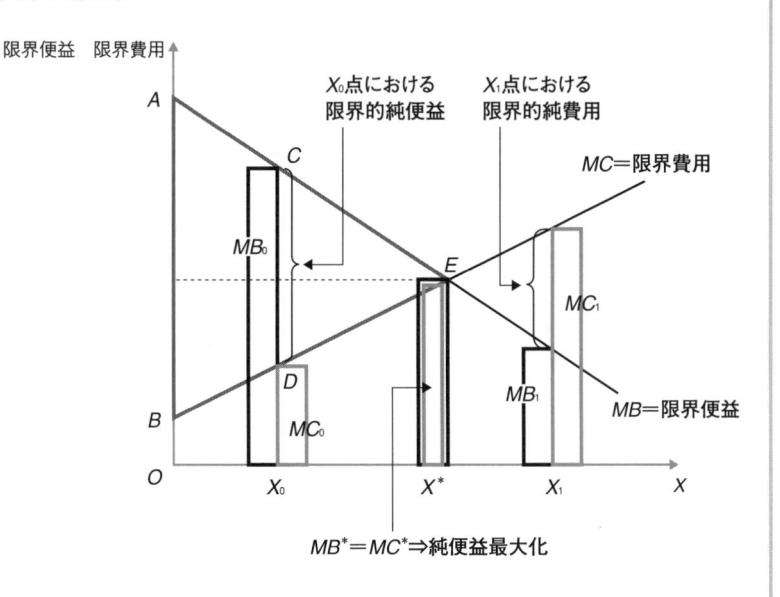

限界便益　限界費用

X_0点における限界的純便益

X_1点における限界的純費用

MC＝限界費用

MB＝限界便益

$MB^* = MC^* \Rightarrow$ 純便益最大化

❖ボックス 2-2　地方の課税力

　質的分権化を「数量的」に測定する試みとして，地方の課税自主権に着目したOECD（1999）の研究がある。そこでは，税源に対して行使できる課税自主権の程度を（a）地方自治体は税率と課税ベースを選択，（b）地方は税率のみを選択，（c）地方は課税ベースのみを選択するレベルに区別する。国と地方が税収を分け合う（d）歳入分与について（d1）地方が税収の分割を決定，（d2）税収分割には地方からの合意が必要，（d3）税収分割は法令で定められているが，国が一方的に変更可能，（d4）税収分割は国が各年予算の一部として決定するケースに分けられる。加えて（e）国が地方の税率・課税ベースを決める場合も考慮される。

　課税自主権は税源によって異なってくる。例えば，わが国では地方たばこ税は税率・課税ベースとも全国一律だから（e）にあたる。地方新税（法定外税）などは税率・課税ベースとも地方の裁量だから（a）といったところだろう。ドイツでは連邦と州政府との間で個人所得税，法人税が歳入分与されているが，その按分の変更には州の代表者によって構成される連邦上院の合意が必要となる。従って，同国の歳入分与は（d2）にあたる。各レベル地方政府（州，県，市町村）の税収を課税自主権のレベル別に分類したのが以下の図表である。

　図表では量的な分権の程度は地方税収が一般政府税収（社会保険料を含む）に占めるシェアでもって測られている。1995年当時は法定外税が普及していないこともあり，日本の地方税は（b）が多くを占める。

　自身の税収の89%がカテゴリー（a）に含まれるスイスの州政府は量的にも，質的にも分権化（地方の課税自主権の強化）が進んでいることが分かるだろう。1995年当時でみると，スペインはわが国に比して量的にはさほど分権化していない（地方の税収シェアは低い）ものの，カテゴリー（a）に入る地方税の割合が高く，歳入分与についても地方の合意を求めていることから，質的に分権化していると評価できる。

2.4 地方分権のタイプ

■地方の課税自主権（1995年）

		税収シェア(%)	地方税収に占める割合（%）							
			a	b	c	d1	d2	d3	d4	e
デンマーク	市町村	22		96				4		
	県(country)	9		93						7
ドイツ	市町村	7	1	52			47			
	州	22					100			
日本	市町村	16		94						6
	県	8		83						17
ノルウェー	市町村	13		5				1	94	
	県(country)	6							100	
スペイン	市町村(local)	9	33	51			16			
	州(region)	5	15	7			78			
スウェーデン	市町村	22	4	96						
	県(parishes)	0	2	98						
	州(country councils)	11		100						
スイス	市町村	16		97				3		
	州(cantons)	22	89					6	5	
英国	自治体	4		100						

（注）　税収シェアは各レベル地方政府の税収が一般政府に占める割合である（一般政府税収には社会保険料が含まれるから、国税＋地方税では4割の日本の地方税収シェアは都道府県と市町村を合わせても24％に留まる）。

（出所）　"Taxing Powers of State and Local Government", OECD Tax Policy Studies, OECD Paris, 1999.

第3章

地方財政の理論

本章の狙い

　この章では地方分権の基本理論について学ぶ。3.1節では地方分権の理論的基礎である「分権化定理」を紹介する。公共サービスへの地域独自のニーズや選好については，住民により身近な地方自治体が国よりも情報上優位となる。この比較優位が分権化のメリットとして挙げられる。ただし，自治体が住民のニーズに応える誘因を持つかどうかは別途問われなくてはならない。自治体への規律づけとして3.2節では「政府間競争」を概観する。具体的には個人の居住地選択である「足による投票」や近隣地域との比較を通じた「ヤードスティック競争」を取り上げる。ただし，分権化には便益ばかりではなく，コストも伴う。3.3節では，その典型例として挙げられる地域間外部性（スピルオーバー）について述べる。また，人口移動に起因する外部性を織り込みつつ，地方独自の所得再分配の是非について論じる。一口に自治体といっても，都道府県もあれば市町村もある。加えて，その規模も様々である。3.4節では望ましい自治体の規模の決定要因について考える。わが国では地方分権の「受け皿」として市町村の合併が進められてきた。自治体の最適規模の観点から，その効果についても議論する。

3.1 分権化定理

「ナショナル・ミニマムからローカル・オプティマムへ」といわれるように分権改革では地方自治体の主体的な政策が求められている。ローカル・オプティマムとは地域の観点からみて公共サービス供給を含む望ましい政策にほかならない。では、このローカル・オプティマムは効率的な資源配分を実現しているのだろうか？

▶ 情報上の優位性

分権化定理とは　地方分権の理論的基礎となるのが、**分権化定理**である。

第2章で言及したように情報の非対称性は市場メカニズムのみならず、政府の政策に対しても制約を課す。ここで非対称な情報とは、公共サービスに対する**地域独自のニーズ**にほかならない。

公園や生活道路、公衆衛生、上下水道といった生活インフラなど地域に密着した公共サービスへの住民の選好は日頃から彼らと触れ合う機会の多い地方自治体の方が国よりもよく知っていることは想像に難くない。

実際、地方自治体に関わる政治家（首長・議員）や役人もそこに住んでいることが多いから、住民が今何を求めているかについて実感があるだろう。また、気候・地理的条件や経済状態、社会的特性について比較的精通しているから、どの公共サービスをどのように提供することが住民の福利厚生に適っているかアイディアがあるものと思われる。

例えば、公共バスの経路やバス停の位置などはそこに暮らしていればこそ、ニーズも分かるものである。豪雪地帯であれば、除雪の時期や優先すべき道路について現場の方が理解している。

総じて、地方自治体の方が国に比して情報上、比較優位があるわけだ。であれば、この優位な情報を最大限に活かすよう地方に権限委譲を行い、公共サービスの供給を担わせることが効率的な資源配分の即することになるというのが分権化定理の基本的な主張である。

地方公共財と公共サービス　第2章で紹介した地方公共財は提供主体のい

かん（公共か民間か）に拠らず，財の性質（受益の範囲が地域的に限定された公共財）を表す。しかし，地方自治体は公営住宅や介護サービスなど経済的には（競合性と（そうしようと思えば）排除可能性を伴う）「私的財」に分類されるような財貨・サービスの提供も担うことがある。第2章で紹介した**メリット財**であれば，社会的観点から安定的かつ公平な供給が求められ，公的供給の規範的な根拠となり得る。分権化定理は財の性格としては私的財を含めて（政治的あるいは規範的理由から）公的に供給される財・サービス（公共サービスと定義する）に当てはまる。ただし，第4章で説明するように地方自治体が公的に「供給」するサービス（例えば，病院サービス）の「生産」（経営）を民間に委託する可能性は排除しない。

3.1 分権化定理

▶ モデルによる説明

地域厚生関数　分権化定理を説明するモデルはミクロ経済学で学ぶ家計の**効用最大化問題**の応用である。

地域Aと地域Bからなる経済を想定する。これらの地域では2種類の公共サービス X（例：小中学校教育）と Y（例：医療・介護）が提供されている。地域，サービスの数を2つの限定したのは説明の簡単化のためであり，3つ以上に増やしても結論に違いはない。いずれの地域も所定の収入 R を X と Y との間で配分しているものと仮定する。従って，2地域の予算収支は，

$$p_x X_j + p_y Y_j = R \tag{3.1}$$

で与えられる。ただし，添え字 j は地域を指す。p_k $(k=X,Y)$ は各公共サービス1単位あたりの価格（コスト）であり，$X=$ 教育は学校教員への給与など，$Y=$ 医療・介護であれば医師・病院への診療報酬費などを反映する。

(3.1)式中の X,Y はそれぞれ公共サービスの質＝アウトカム（例えば，学力の向上や健康の増進）とも解釈できるが，現実的にそのような測定は難しい。よって，教員数，医師数など具体的な政策変数を代理変数として考えてもよい。各地域の選好＝ニーズは**地域厚生関数**，

$$U^j = U^j(X_j, Y_j) \tag{3.2}$$

で表されるものとする。この関数は効用最大化問題でいえば家計の効用関数（＝満足度）にあたる。各地域が比較的同質（選好が似通った）住民によって構成されているならば，(3.2)式は各々の地域の「代表的」住民の効用関数に等しい。より一般的には，地域住民の間で合意された豊かさの指標と見直せるかもしれないし，政治経済学（公共選択論）的に考えれば多数決投票における「中位投票者」の効用となる（第4章参照）。

ここで重要なのは第1に，(3.2)式が地域AとBとの間で異なることだ。地域間での選好・ニーズ差はこの**地域厚生関数の構造の違い**に集約される。第2に，同式が地方分権の**効果の評価基準**となる。ミクロ経済学でいう消費者主権に対応した価値基準である。地域にとって何が望ましいかは当該地域自身の評価に委ねるということだ。

集権 vs 分権　以下ではX及びYの供給が①集権的に行われているときと②分権化されたケースでの地域厚生（(3.2)式）の水準を比較する。前者の場合，公共サービスは国の出先機関が実施するか，国が執行機関としての地方自治体に一定の支出を義務づけることになる。いずれにせよ集権体制の下では公共サービスは両地域で等しくなくてはならない。

$$\overline{X}=X_A=X_B : \overline{Y}=Y_A=Y_B$$

一律供給は経済全体の平均的なニーズは知っていたとしても，個別地域独自のニーズについての情報を国が有していないことを反映する。従って，国による予算配分はいずれの地域にとっても満足のいくものにはならない。集権的供給の下で各地域の享受する利得を

$$\overline{u}_j = U^j(\overline{X}, \overline{Y}) \qquad j=A, B \qquad (3.3)$$

とおく（**図表3-1**）。

次に公共サービス供給が分権化されたとしよう。支出サイドの分権化を想定するから，各地域の収入Rはそのままとしておく。各地域の地方自治体は予算制約(3.1)式の枠内で地域厚生（(3.2)式）を最も高めるように公共サービスの組合せを選択する。分権化による地域の自己決定権の促進とは地域厚生の最大化行動を認めることにほかならない。その結果，地域の観点

■図表3-1 分権化定理

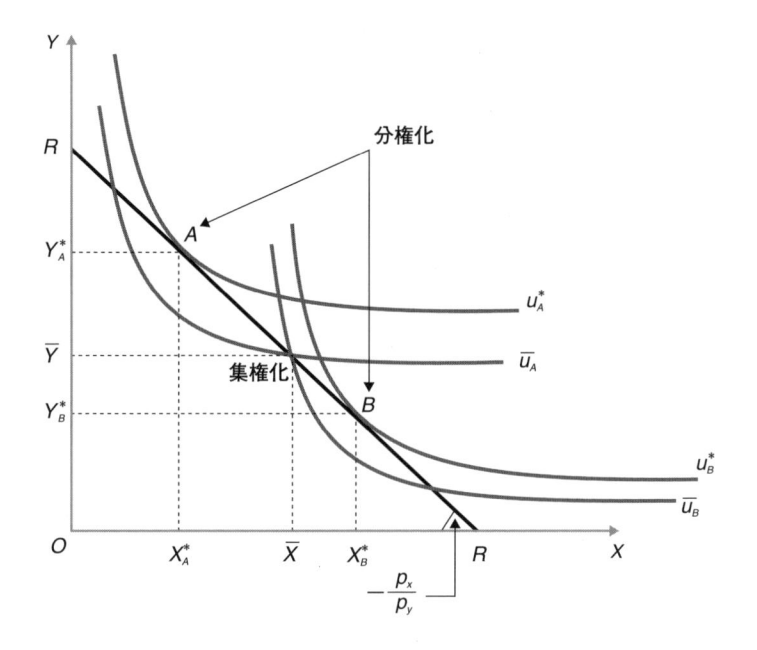

から最も望ましい「ローカル・オプティマム」が達成される。図中でいえば地域A＝A点と地域B＝B点での予算配分が実現することになる。ニーズ（＝選好）の相違から分権的供給は両地域で一致しない。このとき，地域厚生の水準は

$$u_j^* = U^j(X_j^*,\ Y_j^*) \qquad j=A,\ B \tag{3.4}$$

に等しい。(3.4) 式は明らかに (3.3) 式を上回る。

$\varDelta u_j \equiv u_j^* - \overline{u}_j\ (j=A,\ B)$ が（支出サイドの）地方分権によって地域 j が享受する厚生改善にあたる。両地域の厚生がともに高まることから分権化は「パレート改善」をもたらす。つまり，資源配分の効率性が向上することになる。

▶ 地域情報の活用

　分権化定理が前提とする地方の情報上の優位性については，国も各地域に出先機関を持っており，地域の経済的・社会的特性についての統計・データを収集できるはずという意見があるだろう。確かに「国勢調査」や「県民経済計算」などからも地方の現状をある程度知ることはできる。ただし，これらは一般性や比較可能性を持つように規格化された情報であり，地方のニーズや生活感には必ずしも対応しないかもしれない。

　例えば，道路の舗装率が全国平均よりも低いとして，地元の自然を壊してまでも道路整備を進めるべきかどうかは地域住民でないと判断がつかないはずだ。自然からの受益は統計データには現れてこないからである。医師不足という情報があっても，地域住民が具体的にどのような医療提供体制を望んでいるのか，地域内で診療所を多く開設するか，中核病院をつくり公共交通機関の整備などでアクセスを確保するかなどは必ずしも明らかではない。

　情報の中には文書や数字でもって客観的に表現しにくいものがある。組織の上部に伝達する過程で，その真意がぼやけたり，伝達事務に時間が掛かって陳腐化したりする情報もあるだろう。これらは「局地的情報」といえる。この局地的情報の活用は情報源に近い自治体レベルで分権的に担った方が効果的である。

▶ 格差と多様性

　図表 3-1 にあるように分権化の後，地域 A, B は互いに異なった公共サービスの配分を選択する。$Y_A^* > Y_B^*$ であるから，これだけを見ると地域 B は地域 A に比べて公共サービス Y ＝医療・介護が乏しく地域間で格差がある。しかし，地域 B は地域 A に比べて若年世帯が多く，医療・介護よりも，X ＝子供たちの教育に対する需要が高いかもしれない。これを是正すべく供給水準を一律に決めてしまうならば，両地域の厚生はかえって悪化してしまう。

　結果としての格差が悪いとは限らない。例えば，所得の高い人と低い人を比較して前者の効用水準が高く不公平というのも早計である。後者は，所得が低くとも自由奔放に生きることを選んだ結果かもしれないからだ。格差に対する評価はその発生原因に依存する。

❖ボックス3-1　消費者余剰による説明

　分権化定理は「消費者余剰分析」でも説明できる。ここでいう余剰とは地域厚生にほかならない。学校教育など，単一の公共サービス X 提供について考えよう。簡単化のため，供給に要する限界費用は c で一定と仮定する。本文同様，この経済は地域A，Bの2つからなる。

　集権体制，分権体制のいずれにおいても費用はそれぞれの地域住民の税負担によって賄われる。従って，分権と集権を区別しているのは，財政移転（を通じた地域間所得再分配）の有無ではなく，X の水準の決定に関わる。

　このサービス X から地域Aの住民が享受する限界便益を MB_A，地域Bにとっての限界便益を MB_B とおく。$MB_A > MB_B$ と仮定しよう。すなわち，地域Aの住民は X に対して地域Bの住民よりも高いニーズを持つ。限界便益（効用）の逓減を反映して，いずれも供給水準 X の減少関数となる。

　集権体制においては，このような地域の限界便益の全国平均 $\overline{MB}$ が X の水準を選択するのに参照される。ただし，$MB_A > \overline{MB} > MB_B$。平均的な厚生を最も高めるのは，$\overline{MB} = c$ を満たす C 点となる。ここで決まる $\overline{X}$ は地域Aにとっては少なすぎ（$MB_A > c$），Bにとっては多すぎる（$MB_B < c$）。

　公共サービス提供の権限が分権化されたとしよう。各地域の自治体が地域住民の厚生を忠実に追求しているならば，それぞれ，地域の限界便益 MB_j（$j = A, B$）と限界コスト $= c$ を一致させるだろう。地域Aは A 点を地域Bは B 点を選択，ローカル・オプティマムな水準は X_j^*（$j = A, B$）に等しくなる。この分権化によって，地域Aでは $\varDelta ACD$ だけ余剰＝地域厚生が増進される。一方，地域Bでの厚生改善は $\varDelta BCE$ で表される。

■分権化と余剰の変化

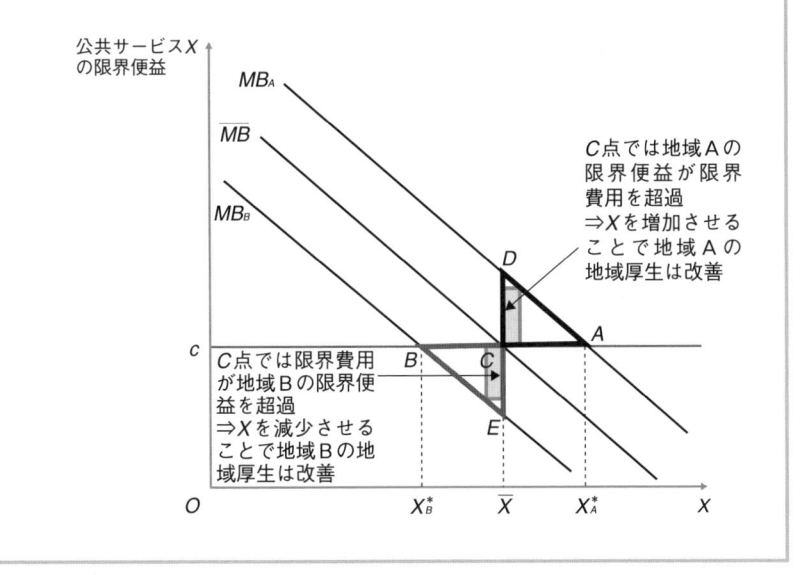

■図表 3-2　良い格差，悪い格差

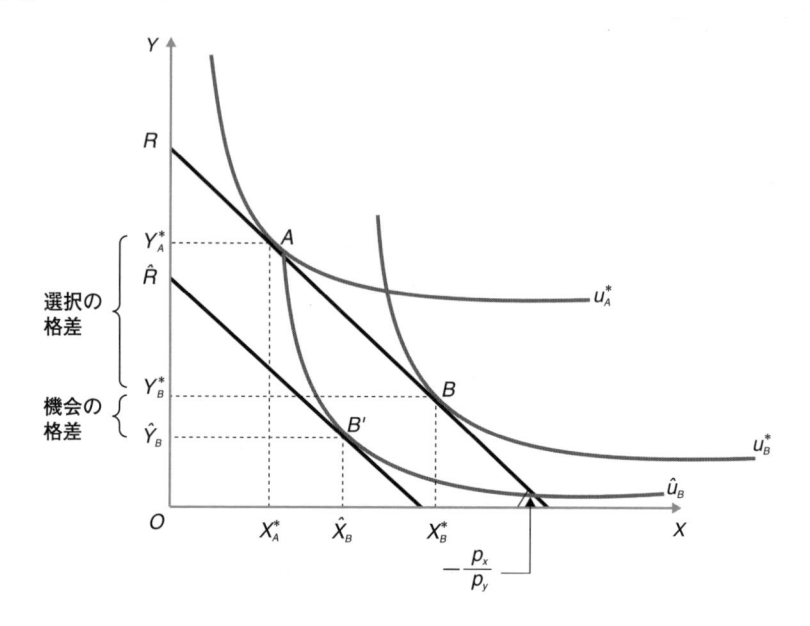

　図表 3-1 の場合，いずれの地域も同じ収入 R を得ており，地方分権はその収入内で各々の自由な選択を可能にする。公共サービス配分の格差はその選択の違いによるもので，言い換えると地域の「多様性」を反映する。

　一方，図表 3-2 のように，地域 B の税源が地域 A よりも乏しく，その結果，地域 B の公共サービス提供が地域 A を下回る（$Y_A^* > \hat{Y}_B$）ならば，これは不公平とみなせよう。低い財政力が地域 A に比して地域 B の選択の機会を狭めているからだ（ただし，後述するように，低い税収が低い課税を地域 B が選択した結果であるならば，この限りではない）。公平の観点から本来，是正されるべきは選択の格差ではなく機会の格差である。

▶ 政 策 の 選 別

　図表 3-1 の予算制約式から明らかなように，一方の公共サービス増加の経費はもう一方のサービスの削減でもって賄われなくてはならない。であればこそ，分権体制では（地域 A ならばサービス Y，　地域 B は X というよう

に）いずれの公共サービスを優先すべきかが自ずと決まってくる。あれも欲しいこれも欲しいを適えるのが地方分権ではない。むしろ限られた資源（上のモデルでは収入 R）の中で地域のニーズに応じて**公共支出の選別**を促し，取捨選択させることが分権化定理の含意である。

補助金のばら撒きなどはこのような政策間の優先順位づけを妨げる。実際，国が多く補助金を付けてくれるならば，選好・ニーズが（他の政策に比して）低くとも，そのような事業を不必要と申し出る地域はないだろう。地方からの補助金要求（陳情）は必ずしも対象事業への高いニーズを意味しない。

100億円規模の公共事業（例えば，道路整備事業）を国が補助金で面倒をみてくれる限り，地方自治体はそのような補助金を要求し，当該事業を実施するだろう。仮に同じ100億円を税源移譲，あるいは使途を制限しない一般補助金の形で「渡し切り」（定額払い）にするならば，自治体はその事業を行おうと思うだろうか？ 子育て支援や福祉，教育その他の公共サービスに充てる方が地域のニーズに適っていると考えるかもしれない。結局，地域内では当該事業への優先順位は高くなかったことになる。

▶ 限界的財政責任

限界的財政責任とは　地方は自らの支出を全額，地方税（自主財源）で賄う必要はないまでも，国からの財政移転だけに頼ることも望ましくない。自分のお金でないとなれば，所詮は自治体の財政規律も緩みがちになりかねないからだ。

また，地域住民には自らの負担でもってより高い質の公共サービスを求める権利もある。例えば，国の基準・全国平均より高度な医療機器をもった病院へのニーズがあるならば，住民は自分たちの税金でそれを賄えばよい。赤字のバス路線も地域住民の合意があれば，税金を投入して維持することも選択肢の一つであろう。地方は自身の支出＝収入規模をコントロールするとともに，その選択に対して財政責任を持つことが求められる。これを**限界的財政責任**という。

ここでいう「限界的」とはミクロの限界効用や限界収益と同様に**最後の1単位**を指す。最後の1万円の支出が国の義務づけでなく地方自身の判断によ

る限り，限界的財政責任とは地方独自の支出に対する財政責任を意味する。

自主財源とのリンク　上のモデルを使って限界的財政責任について説明しよう。ここまで地方の収入 R を一定としてきたが，実際のところ地域住民から徴収する地方税などに応じて変化する。公共支出の配分に加えて，どれくらいの地方税収を集めるか（＝課税自主権の行使）も，地方自治体にとって重要な政策決定である。

図表 3-3 では横軸にサービス X，Y を合わせた公共支出，縦軸に地域住民の課税後（可処分）所得をとる。地方の地方税を T とおく。R には国からの（定額）補助金 S が加わるとすれば自治体の予算式は下記のように表される。

$$p_x X_j + p_y Y_j = R_j \equiv T_j + S \Rightarrow p_x X_j + p_y Y_j - T_j = S \tag{3.1'}$$

ここで重要なことは右辺が左辺を決めていること，つまり，補助金 S を与件として残りの政策変数 X，Y，T が予算収支をバランスさせるよう調整

■図表 3-3　限界的財政責任

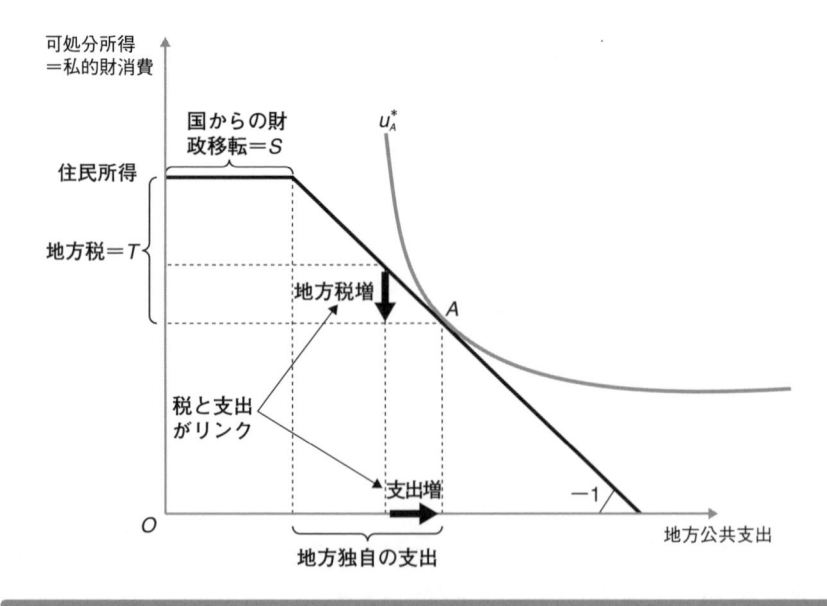

されることである。例えば，施設の豪華な学校校舎を建設したければ，地方は他の支出を削減するか，住民に高い税負担を求めなくはならない。支出水準の拡充と地方税の増税をリンクすることが「限界的財政責任」に適うのである。

仮に，国が地方の支出を補填するように補助金を配るとしよう。(3.1′) 式でいえば左辺の拡大に応じて右辺=S が引き上げられる。このとき，地方自治体は豪華な校舎のほかにも道路を整備して欲しい，福祉を手厚くして欲しいといった地域住民の要求に応え（政策を選別せず），際限なく支出を増やすなど，財政運営は放漫になってしまう（第6章参照）。

地方分権が資源配分を効率化するためには，(効用最大化において家計が予算を「制約」として振る舞うように) 地方は自身の予算式 (3.1′) をまさに「制約」として認識してなくてはならない。

▶ 政策実験

分権化のメリットの一つとして様々な地域による様々な政策の試みが挙げられる。

政策は有効か　例えば，「シャッター通り」となった中心市街地を活性化するにしても，国際競争力のある農業を育成するにしても，具体的にどのようにして，その目的を実現するかが予め分かっているわけではない。現在，住民の健康増進に向け都道府県で生活習慣病対策として「糖尿病等の患者・予備群の減少率の目標やその実現につながる内容の健診及び保健指導の実施率の目標を設定」することが求められている。しかし，その目標実現のための効果的な健康診断や生活指導の手法が確立しているわけではない。

経済学では，所定の政策目標を達成する上で，効果的な政策手段（税制や規制など）について政策担当者が知っているものと仮定されることが多い。しかし，実際のところ，地域再生や健康増進のために有効な手段などは**試行錯誤**をして見出していくしかない。

集権体制の場合，このような試行錯誤は非常に困難となる。例えば，学校教育の充実に向けて国が全国一律にカリキュラムの改訂や教員の配置基準の変更を行ったとしよう。この新しい政策が当初の期待に反して，教育サービ

スの向上に寄与しなかった，却って副作用として学力の低下などをもたらしたとすれば，その失敗のコストは全国に及ぶことになる。

更に地域再生と称して，全国一律の国土開発計画を立案して高速道路など社会資本の整備を進めたとして，それが地域の再生に繋がらなければ，計画に投じられた膨大な経費（＝国民の税金）が無駄になってしまう。つまり，効果の定かではない政策を集権的に試行すると，失敗のコストが高くついてしまうのだ。

分権化と政策実験　試行錯誤を分権的に行うとしよう。学校教育の質を高めるべく，ある地域では経験豊富な優れた教員の獲得を図るかもしれない。学校と地域の連携を重視する地域もあるだろう。少人数教育を実施する地域，学力別にクラス編成をしたり，あるいはインターネットを駆使した教育に力を入れたりする地域も出てくるかもしれない。分権化はこのような「政策実験」を可能にする。いろいろな試みの中から生徒の学力や人格形成の上で優れた成果を挙げるものが出てくるはずだ。

読者の中には失敗のリスクを一部の地域に押し付けるものと批判する人もいるかもしれないが，次の点に留意してもらいたい。第1に，集権体制では失敗のリスクを**全国民**に押し付けかねない。それに比べて，分権的な政策実験の場合，失敗の社会的な痛手は小さくて済む。第2に，地方経済の停滞や生活習慣病，子供の学力低下や未成年者犯罪の増加など新しい政策課題に対しては，何らかの取組みが求められる。失敗のリスクを恐れて何もしないのであれば，これらの課題は放置されたままになる。そのような**不作為のコスト**は高くつく。

▶ 権限と誘因

分権化定理では地方自治体が地域住民のニーズ・選好を反映するよう政策決定することが仮定されていた。しかし，自治体（具体的にはその中で政策を担う首長や役人など）は委譲された権限を住民の福祉厚生増進のためには活用しないかもしれない。自治体を常に地域住民のために尽くす「忠実な代理人」とみなすことはできない。

しばしば，国の政治家や官僚は国民の福祉よりも自分たちの権益を優先す

るという不信感がとりざたされるが，同様のことは地方自治体にも当てはまる。「地方自治体性善説」は誘因に基づいて経済主体の行動を理解しようとする経済学の観点からは妥当ではない。むしろ，地方自治体と地域住民との間にも**利害対立**があると考えるのが自然である。

よって，自治体に対しては，地域住民の厚生の向上に努めるよう「誘因づける」仕組みが必要になってくる。そのような誘因づけが地方の首長や議員を選出する選挙であり，**政府間（地域間）競争**となる。

3.2 「規律づけ」としての競争

▶ 競争原理

政府は「均衡ある発展」から地域間での「知恵と工夫の競争による活性化」へ方針の転換を打ち出してきた。地域再生基本方針においても，地域の資源，創意工夫や発想を生かしつつ，「地域が夢を抱いてアイディアを出し合い，切磋琢磨する」ことで活性化を促そうという気運が高まっている。

第2章でも言及したように公共部門で競争というと違和感を持つ読者も少なくないかもしれない。競争は市場における企業間の「弱肉強食」の類の争いであって，協調や共生を重んじる公共部門には馴染まないという感覚だ。しかし，競争は市場に限ったことではない。民間委託やPFI，市場化テストなど政府部門の中でも競争原理が普及してきている（第4章参照）。

そもそも**競争**とは誰かを犠牲にして誰かが得をする類（ゲーム論でいえば，「ゼロサム・ゲーム」）のものばかりではない。市場での競争，例えばラーメン店同士に競合が切磋琢磨を促し，その市場全体の発展（ラーメン人気の高まり）をもたらすならば，競合する全ての人々にとって利益になる。競争により皆が得をする状態（win-win）はあり得るのだ。

▶ 競争の誘因効果

地域（地方自治体）間競争の促進は地方分権のメリットの一つに挙げられ

る。競争は地方自治体への「規律づけ」として働くからだ。

　もっとも，競争自体がさもなければ利己的な地方自治体（の政治家や官僚）を住民に奉仕するよう改心させるといっているわけではない。市場で競合する企業は良いサービスを安く顧客に提供するために腐心するだろう。しかし，それは（建前ではそういうだろうが）顧客への奉仕が企業の目的だからではなく，そうすることで売り上げが伸びて，利潤が増えるからだ。ここで顧客への奉仕は，利潤最大化という企業の目的を達成するための手段である。地方自治体にしても，その首長や議員は次の選挙での再選を自身の目的とするかもしれない。政府間競争はその目的を変えるのではなく，それを実現するための手段を（競争がなければ，特定の支持団体に住民からの税金をばら撒くなどするところを）**地域住民の意向**に適う政策を実施する方向に変えるのである（**図表3-4**）。

　では政府間（地域間）競争はどのように働き，どのように地方自治体を規律づけるのだろうか？　これに関連して，政治学の分野では政府に対して自らの意思を表す手段として「声（voice）」と「退出（exit）」が挙げられてきた。

　民主国家において，人々は選挙のときに投票行動を通じ自らの意見（＝声）を表明する機会がある。仮に現職の政府が失政を重ねるならば，その政府への不支持が有権者の声として選挙結果で示される。それでも意見が通らないならば，個人は当該政府の行政区から出て行く（退出する）権利を行使できる。地方財政ではこれを「足による投票」（居住地選択）という。このような「手による投票」（選挙時の投票），「足による投票」が政府間（地域間）競争を促すことになる。

■図表3-4　目 的 と 手 段

目　的	自治体のおかれた状況		手　段
選挙での再選	政府間競争	なし	特定の利益団体との癒着
		あり	地域住民への奉仕

▶「足による投票」

自分に合った居住地へ　分権化が進んで，様々な地域で多様な公共サービスの組合せが提供されているとしよう。学校教育に力を入れた地域があれば，保育サービスや小児科医療が充実した地域もある。お年寄りが安心して暮らせる街づくりを目指して，介護や福祉サービスが手厚い地域もある。買い物で自分の好みの商品のある店を選ぶように，個人は供給される公共サービスが自分の好み（選好）にあった地域を選んで住むだろう。

当然，良質なサービスを安く売るお店が流行るように，良質な公共サービスを低い税負担で提供する地域に人気が集まる。このような個人の居住地選択を通じた公共サービス配分（教育，医療など公共サービスの組合せ）の選択が「足による投票」である。「足」というのは文字通り人が足を使って移住するからであり，「投票」というのは個人が自身の好み（提供される公共サービスへの支持）を表明する機会になっているからである。

無論，居住地の選択にとって重要なのは公共サービスだけではない。勤務地からの利便性，地代，主要な駅からの近さなどがあるだろう。しかし，学校教育や公共施設，生活インフラを含めて公共サービスが充実している地域には魅力がある。治安や環境の良さも地域の自治体によって提供される公共サービスである。

少数派の権利　首長選挙や地方議会選挙（＝手による投票）では通常，地域内での多数派の意思が反映される。それは少数派の意見とは異なるかもしれない。例えば，若年層にとって必要な公共サービスが子供のための保育サービスであっても，多数派が高齢者ならば，介護や福祉に偏った予算配分になる。足による投票の特徴は，個々人が自分の意思を最大限尊重するよう選択権を行使できるところにある。学校教育が重要だと思う人はそのサービスが充実した地域に移住すればよい。現在住んでいる地域の多数派の意向を気にする必要はない。その意味で少数派の権利が保護されている。

ライフステージに沿った選択　人々は住んでいる地域をそう頻繁に変えることはない。だが，大学の卒業・就職，結婚，一戸建て住宅購入時，退職後など居住地を改めて選ぶ機会はある。仕事の関係，あるいは個人的な趣味で引越しをする人もいる。

子供のために良い教育環境を求めて，都市から地方へと仕事を変えてまで移り住むことは稀だろう，とはいえ，勤務先を変えない範囲で居住地選択することは可能である。公共サービスへのニーズ・選好に応じた地域選択（＝足による投票）はその程度，頻度，範囲に限界はあるにせよ，現実に見受けられる。

地域間競争による規律づけ　市場における競争がサービスの質の向上と価格の低下を招くように，地域間競争は公共サービスの質を高め，かつ費用を最小化するような財政運営を促すだろう。さもなければ，移動する住民を引きつけることはできないからだ。サービスの質が劣悪な，税金の高い地域ならば，住民にそっぽを向かれて人口は流出してしまう。足による投票は，自治体に対して無駄をなくし，住民のニーズに即した公共サービスを効率的に（低い税負担で）提供するよう規律づけることになる。

公共サービスの特化　個人・家計のニーズも多様である。保育サービスを重視する家計もあれば，良質な生活インフラや治安を志向する家計もある。高齢世帯であれば，介護や医療が重要な公共サービスになるだろう。各地域はこのような様々なニーズ全てに応えることはできないし，そうはしないはずだ。ある地域は，保育サービスや小児科医療を充実させて子供のいる若い世帯をターゲットにするだろうし，介護や在宅医療に力を入れて高齢世帯に多く住んでもらおうとする地域もあるかもしれない。

各地域はターゲットにした家計のニーズに即するような公共サービスの提供に**特化**していくだろう。十分に多くの地域が居住地の選択肢であるならば，各家計にとって自分の好みに最も近い地域を見出すことができるはずだ。この結果，各々の地域には公共サービスに対して比較的似通った選好を持った住民が集まることになる。例えば，保育園に通う子供を抱えた世帯が同じ地域に集中する傾向を持つ。学校教育の充実した地域には教育熱心な世帯が集まってくるだろう。このようにして地域内で住民の「同質化」が進むものと考えられる。

通常，公共支出や税負担を巡っては人々の間で様々な利害の対立が生じやすい。人々の選好は異なるが，政治過程で一旦決まった政策は一律に適用されてしまうからだ。例えば，税金は高くとも構わないからもっと良質な公共

サービスを求める人からすれば，実現した公共サービス水準や税負担は低すぎるだろう。逆に高い公共支出や税負担を好まない人からみると，それらは高すぎる。皆が政策に対して何らかの不満を持ち続けてしまう。しかし，足による投票の結果，ほぼ選好の似た住民が同じ地域に住むならば，彼らが求める公共サービスの質や水準，税負担は近くなる。よって，政策決定に関わる利害対立は小さくなる。

個人のニーズの表明　一般に政府が（非競合性や排除不可能性を伴った）公共財を供給するとき，消費者の選好を知ることは難しい。直接聞いたとしても消費者が正直に自分のニーズを表明することはないからだ。

警察サービスを考えてみよう。財産を持っている人，学校に通う子供を抱えた家族などは高い水準の治安を好むだろう。しかし，自分が表明するニーズの高さが自身への高い税金になって跳ね返ってくるならば，敢えて自分のニーズを**過少申告**するかもしれない。たとえ自分が過少申告してもほかの誰かがコストを負担してくれれば，「只乗り」できると考えるわけだ。

逆に自身の税負担と表明するニーズが無関係であるならば，サービス水準をなるべく高くしようとニーズを**過剰申告**する（例えば警察サービスへの真のニーズは年間10万円なのに1,000万円と吹っかけるようなこと）に違いない。

消費者がショッピングを通じて自分の選好を明らかにするように，足による投票は公共サービスに対する個人のニーズを顕示させる。税金は高いが良質な学校教育を提供する地域に居住する人々はそうしたサービスを好んでいるに違いない。生活に不便があっても環境保全に熱心な地域の住民はエコな人たちなのだろう。公共サービス水準は低いものの税金の安い地域に住むのもそれが自分の好みに合っているからだ。

公共サービスに高い支払い意欲を持っているのに，あえてそれを過少に申告するとは，サービス水準の低い地域に住むということだ。このような行為は自分の選好には適わない。こうして足による投票は**選好顕示メカニズム**として働くことになる（図表3-5）。

足による投票と地域間格差　「足による投票」のダークサイドにも言及しておきたい。居住地選択により人々の選好に応じたグループ化が促され，各

■図表3-5 足による投票（まとめ）

効　果	帰　結
政府（地域）間競争の喚起	地方自治体への規律づけ（財政の効率化・住民厚生の向上を誘因づけ）
公共サービスへの選好顕示	・「只乗り」問題の改善 ・地方自治体は住民のニーズを把握
地域内選好の同質化	・地域内政策決定（公共選択）に関わる利害対立の緩和 ・地域間所得格差の拡大

地域の住民が比較的同質化することは既に述べた通りである。

　この同質化は公共サービスへのニーズに留まらず所得についても当てはまる。比較的富裕な所得層が集まる（公共サービスは充実しているが高い税負担が求められる）地域と貧困層が集中する（税負担が低いが公共サービスの質も劣悪な）地域への分離が進むかもしれない。**地域内**で所得格差は小さくとも，**地域間**での所得格差が顕著になる。後者の格差を是正するには地域間で財政力が平準化されなくてはならない（第6章参照）。

▶ ヤードスティック競争

　公共サービスの判断　政府間競争は足による投票に限ったことではない。首長（市長や知事）を選出する地方選挙について考えてみよう。現職を支持するか，あるいは対抗馬に1票を投じるかを決める際，当該地域の有権者にとって重要な判断材料となるのが，その現職の業績（パフォーマンス）だろう。税金は高過ぎないか，公共サービスの質は十分か，無駄遣いはなかったかなどが考慮される。

　しかし，地方自治体のパフォーマンスが本当に満足のいくものか否かを評価するには，何らかのベンチ・マークがなくてはならない。財政運営の効率性といっても，地域住民にとって地方自治体が所定の成果（公共サービスの質）を実現するために最低限必要な費用（＝ミクロ経済学で学ぶ「費用関

数」)を知ることは難しい。公務員に支払う人件費にしても，人員数にしても果たして多過ぎるのかどうか判断は付きにくいかもしれない。自分たちの権益を守りたい自治体が，自ら進んでこのような情報を正直に表明するとも考えにくい。むしろ現状を正当化するための弁明に偏りがちになる。

　ここで地域住民の判断指標となるのが，人口構成や交通条件（都市圏であれば，中心地からの通勤距離など），所得水準など**経済・社会環境が似通った地域との比較**である。

　パフォーマンスの比較　　学校教育を例に挙げよう。2つの地域AとBでは，いずれも子供を持つ世帯が多く居住しているとする。地域Aの住民は自分たちの首長のパフォーマンスの良し悪しを判断するのに，地域Bでの教育サービスの水準，具体的には学力や学校問題，保護者と学校の連携などを参考にするだろう。無論，このようなサービス提供には費用が掛かるから固定資産税や住民税など税金の負担も考慮される。

　もし，同じ税負担に対して地域Bの方が教育サービスの質が高い，あるいはサービスにさして違いはないのに地域Bの方が低い税負担で済んでいるならば，地域Aの財政運営は地域Bに比べて効率的になっていないと評価されるだろう。両地域とも経済・社会環境が類似している限り，地域Aの自治体は地域独自のハンディを言い訳にすることはできない。地域Aの住民はこの情報を元にして首長選挙で「手による投票」権を行使することができる。パフォーマンスが劣ると評価された首長は再選されない。

　地域Bの住民も同様に自分たちの自治体の業績を地域Aとの比較で判断する。地域間でのパフォーマンス比較は財政の効率性に関する有権者らの情報・知識を向上させることに寄与するわけである。

　ヤードスティック競争　　地域Aの現職首長にとってみれば，パフォーマンス比較を介して地域Bとの競争に晒されていることになる。公共サービスや税負担が地域Bよりも見劣りするものとなれば，次の選挙での再選が危うくなるからだ。何が何でも地域Bよりも良いパフォーマンスを住民らにみせなければならない。

　地域Bの首長が置かれた状況も同じである。地域Aよりも自分たちの自治体のパフォーマンスを改善しようとするだろう。このように良いサービス

をより低い税で提供するパフォーマンス競争が両地域間で促される。これを**ヤードスティック競争**という。ヤードスティック＝尺度とはここでは評価比較の基準（地域Aの住民にとっては地域Bの業績）にほかならない。ヤードスティック競争を通じて両地域がしのぎを削り合う（切磋琢磨する）結果，両方の地域で公共サービスの改善と財政の効率化（無駄な人件費など支出の削減）が進む。

ヤードスティック競争の特徴　ヤードスティック競争は地域間競争に限ったことではない。株主が経営者の業績を評価するにも，同業種の企業の収益と比較をするはずだ。

比較対象になる団体が唯一つとは限らない。人口規模や構成など経済・社会環境の類似した地域が2つ以上あるならば，その類型に属する各地域の住民は当該類型団体の平均的な財政状況（公共サービスの質や税負担）と自分の地域の実績を比較することになる。大学の講義でもテストの平均点から各学生の成績をつけたりする。一般にヤードスティック競争は絶対評価ではなく他者や平均に対する**相対評価**に従うものである。

足による投票が地域間を移動する個人の選好を顕示するのに対して，ヤードスティック競争は比較（相対評価）を通じ，住民に公共サービスの効率的提供（無駄のない支出）に関する情報を与えてくれるわけだ。

このようなパフォーマンス比較は国政選挙のレベルでは働きにくい。比較対象がなかなか見当たらないからだ。税金の負担や政府支出の大きさ，社会保障給付費に関する国際比較のデータは多く存在する。しかし，日本の税負担が外国に比べて高い，あるいは低いといっても，そもそも国民が政府に求める役割やマクロ経済などが異なるため単純に政府の効率性の違いに帰することはできないだろう。

ヤードスティック競争の実証　ヤードスティック競争は実際に働いているのだろうか？　1977年から1988年までの米国州知事の再選可能性に関する実証研究がある。その研究（Besley & Coates, 1995）によると州の税負担の引き上げは当該州知事の再選確率を低める一方，近隣の州の税負担の増加とはプラスの相関関係を持つ，言い方を換えれば，近隣州における減税は再選の可能性を減じることになる。有権者は自分の州だけではなく，近隣の州の

税にも関心を払って投票行動していることが示唆される。

▶ 政府間競争の前提条件

移動のコスト　足による投票は個人の自由な地域間移動を前提条件とする。地域経済がヒト・モノ・カネの自由な移動を伴う開放経済であることは第2章で述べた通りである。とはいえ，実際のところ，転居するにも引越し費用や役所や金融機関への転出届けなどコスト（面倒）が伴う。ほかと比べて多少，公共サービスが満足いかないから，ちょっと税金が高いから，といってすぐに転出する人も稀だろう。また，自分の仕事を変えてまで家族のために良質な教育サービスや安全を求めて移り住むのもなかなか難しい。

従って，足による投票は頻繁に行使する権利というよりも，地域住民に留保された最終手段であり，移動も都市圏であれば，現在のオフィスに通勤できる範囲（例えば，市町村の間）と考えるのが自然であろう。

完全情報の仮定　いずれの類の競争でも地域住民は転出を考えている他地域，あるいはパフォーマンスの比較対象とする地域について完全な情報を有していなくてはならない。他地域の公共サービスの中身（配分）や質，税負担について情報がなければ，移動の判断も付かないし，比較も仕様がない。この完全情報の仮定の現実性は，政策評価（実施された公共事業の費用対効果についての事後的な評価など）やバランスシートの公表などを通じた自治体による情報開示の程度に依存する。市場メカニズムが理想的に機能するための条件の一つに完全情報が挙げられるように，政府間競争が働く条件として地域の行財政情報の整備がある。実際，わが国でも「自らの財政状況についてより積極的に情報を開示することが求められており，その際，他団体と比較可能な指標をもって住民等に分かりやすく情報を開示」していくことが必要とされている（**図表 3-6**）。その一環として最近では都道府県や主要都市の財政力や財政の健全度の比較情報がインターネットで公開されている。

しばしば，情報が不完全だから競争原理はうまく働かないと言われることがある。しかし，情報の不完全性は，それ自体，改善されるべきものであって，競争メカニズムを排除する理由にはならない。

コスト負担の認識　上の政府間競争モデルでは自治体の公共支出が地方

■図表3-6　情報の開示に向けての指針

情報開示の徹底と住民監視（ガバナンス）の強化

〈地方公共団体〉
情報開示の徹底
- 給与情報等公表システムを充実し，情報開示を徹底
- 決算の早期開示，団体間で比較可能な財政情報の開示を一層推進
- 市場化テストの実施過程・実施実績等（公共サービスの質の向上，経費削減効果などの成果）を住民に分かりやすく公表

住民監視（ガバナンス）の強化
- 監査委員への地方公共団体外部の人材の積極的な登用
- 外部監査制度の有効活用

〈総務省〉
- 各取組項目についての情報提供，必要に応じ，各地方公共団体に助言
- 毎年度フォローアップを実施し，その結果をできる限り住民等が団体間で比較分析を行いやすい形で広く国民に公表

（出所）「地方公共団体における行政改革の更なる推進のための指針」（2006年8月31日）

税によって賄われることが前提とされていた。放漫財政や無駄な支出のツケを（受益を伴わない）高い税負担として地域住民が払うからこそ，自治体を監視して規律づける（「足による投票」であれば他地域に転出する，「ヤードスティック競争」ならば現職の首長を再選させないなど）誘因を持つことになる。国からの財政移転を排除するものではないが，地域が自ら決めた支出の財政コストは地域住民に帰することで，受益と負担との間に明確な関係を与える必要がある。さもなければ，地域住民は自治体の財政運営に関心を持たないし，無駄や非効率があっても敢えて自治体を規律づけようとはしないだろう。「限界的財政責任」として述べたように地域住民が究極的には居住地域の財政に対して責任を果たしていなくてはならない。

▶ 足による投票と資本化

資本化　足による投票が働き，かつ土地・住宅市場が有効に機能する

ならば、公共サービスからの受益と負担は地価や住宅価格に反映されるはずだ。高い受益をもたらすような（良質な）公共サービスを提供する自治体には多くの人々が進んで居住したいと望む。そのためには当該地域内で住宅を購入するか、あるいは賃貸しなくてはならない。結果、住宅や土地に対する需要が高まり、価格を押し上げるのである。逆に、受益は与件として税負担の高い地域は敬遠されがちになり、土地・住宅価格は低下する。これを「資本化」という。住宅や土地の購入、あるいは賃貸は当該地域内での公共サービス受益の権利と税負担の義務を「抱き合わせ」で買い入れることに等しい。よって、その価格には地方公共サービスの質や地方税負担が反映されることになるわけだ。

このような資本化の実証としては、1970年代の米国マサチューセッツ州の教育区（米国では教育区が税をとって教育サービスを提供するところもある）のケースを扱った研究がある（Brueckner, 1982）。わが国でも地方財政や固定資産のデータを用いた実証研究が多く行われてきた。具体的には地代もしくは固定資産価格を被説明変数とし、公共サービス水準の指標や固定資産税など地方税負担といった財政変数を説明変数に含む回帰式を推定する。資本化の度合は以下の回帰式でいえば、財政変数にかかる係数 β の値をもって測定される。

$$地価 = 定数項 + \beta \times (公共支出) + \gamma \times (その他考慮すべき変数) + 誤差項$$

資本化の示すシグナル　市場で取引される財貨・サービスに消費者がどれくらいのニーズを持っているかを測るのは容易だ。市場価格に消費者の選好が織り込まれているからである。地方公共サービスの場合、資本化がこの市場価格に対応した役割を果たす。例えば、学校教育の拡充のため追加的に1億円の予算を充て、合わせて地域全体で固定資産税を1億円増税するとしよう（固定資産税の性格については第5章参照）。教育に対するニーズが十分に高く、予算の増額が、実際、その質を高めているならば、多くの人々にとって「限界的」純便益（＝受益の増分－税負担増）はプラスとなる。当該自治体の魅力が増し、それは地価・住宅価格の上昇となって現れてくる。このように政策が地域住民の利益に適うかどうか（純便益が正か負か）は資本化

の符号から示唆を得ることができる。

サービスの優先順位の明確化　資本化は，予算配分の効率性を客観的に（第三者の目から）評価する上でも役立つ。その拡充が地価や住宅価格を大きく引き上げるサービスであれば，住民が享受している便益は高く評価されているものと判断できるだろう。一方，効果が低いようならば，おそらく住民からのニーズも小さいサービスといえる。これに従うと，限られた予算は資本化の程度の相対的に高いサービスに対して優先的に割り当てるべきという評価に繋がる。仮に産業インフラ（道路など）と生活インフラ（上下水道，病院など）のいずれが地価に及ぼす効果が大きいかが分かれば，どちらのインフラ整備を優先すべきかが分かる。

▶ 政策実験と政策淘汰

　地域間競争は，第１節で紹介した政策実験の有効性を高めることにも寄与するだろう。成功した政策の普及と失敗した政策の淘汰を速やかにするからだ。競争に晒された地域は，失敗した政策に固執し続けることはできない。住民の流出を招くか，成功した地域とのパフォーマンス比較で住民からの政治的な支持を失いかねない。競争は他地域でうまくいった政策を模倣しつつも，地域の地理的・社会的な特性にも配慮して，更なる工夫を重ねるよう誘因づけるだろう。

　これが集権体制ならば，一旦，試行した政策の失敗がなかなか改められない。比較対象がないため，国民もそれを失敗と断言できるかどうか判断がつかない。自分のキャリアを気にする中央官僚は，政策が失敗だったなどと口が裂けても言わないはずだ。様々な理屈をつけて体裁を繕うことに終始しがちになる。集権体制の場合，政策の失敗のコストが高いばかりか，失敗の見直しも遅々として進まないリスクを伴うことになる（「ゆとり教育」などはその典型例であろう）。

▶ 良い競争と悪い競争

　ここまでは政府間競争のメリットを強調してきた。しかし，全てのタイプの競争が望ましいわけではない。競争にも「良い競争」と「悪い競争」が

ある。競合する主体間で切磋琢磨を促し資源配分の効率化や一国経済の成長をもたらすならば，それは良い競争であろう。財政の効率化や公共政策のイノベーションを促す政府間競争や新しい産業を育成する地域経済の活性化はこの類である。

切磋琢磨とゼロサム・ゲーム　一方，「租税競争」として第5章で紹介するような企業の誘致合戦などは他地域の犠牲によって，自地域の利得を増進する「近隣窮乏化政策」にほかならない。国からの補助金への「陳情合戦」なども所定の大きさのパイ（＝補助金予算）の奪い合いであり，新たな価値を生み出さない「ゼロサム・ゲーム」に過ぎない。無論，地方自治体はそれが①経済全体の付加価値を高める良い競争か，②ゼロサム・ゲーム（パイの奪い合い）的な悪い競争かを意識して競合しているわけではない。良いか，悪いかは競争の結果に対する評価であって，競争の意図を指すものではない（図表3-7）。

地域の利益≠社会的利益　自治体の首長は「地域社会のために努力している」のかもしれない。しかし，**地域的な利益**と**社会的利益**は必ずしも整合的にならない。両者が乖離する要因として環境保全や社会インフラなどに関わる便益の他地域へのスピルオーバー効果が挙げられる（次節参照）。企業や補助金の奪い合いも外部効果を伴う。自地域が利することが他地域にとっては損失（企業の流出，受け取る補助金の減額）となるからだ。地方自治体は地域住民に対して説明責任（アカウンタビリティ）を負っても，域外の住民の福利厚生を配慮することはない。よって他地域に及ぼす（プラスもしくは

■図表3-7　良い競争と悪い競争

	性　格	例
良い競争	切磋琢磨を通じた社会厚生（付加価値）の増進	市場における企業間競争 財政の効率化
悪い競争	パイの奪い合い（ゼロサム・ゲーム）	補助金の陳情合戦（レント・シーキング） 既存の企業の奪い合い（租税競争）

マイナスの）外部効果が自治体の政策決定過程において自律的に「内部化」（＝考慮）されることはない。

3.3 地域間外部効果

前節の政府間競争が地方自治体を規律づけ，①無駄なコストを削減した上で②地域住民のニーズに即した公共サービスを提供するよう促すとしても，自治体が関心を払うのは地域厚生のみであることに注意してもらいたい。確かに首長は地域住民のために汗を流すかもしれない。しかし，地域のために尽くすことが社会の利益になるとは限らない。

ここで「外部性」がキーワードになる。「市場の失敗」（第2章参照）として挙げられたように市場で取引を行う当事者（消費者や企業）によっては織り込まれない便益や費用があるとき，均衡は効率性から乖離する。公害・環境破壊はその典型例であった。同様に，（権限委譲された）自治体が担う政策が**当該地域以外の住民の厚生**に外部性を及ぼすならば，「地方分権の失敗」が生じかねない。

感染症の予防事業，河川の浄化，森林保全のような環境対策などは地域外にも便益がスピルオーバーする公共支出の例に挙げられる。地方圏で育った子供が成長してから都市に出て働くとなると，その子供の（労働者としての）技能・生産性の向上に貢献した地方圏における教育サービスは都市に外部便益を及ぼしていることになる。

このとき，各自治体が地域の選好に即するよう決めた公共サービスの水準は社会的な便益を正確に反映しないため，ローカル・オプティマムであるとしても，効率性には適っていない（効率性とは社会的（一国全体の）観点からみた評価基準であることを想起してもらいたい）。

もっとも，外部性の存在が即，集権化を支持するわけでもない。国による全国一律なサービス供給は外部性に対して一定の配慮がなされていたとしても，個々の地域のニーズに即さないという意味での非効率性は残ってしまうからだ。

▶ モデルによる説明

地域間外部効果の問題を簡単なモデルを使って説明したい(ここでは本章の**ボックス 3-1** にある「消費者余剰分析」に従う)。

ある公共サービス X を提供する地域 A の選択について考える。慣例に従い,このサービスの供給水準も X で現すものとする。簡単化のため,提供に要する限界費用は c で一定と仮定しよう。コストは地域 A の住民の税負担によって賄われる。公共サービス X からは地域 A だけではなく,地域 B の住民も受益しているとする。X を下水道施設の改善など河川の浄化対策とすれば,地域 B が地域 A よりも下流に位置するケースにあたる。後者に帰着する便益が地域 A からみると外部便益となる。

公共サービス X から地域 A の住民が享受する限界的便益を MB_A,地域 B に及ぶ限界的な外部便益を MB_B とおく。限界便益(効用)の逓減を反映して,いずれも供給水準 X の減少関数となる(**図表 3-8**)。地域 A の自治体が地域住民の厚生を忠実に追求しているとしよう。この自治体は,

■図表 3-8 地域間外部便益

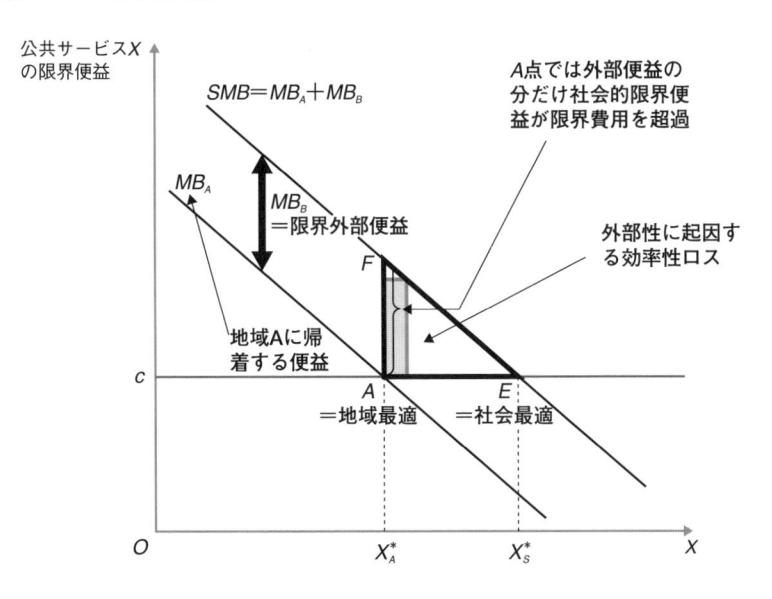

> 地域厚生＝公共サービス X から地域 A が得る純便益
> ＝地域的便益－地域的コスト

を最も高めるように X の水準を決める。これは地域に帰する限界便益＝MB_A と限界コスト＝c が一致する点にほかならない。**図表 3-8** でいえば A 点であり，ローカル・オプティマムな水準は X_A^* に等しい。

しかし，A 点は地域 B に対する外部便益を織り込んでいない分，効率から乖離している。効率性は両地域を合わせた社会的限界便益＝$MB_A + MB_B$ が限界費用＝c と等しくなることを求めるからだ。E 点で実現する効率水準 X_S^* は A 点の右側に位置する：$X_S^* > X_A^*$。よって効率水準に比べて地域 A の選択は**過少供給**となる。公共サービス X の分権的供給により実現しなかった社会的な余剰（＝純便益）は $\varDelta AEF$ であり効率性のロスにあたる。

▶ 地域間移動と外部性

域外に及ぶ便益　ヒト・モノ・カネの自由な地域間移動を通じて便益が当該地域外に漏れていくこともある。

例えば，ある地域では医療設備の整った自治体病院を運営しているとしよう。自治体病院には域外の居住者であっても受診することができるから，周辺地域の住民も当該地域の提供する医療サービスから便益を得る。無論，自己負担（わが国であれば通常掛かった医療費の 3 割）をするから，完全に「只乗り」しているわけではない。しかし，公立病院に掛かる費用は，患者の自己負担や医療保険からの診療報酬だけで賄われているわけではなく，自治体が補助金を繰り入れていることが多い。

コンサート・ホールや市民プールなども同じような例となる。昼間人口の多い都市圏の自治体では道路整備を含む社会インフラや治安・防災，公衆衛生など地域住民だけでなく，オフィスで働く域外から通勤者のために提供されるサービスが数多い。ここでも地方公共サービスの便益が域外の住民にまで及んでいる。

非居住者の受益の捉え方　もっとも，非居住者に帰する利益の全てが当該サービスを提供する地域によって織り込まれないわけではない。例えば，都

市圏の自治体は積極的にオフィス地区の利便性の向上や環境改善（安心して働ける街づくりなど）に努めるかもしれない。企業を誘致して地域内外から従業員が多く集まれば，彼らの消費活動などで地元に波及する経済効果が大きいからだ。企業が納める地方税（わが国でいえば法人二税や固定資産税など）の増収も見込める。であれば，公共サービス提供に要した費用の一部も回収できるはずだ。この場合，自治体は通勤者の受益を多少なりとも考慮するだろう。それでも地元に還元されなかった部分が外部性として残ることになる。

> 外部便益(コスト)＝域外の住民の享受する便益（コスト）
> －当該地域に還元される便益（コスト）

NIMBY どこにでも「招かれざる客」はいるものだ。地域の観点からすれば，地元に雇用や税収増をもたらしてくれる企業ならば大歓迎だろう。一方，地域の環境に悪い影響を及ぼすような産業や業者は御免被るということになる。

例えば，廃棄物処理業者や大規模なごみ処理場，原発から出る放射性物質の処理施設などは一般に好まれない。当然，このような業者の参入や施設の建設には地元住民は大反対だし，自治体も（それが自治体関連の施設でない限り）同じだろう。よって，環境規制や課税を強化するなどして廃棄物処理施設が立地できないよう計らうかもしれない。

地域環境には優しい政策であるが，社会的に優しいとは限らない。産業廃棄物や放射性物質などは，それらが排出されている以上，誰かが引き受けなければならないからだ。地元から廃棄物処理業者や原発関連施設を追い出したとしても，それは別の地域に厄介ごとを押し付けたに過ぎない。

誰でも自分の庭は綺麗にしておきたいのが心情だろう。しかし，それは誰かほかの人の庭を汚すことになりかねない。各地域の環境規制が「招かれざる」企業や施設を押し付けられた他地域に外部コスト（迷惑）を及ぼしているということだ。これを**「自分の庭だけはやめてくれ」政策**（NIMBY＝Not In My Back Yard）という。

無論，各々の地域は，何故自分たちが環境悪化の危険を負ってまでも業者

や施設を引き受ける必要があるのかと思うはずだ。しかし，このような押し付け合いは悪く言えば，「エゴ丸出し」ともいえる。結局，産業に恵まれない経済力の乏しい地域が補助金や地元での雇用創出を当てにして引き受け先になってしまうことが多い。これが果たして社会的公平に即しているといえるかどうか？

▶ 地方の所得再分配：再考

地方の再分配と外部性　所得再分配が国に割り当てられるべき機能であることは「機能配分論」として第2章で説明した通りである。地方独自の再分配は周辺地域から（再分配の受益者である）貧困層の流入を招くだろう。他地域にとってみれば低所得者層の流出・財政負担減となる。逆に福祉のカットは他地域に再分配のコストを押し付けるものとなる。地方レベルでの再分配政策の充実は低所得者の地域間移動（「足による投票」）を介して他地域に対して**外部便益**（＝再分配のコスト低減）を及ぼしていることに（逆に福祉の一方的なカットは周辺地域に対する**外部費用**と）なる。この外部便益により地域レベルの再分配を社会的にみて「過少」な方向に振れる。

再分配政策の政治的背景　ただし，上でも述べたように，外部性があるから集権化すべきであるというわけではない。分権化にもメリットがあり得るからだ。

そもそも国民は何故，政府に再分配政策を求めるのだろうか？　福祉サービスや生活保護などの形で給付を受ける低所得者，あるいは高齢者は自己利益を満たすべく再分配を政治的に支持するだろう。選挙において数で勝る低所得層の有権者にアピールする方が票も集まり易いかもしれない。もっとも，数で劣る高所得者は政治家への献金を通じて影響力を発揮するから，政策が低所得者に一方的に有利になるわけではない。

利他心の存在　しかし，現実に福祉国家を支えているのは受益者の利己心だけではないはずだ。事実，再分配は税を多く負担する中間・高所得者からも支持されることが多い。「社会連帯」や「相互扶助」といった助け合い，弱者への思いやりの精神は同じ社会で生活を営む人々の中で（程度に差はあれ）共有される理念ともいえる。

経済学では家計を含む全ての経済主体が「利己的」であることを仮定して議論を進めることが多い。しかし，人間はそこまで捨てたものではない。ニュースで途上国における貧しい子供たちの境遇を知れば心を痛めるし，国内外で災害が起こるたびに義援金が多く寄せられる。ヒトには他人の不幸に同情したり，他人の喜びに共感したりする「利他心」がある。

再分配の動機がこの利他心の場合，重要なのは，納税者（＝再分配の支え手）の**利他心の及ぶ範囲**である。彼らは身近なところにある貧困に対してより関心を払うかもしれない。近所で顔見知りの，あるいは自分の子供と同じ学校に通う児童の家族が生活に困窮しているとなれば，深く同情するだろう。域内の貧困は一緒に生活する地域住民にとって実感を伴って伝わってくる。一方，遠いどこかの街の貧困となると一般論としては理解できても実感は湧かないだろう。テレビで貧しい生活保護世帯やネットカフェ難民の現状がレポートされれば心を痛めるだろうが，身近に接していないならば，その同情心も長続きしないかもしれない。

分権的な再分配　仮に，再分配の根拠を納税者サイドの持続的な利他性に求めるならば，彼らは**地域内での再分配**（その水準や具体的な形態）に対して一定のニーズを持つことが考えられる。この場合，再分配政策は受益の範囲が地域内に留まるという意味で**地方公共財**としての性格を帯びてくる。

①再分配が地方公共サービスの性格を持つ，②ニーズ（利他心の程度など）が地域によって異なるとすれば，第1節の「分権化定理」が当てはまることになる。すなわち，利他的な地域住民にとって身近な地方自治体が（域内の低所得者に対する）再分配を担うことで彼らのニーズ＝利他心を満たすことができるというわけだ。

分権化のトレードオフ　分権化は利他心のある地域住民のニーズにより即した再分配が行える一方，低所得者の地域間移動は外部性の発生要因となる。これが集権体制であれば，全国一律に再分配が行われる分，低所得者の移動を誘発することはない。ただし，個々の地域の利他心に応じた水準にはならない。一口に再分配といっても貧困層一般を対象とするか母子家庭を重視するか，現金ではなく公共住宅や医療といった「現物給付」にするかなど形態は様々だ。地域のニーズ差もこうした形態への選好の違いとなって表れるか

もしれない。

　従って，分権化と集権化の厚生比較は，①低所得者への（持続的な）利他心の及ぶ地理的範囲や②地域間でのニーズ（＝利他心）の違い，及び③低所得者の地域間移動（＝地域間外部性）の程度に拠ることになる。いずれの体制が望ましいかはトレード・オフに即して判断されなくてはならならない。

　本書では地方財政の伝統的な見解に従い，所得再分配を基本的には国の機能として話を進めていくが，利他心を勘案すれば，話は単純ではなさそうだ。一つの整理は，国は所得再分配（生活保護や累進所得税）のナショナル・ミニマムに対して責任を持ち，それを超過する部分については，地方独自の判断（地域住民の利他性）に委ねるという役割分担であろう。生活保護や福祉サービス提供の実施主体を地方自治体とすれば，ナショナル・ミニマムの確保は第6章で学ぶ政府間財政移転の機能となる。

▶ 外部効果の矯正

矯正の方策　一般に外部性（例えば環境破壊）を是正（内部化）する手段としては①環境税の課税を含む**政府の関与**（集権的アプローチ），②外部性を出している主体と被っている主体の経営統合，及び③「コースの定理」として知られる**当事者間の交渉**（分権的アプローチ）がある。いずれを取るかは，外部性の及ぶ範囲や外部性に関わる当事者の数など対象となる外部性の性質に依拠する。

　地域間外部効果に対してあり得る対応も様々である。管轄する行政区の広い上位政府に政策を委譲する集権化は公共サービスの便益の範囲を地域＝行政区内に留めることができる。市町村合併などは上記の経営統合にあたり外部性を内部化する手段となり得る。

　次節では地方公共サービス提供を担うべき地域の単位＝行政区の大きさ・レベルについて説明したい。

　政府間補助金の利用　行政区の範囲・レベルを変えるのではなく，国から地方への政府間補助金を使って外部性による非効率性を矯正することもあり得る。

　政府間補助金は必ずしも地方自治を阻害するものでない。集権体制におい

❖ボックス 3-2　誘 因 等 価

　人口移動は地方自治体に対して自律的に外部効果を内部化するように促すかもしれない。再び，環境保全など地域 A の公共政策が地域 B に対して外部便益を及ぼすケースを取り上げよう。両地域の間では自由な住民移動（居住地選択）があるとする。簡単化のため，移動する住民は選好・所得とも同質であると仮定する。移動コストが一切掛からないとすれば，彼らは地域間で効用水準が等しくなるところまで「足による投票」を行使し続けるはずだ。

　　人口移動の均衡：地域 A での効用＝地域 B での効用

　地域 B の住民効用には地域 A からスピルオーバーする公共サービスの便益が含まれることに留意されたい。

　地域 A の自治体は上記の均衡式を織り込んで合理的に政策決定するとしよう。当該自治体の目的はあくまで地域 A の住民の効用最大化だが，その追求は地域 B の住民の効用最大化と一致する。外部便益が地域 B の厚生を高め，それが人口移動を介して地域 A の住民の厚生の改善に繋がるという波及効果を織り込む限り，地域 A は自発的に外部性を内部化するよう公共サービス供給を行うことになる。

　地域 B の自治体も自分たちに外部便益をもたらす公共サービス供給を促すべく，地域 A に対して自発的に水平的（地域間）財政移転を行うことがあり得る。これは外部便益への対価にあたる。

　このようにヒトの移動は両地域の利害を一致させる方向で作用し得る。独立に（非協調的）振る舞うにもかかわらず，ともに目的を共有するのである。これを**誘因等価**という。この場合，国（上位政府）の介入を待つまでもなく，外部性は分権的に解決が図られる。

　ただし，誘因等価が成り立つには，①各自治体が人口移動に及ぼす効果を正しく理解している必要がある。また，外部便益を享受する自治体（地域 B）が自発的に地域間移転（対価）を行うにも，②相手自治体（地域 A）の予算制約に財政移転が与える支出拡大効果を織り込んでいなくてはならない。無論，③人口移動は居住目的（居住地選択）であって，地域 B の住民がサービスを享受するとき（例えば，公立病院を受診するとき）だけ，地域 A に出向いても当該地域の住民（＝有権者）になるわけではないから，彼らの厚生が地域 A の政策決定に織り込まれることはない。

て地方は国の指示する通りに政策を執行して，財政移転はそのための財源保障の役割を担っていた。これに対して，分権化後の政府間補助金は分権的政策決定（＝地方の自己決定権）を前提に自治体によっては織り込まれない外部便益にあたる部分の費用分担を担う仕組みとなる（詳細については第6章で説明したい）。

　ここでのポイントは，自治体には地域のニーズを追求させつつ，その選択が社会的に望ましい（効率的）な水準に近づくよう「誘導」するところにある。補助金給付後も，その選択は自治体の目的（ここでは地域のニーズの充足）に適っているという意味で「誘因両立的」であり続ける。

3.4　自治体規模の決定

▶ 地方自治体規模・レベルの決定要因

　望ましい規模とは　公衆衛生，学校教育，警察・消防サービスなど分権化定理に従えば地方自治体が提供することが望ましい公共サービスの多くは**部分的にも競合性と排除可能性**（ここでは**受益の範囲の限界**）を伴っていることが多い。介護サービスや公営住宅に至っては限りなく（競合性・排除可能性を伴う）私的財のカテゴリーに入る。この場合，①公共サービスの配分（供給水準）に加えて，②そのサービスを何人で消費するか，受益者の人数＝地域(自治体)の規模も資源配分の効率性に関わってくる。地域人口（＝公共サービスの受益数）が多過ぎても，少な過ぎても効率に適わない。例えば，後述するように人口が多いと住民個々人にサービスが行き渡らなくなるし，逆に人口が少ないと規模の経済（スケールメリット）が生かせない。そのバランスが問われなくてはならない。

　ただし，ここでいう地域は公共サービスの提供主体＝行政区であり，経済活動の地理的範囲(＝**経済圏**)とは区別されることに注意してもらいたい。経済活動は各々の行政区で自己完結しているわけではない。例えば，都市圏には複数の自治体が存在するが，労働，資本，財貨・サービス市場は統合され

ている。従って，行政区としての地域の規模は市場の大きさや個人の**課税前所得**に直接は影響しない。

以下では地方公共サービスの提供単位である行政区（市町村，都道府県など）として地域の望ましい規模について考えていく。

▶ 地域の最適規模の決定要因（その1）：便益の範囲

公衆衛生，生活インフラ，公園整備や環境保全などでは，その受益の及ぶ空間的な範囲が異なる。地域住民が利用する公園であれば，（子供の遊び場や自分たちの憩いの場として）そこから便益の及ぶ範囲は限られている。わざわざ電車に乗って，あるいは車で1時間掛けて公園に遊びに行く人もいないだろう。小学校一つを取っても，受益するのは徒歩で安全に通える範囲に住んでいる子供たちとその両親だろう。ただし，受益の範囲は公園よりも広いはずだ。

受益の範囲に比して，地域の規模が小さ過ぎると域外に便益が漏れる地域間スピルオーバーを生じかねない。例えば，一方の岸で河川の清掃活動を行うとしよう。他方の岸の住民もきれいになった川から便益を得る。両岸が同じ行政区に属さないならば，清掃活動はスピルオーバーを伴うことになる

▶ 地域の最適規模の決定要因（その2）：混雑現象 vs 規模の経済

地方公共サービスは競合性の程度について私的財と純粋公共財の中間に位置する「準公共財」としての性質を持つことが多い。

行政区が広範囲なほど，受益者が多いほど地方自治体がきめ細かいサービスを行うことは難しくなるかもしれない。同じサービスの質を維持するためには，多くの人員を要したり，新たな施設が必要になったりするならば，供給コストが嵩んでしまう。公共財の理論ではこれを**混雑現象**と呼ぶ。公共財消費に部分的競合性が伴う場合である。

逆に生産にあたって「規模の経済」が働くため，大規模に供給した方が安上がりなサービスについては，より大きな行政区，都道府県など上位の自治体が「広域行政」として担うべきだろう。美術館といった大規模公共施設は

一旦建設すれば（固定費用を投じてしまえば），その利用者数（＝住民数）が多いほど，一人あたりの費用は安く済む。

混雑現象と規模の経済の間のトレード・オフによる自治体の最適規模の算出については後に簡単なモデルで説明する。

▶ 地域の最適規模の決定要因（その3）：地域内住民の選好の異質性

地域の範囲を広くとるならば，そこに住む人々の数が多く，各々の家庭事情や経済事情も様々なため選好の違いが顕著になってくる。実際，同じ市町村レベルの自治体でも，人口を多く抱えた都市部の方が，住民数の少ない地方圏よりも住民間で公共サービスへのニーズが異なることは想像に難くない。

分権化定理によれば，地方自治体は地域独自のニーズに即した公共サービスを提供する。しかし，地域が大きいと自治体が応えるべき地域（行政区）内住民のニーズが多様になっていく。特に一つの行政区（＝自治体）が複数に渡るサービス（教育，警察・消防，公園，美術施設など）を供給するとなれば，選好の相違はより顕著になるだろう。例えば，治安に対するニーズは同じでも，文化・芸術への関心は互いに違うかもしれない。

▶ 地域の最適規模の決定要因（その4）：政府間（地域間）競争への効果

地域＝行政区の規模は地域間競争にも影響する。規模の大きな少数の地域と規模の小さな多数の地域を比較すれば，「足による投票」や「ヤードスティック競争」が有効に働くのは後者の方である。居住地選択やパフォーマンス比較の対象となる地域が多くなるからだ。47都道府県よりも，1,800あまりの市町村間で地域間競争は激しくなるはずだ。

市場においても企業の数が多くなるほど完全競争に近づいていくことが知られている。政府間競争による規律づけの観点からすれば，競合する地域の数は多いに越したことはない。

▶ 自治体規模のトレード・オフ

　規範的（ここでは効率性）の観点から望まれる地域（＝公共サービス提供を担う行政区）の大きさは，以上のようないくつかの要因に応じる。大雑把にいえば，受益の範囲が限定的，あるいは受益者を増やす（カバーする範囲を広げる）コストが高くつくような公共サービスについては，より小さな行政区で，具体的には市町村など下位レベルの地方自治体でもって提供されることが望ましい。

　しかし，異なった要因間で背反関係もあり得る。例えば，規模の経済を重視して行政区の規模を大きくすることは自治体数を減らして，政府間競争の程度を弱めるかもしれない。「足による投票」をするにも，選択肢の数が限られてしまう。また，自治体が大きくなれば，地域住民間でのニーズの相違も顕著になってくる。これらを総合的に勘案して具体的に最適規模を算出することは難しいにせよ，トレード・オフの存在は認識しておく必要がある。

▶ モデルによる説明

自治体規模の最適化　一口に「最適規模」といっても空間的範囲（面積）や人口など測り方にもいくつかある。ここでは人口で捉えていくことにしたい。

　ある公共サービス，例えば公共施設や警察を提供する一つの自治体に着目しよう。公共サービス水準の質（例：治安の改善度など）を g と定義する。n を当該自治体の人口とすれば，サービス提供に自治体が要するコストは費用関数 $C(g,n)$ となる。

　美術館や公営プールのような公共施設の場合，利用者の数が増えるにつれ，施設内で混雑が増すため，各人の受益（＝美術鑑賞，水泳の楽しみ）g は低下してしまう。言い換えると所定のサービスの質を保つには施設の拡張など新たな費用負担が求められる。警察サービスについても人が増えるにつれ，犯罪が多発するため，治安の維持（＝所定の g の確保）の費用は高くつくようになるはずだ。このような混雑現象を伴う公共サービスの供給コストは人口の増加関数として表される：$\partial C(g,n)/\partial n > 0$。これを混雑費用と呼ぶ。

　混雑費用があったとしても住民一人あたりの費用（平均費用）$C(g,n)/n$

■図表 3-9　自治体規模の最適化

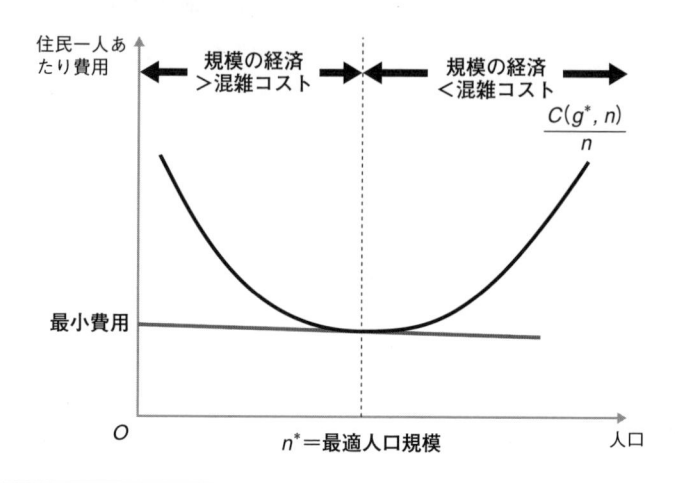

住民一人あたり費用

← 規模の経済 > 混雑コスト → ← 規模の経済 < 混雑コスト →

$\dfrac{C(g^*, n)}{n}$

最小費用

O　　n^*＝最適人口規模　　人口

でみると人口拡大の効果は確定的ではない。人口が多ければ住民間で費用を広く薄く分担できるからだ。これが**規模の経済**として働く。

全ての住民が同様な選好を持つならば、**図表 3-9** のように効率的な人口規模は住民一人あたりの費用（平均費用）$C(g,n)/n$ を最小にするよう定まる（地域の最適規模の決定要因（その 2）参照）。平均費用が小さいほど地方税負担は低められ、住民全体に留保される資源（＝可処分所得）が大きくなるからだ。

数学的にいえば、$n = n^*$ の条件式は、

$$\frac{d}{dn}\frac{C(g,n^*)}{n^*}=0 \iff \frac{C(g,n^*)}{n^*}=\frac{\partial}{\partial n}C(g,n^*) \quad (3.5)$$

で与えられる。(3.5) 式の①右辺は地域人口増による混雑費用、②左辺は新しい住民がシェアする供給費用（＝既存の住民の負担軽減分）に等しい。最適規模は両者をバランスさせる。

自治体の規模とレベル　　理論上、行政区の最適規模は警察サービス、医療、学校教育など公共サービスごとに異なる。個人間での選好の違いの度合い、便益の範囲や規模の経済・不経済（競合性）の程度が違っているからだ。

ただし、個別のサービスごとに一つの自治体に作るのは、それ自体効率的

❖ボックス 3-3 最適規模と人口移動

「足による投票」(居住地選択)は地方自治体の(一人あたりコストを最小化するという意味で)最適規模を実現するだろうか? 2つの地域AとBとの間での住民移動について考えよう。簡単化のため,どちらの地域でも同水準の公共サービス $g=g^*$ を提供しており,選好・ニーズについていずれの住民も同質と仮定する。

面積など地域の地理的特性の違いから,この公共サービスを提供する費用構造 $C_j(g^*, n_j)$ ($j=A, B$) は両地域間で異なる。公共サービスは域内の居住者に対する人頭税(わが国でいえば住民税の均等割に相当)でもって賄われる。従って,地域 j ($=A, B$) の住民の税負担は一人あたり $T_j=C_j/n_j$ に等しい。一般に $g=g^*$ を与件としたときの地域の最適規模 n_j^* や最小化された一人あたり費用 $C_j\div n_j^*$ は地域間で違ってくる。いま,人口が各々の地域で最適化されているとして,

$$T_A^* = \frac{C_A(g^*, n_A^*)}{n_A^*} < \frac{C_B(g^*, n_B^*)}{n_B^*} = T_B^*$$

という関係が成り立っていると仮定する。地域Bの面積が広い,あるいは山間部を抱えているといった理由から地域Aに比べて平均コストが高くついていると考えてもよい。

地域A, Bが最適規模にあるところから始めるとして,地域Bに住んでいる個人の誘因について考えたい。公共サービス水準が同じであること,自身の課税前所得は居住地から独立に決まっていることから,各住民の関心はもっぱら税金の負担となる。上式が成り立つとき,税金の安い地域Aの方が魅力的になるだろう。地域Bの住民は「足による投票」権を行使して地域Aに移り住むことを選択するに違いない。

$g=g^*$ の下,住民の移動は $T_j=C_j/n_j$ が地域Aと地域Bとの間で等しくなるところまで続く ($T_A^e=T_B^e$)。均衡状態における地域人口 n_j^e は n_j^* に一致しない。地域の最適人口規模は一般に個人の居住地選択の誘因と両立しない。

ここで効率と均衡を乖離させているのは,住民移動に伴う外部効果である。いま n_j^* を起点に住民一人が地域Bから地域Aに移ったとする。地域Aの一人

とは言い難い。自治体を運営するにも庶務（総務）のための人件費，官舎の建設コストなど一定の固定費が伴う。それぞれに首長や議会を選出するとなると選挙に関わる費用や彼らに支払う給与も決して安くはない。

むしろ，最適規模が大きいと見込まれるサービス（警察や医療など）は都道府県のように広域行政を担う自治体に，同規模が比較的小さいようなサービス（公園整備やごみの回収など）は市町村レベルの自治体に割り当てることが現実的な対応かもしれない。ここでは最適規模が都道府県―市町村間で仕事（公共サービス供給）を配分する指針となっている。

最適規模の実証　わが国でも一人あたり歳出を最小化するという意味で自治体の「最適規模」の計測が試みられてきた。ただし，データをとった年，サンプルとする自治体の範囲（市のみを対象とするか，町村を含めるかなど），あるいは費用関数の特定化の違いなどから推計値は10万人台から40万人台と幅広い。

経済財政白書（2008年度版）では全市町村のパネルデータ（1990年～2005年）から自治体の（人口一人あたり）費用最小化規模を28万9,000人と算出している。歳出の目的別にも計測されており，民生費であれば6万6,000人（高齢化対策費（老人福祉費）に限れば20万人程度まで費用は逓減），衛生費が58万8,000人，土木費であれば22万9,000人，教育費に至っては85万6,000人となっている。

平成の大合併の後も2008年3月21日時点で1自治体あたりの平均人口は6万6,450人と，民生費を除けば，目的別歳出の費用最小化規模さえ下回っている。多くの自治体に，まだ規模拡大の余地があることを示唆している。

無論，市町村の最適規模は地理的環境（僻地，山地，平地など）によって異なるから，一律に規模を大きくすればよいというわけではない。また，市町村に多くの権限を委譲するよう分権化が進み，担う公共サービス（事務・事業）が変われば，合わせて望ましい自治体規模も違ってくるはずだ。

▶ 市町村合併

地域の規模は効率性の観点から最適にできるだろうか？　わが国の分権改革では，市町村が地方分権の「受け皿」＝**基礎自治体**とされている。その市

あたり税負担は，

$$\Delta T_A = \Delta \frac{C_A}{n_A} = \frac{C_A(g^*, n_A^* + 1)}{n_A^* + 1} - \frac{C_A(g^*, n_A^*)}{n_A^*}$$

だけが変化する。

　平均費用が人口とともに増加する（混雑の悪化に伴う費用増が規模の経済を上回る）ならば，新たな住民が増えた地域 A では T_A が高まってしまう（$\Delta T_A > 0$）。移動する当人は自分の決断が他の住民に及ぼす効果（＝地域 A の既存の住民にとっては外部費用）を考慮しない。

　ここで①地域内資源配分（公共サービス供給）の効率性と②地域間資源配分（人口規模）の効率性を区別してもらいたい。足による投票は地域内効率を改善するよう働いても（第2節参照），地域間効率には適わないかもしれない。

■**最適規模と均衡水準**

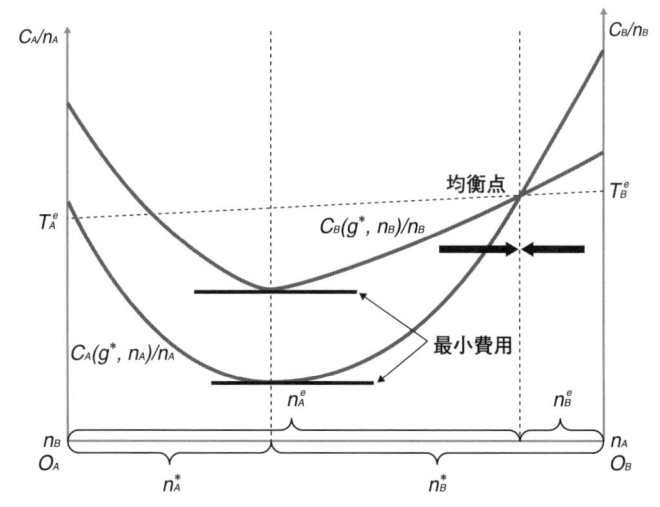

（注）　横軸の幅は $n_A^* + n_B^*$ に等しい。O_A を起点に右へいく程 n_A は増加，O_B を起点に左へいく程 n_B は増加している。ただし $n_A + n_B = n_A^* + n_B^*$。

町村の財源基盤の強化と（規模の経済の活用などによる）財政運営の効率化を意図して，市町村合併が推し進められてきた。

合併へのアメとムチ　国は2005年3月を期限にした「**合併特例法**」で市町村の合併に対して様々な特典を与えていた。例えば，国は合併後の「まちづくりのための建設事業」を賄うために**合併特例債**と呼ばれる地方債の起債を許可している。

この地方債が特別なのは，（将来発生する）その元利償還費の7割を地方交付税で面倒みてもらえるところにある。合併した市町村自体の持ち出し（＝自己負担）は少なくて済む。つまり，合併前の市町村はばらばらに公共事業をするよりも一緒になって行った方が財政上，有利になるわけだ（交付税の政策誘導については第7章参照）。

合併後の向こう10年間の交付税額は「合併関係市町村が合併前の区域をもって存続する場合に算定される額の合算額を下回らないように算定する」，さらに特例期間後も5年間の移行期間を設け，交付税の総額分を段階的に縮小することになっている。これが市町村合併を促すための「アメ」である。

一方，財政再建や三位一体の改革の結果，交付税を含む国から地方への財政移転はジリ貧となった。合併を拒否する自治体に対する「兵糧攻め」との批判も出るなど，補助金削減は「ムチ」にあたる。

賛否が分かれるが，平成の大合併が国によって強力に進められた結果，従来3,300あまりあった市町村の数が1,800あまりまで減り，面積・人口とも規模の大きな市町村が多く誕生している（**図表3-10**）。

制度の矛盾と合併の障害　そもそも，市町村の合併に対して国が関与する必要があるのだろうか？　合併のメリット（費用削減効果など）・デメリット（選好・ニーズの相違など）は当の自治体自体がよく理解しているはずで，地域独自のニーズや選好に疎いように，国がその情報を有しているとは考えにくい。互いにとってメリットになる（＝パレート改善になる）ならば市町村は自発的に合併協議を進めるはずだろう。

無論，各自治体は独立した行政区でいることから得る利得，例えば，首長の地位や議会の定数を確保したい，あるいは自主自立を志向するかもしれない。合併による費用の節約も十分に理解されていないかもしれない。これら

■図表 3-10　市町村の数の推移

年　月	市	町	村	計	備　考
1995年 4 月	663	1,994	577	3,234	市町村の合併の特例に関する法律の一部を改正する法律施行
1999年 4 月	671	1,990	568	3,229	地方分権の推進を図るための関係法律の整備等に関する法律一部施行
2002年 4 月	675	1,981	562	3,218	地方自治法等の一部を改正する法律一部施行
2004年 5 月	695	1,872	533	3,100	市町村の合併の特例に関する法律の一部を改正する法律施行
2005年 4 月	739	1,317	339	2,395	市町村の合併の特例等に関する法律施行
2006年10月	779	842	196	1,817	
2008年11月	783	809	193	1,785	

(出所)　総務省資料

は本来望ましい分権化が自発的に進まない要因となる。

　現行の制度自体が合併への誘因を阻害しているところもある。従来，交付税は小規模な自治体に対して手厚く給付されてきた。小規模自治体の財政需要が（第 7 章で紹介する補正係数を使って）高く見積もられ，その分が交付税に上乗せされている。

　実際，**図表 3-9** にある U 字型の平均費用曲線からも分かるように規模の経済を活かせないような人口の少ない地域では一人あたりコストが高くつく。しかし，それを補塡するような国からの財政移転は自治体規模を最適化する誘因自体を阻害しかねない。皮肉だが，国の優遇措置は，その措置を必要とする小さな自治体を温存しかねないわけだ。

　もっとも，合併する地域に対して優遇措置を施すことは自治体の誘因を逆方向に歪めた可能性もある。本来合併しなくてもよさそうな自治体が，合併特例債や交付税の優遇措置を目当てに敢えて一緒になるということだ。これでは規模の経済による財政の効率化は見込めない。却って（合併記念事業な

ど）行き過ぎた公共事業のツケや（混雑コストの増加で）財政の非効率化を招きかねない。

当初の歪み（＝小規模地域への行き過ぎた優遇）を是正すべく，別の歪み（＝合併自治体への優遇）を加えたとして，相殺するどころか，（合併した自治体のコスト増など）問題を増長することになるかもしれない。

▶自治体の規模に応じた分権化

分権化の受け皿になる（学校教育や社会福祉など所定の役割を担える）よう自治体の規模を拡大するのではなく，自治体の規模に見合った役割・権限を与えることも一案だろう。実際，1,800あまりの市町村の人口規模（人口が1万人に満たない自治体から100万人を超える自治体まで）のバラツキは著しい。地方分権の程度や中身は必ずしも「全国一律」である必要はないかもしれない。分権化を担うだけの能力（とやる気）のある自治体には率先して権限の委譲や財政責任の拡充（税源移譲など）を進め，そうでない自治体については実力に見合った範囲に留めるということだ。

「西尾私案」として知られるが，2002年11月，首相の諮問機関である地方制度調査会の小委員会において西尾勝副委員長は，地域の総合的な行政主体として基礎自治体たる市町村の合併を推進することでその財政運営基盤の強化を図る一方，人口が一定規模に至らない小規模自治体については「法令により基礎的自治体に義務づけられた事務のうち窓口サービス等を処理することとし，他の事務は都道府県に処理を義務づける」という「事務配分特例方式」を改革案の一つとして示した。当時，このような改革案は，市町村に合併（大規模化）を強要するもの，「小規模町村の抹殺を意図したもの」といった批判が相次ぎ，受け入れられていない。

もっとも，できるだけ一律な分権化が望ましいとしつつも，「人口規模やそれを反映する行政機構の規模や能力が多様」なことから，従来，大都市に対しては事務配分上の特例措置が講じられてきた。人口規模の小さい市町村よりも，都道府県から多くの権限が委譲されている（「西尾私案」にあるような小規模自治体の権限を狭く留めるのも，大規模自治体に率先して権限委譲するのも，分権の程度に違いが生じることに変わりはない）。

■図表 3-11　政令指定都市・中核市・特例市の処理する主な事務

区　分	政令指定都市	中　核　市	特　例　市
要件	人口 50 万以上で政令で指定する市	人口 30 万人以上	人口 20 万人以上
事務配分の特例	都道府県が処理する事務のうち， ・民生行政に関する事務 ・保健衛生行政に関する事務 ・都市計画に関する事務 などを処理する。 一般に，「県権限の 8〜9 割」とも言われる。	政令指定都市が処理する事務のうち，都道府県が一体的に処理することが効率的な事務を除き処理する。 ・道路法に関する事務 ・児童相談所の設置 などが除かれる。 一般に，「政令指定都市権限の 7 割」とも言われる。	中核市が処理する事務のうち，都道府県が一体的に処理することが効率的な事務を除き処理する。 ・民生行政に関する事務 ・保健衛生行政に関する事務 などが除かれる。 一般に，「中核市権限の 2 割」とも言われる。

(出所)　総務省資料

　例えば，人口規模 50 万人以上が条件で，2008 年時点で 17 団体が指定されている「政令指定都市」(横浜市，大阪市，京都市など) については都道府県が処理するものとされる事務のうち，社会福祉関係，保健衛生関係，都市計画関係の事務など 19 項目が委譲されている。国道の一部や都道府県道の管理も担っている。

　人口規模 30 万人以上が要件の「中核市」(2008 年度 39 団体) の場合，政令指定都市に認められた事務の範囲内で，人口規模 20 万人以上の「特例市」(2008 年度 43 団体) は，中核市に認められた事務の範囲内で，各々役割を果たしている (図表 3-11)。現行制度においても，全ての市町村が同等な権限を有しているわけではないということだ。

練習問題

問1：地方分権の理論的基礎である「分権化定理」について①地域独自のニーズ，②情報上の優位性をキーワードに説明せよ。

問2：地方税の原則としての「限界的財政責任」の定義とその含意を説明せよ。限界的財政責任が満たされないときの帰結は何か？ 地方公共支出に地域間外部性を伴うとき，限界的財政責任は要請されるだろうか？

問3：地域（政府）間競争としては①「足による投票」と②「ヤードスティック競争」が挙げられる。各々の競争の特徴とその効果について説明せよ。

問4：地方分権は地域間競争を喚起することが期待されるが，全ての類の競争が望ましいわけでも，望ましくないわけでもない。分権化に伴う「良い競争」と「悪い競争」の違いについて説明せよ。

問5：地方独自に所得再分配を担うことのメリットとデメリットについて説明せよ。説明にあたっては，①利他主義のよる再分配動機と②住民の地域間移動可能性の言及すること。

問6：自治体の最適規模の決定要因を挙げよ。

参考文献・情報

《地方分権の理論》

Oates, W.E., *Fiscal Federalism*, Harcourt Brace Jovanovich, 1972.（米原淳七郎・岸昌三・長峯純一（訳）『地方分権の財政理論』第一法規出版, 1997 年）

《地域間所得再分配政策》

堀場勇夫『地方分権の経済理論——第1世代から第2世代へ』東洋経済新報社, 2008 年

《ヤードスティック競争の実証分析》

Besley, T., & A.Case, Incumbent behavior :Vote-seeing, tax-setting, and yardstick competition. *American Economic Review* 85(1), 1995, 25-45.

《資本化の実証分析》

Brueckner, J.K., A test for allocative efficiency in the local public sector. *Journal of Public Economics* 19, 1982, 311–331.

林　正義「社会資本と地方公共サービス——資本化仮説による地域別社会資本水準の評価」経済分析(内閣府経済社会総合研究所)(171), 2003, 28–46.

《地方自治体の最適規模》

林　正義「地方自治体の最小効率規模——地方公共サービスの供給における規模の経済と混雑効果」フィナンシャル・レビュー(61), 2002, 59–89.

吉村　弘『最適都市規模と市町村合併』東洋経済新報社, 1999年

第4章

地方分権の経済的・政治的帰結

本章の狙い

　地方分権には分権化定理で強調されるようなメリット（地域のニーズに即した公共サービス提供）がある一方，「地方の切り捨て」に繋がるといった懸念もある。分権化によるクリーンな政治の実現への期待もあるが，却って汚職が増えるという悲観論もある。本章では地方分権の経済的・政治的帰結についての論点を整理したい。4.1節では，「地域の活力なくして国の活力なし」とするわが国の地域再生への取組みを概観した上で，地方分権が地域経済の活性化，ひいては一国（マクロ）経済の成長に及ぼす効果について議論する。その効果は理論的に実証的にも確定しないものの，分権化が経済成長と整合的になる「市場保全型連邦制（分権化）」の必要条件は挙げられる。地方分権が政府のアカウンタビリティを高めるか否かは4.2節のテーマである。同節では分権化が政府の規模に及ぼす効果についても考える。一般の期待に反し，地方分権がクリーンな政治や小さな政府には必ずしも直結しないこと，むしろ，それらを実現するための諸条件の整備が重要なことが明らかになるだろう。続く4.3節では，公共部門の「ガバナンス改革」としての分権化の効果について述べる。集権対分権に代え，「政策間分権化」対「地域間分権化」という軸を導入する。道州制などはこのガバナンス改革として理解することができる。

4.1 地域経済の活性化

▶ 地域再生への課題

わが国の現代的な課題として，地域間で拡大する経済格差が挙げられる。税収の格差（第5章参照）にしても，地域間での経済活力の差に拠るところが大きい。この経済格差は地域経済の構造の違いに深く関わる。

公共事業の果たしてきた役割　わが国では，輸出や設備投資の増加が国際競争力のある製造業を抱え民間経済の基盤の強い地域（特に都市圏）の雇用や所得を増加させてきた。一方，そのような基盤が弱い地域は，従来，**公共事業**に頼って雇用や所得を確保してきたのが実態である。

第2章で言及したように，わが国の公共投資は地域のインフラ整備という資源配分の機能に留まらず，**地方への所得保障**としての役割を果たしてきた。道路であれ橋梁であれ，公共事業が着工されると地域に雇用（＝所得）が創出される。公共事業がなければ職を得られない，あるいは他地域への転出を強いられる人々に雇用の機会を与えているわけだから，生活保護や失業手当のような現金給付に代わるセイフティネットとなる。雇用された人々が地域内で消費を行うならば，地元商店街も潤うなど当該地域内の有効需要が喚起されて，それが更なる雇用を生み出す。このような（マクロ経済学で学ぶ）「乗数効果」（の地域バージョン）を通じて当該地域の経済が下支えされてきた。つまり，公共投資は地域の生産性の向上という形で供給サイド（＝地域の生産関数）に働きかけるよりも，有効需要効果（乗数効果）を喚起してきた面があるわけだ。

実際，経済力の乏しい地域ほど，公共投資に多く依存する傾向がある（**図表4-1**）。公共事業が地場産業という地域も少なくない。

状況の変化　ところが，近年，国と地方の財政が悪化する中，状況が変わってきた。構造改革・財政再建の一環として**公共投資の削減**が進められたのである。国民経済計算（SNA）ベースでみると公共投資（公的資本形成）のGDPに占める比率は1995年度の6.4%をピークに2006年度には

■図表 4-1　公共投資依存の地域差

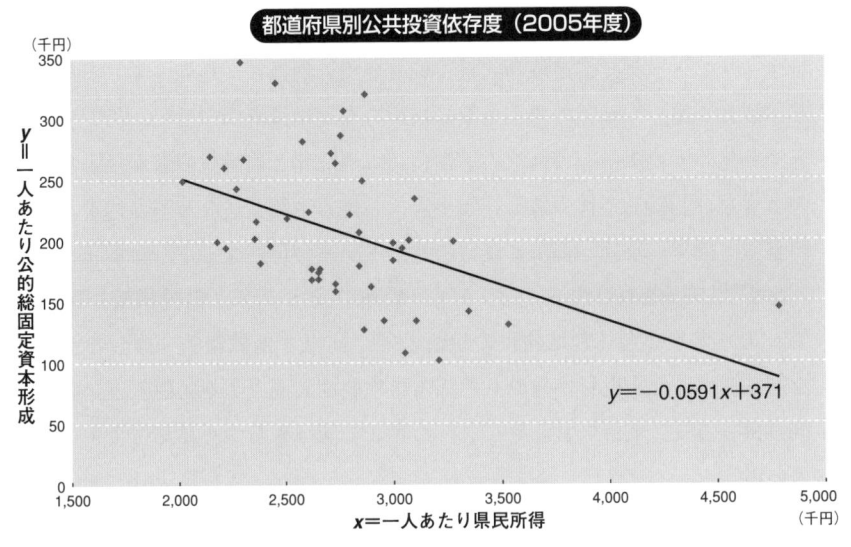

都道府県別公共投資依存度（2005年度）

縦軸：$y=$一人あたり公的総固定資本形成（千円）
横軸：$x=$一人あたり県民所得（千円）

$y=-0.0591x+371$

（注）　サンプルは 47 都道府県
（データ出所）　2005 年度県民経済計算

4.1 地域経済の活性化

3.2％まで低下してきている。基本方針 2006 では 2011 年度まで国と地方の基礎的財政収支の黒字化を図るべく，今後とも毎年 1～3％の公共事業関係費の削減が掲げられている。

　公共事業の削減は，これまで公共事業頼みだった地域の経済に打撃を与えることになった。行き過ぎた構造改革が地方経済を低迷させることになったという批判もあるだろう。しかし，このような地域が，これまで経済的に自立してこなかった，あるいは（人口や財政規模からみて）「身の丈」以上の公共事業を抱え込んできたことも問題視されなくてはならない。「風が吹いて木が倒れた」として木（＝地方経済）が倒れるキッカケが風（＝構造改革）でも，元々，木の中が腐って空洞化（＝経済的実力・自立性の欠如）していたためともいえるからだ。従って地方経済の（公共事業依存の）体質改善なしでは地方の再生も難しい。

▶ 地域再生への取組み

政府は「地域の活力なくして国の活力なし」とばかりに地域経済の活性化に向け様々な支援策を講じてきた。その対策は大きく，①地域社会（コミュニティ）の再構築，②地域の人材育成と雇用の促進，③地場産業（農林水産品，観光資源）や地元の中小企業の技術力など地域資源の活用，④シャッター通り化している中心市街地の活性化，⑤過疎化と高齢化の進んだ限界集落のような「基礎的条件の厳しい集落」における生活交通など基礎的インフラの整備・確保，及び⑥都市と農村の共生・交流の促進などからなる。

地域再生対策あれこれ　このうち，**地域コミュニティの再構築**に関連して，2004年度より「地域住民の生活の質の向上と地域経済・社会の活性化を図る」べく，市町村が作成した都市再生整備計画（土地区画整理，高齢者向け優良賃貸住宅，公営住宅など）に対して国は**まちづくり交付金**を交付している。

中心市街地活性化に向けては大店立地法，都市計画法，中心市街地活性化法の「まちづくり三法」が2006年に改正され，自治体が郊外への大型店舗の出店などを規制できるようになった。これで買い物客を市街地の商店街に呼び戻そうというのが狙いである。また，高齢者が多くなると病院や公民館といった公共施設，商店街が隣接している方が，生活上，便利となる。「青森市中心市街地まちづかい・まちそだてプロジェクト」のようなコンパクトな街づくりは中心市街地再生の一例となる（**図表4-2**）。

都市と農村の共生のための対策としては，都会の子供たちの体験入学を通じて農業と自然の大切さを知ってもらうとともに，都会からも人材を呼び込むなどして産業の振興を促す事業がある。

このような地域経済の活性化には地方交付税も一役買っている。「頑張る地方応援プログラム」（2005年度開始）として地場産品の発掘・ブランド化，少子化対策，企業立地促進，観光振興，若者自立支援，環境保全など自治体が自ら企画したプロジェクトに対する支援であり，出生率，事業所数，若年者就業率などでもって地方の「頑張りの成果」を測り，当該自治体の交付税交付額に上乗せしている。

取組みの特徴　これらが従来の国の取組みと異なるのは，国が一方的

■図表 4-2　平成 19 年度地方再生モデルプロジェクト一覧

道県名	プロジェクト名	主な実施地域
北海道	アーケード再生による冬のにぎわい創出プロジェクト	帯広市
	地域産業経済活性化による岩見沢市再生プロジェクト	岩見沢市
青森県	青森市中心市街地まちづかい・まちそだてプロジェクト	青森市
	下北地域広域観光振興プロジェクト	むつ市・大間町・東通村・風間浦村・佐井村
秋田県	よこて地産品発信プロジェクト	横手市
	秋田県央生活交通プロジェクト	秋田市・大仙市・五城目町
高知県	海・山の地域資源を活用した地方再生モデルプロジェクト	土佐清水市・宿毛市・四万十市
	中山間地域におけるモビリティ改善モデルプロジェクト	いの町
長崎県	諫早湾干拓地における農業と環境，観光の融合プロジェクト	諫早市
	離島等の資源を活かした観光活性化プロジェクト	平戸市・小値賀町
	島原半島の地域資源を活かした観光振興プロジェクト	島原市・雲仙市・南島原市
宮崎県	西臼杵観光振興プロジェクト	高千穂町・日之影町・五ヶ瀬町
	「青島再勢」による観光活性化プロジェクト	宮崎市・日南市
鹿児島県	よかまち・きやんせ定住プロジェクト	薩摩川内市
	「アクネうまいネ自然だネ」地方再生プロジェクト	阿久根市
	公共交通の活性化・地元大学との連携促進による中心市街地の再生プロジェクト	鹿児島市
沖縄県	沖縄型雇用促進プロジェクト	沖縄市・うるま市

（出所）　地域活性化統合本部

に政策を立案し地方に実施させるのではなく，地方自治体や地元の商店街，NPOなど地域経済の活性化に関わる様々な主体の参加を促し，彼らからアイディアを募っているところにある。また，細切れ的な補助金や事業が統合され，総合的に対策を講じることができるようになった，補助金の使い勝手が良くなったことも挙げられよう。「地域再生を図るためには，地域における地理的及び自然的特性，文化的所産並びに多様な人材の創造力をいかし，官民の適切な連携の下，地域の創意工夫を凝らした自主的かつ自立的な取り組みを進めることが重要」（地域再生基本方針（2007年4月27日））との認識も広く持たれるようになってきた。

対策の乱立　とはいえ，諸々の対策はその時々の政治情勢によって五月雨式に打ち出されており，一貫性を持ってきたわけでもない。

①都市再生（2001年5月8日設置），②地域再生（2003年10月24日設置），③中心市街地活性化（2006年改正）といった対策本部が作られてきたが，互いの補完関係や棲み分けも明確ではなかった。

例えば，都市の再生と無関係な中心市街地の活性化などあり得ない。都市再生と地域再生の間でも支援対象の事業や地域に重複が見受けられる。観光事業・産業の育成は両方で掲げられている。都市再生は「稚内から石垣まで全国都市再生」に取り組むことになっており，大都市に限らず地方圏での地域再生にも繋がるような地方都市の防犯対策や開発プロジェクトといった街づくり事業を含む。

更に規制緩和政策の一環として始まった④構造改革特区も地方再生の柱の一つに位置づけられている。実際，特区の中には市民利用型農園の開設を通じた都市と農村の交流を促す事業や地域通貨の発行と地域ボランティアの創出によるまちづくり事業が入っている。

中には地方再生の名を関しているが，趣旨の異なるような政策も散在する。地域再生総合プログラム（2007年2月28日地域再生本部決定）にある「努力が報われる公正な社会を構築していくため」再チャレンジ支援，具体的には若者の自立支援や高齢者や障害者の雇用に積極的な企業への支援などが，その例だ。どちらかといえば地方というよりも個人の再生のための政策だろう。とりあえず地方再生を枕詞にしておけば，予算がつきやすいといった省

庁の判断が働いているのかもしれない。

地域再生戦略　そこで政府は2007年10月には「地域の再生に向けた戦略を一元的に立案し，実行する体制をつくり，有機的，総合的に政策を実施していく」べく，都市再生，地域再生，中心市街地活性化，構造改革特区の4本部を合わせた**地域活性化統合本部会合**を新たに設立した。

地域活性化統合本部会合は**地域再生戦略**（2007年11月30日決定，2008年1月29日一部改定）をまとめ，地域再生の柱として①地域の実情に最も精通した住民，NPO，企業等を中心として自治体や国が支援する「補完性」の原則，②地域が自らの資源や知識を活用して，自立に向けて頑張る計画を支援する「自立」の原則，③地方と都市の支え合いを重視する「共生」の原則，④各省庁の縦割りを排して計画を支援する「総合性」の原則，⑤第三者による評価を取り入れた「透明性」の原則を挙げている。

地方都市の再生に関しては「地域の強みを活かした企業立地の促進，地域イノベーションの強化，コミュニティ・ビジネスの振興，中小企業の生産性向上・企業再生，地域密着型金融の促進」などを掲げる。また，「商業や公共サービス等多様な都市機能がコンパクトに集積し，子どもや高齢者を含めた多くの人にとって暮らしやすい，賑わいと活力のあるコンパクトシティ（集約型都市構造）へと都市構造を転換すること」も謳っている。

一方，農村漁村については「地産地消の推進を図る直売所等の整備を通じた産地づくり，農地の有効利用の促進，集落営農への参加支援をはじめ高齢者や小規模農家が安心して農業に取り組める環境づくり」などに取り組むものとした。限界集落など「基礎的条件の厳しい」地域には地域医療・生活交通など生活機能の確保にあたる方針を打ち出している。

更に再生のためのノウハウを伝授すべく，各省庁が連携して地方の実情を熟知した民間の「地域活性化伝道師」と一緒に地域活性化応援隊を結成，全国に派遣するとまである。

▶ 何のための再生か？

地方再生とは？　一口に「地方再生」といってもその意味するところは様々だ。公共事業依存の体質から脱却し，市場で「競争力」のある地域経済

を構築すべく地域の人的資源や技術，民間の活力と創意工夫を総動員するのが再生への取組みならば，「格差是正」のために経済が停滞した地域に対して手厚い支援を施すのも地域再生のためという向きもある。

つまり，地域の潜在的な成長率を高めるような活性化があれば，高齢者にとって便利で安心して暮らせる街づくり（市街地のバリアフリー化など）のような形での活性化もある。地域クラスター（産業集積）の形成や地場産業・新興企業の育成による活性化は前者にあたるし，町内会の再生やNPOの活用といった「人と人とのつながり」（住民同士の共助・連携）を重視するのは後者のタイプの活性化といえよう。

経済的帰結と政策的含意の相違　ここではどちらが真の意味で活性化なのかではなく，その経済的帰結と政策的な含意が異なることが重要である。地域経済の活性化＝経済的体力（成長力）の増進ならば，長い目でみれば地域の自立に繋がるし，そのような活性化への支援は成長のための公平な「機会」の提供となる。ただし，活性化の成果が地域によって異なる（経済活性化に成功する地域もあれば，失敗する地域もある）以上，結果としての地域間格差は拡がるかもしれない。

一方，地域経済の活性化＝生活の利便性の向上ならば，必ずしも自立は求められない。全国津々浦々，皆が豊かな生活を享受できるよう「地方と都市の支え合い」が重視され，財政支援は共生の精神に従う「結果」の公平（格差是正）を重んじたものとみなせよう。地方分権が多様（第2章参照）なように，地方再生のタイプも多様である。全てのタイプを許容するような地方再生の戦略は総花式にならざるを得ず，メリハリ（＝選択と集中）に欠くことになる。都合の良い解釈をされると，（前述の「再チャレンジ支援」も含めて）どんな事業や補助金も地方再生のためという口実がついて，（中央省庁・政治家による）予算の獲得合戦と地方へのばら撒きを過熱化しかねない。

国の関与自体の問題　そもそも「地方の声に真剣に耳を傾け，その真摯な意見を反映」させるとしても，国（中央官庁）を介在させた地方経済の再生は本当に可能だろうか？　補助金の使い勝手などは良くなったとしても，国の支援には，ばら撒きや行き過ぎた関与のリスクが常に伴う。「地方が主役の国づくり」を目指すなら，いっそのこと（産業育成や雇用，都市整備な

ど）地方経済の再生に関わる権限と財源を自治体に分権化してしまうのも，あり得る選択肢かもしれない。

▶ 地方分権と経済成長

　そこで，地方分権と地域経済の活性化（ただし，ここでは経済発展の観点による），ひいては一国経済の成長の関係について考えてみよう。この問題については読者の反応も次の2つに分かれるかもしれない。

　楽観説　第1は地方分権が成長に大きく貢献するだろうという期待である。

(1)　**比較優位について**……全国一律の義務づけ・関与がなくなれば，地方自治体は国に気兼ねすることなく，地域の活性化に向けて創意工夫をすることができるはずだ。地域の自然や立地，地元の人材や技術を最大限活かした産業の育成が図られる。

　中核となる産業は地域独自のもので，各々の「比較優位」に拠る。交通の便は良くなくとも自然に恵まれたところでは，その自然を生かして秘境を売りにした観光業に力を入れるかもしれない。都市圏に近い農村ならば農地の規模を拡大して価格を低く抑えるとともに，周辺道路を整備して新鮮な農産物の出荷に努めるだろう。立地に恵まれなくても，品種改良とマーケティングをして農産物のブランド化を図る農村地域があってもよい。

　中小企業が多く集まった地域では，その技術力を集約した「産業クラスター」を形成し企業間での連携を強化することで新製品の共同開発を行う。地方の大学や研究機関も企業との技術協力で一役買うことができるはずだ。

(2)　**分権化の運用について**……地域の自由なアイディアは国の関与や規制が残ったままではなかなか出てこない。国が地方再生において地方の主体性を尊重するといっても，自治体は国（中央官庁）の顔色を伺わざるを得ないからだ。いずれの事業や地域を支援するかを決めるのが国自身である以上，地域の実態に即するというよりも国が喜ぶ（と思う）ような再生プランに偏ることは否めない。

　また，教育や雇用，振興企業の育成やインフラ整備などを組み合わせ，総合的な見地から地域活性化を実施するにも，これらの権限が集権化されてい

る限り，中央省庁の縦割り構造が壁になる。地方再生戦略で「官庁の縦割りを排する」と謳ってみても，現に縦割りがある限り，事態は好転しそうにない（第3節で述べるように分権化は地域内で異なる政策手段の協調を可能にするだろう。集権化は地域間で政策（例えば，インフラ整備）を調和させても，縦割り行政の下では雇用と教育，開発と環境保全など政策間での協調を難しくしがちだ）。

　上記の見解は，第3章で紹介した「分権化定理」にあたる。地域独自の経済条件や比較優位な産業について情報上優位な地方の方が，国よりも上手に地域経済を活性化できる。であればこそ，地域経済に関わる権限（雇用，経済政策，インフラ整備など）を分権化することが，同経済の成長，一国経済（＝地域経済の合計）の成長に貢献することになるはずだ。

(3)　**地域間競争**について……地域間競争も活性化に寄与するだろう。地方が切磋琢磨することで「知恵と工夫を競うアイディア合戦」が活発に展開され得る。いくつかの地域の成功事例は他の地域にとっても，刺激（地域住民からのプレッシャー）となって全国的な規模での地域の活力増進に繋がるだろう。

　地域再生といっても，そのために最も効果的な手法は予め知られているわけではない。だからこそ様々な地域が様々な取組みをする「政策実験」に意義がある（第3章参照）。分権化は地方の試行錯誤を促す。無論，活性化に成功する地域と失敗する地域との間で結果として経済・財政に格差は生じるが，後者は前者の試みを（経済事情が異なるからそっくり真似ることはできないまでも）参考にできるだろう。このとき，国が留意すべきは，「機会」の均等化の確保であり，活性化に失敗した地域で社会的に重要な公共サービス（医療，介護，福祉など）のナショナル・ミニマムが滞りなく提供されるように財政移転で手当てすることである。

　悲観説　逆に地方分権は経済成長を損ねてしまうという悲観もあり得る。

(1)　**比較優位**について……確かに都市圏の自治体など経済環境に恵まれ，国際競争力のある産業が多く立地した地域であれば成長が見込まれる。しかし，人口減少と高齢化の進んだ「基礎的条件の厳しい」地域は立ち遅れるこ

とになる。

　地方分権に伴い，財政移転が削減されるとなると，このような地域は一層，立ち行かなくなる。学校教育や医療など地域住民に対する公共サービスの水準が低下する一方，（乏しい財政力をカバーするための増税で）住民税や固定資産税など税負担が増えることで人口流出を一層加速しかねない。道路，橋梁など社会インフラが老朽化しても，更新投資の費用が賄えないため，企業の誘致や地場産業の育成はままならず，地域経済を活性化する機会さえ失われてしまう。

(2)　**分権化の運用について**……そもそも，地方自治体に経済成長のためのノウハウが蓄積されているわけでもない。集権的分散システムの下で，国の執行機関に過ぎなかった自治体に，明日から地域経済に責任を持てといわれても，その責任を充足するだけの経験はない。現に，その道に長けた人材は中央官庁や民間に偏っている。このため，多くの自治体は財源の不足に加えて，人材不足に苛まれることになりかねない。

　もっとも，人材がいないから分権化しないとなれば，いつまでたっても優秀な人材が自治体では育たない。権限と責任を委譲しないから，やる気のある人が自治体に集まらないということにもなる。「鶏と卵」ではないが，優れた人材と分権化は前後を付けがたい関係にある。

　地方分権は限られた資源の効率的な活用も阻害しかねない。各々の地域は企業誘致を図って，高規格道路の整備に力を入れるかもしれない。地域の生産性を向上させるならば，結構なことだが，至るところに国道・高速並みの道路を敷く必要はあるだろうか？

　観光客を増やすべく地元に空港を作るとしても，あちらこちらに空港を建設するのはどう考えても無駄である。道路であれ空港といった交通ネットワークであれ，一国全体の観点から総合的に計画した上で，整備を進めることが望ましい。さもなければ，様々な地域が互いに重複したインフラ投資を行うことになりかねない。

　資源（予算）が希少である以上，社会資本の地域間配分には（例えば複数の地域が一つの空港を使用するなど）選択と集中（＝メリハリ）が求められる。企業や観光客を巡って近隣地域と張り合う結果，無理な借金を重ねて公

共投資を進めるならば，地方財政の悪化要因となる（もっとも，集権化すれば，このような社会インフラの重複が即，解消するわけでもなさそうだ。国会議員は地元に利益を誘導すべく，公共投資（関連の補助金）をばら撒くかもしれない。この「利益誘導政治」については第6章参照）。

(3) **地域間競争**について……各地域は「切磋琢磨」するのではなく，互いに相手の足を引っ張るような形で地元産業の成長を図るかもしれない。地場産業を守るべく，課税や規制を行い他地域からのライバル製品の輸入を実質的に制限する措置をとることもあり得る。「地産地消」政策と称して，公共事業の入札で地元産の木材など原材料の使用を義務づけるかもしれない。一見，地域経済の振興には適っていても，これは一種の保護貿易であり，地域間での自由な財貨・サービスの売買を妨げてしまう。

地元企業に限って公共事業を請け負わせるのも自由な競争を阻害した規制となる。域内の幼稚産業に成長の機会を与えるためといえば聞こえは良いが，競争に晒されない企業はいつまでも技術力・生産性が高まらない。実際，自動車や電気機器などわが国で有望なのは国際市場で諸外国企業と競争を続けてきた産業で，農業を典型として政府が保護した産業の多くは国際競争力を欠いたままである。自治体が互いに保護政策に走るならば，地域経済の成長＝地元産業の育成は一国全体の生産性（よって経済成長）を損ないかねない。

▶ **実証研究からの含意**

経済成長への貢献　では，地方分権が経済の成長を促した，あるいは損ねた経験的な証拠はあるのだろうか？

実証研究からは確定的な結果は得られていない。国際比較によれば，概ね地方分権が経済成長を促す効果は先進国で認められても，発展途上国や移行国では確認されていない。ある程度，経済の成熟した環境でなければ分権化はうまく働かないということかもしれない。分権化と経済成長との関係は単調ではなく，逆U字型の関係（分権化の進展は最初，経済成長を促すが，ある水準を超えるとマイナス効果に転じる）という検証もある。

個別のケースでみても評価は確定しない。従来「開発独裁」のように，経済発展の初期では集権体制の下，国が強いリーダーシップを発揮して成長部

門へ重点的な資源と資金の配分を行うことが成長戦略として優れているという見解があった。しばしばわが国における1950年～1960年代の産業政策が，その成功例として引合いに出されたりする。

もっとも，近年ではむしろ中央政府による経済規制・統制の弊害が指摘されるようになっており，途上国でも成長戦略の一環として分権化が進められるようになってきた。

例えば，中国では1980年代からの経済開放路線の中で実質的に進んだ分権化（中央から省レベル政府への権限・財源のシフト）が市場経済の発展に寄与した（社会主義を標榜する政治体制と経済の市場化を調和させた）という見解がある。ただし，分権化は経済成長に対してマイナス効果だったとする実証研究もあるなど，意見が一致しているわけではない。後者によれば，中国は分権化したからではなく，分権化したにもかかわらず，経済が発展したことになる。

地方分権の量と質　地方分権が経済の成長にとってプラスかマイナスかについては一概にいえないが，何故そうなのかについてはある程度，説明がつく。第1に，地方分権の測り方に問題がある。多くの実証研究や国際比較では分権度の指標として①公共支出に占める地方のシェア，あるいは②税収に占める地方シェアを用いる。前者は支出サイドの，後者は収入サイドの分権化にあたるが，いずれも「量的」な分権化を測っているに過ぎない。他に適当な指標がないためでもあるが，地方の裁量と責任の拡充といった「質」を伴わなければ，地方分権も効果は期待しがたい（第2章参照）。

補完的改革の必要性　第2に，地方分権が望ましい効果を発揮するには**補完的な改革**が必要となる。例えば，地方政治の民主化は住民の政治参加の前提条件となる。途上国や移行国では地方の首長（市長や知事など）が上位政府によって指名されていて，地域住民の政治参加が進んでいないところも少なくない。

住民に対して説明責任を負わない地方レベル政府は，彼らのために奉仕する誘因も持たないだろう。また，政府間競争が働くには地域の税，公共サービスの水準・質，財務状況などに関する情報が迅速，かつ分かり易いように開示されていなくてはならない（第3章の議論を想起せよ）。

■図表 4-3　制度改革の組合せ

「補完的」改革 (情報開示, セ イフティネット, ガバナンス改革 等)		地方分権改革	
		現状	分権化
	なし		経済の混乱 財政の非効率化 汚職の増加
	改革		分権化の純便益増

　長い目で見れば，自治体の政策立案・執行を担う優秀な人材の確保・育成が求められる。財政面では透明性と客観性のある（国の裁量で赤字補填が施されたり，一方的にカットされたりしない）財政移転制度や財政規律に関わる基準・ルールがなくてはならない。このような地方自治体のガバナンス改革（民主化，情報開示，人材育成など）と政府間財政関係の再構築が地方分権改革を補完するように実施される必要があるわけだ。

　地方分権改革は単独の制度改革（国から地方への権限・責任委譲）ではなく，本来，関連する複数の政策・制度（自治体のガバナンスなど）を包括した**改革のパッケージ**なのである　　（**図表 4-3**）。

▶ 市場保全型連邦制

　求められるデザイン　　地方分権のタイプや関連する制度の整備（自治体のガバナンス改革など）を含めて，経済の成長に結びつく分権的財政制度の条件は何だろうか？　規範的にいえば，政府（国・地方）の政策は「市場の失敗」を矯正し，その健全な機能をサポートするものであることが望ましい。政府の介入は市場メカニズムに取って代わることではなく，それを補完・強化するように働くべきであることは第 2 章で強調した通りである。

　しかし，政府の公権力は往々にして，市場経済を（効率に適した程度を超

❖ボックス 4-1　地方分権と実証研究

　経済学において理論（モデル）と実証（計量分析）は互いに補完関係にある。具体的には理論で導かれた仮説（租税競争（第 5 章参照）など）を実際のデータを用いて検証したり，あるいは現実に観察される現象（例えばフライペーパー効果（第 6 章参照）など）を理論的に説明したりする。

　実証研究では以下のように回帰式を特定化して，統計的な処理によってその係数を推計するという手順を取る。

$$y_i = \alpha D_i + \sum_j \beta^j x_i^j + u_i \qquad i = 1, 2, \cdots\cdots N, \ t = 1, 2, \cdots\cdots T$$

国際比較分析では $i(=1, 2, \cdots\cdots N)$ は国を指す。y_i は経済成長や政府の規模，アカウンタビリティ，公共サービスの質など分権化の効果を検証したい変数で国ごとに異なる値をとる。D_i は i 国における分権化の程度を測る。地方の支出ないし税収シェアなど「量的」な指標をとることが多い。

　分権化に加え，他の経済・社会的要因が y_i に及ぼす効果を勘案するため，コントロール変数として x_i^j を加える。具体的には i 国における人口，所得水準，貧困度，人口構造などである。どのような変数を入れるかはデータの利用可能性や理論による。理論では簡単化のため捨象されていた要因が考慮されなくてはならないこともある。

　計量分析では α や β^j の値が推計される。ただし，かく乱項である u_i の性質，計量経済学の用語でいえば①（時系列分析ならば）系列相関，②分散の不均一性（u_i が同じ分散を持たない），③コントロール変数 x_i^j との相関関係（「内生性バイアス」）などを統計的に処理しなくてはならない。

　実証研究の関心は α の推計値にある。ここで α はサンプルとは独立に一定値をとる。値とともに，それが統計的に有意に正あるいは負をとるかが検証される。

　正しい結果を得るには，サンプルが適切であること，コントロール変数や回帰式の特定化が理論に即していること，計量的手法が適切なことが求められる。

過するという意味で）過剰に規制し，その成長を阻害する傾向が見受けられる。産業の育成や雇用確保などを名目とした価格の統制や，新規参入の制限といった競争制限的な諸政策は典型例だ。市場が硬直的になると新たな企業や産業が創出されず，技術革新（イノベーション）も滞ってしまいがちになる。

とはいえ，市場経済に果たす政府の役割を軽視すべきでもない。所得格差・地域間格差の是正（所得再分配）は無論のこと，社会インフラ整備，環境規制，（所有権を保護するための）法整備などは経済の発展にとって不可欠である。市場経済にとって政府はいわば「両刃の剣」ともいえる。この剣をうまく使いこなす，つまり必要な権限は留保しつつ，その濫用を防ぐような政治・財政制度のデザインが求められるのである。民主主義や憲法，「三権分立」などがそのような制度設計の一環であることはいうまでもない。

市場保全型連邦制とは　　地方分権は国と地方の間で公的権限をバランスさせることで，市場経済と良好な関係を構築できるかもしれない。「市場への政治の侵略」を抑制するための，「コミットメント装置」になり得るということだ。そのような分権化を**市場保全型連邦制**という。

その具体的な条件は**図表4-4**に掲げた通りである。分権体制の下ではヒト・モノ・カネの地域間自由移動が地方レベル政府の権力濫用を牽制するように働く。過剰な課税や規制は当該地域から企業を含む経済活動の流出を招くだろう。よって，非効率な財政運営，無駄な公共事業や競争力の乏しい地元産業保護のツケを民間企業など（＝納税者）に負わせることはできなくなる。

地域間の競合により，市場経済の成長に即さない政策（規制や課税）を淘汰されていく。競争に晒された地域は経済活性化に寄与する（単に雇用のためでなく，地域の生産性を高める）社会資本の整備や規制の再構築，税制改革を行うよう誘因づけられるはずだ。市場メカニズムの補完に努めることが，税収確保など自分らの権益確保に適うようになるからである。市場経済の成長は地方政府の自己利益の追求と「誘因両立的」となる。

競争制限的政策の排除　　ただし，上述のように各地域は地元企業の成長を優先するべく他地域の企業を除くよう保護主義的な政策を行うかもしれない。

■図表 4-4 「市場保全的連邦制度」(market preserving federalism) の条件

(1) 政府間での権限の分担が明確である
(2) 地方レベル政府は管轄する地域内の経済に対して規制やインフラ整備等，主たる権限を有している
(3) 中央政府は国内の「共通市場」を管理・維持する権限をもち，ヒト・モノ・カネの自由な移動を保障する責任を持つ
(4) 政府間財政移転や借入に制限があり，地方政府は「ハード」な予算制約に直面している（地方レベル政府が事後的に救済されることはない）
(5) 権限配分は持続的で中央，ないし地方によって一方的に変更されない

　保護主義は当該地域の利益にはなってもマクロ（一国）経済には望ましくない。分権体制における国（中央政府）の役割の一つには，地方による競争制限的な政策を排除することが挙げられる。具体的には国内におけるヒト・モノ・カネの自由移動を保障し，域内外の企業や住民への差別的な課税・規制政策を禁止することだ。国内の財貨，資本，労働市場の統一性を確保しなくては，資源配分は効率的にならず一国全体の経済発展もない。所得税や法人税を集める国にとっても経済成長は税収の増加となるから，このような対応は国自身の利益にも適っている。

権限の質的転換　　分権化は国の権限の量的な縮小を意味するのではなく，むしろ，その**質的転換**であることに留意してもらいたい。地方行政の詳細に渡るまで日常的に関与する「当事者」ではなく，地域間競争や自治体の動向をモニターし，それらが一国全体の利益（社会厚生）を損なうことのないような（保護主義的政策の禁止など）対策を講じていく「審判」としての機能が求められるのである。

　これに関連して 1980～1990 年代の中国とロシアの地方分権を比較した研究がある。当時，中国では財政面で分権化が進められる一方，政治的には国が強力なイニシアティブを保持したことが，市場保全的・促進的な地域間競

争をもたらしたとされる。パフォーマンスの良好な省政府の責任者を昇進させるなど，中央政府が人事権を用いて省への規律づけを図っていたことが一例である。これに対して，1990年代のロシアでは地方分権が中央の権威を弱め，地方政府による域内産業への保護政策，アドホックな課税など市場発展を阻害するような行動を阻止できなかった。

わが国では「国と地方の関係を上下主従の関係から対等・協力の関係への転換させる」(第1次分権改革)ことが地方分権の趣旨とされるが，一般に「強い地方」を生み出す地方分権は「強い中央」を要請することになる。

無論，国が強過ぎると，その権力を濫用して，税源や権限の配分を一方的に変更したり，(集権体制同様)過剰に地方の財政運営に関与したりするかもしれない。これを牽制するには，財政移転，義務づけなど政府間関係に関わる事項については国と地方の代表が協議する場を設置する，あるいは国の立法機関に地方の利益代弁者を送り込むといった工夫(制度設計)が求められる。また，中央官庁など集権化を好む政治勢力に対して，分権化を支持する政治勢力(地方団体など)が形成されなくては，地方分権は持続しない。

4.2 分権化と政府のアカウンタビリティ

▶ 政府間競争と政府部門の規模

大きな政府 vs 小さな政府 「三位一体の改革」では，「官から民へ」，「国から地方へ」というスローガンの下，地方の権限と責任を拡充することで，行財政の無駄をなくし，「効率的で小さな」政府の実現が図られていた。その一方で医療，介護，生活保護を含む社会福祉サービスについて分権化後の地方自治体がより積極的な役割を果たすことで福祉国家の再構築を求める向きもある。こちらは(慈悲深い地方自治体を期待した上で)「大きな政府」を志向した考えである。

政府の大きさ(国・地方を含む)を巡る議論は長らく続いてきた。市場重視(原理主義？)的なイデオロギーを持った論者は「小さな政府」を選好す

る。これに対して福祉国家を好む論者は「大きな政府」を支持してきた。いずれが社会にとって望ましいかは国民（有権者）の総意によるもので，先見的・科学的な判断基準はない（ただし，政府は大きいにせよ，小さいにせよ効率的であることに越したことはない。小さな政府は効率的な政府を含意しないし，大きな政府が望ましいから，効率的でなくてもよいわけではない）。

政府の均衡規模　そもそも，政府の規模は社会的に選択（最適化）できるものだろうか？　政府組織には自己増殖する傾向が見受けられる。官僚組織は予算と雇用の確保のため，新たな政策・事業を始めたり，規制を設けたりする。自分たちのために次々と仕事を作っていくわけだ。この結果，組織の規模は大きくなっていく。ニスカネンはこのような官僚行動を「予算最大化」として特徴づけている。

つまり，政府の規模は社会的に最適化されるものではなく，（官僚による予算最大化行動など）政治ゲームの中で均衡として実現するものといえる。政府の事業や規制が全て社会的に無駄なわけではないにせよ，その肥大化は国民（有権者）の利益に適わない。

ゲームの均衡は「ゲームのルール」に依存する。ルールが変われば，均衡も変わるということだ。国と地方の役割分担を見直す地方分権はこのルールの変更にほかならない。

リバイアサン政府　以下では，有権者と政府（国・地方）の利害対立に焦点を当てるため，公共選択論における「リバイアサン仮説」に従う。**リバイアサン仮説**とは，政府は自己利益のため税収最大化を図る利己的主体という政府観である。政府の規模は税収最大化の結果として実現する。集められた税収が国民に還元されることはない。民主主義の規律づけが全く働かないケースである。極端に思われるかもしれないが，政府が特定利益団体と癒着したり，官僚・政治家など組織内部の人間たちの利益を優先したりすることは間々ある。このような現状をモデル化したものと解釈してもらいたい。財政学では，しばしば社会厚生最大化型の政府（慈悲深い政府）を仮定することもある。こちらも現実の政府が慈悲深いからではなく，市場の失敗の矯正など政府のあるべき役割を明らかにする便法といえる（**ボックス 4-2**）。

地方分権のルールは政府間競争を喚起する。政府間競争が地方自治体への

❖ボックス 4-2　2つの政府観：「慈悲深い専制君主」か「リバイアサン」か

　財政学を学んでいると，「政府」に対する認識が大きく2つに分かれることに気がつくはずだ。

　慈悲深い専制君主：一つは「市場の失敗」を是正して経済の効率と公平を高める政府の役割に期待するものである。ここで，政府は「共同事業に従事し，社会的共存の問題を解決するために，また，民主的かつ公平な仕方でそうするために形成された個人の連合」（ブキャナン=マスグレイブ（2003, p.38））とみなされる。経済全体を展望しつつ，（人々の間で合意された公平感を織り込んだ）社会厚生の観点から規範的に要請される規制，公共支出，税制など諸政策を打ち出すだけの能力と意志を持った政府である。

　ケインズ経済学ではしばしば政府を優秀かつ献身的な賢人とみなし，そのマクロ経済管理能力を積極的に評価する向きがある。財政学ではこのような政府を（若干の皮肉も込めて）「慈悲深い専制君主」と呼ぶ。

　リバイアサン仮説：慈悲深い専制君主と対照的な政府観を持つのが**公共選択論**である。公共選択論は政府（国・地方）は，さもなければ市民の厚生を損ねてでも自らの利益を追求する利己的な主体と考える。「政治家および官僚は，彼らが代理人の役割を想定するとき，聖人にはならない」（ブキャナン=マスグレイブ（2003, p.149），具体的に政府は税収を高めるべく個人や企業を搾取する「リバイアサン（Leviathan）」（伝説の怪物であり17世紀の哲学者ホッブズの著作『リバイアサン』（1651年）による）として振る舞う。

　いずれが正しいかというよりも，各々の理論や議論で前提にされている政府像が結論（例えば，租税競争の是非など）に大きく影響することに留意が必要だ。

規律づけとして働くことは第3章で説明した通りである。では，この規律づけでリバイアサンを退治（政府の規模を制限）できるのだろうか？

▶ 2つの競争：水平的競争と垂直的競争

政府間競争は大きく①水平的競争と②垂直的競争に区別される。前者は都道府県間や市町村間など同じレベルの自治体間の競合を指す。第3章で紹介した足による投票や第5章で述べる租税競争などは水平的競争にあたる。一方，具体的には国と地方，あるいは都道府県と市町村といった異なるレベルの政府間での競合関係が垂直的競争である。

水平的競争　地域間移動は納税者が高率な課税から逃れる術になる。税負担の低い地域への「足による投票」権の行使は，さもなければ濫用される政府の課税権に制限を課すだろう。移動可能な課税ベースを巡っては地方レベル政府間で税率の引き下げ競争が見込まれる。企業間の競争が価格を引き下げるように地域間競争は住民の税負担を軽減する。「慈悲深い」（住民厚生を最大化する）政府の場合とは異なり，課税には受益が伴わないから，税率の低下はそのまま納税者の利益になる。

このように公共選択論の観点からすれば，課税権の分権化は地域間で水平的租税競争を促すことで，リバイアサンを押さえ込む装置（デバイス）となる。政府の税収が低められる結果，分権化は「小さな政府」を実現する。

ここでは政府が自己目的（＝税収の最大化）を追求する上で利用可能な政策手段を課税に限っていた。仮にインフラの整備など課税ベースの大きさに影響する政策も実施できるならば，市場保全型連邦制として述べたように利己的な政府であっても，目先の利益ではなく長期的な観点から地域経済の活性化に努める誘因を持つかもしれない。水平的競争はこの傾向を喚起するだろう。税率を低く留め，社会資本を整備することで企業など課税ベースを呼び込み易くするからだ（ただし，地域発展の手段を産業保護に求めるならば，水平的競争が一国経済の利益を損なうことは上述の通り）。

垂直的競争　わが国を含めていくつかの国々では所得税や法人税など国と地方が同じ税目から税収を上げている。このとき，両レベル政府の間で競合関係が生じる。

地域間移動によってリバイアサン政府を選択できる水平的競争とは異なり、垂直的競争は納税者に2つ以上のリバイアサン政府への奉仕（＝納税）を迫るものである。この状況は「共有地の悲劇」に類似している。重複する課税ベース、つまり納税者の財布は国と地方が制限なくアクセス（＝課税権を行使）できる「共有地」（＝所有権のない土地）となっているからだ。

水平的競争が政府の課税権を制限するのとは対照的に、垂直的競争は共有地の過剰搾取をもたらすだろう。総じてリバイアサン政府はより凶暴になる。

モデルによる説明　簡単なモデルを用いて、垂直的競争に起因する「共有地の悲劇」について説明しよう。

中央政府と「代表的」地方政府の競合関係に着目し、課税ベースの地域間移動に伴う水平的競争は捨象する。いずれの政府も代表的地域内におけるGDP(＝生産物)Y に対して課税を行っているとしよう。国税、地方税ともに税率が一定の比例税と仮定する。

国税率を T、地方税率 t とすれば、Y に課せられる税率合計は $\tau = T + t$ で与えられる。例えば、わが国の法人税率の実効税率は（ラフにいえば）$T=30\%$ 及び $t=10\%$、合計 $\tau=40\%$ である。課税ベースである Y は合計税率 τ に依存しており、その減少関数となる：$Y=Y(\tau),\ dY/d\tau=Y'(\tau)<0$。税負担が重いほど、投資や労働供給は阻害されるだろうからだ。あるいは課税を逃れるため、経済活動が地下経済に移っていくかもしれない。実際、途上国では税や規制を避けるため労働や資本が地下経済で多く雇用されている実態が報告されている。

いずれのレベルの政府も税収最大化を図るリバイアサンとして振る舞う。よって、国は $R=TY(\tau)$ を、地方は $r=tY(\tau)$ を目的関数とする。各々の税率選択は「非協力的」に行われる。すなわち、国は T の選択において地方税率を、地方は t の選択に際して国税率をそれぞれ与件とするのである。ゲーム論でいえば、「ナッシュ的」に行動していることになる。$\tau=T+t$ であることに注意すると、国と地方の税収を最大にする税率は各々、

$$\frac{d}{dT}R = Y(t+T) + TY'(T+t) = 0 \tag{4.1}$$

■図表 4-5　ラッファー曲線

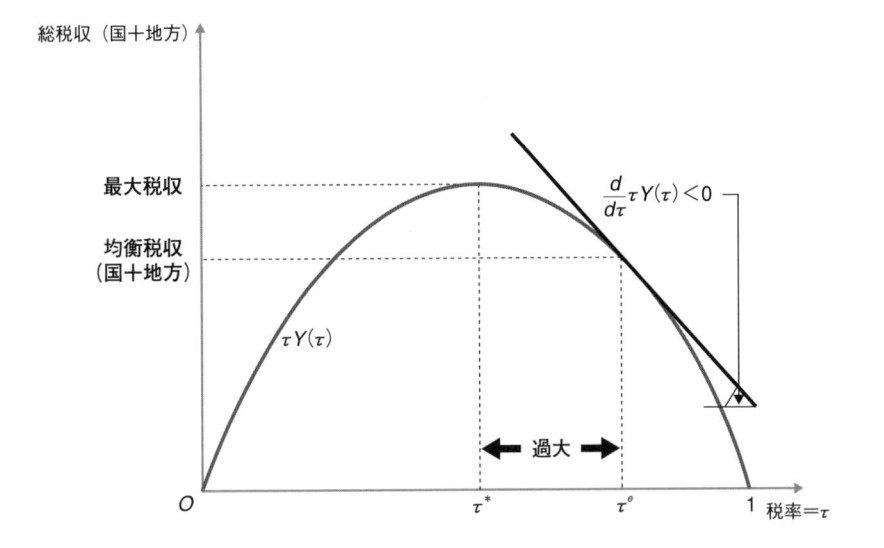

$$\frac{d}{dt}r = Y(t+T) + tY'(T+t) = 0 \tag{4.2}$$

を満たすように定まる。

　上の2式の解を T^e 及び t^e としよう。税率合計は $\tau^e = T^e + t^e$ に一致する。ナッシュ均衡（＝各レベル政府は税率を変更する誘因を持たない）における国・地方合わせた政府部門の規模を税収（＝均衡財政の下では支出）のGDP=Y に占める割合で測るならば，$\tau^e = \tau^e Y(\tau^e)/Y(\tau^e)$ となる。

　この地方分権後の政府の規模を集計体制における大きさと比較してみよう。課税権が集権化されているとき，Y への課税は国が独占している。よって，(4.1)式において $t=0$ だから均衡解は，

$$\frac{d}{dT}R = Y(T) + TY'(T) = 0 \tag{4.1'}$$

から導かれる。上式の解を $T^* = \tau^*$ としよう。地方税がないから国税率が合計税率に等しい。このとき，政府の規模（＝税収のGDP比）は $\tau^* = \tau^* Y(\tau^*)/Y(\tau^*)$ である。税収 $\tau Y(\tau)$ は τ^* よりも低い範囲で税率 τ の増加関数，

τ^* を超えると減少関数に転じる。「ラッファー曲線」として知られるように $\tau Y(\tau)$ は τ^* を頂点として釣鐘型の形状をとる (**図表 4-5**)。

集権と分権における政府の規模を比較すると，$\tau^* < \tau^e$ であることは次のように示すことができる。(4.1) 式と (4.2) 式を足し合わせると，

$$2Y(t^e + T^e) + (t^e + T^e)Y'(t^e + T^e) = 0$$
$$\Rightarrow \frac{d}{d\tau}\tau Y(\tau) = Y(\tau^e) + \tau^e Y'(\tau^e) = -Y(\tau^e) < 0 \qquad (4.3)$$

よって，$\tau = \tau^e$ はラッファー曲線の右下がりの領域に位置することになる。国税率 T^e と地方税率 t^e を個別に比較するならば，τ^* よりも低い値をとるものの，その合計 τ^e は τ^* を超過する。Y は税率の引き上げとともに減じられるから，分権体制における GDP は集権体制よりも小さな値をとる。分権化によって経済活動が阻害されるケースである。

国と地方の税収合計は（ラッファー曲線の頂点にある）集権の下での税収よりも少ない。しかし，総じて税率が高いため，対 GDP 比でみた政府規模 $= \tau$ は分権体制の方が大きくなる。

▶ 政府間競争あれこれ

地方財政において政府間競争は様々にモデル化されてきた。第 2 章で紹介した「足による投票」も水平的（地域間）競争モデルの一つである。同様に水平的競争を重視する市場保全型連邦制はさもなければ利己的な政府であっても搾取的な行動を控え，長期的に多くの税収を確保するべく経済発展を促進する（パイ＝課税ベースを大きくする）よう誘因づけられるとする。いずれの競争も地域経済の発展（厚生の増進）を政府にとって「誘因両立的」にする（**図表 4-6**）。

公共選択論の視点はより悲観的である。政府と経済（納税者）は決して相容れない。同じ利己的政府でも公共選択論と市場保全型連邦制の結果が異なるのは，前者では①政府の政策手段が税金に限られる（社会インフラなど課税ベースを大きくする術を持っていない）こと，②政府の視野が近視眼的（今日の税収が増えれば良いと思っている）に振る舞うところにある。その場合，水平的競争は政府による課税（＝搾取）を制限するよう働く。

■図表 4-6　競争モデルあれこれ

競争の形態		モデルの前提	競争の帰結
水平的	足による投票	税収最大型（利己的）政府	地方自治体への規律づけ／地域内住民の同質化
	市場保全型連邦制		経済成長と誘因両立的
	租税競争モデル	厚生最大化型（慈悲深い）政府	過少課税
	リバイアサン	税収最大型（利己的）政府	課税権への制限
垂直的			共有地の悲劇

　同じ税金による競争でも，第5章で学ぶ租税競争モデルは競争の非効率性を強調する。そこでは競合する地方自治体が地域住民の厚生を追求するという意味で「慈悲深い」ことが仮定されている。よって，競争で規律づけたり，牽制したりする必要はない。

　競争が垂直的となれば話は違ってくる。国・地方ともリバイアサン政府の場合，分権化後，納税者はより多くの政府によってたかられる羽目になるだろう。国・地方を合わせた税負担（＝政府部門（＝国＋地方）の対 GDP 比規模）は国だけが課税権を行使していた集権体制よりも大きくなる。

　競争は①新たな付加価値を生むか，②パイの奪い合いに過ぎないかによってその評価が分かれる，つまり競争にも「良い競争」と「悪い競争」があることは既に述べた通りである。加えて，競争の形態（水平的競争か垂直的競争か）により，帰結する政府の規模（「大きな政府」か「小さな政府」か）が大きく異なることは強調に値するだろう（なお，「小さな政府」が実現するから「良い競争」というわけではない。租税競争モデル（第5章）の場合，政府の規模（＝課税）は小さ過ぎると評価される）。

▶ 分権化と政府部門の規模の実証研究

　実際のところ，分権化は政府の規模をどのように変えるのだろうか？　分権化と政府の規模に関する実証研究は数多い。その先駆者であるオーツ（Oates, 1985）は 1970 年代のデータから米国における地方分権（ただし，連

邦政府から州・市町村に対する分権化ではなく，州から市町村レベルへの分権化）が政府部門の大きさに及ぼす効果を検証している。政府の規模としては州内の税負担率，具体的には州民所得に対する州税＋市町村税の比率をとる。分権度の代わりに集権度（＝1－分権度）を測る指標として①州税＋市町村税に占める州税の割合，②州支出＋市町村支出の中での州支出のシェア，及び③州内の地方政府の数がとられている。最初の2つはほかの地方財政の実証研究と同様で量的な集権度を表す。市町村の数を取るのは，分権化＝地域間競争の促進という面に着目すれば，自治体の数が多いほど，競争が激しくなることが期待されるからだ。逆に競合する自治体が少ないほど，各々の地域がより独占的に課税権を行使できるという意味で集権化が進んでいると解釈できる。このほか，州の人口や面積，所得など経済・社会要因を反映する変数でコントロールした上で，集権度と政府規模の間の関係を推計する（回帰式の例は**ボックス 4-1** 参照）。

　実証の結果，①～③のいずれの指標を用いても，州財政の集権化が政府の規模に対して統計的に有意な効果を持つことが示せなかった（統計の仮説検定でいえば，集権化が政府の規模に全く影響しない（回帰式における集権化に係る係数がゼロ）という「帰無仮説」が棄却できていない）。オーツの研究の目的は，元々政府を税収の最大化を目指す主体として特徴づける「リバイアサン仮説」の検証であった。この結果を受け，オーツは「リバイアサンは（その由来の通り）伝説の域を出ない」と結論づけている。

　仮に政府がリバイアサン的ではなく，住民の利益を代弁するように振る舞うのであれば，分権化や集権化が政府の規模に与える効果は一義ではない。分権化定理の通り，ニーズに即した公共サービス提供が実現するならば，分権化後には地域住民の公共サービス需要は高まり，結果，総じて政府支出は大きくなることもあり得るからだ。

　とすれば，政府は住民（有権者）に対して忠実に（慈悲深く）振る舞っていることになるのだろうか？　リバイアサン仮説が検証できなかったことは対立する仮説（例えば，慈悲深い政府）が正しいことを意味しない。後者を主張するにはそれ自体を検証しなくてはならないからだ。一般にAという主張が誤っている（あるいは正しいことが証明できない）としても，それはB

という主張を正しくはしない。両方がともに誤っていることも大いにあり得る。

そもそも，リバイアサン仮説が正しいとしても水平的競争と垂直的競争では政府の規模に及ぼす効果が相反することは上述の通りである。競争要因以外にも公共サービス生産に伴う「規模の経済」（当然，分権化され人口規模の小さな政府ほど費用は高くつく）などが影響しているかもしれない。

▶ 分権化と汚職

分権化は政治をクリーンにするか　政治家や官僚の汚職や利益団体との癒着についてのニュースは連日のように報じられる。これに憤りを感じる読者も多いだろう。国は信用がおけないから，地方分権を進めるべきだという考えもある。

とはいえ，地方レベルの政府は国よりも信用が置けるのだろうか？　仮に分権化が「悪い中央政府」から「善良な地方政府」への権限委譲であるならば，その効果は明白であろう。しかし，これまで繰返し述べてきたように地方自治体が住民のために尽くすという先験的な理由はない。リバイアサン政府は極端なケースとしても，国が利己的に振る舞うならば，地方も同様に利己的とみなすのが経済学の観点からすれば自然である。

地方分権が汚職を減じて政治をクリーンにするかどうかについては経済学者の間でも意見が分かれるところだ。地域住民に身近な地方自治体であればこそ，住民による監視が容易になるであろう。「足による投票」や「ヤードスティック競争」など水平的競争が自治体への規律づけとして働くことは第3章で説明した通りである。賄賂を受け取るなど私利私欲に走って地域住民に不利益を与えるような首長（市長や知事）は選挙で再選されない。

無論，国に対しても国民の監視が行き届かないわけではない。大臣や官僚，与党議員らの汚職が発覚するたびに，国政選挙でもって政府与党は議席を失ってきた。民主的選挙による規律づけは国・地方双方のレベルで作用する。従って，国と地方の間での違いは規律づけの「有無」ではなく「程度」といえる。

癒着の危険性　厄介なことに自治体は**特定利益団体**にとっても身近な

存在であり得る。大企業や全国規模の団体・組合であればともかく，地方の中小企業や利益団体の場合，地元選出の国政政治家が有力者でもない限り，国に対して便宜を図ってもらうよう「口利き」をしてもらうのは無理でないにせよ，簡単なことではない。一方，地元の自治体であれば，働きかけはさほど難しくないかもしれない。自治体の役人の中に顔なじみもいるかもしれないし，首長や地方議会の議員らに直接，接触する機会も多いだろう。

　一般に汚職は権限・裁量のあるところに集まる。分権化でもって地方の権限・裁量が高まるならば，当然，賄賂の誘惑も増えることになる。責任を伴う権限行使に対する経験不足や自覚の欠如も相まって地方自治体の汚職が増長するかもしれない。皮肉なことに国の権限が縮小すれば，癒着する旨みも少なくなるため国政レベルでの汚職は減ることが見込まれる。とすれば，地方分権は権限・裁量，財源に留まらず，国から地方への汚職（の機会）の移譲も伴うことになる。

分権化は汚職を減らすか　地方分権が政府部門の汚職を増やすか減らすかについては多くの実証研究がある。国と地方を合わせた汚職の程度は一般に聞き取り調査や専門家からの評価などから算出される指標が用いられる。

　国際比較から連邦体制をとる国ほど政府のアカウンタビリティは低くなるという実証結果があれば，分権化（指標としては公共支出に占める地方のシェアなどを用いる）が政府のガバナンスを改善して公共サービス（公衆衛生や学校教育など）を向上させているという推計もある（結果の相違は回帰式の特定化やサンプルとしてとる国，観測期間，分権化の測り方などに起因する）。このように効果のいかんは定かではない。

　途上国では分権化で中央のコントロールが弱まった結果，地方政治家や役人の間で汚職が蔓延したという事例が報告されている。このような国々では役人の給与が低い，あるいは遅延・未払いがあったりすることから賄賂が彼らにとって貴重な収入源になっていることも事実である。

汚職と分権化の持続可能性　ここで問われるべきは地方自治体の資質だけではない。国が地方分権にコミットしておらず，分権体制の持続可能性が問われるならば，地方の政治家や官僚は賄賂の誘惑に屈し易くなる。税収や許認可権など，分権化された権益が将来的にはどうなるか分からない，政治情

勢が変化して，あるいは国が気まぐれを起こして権限の再集権を図るかもしれないとすれば，今のうちに委譲された権益を享受しておこうと「近視眼的」に振る舞うだろうからだ。業者と癒着して乱開発をしたり，域内で活動する企業に対して（分権以前に中央政府が求めていた以上に）過大なキックバック（付け届け）を求めたりとやりたい放題になるかもしれない。

汚職のコストとガバナンス改革　賄賂というのは民間業者や団体が便宜を求めて政治家・官僚に対して自発的に提供する「供給主導型」のほか，政治家・官僚が許認可権や査察，課税権を脅しに使って要求する恐喝の類＝「需要主導型」がある。汚職といえば，政治スキャンダル，社会問題と理解されがちだが，民間主体にとって強要される賄賂は一種の（非公式な）税であり，経済活動を阻害する要因となる。地域経済の発展や一国の経済成長が損なわれることにもなりかねない。途上国では税に加えて官僚・政治家への賄賂が企業や個人が事業を行う上でのコストを高めているという事例が多い。民主主義が未熟なところでは地方政治への住民参加が進んでいないことから住民の監視・規律づけも働きにくい。

いずれにせよ分権化が自ずとクリーンな政治を実現するわけではない。公共政策の権限・裁量を住民に身近なレベルの政府に委譲することで，住民の監視が行き届きやすくする反面，地元の利益団体にとっても癒着がしやすくなる。自治体の観点からすれば，汚職のコスト（＝住民からのペナルティー）は高いが汚職の機会（＝地元企業や団体からの賄賂の提供）も多い。いずれが勝るかは，地方分権と合わせて（とりわけ途上国・移行国においては）民主主義の促進，情報開示，自治体内部の監査の強化，汚職への罰則の徹底，公務員倫理の確立を含む**ガバナンス改革**のいかんによるだろう。このような「補完的」な改革なくしては癒着や汚職の温床を断つことができない（**図表 4-3** 参照）。

▶ 分権化と公共選択

中位投票者モデル　地方分権と聞くと，国（中央官庁）と地方自治体の対立構造を思い浮かべる読者も多いだろう。しかし，地方分権は有権者同士の利害関係にも関わる。この問題を考えるため，以下では（リバイアサン型

政府に代えて）多数決投票のような民主的な政策決定過程（＝公共選択）を考える。ただし，民主的な政府だから政治的な利害対立が解消されているわけではない。

政策に対する好みは有権者の間で異なる。公共選択は全ての個人を満足させることはできない。「消費者主権」が成り立つ（市場における財貨・サービスの購入といった）私的選択とは違い，個々人が自身のニーズに合わせて公共サービスの量やその対価としての税額を選べるわけではないからだ。

多数決投票の基本モデルとしては「中位投票者定理」がある。ここでは政策が有権者（投票者）の意向を忠実に反映すると仮定される（以下で説明するような有権者とその代理人としての政治家との間でのエージェンシー問題は無視される）。

例えば，低福祉・低負担，中福祉・中負担，及び高福祉・高負担の間での多数決投票を行うとしよう。「小さな政府」（低福祉・低負担）といっても公共サービスが皆無でよいと考えている人は少ない。逆に「大きな政府」（高福祉・高負担）を目指して国民の税・社会保障の負担を際限なく増やすにも抵抗がある。

最初に低福祉・低負担と中福祉・中負担のいずれを選ぶか投票に掛ければ，中位な選好をもった投票者とリベラルな（大きな政府志向の）投票者は後者を支持することになる。一方，前者には保守的な（小さな政府志向の）有権者からの票しか集まらない。

次に高福祉・高負担か中福祉・中負担の間の選択となると，中位な投票者と保守派の票が後者に集まり，リベラルな（大きな政府志向の）投票者しか前者を支持しない。結局，「ほどほど」の税負担と支出水準が好まれよう公共選択では概ね「中位」な選好をもった有権者の意向が反映されるのである（中位投票者モデルの詳細は**ボックス 4-3** を参照）。

国政での選択と地方政治の選択の差異　　中位投票者モデルに従えば，地方レベルの政策は域内の中位投票者の意向に即する。政策へのニーズが選好（好み）よりも所得水準に応じて変わってくるとすれば，中位投票者は所得水準が（平均ではなく所得分布上，真ん中に位置しているという意味で）中位な住民ということになる。

❖ボックス 4-3　中位投票者モデル

　中位投票者モデルでは有権者が直接，政策を決定する「直接民主主義」が想定される。政治家・政党は介在しない。政策の実施，あるいは政策の提案（「議題設定」）を担う官僚も明示されない。複雑（怪奇）な民主主義の政策決定過程を大胆に簡単化したものといえるが，だから非現実的というよりも，「理想的な市場」同様，現実を理解するためのベンチ・マークとして理解してもらいたい。

　ある公共サービス（例えば，学校教育）の規模として高水準，中水準，低水準の選択肢があるとしよう。有権者は A，B，C の3人とする。公共サービスに対する彼らの純便益の高さは下の表のようであると仮定する。例えば，有権者 A は低水準の公共サービスからの純便益が最も高く，その後，中水準，高水準と続いている。

　多数決投票は低いところから公共サービスの水準を引き上げる否かについてである。最初の投票は低水準と中水準の選択肢の間で行われる。明らかに有権者 A は低水準の方に票を投じる。しかし，B と C は低水準よりも中水準が好ましいから後者を支持することになる。よって中水準が過半数の同意を得る。

　では，更に公共サービス水準を引き上げるとしたらどうだろうか？　有権者 C は賛成するが，残りの有権者は反対票を投じる。よって公共サービス供給は中水準に留まり，これが多数決均衡となる。ほかの選択肢（低水準，高水準）はいずれも多数派の支持を得ない。

　ここで重要なのは，多数決投票（公共選択）に反映されるのは，公共サービスを極端に嫌う有権者 A の選好でも，サービス拡大を志向する C の選好でもなく，ほどほどの（ただし，「平均」ではなく「中位」な）好みをもった有権者 B の選好であるということだ。これは有権者 B のような投票者の数が過半数を占めるからではなく（この例でも有権者 B は1人しかいない），彼の最も選好する水準よりサービス量を増やすにも減らすにも過半数の同意が得られないためである。ちょうど有権者の利害が「拮抗」した状態になるわけだ。B は中位投票者と呼ばれる。

　仮に公共サービスへの選好が所得水準に依存する（治安サービスであれば，

↗

では中央レベルで重視されるのは誰の意思だろうか？　例えば，大統領制において候補者は全国有権者の中でも中位な好みをもった投票者にアピールした公約を掲げることで対抗馬よりも広く票を集めることできる。国政選挙を争う二大政党も全国レベルの中位投票者に適した政策を打ち出して得票の最大化を図るかもしれない。

　一般に地方政治の（地域内）中位投票者と国政の中位投票者は一致しない。このとき政治的な利害対立は，所得階層間や世代間に加えて地域間で顕著となるだろう。地方の中位投票者からすれば，全国レベルの中位投票者のニーズに応じた集権的（全国一律な）サービス供給は自分たちのニーズに合致しない。ある地域では若い世帯が多く，中位投票者は保育サービスに高いニーズを持っているかもしれない。しかし，全国レベルで高齢化が進展しているならば，年齢層の高い有権者らが国政に影響力を発揮する。集権体制の下では保育に代えて医療や介護サービスの提供が優先されてしまうだろう。国による全国一律なサービス提供は地方にとってナショナル・ミニマムが確保されるという満足ではなく，自分らが望んだサービスが十分に供給されないという不満が残るものになる。

　モデルによる説明　　図表 4-7 はボックス 3-1（第 3 章）のモデルに基づく。ある公共財 X（例えば教育）の水準について多数決投票を掛けるとする。簡単化のため住民の支払う限界コストは一律 c と仮定する。集権体制の下では多数決投票の結果，全国レベルの中位投票者の選好（限界便益）MB^m が反映されて X^m で決まる。しかし，この水準は地域 A 内の中位投票者にとっては少な過ぎ（$MB_A>c$），地域 B 内の中位投票者の観点からは過剰となる（$MB_B<c$）。いずれも分権化すれば，各々の選好に即した公共サービス水準 X_j^m（$j=A, B$）を実現できる。$\varDelta ACD$ と $\varDelta BCE$ は各々，地方分権による地域中位投票者の厚生（余剰）改善であるが，言い換えると集権体制に甘んじるコストとなる。

　現実の国の政策決定は地方から選出される議員によって決定されるという意見もあるだろう。彼らは地域の利益を代弁するように振る舞うかもしれない（その弊害については第 6 章で「利益誘導政治」として説明する）。しかし，国会での多数決投票に従う以上，一国全体に行き渡る政策は議員の中の

所得の高い，よって守るべき資産のある人ほど受益も大きくなる）ならば，中位投票者は（平均ではなく）中位な所得を有する者である。サービスからの受益が等しくとも，それを賄うための税負担が所得に依存する（所得税が課されている）場合も負担が中程度の中位所得者が中位投票者ということになる。

中位投票者モデルは選択肢の数や有権者数が3以上になっても結果に変わりはない。ただし，各有権者の選好は「単峰型」であることが要請される，単峰型選好とは有権者にとって最も望ましい水準から離れるにつれ，効用が単調に減少することを意味する。上の例の有権者の選好はいずれも単峰型を満たす。さもなければ，多数決投票は均衡を持たないかもしれない。この問題は**投票のパラドックス**として知られている。

中位投票者モデルは代議員制（間接民主主義）にも援用できる。例えば二大政党が議会での議席を争うようなケースでも，彼らは選好が中位な投票者にアピールする公約に掲げるだろう。これを**ダウンズ・モデル**という。

■中位投票者モデル

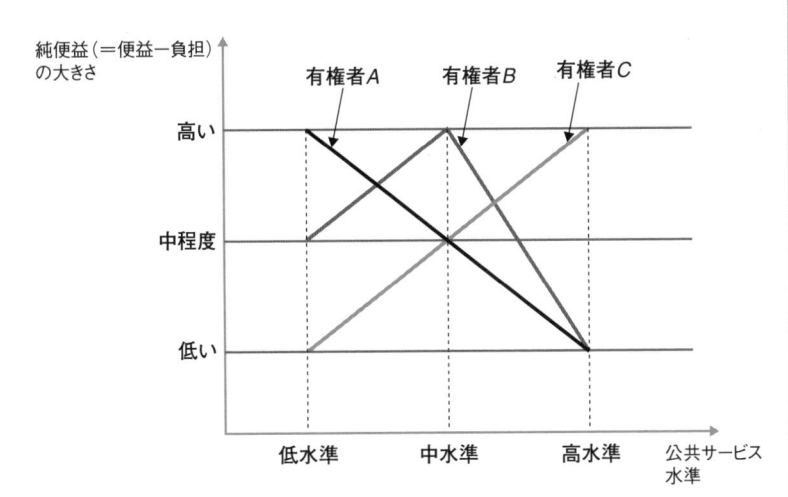

■図表 4-7　国の中位投票者 vs 地方の中位投票者

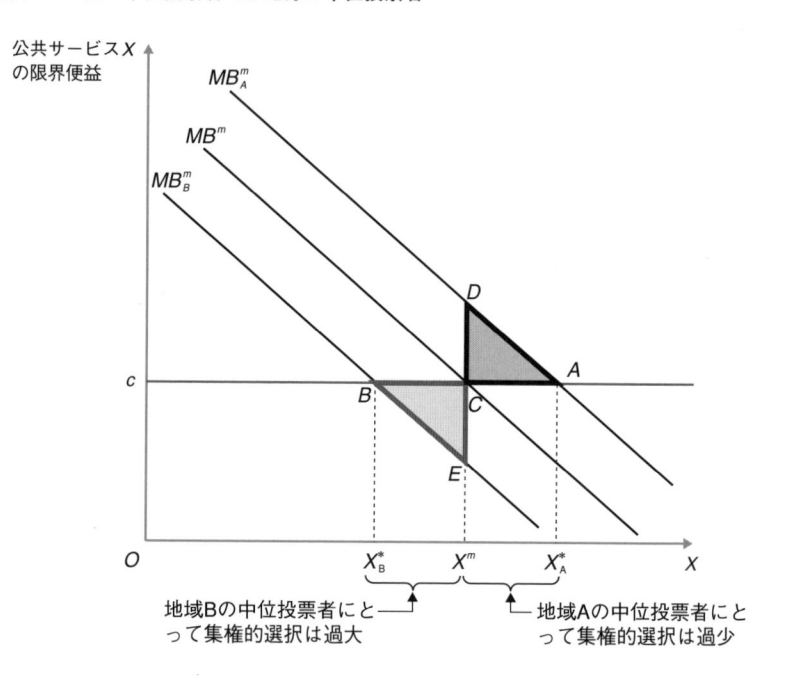

公共サービス X の限界便益

縦軸ラベル：MB_A^m、MB^m、MB_B^m

点：D、A、B、C、E、横線の高さ c

横軸：X_B^*、X^m、X_A^*、X

地域Bの中位投票者にとって集権的選択は過大　　地域Aの中位投票者にとって集権的選択は過少

中位投票者の意向を反映するように決まる。やはり多くの地方選出議員にとって多数決投票の結果は満足のいくものではない。

　第3章で紹介した分権化定理では，中央政府の政策が地域独自のニーズに即さないことを情報の非対称性の観点から述べていた。中位投票者モデルはその理由を政治的に説明するものとなる。各地域の中位投票者の観点からすれば，集権化は自らの選好が政策に反映されないという政治的コストを伴う。

▶ 有権者 vs 政治家

間接民主主義のエージェンシー問題　間接民主主義（代議員制）の下で有権者は選挙でもって国政，地方政治における自分たちの代表者（国政選挙であれば国会議員，地方選挙ならば地方議員や首長）を選出する。民主的選挙の洗礼を受けるわけで（リバイアサン政府のように）権益ばかりを追い求めていては議席や政権は守れない。とはいえ，政治家が有権者に対して必ずしも「忠実な代理人」とは限らない。隙さえあれば，自己利益を優先するように振る舞うだろう。これは契約理論におけるエージェンシー問題にあたる。

地方政治の場合　地方選挙において現職の首長を再選するかどうかの選択について考えてみよう。地域住民（＝有権者）は彼のこれまでの実績に基づいて支持を決めるだろう。第3章で「ヤードスティック競争」として説明したように公共サービスの質や税負担について経済・社会環境が類似した他地域との比較は実績評価のためのベンチ・マークとなる。ここで重要なのは現役政治家（首長など）の再選のいかんは自分らの意向のみに拠ることだ（その意味で地方政治は住民にとって身近となる）。議論の簡単化のため，地域住民間の利害対立は問題視しない（地域住民の選好は比較的同質と仮定する）とすれば，彼らは一致団結してパフォーマンスの劣る現職の再選を阻むだろう。再選するために政治家は地域住民を満足させるような努力（行財政の効率化など）を惜しんではならない。

国政選挙の場合　国政選挙で与党が国会議席の過半数を確保できるか（政権を維持できるか）否かは過半数の地域が与党を支持し続けるかどうかによる。一つの地域が単独で中央政府の命運を左右することはない。

現在の政府が都市圏から税を多く集めて，それを地方圏の公共事業や補助金に回しているとしよう。政策への規範的な評価は別としても，コストばかり負わされる都市圏の有権者は政府に不満を持つに違いない。このような地域では選挙でも与党に多く票が集まらない。しかし，地方圏で議席を守れる限り政権を失うことはないかもしれない。

仮に政治家が自分らの支持母体の権益のため，官僚が天下り確保のため税金を無駄遣いしていたとしても，半分以上の選挙区の住民に（補助金をばら撒くなど）配慮さえしていれば問題はない。よって，浪費も続けられる。

このように域内の有権者の合意さえあれば（代理人として住民に忠実ではない）地方の現職政治家を除くことができるのに対して，中央政府を規律づけるには地域内に留まらず，地域間での協調が求められる。国は（補助金をチラつかせるなどして）地方の切り崩しを図るだろうから，地域間での結束も失われかねない。地方に比して中央政府は有権者にとって「忠実な下僕」にはなりにくい。

▶ 地方分権の政治的選択

いま，分権化の是非が多数決投票に掛けられるとしよう。仮にこの投票が各地域の代表者（地方自治体）の意向を反映するものならば，（国レベルではなく）各地域の中位投票者らが決定権を握ることになる（現実に即していえば，分権改革に対して自治体を代表する団体が主導権を持ったケースにあたる）。

彼らは①公共選択（政策決定過程）に対する自己決定権を確立する（モデルに即していえば，地域中位投票者の選好を反映させる）ため，地方分権を好むかもしれない。②分権化は「代理人」としての政治家へのコントロールを強化することもできる。

ここで分権化の是非は経済的というよりも，政治的な利害関係（①国政レベルと地方レベルでの中位投票者の対立や②政治家と有権者との間のエージェンシー問題）を反映する。もっとも，分権化の経済的コストが全く無視されるわけではない。地方分権の後，公共サービスの費用を自主財源（地方税）で賄うとなれば，とりわけ財政力の乏しい地域にとっては負担が重くなる。加えて地域間での租税競争も財源の確保を一層困難にする。よって国からの財政的支援が当てにできないとなれば，地方分権には二の足を踏むかもしれない。いずれにせよ，各地域（の中位投票者）は分権化の「損得勘定」をするはずだ。

4.3 公共部門のガバナンス

▶ 地域間・政策間外部性と集権化

外部性の内部化　標準的な財政学のテキストでは「集権化」は外部性を是正するのに役立つことを学ぶ。

ある自治体が近隣地域の住民に外部性（地域間スピルオーバー）を及ぼすような政策にしても、これらの地域を合併して新たな地方自治体を形成する、あるいは都道府県など上位政府に権限を集権化すれば、外部性は内部化され、効率性が保たれる。広域行政区であれば、広域に及ぶ政策の効果も政策決定過程で考慮されるはずだからだ。

ただし、ここで前提となっているのは上位レベル政府（中央、あるいは広域行政区）の外部性を勘案して政策を組む立案・調整能力である。

「市場の失敗」の典型である環境問題に対処する環境税にしても政府が外部コストの存在とその大きさを適切に把握しているからこそ実効性を持つ。第6章で学ぶように地域外部性を内部化するための定率補助金にしても、国が地方の政策に関わる社会的な受益と負担を勘案する包括的な視点を持っていればこそ有効となる。

政策間外部性の内部化　外部性は地域間に限ったことではない。中心市街地のバリアフリー化は高齢者にとって安心な街づくりに繋がるとともに、転倒などによる怪我やその後の障害が少なくなれば、医療・介護への支出を減らすことができる。都市の再開発も周辺の自然環境に影響するならば、環境政策に関わってくる。

このような政策間での「外部性」は複数の政策・事業が政策目的（例えば、少子化対策や都市再生）に向けて、互いに補完する、あるいは代替し合う関係にあることを含意する。都市再開発と環境政策の関係は「都市再生」という一つの政策体系に含まれるし、バリアフリー化や医療・介護はいずれも「高齢者が安心して暮らせる街づくり」の一環となる。

また、少子化対策といっても産科医の確保、保育サービスの改善、育児手

当の拡充から子育てを終えた母親の復職支援に至るまで，多様な政策・事業を含む。都市再生にしてもシャッター通りの再開発，防犯対策，公共交通機関の整備，（コンパクトシティ作りのための）公共施設の集約化，周辺の自然環境の保全など，こちらも様々な政策・事業からなる。

低所得者やフリーターの「再チャレンジ」を支援するには，既存の職業訓練やハローワーク以外にも学校教育（たとえば，高校の夜間や大学院）の活用もあり得るだろう。彼らの就業機会の増加は貴重な人材＝労働力を地域の経済活性化に振り向けられるほか，雇用保険給付や社会福祉費も軽減できる。政府にはこのような個別の政策・事業を所定の政策目的に向け整合的，かつ効果的に組み合わせるよう政策「体系」をデザインすることが求められる。

「中央分権」という現実　　中央政府には地域間外部性の内部化に加え政策間の調整能力が期待される。このためには経済全体を見渡した包括的な視点と，異なる政策手段を自由に組み変えたりする権限が求められる。

しかし，現実の政府がそのような能力や視点・権限を有しているかどうかといえば，かなり疑わしい。わが国では「縦割り行政」として知られるように，中央官庁がほぼ独立した政策決定主体として振る舞ってきた。中央の政策決定過程は官僚・政治家（族議員）を含め複数の利害当事者が介在するという意味で「多元主義」的なのである。実現する政策群は所定の政策目的を実現するための「最適解」ではなく，利害当事者の間での折衝や駆け引きを含む政治ゲームの「均衡」として帰結する。

実際，「省あって国なし」と揶揄されるように，省庁間を横断するような政策体系（例えば，少子化対策）はうまく構築されてこなかった。わが国は政府「間」は集権的な一方，国の内部の権限が分権（分散）化された「中央分権」体制といえる。

▶ Uフォーム・Mフォーム

この場合，財政制度で問われるのは集権か分権かではなく，政策への権限・裁量を①（教育，雇用，社会保障など）**機能別**に分権化するか，②**地域**（都道府県・市町村）**別**に分権化するかということになる。前者は国レベルの中央官庁に縦割りに権限・裁量を与えること，後者は縦割り行政から脱却

し「総合行政を担う地方政府の確立」することにほかならない。

機能別分権化のメリット，デメリット　「機能別」分権化の下では，道路・港湾，空港など社会資本を全国単位で計画しやすい。インフラ整備の優先順位を地域間で調整することもできるだろう。全国一律な医療・介護保険制度であれば，サービス給付の範囲や水準，保険料を地域間で公平にする。「高校まで地方で育ち，いよいよ納税するときは都会に出て行く」人々に要する費用や彼らの受益を勘案した学校教育サービスの提供も確保される。総じて，地域間スピルオーバーを内部化し，政策に関わる地域間の利害を調整するのは中央レベルでの機能別分権化のメリットとなる。

しかし，縦割り（＝中央分権）の性格のため，教育と雇用・社会福祉，都市開発と環境保全，税と社会保険料など異なった官庁が管轄する政策・事業間で協調が図られにくい。例えば，保育園と幼稚園は，前者が入所要件としての「保育に欠ける」ことを挙げてきたとはいえ，いずれも就学前の子供を抱える親への子育て支援（保育・教育）であることに変わりはない。だが，監督官庁の違いから，現に「幼保の一元化」は進んでいない。

地域別分権化のメリット，デメリット　一方，地方分権とは「地域別分権化」であり，地方自治体は権限委譲された政策を総合的な視点から組み合わせることができるようになる。

地域活性化であれば都市計画，税・補助金，環境保全，雇用政策，インフラ整備などを独自に体系化することがあり得る。地域の高齢化に対しては，医療・介護サービスの充実に合わせてバリアフリー化，コンパクトシティに向けた街づくり，元気な高齢者の雇用促進など異なった政策を有機的に結び付けていける。従来，「縦割りで使い勝手の悪い分断された行政サービスの体系を住民ニーズに合わせて柔軟に変更・統合することができる」（地方分権改革推進委員会「中間的な取りまとめ」）ようになるわけだ。

「分権化定理」を説明した第3章のモデルでは2つの公共サービスXとYを地方自治体が地域のニーズに即するよう（＝地域厚生を最大にするよう）組み合わせるとしていたが，これは政策間の協調を図った**総合行政**の一環とも解釈できる。

ただし，地域間での外部性が各々の自治体によっては考慮されない（内部

■図表 4-8 「Uフォーム」vs「Mフォーム」

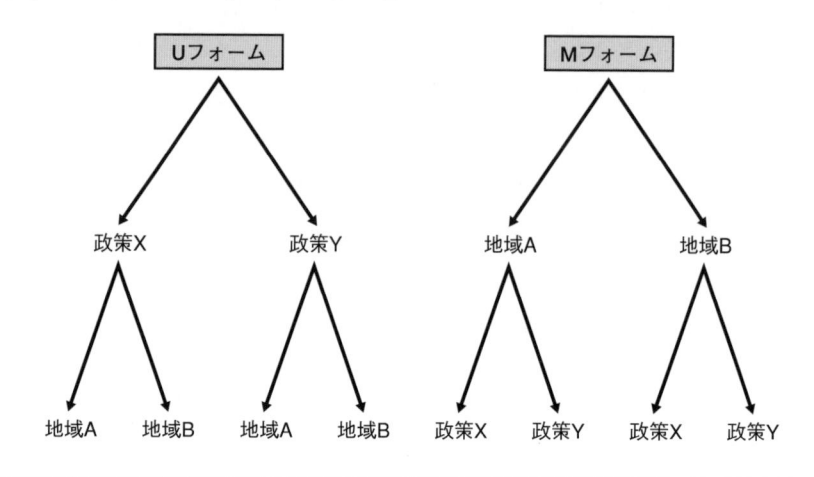

```
        Uフォーム                          Mフォーム
       /       \                        /        \
    政策X       政策Y                  地域A        地域B
    /  \       /  \                   /  \        /  \
 地域A 地域B 地域A 地域B            政策X 政策Y  政策X 政策Y
```

化されない）ことが「地方分権の失敗」となることはこれまでも繰返し強調してきた通りである。

UフォームとMフォーム　①機能別分権化と②地域別分権化は政府（公共）部門のガバナンス形態であり，しばしば前者は**Uフォーム**，後者は**Mフォーム**と呼ばれる（**図表 4-8**）。諸外国を見渡すと旧ソビエト連邦がUフォーム型の典型例で，1980年代以降，市場化と財政分権化を推し進めてきた中国がMフォーム型にあたるといわれる。

わが国は従来，Uフォーム型のガバナンス構造を持ってきた。国の地方自治体への義務づけ・関与のほか，国の出先機関がこのUフォーム型ガバナンスの担い手（＝執行機関）となっている。例えば，求職者に無料で職業紹介をする「公共職業安定所（ハローワーク）」は厚生労働省の地方支分部局である。「地方農政局」（農林水産省）は食品の安全確保のための監督・指導，農業農村整備事業などの実施を担ってきた。電気・ガス事業の許認可・監査，地域の産業振興，中小企業支援は「経済産業局」（経済産業省）の権限であり，直轄事業（河川，道路，港湾，国営公園など），都市計画・宅地供給の実施，住宅・建築に関する許認可などは「地方整備局」（国土交通省）の管轄である。「地方運輸局」（国土交通省）であれば観光振興資産の推進，バス

事業，タクシー事業，トラック業などの許認可・監督を行ってきた。

これらの出先機関は各々が管轄官庁の地方組織として，自治体や他の出先機関とは独立に政策を執行する。しかし，中には地方自治体の政策と重なるところもあり，行政の重複による無駄や国と地方の役割分担の不明瞭さが指摘されている。

道州制　わが国ではポスト三位一体改革として**道州制**の導入が検討されてきた。この道州制には①「広域自治体として都道府県に代えて道州を置く（全国を9～13に区分）」という都道府県の合併（＝広域自治体改革）や，②分権化の担い手たる基礎自治体（＝市町村）への都道府県事務の大幅な移譲に留まらず，③国の出先機関の徹底的な見直しを含む（**図表4-9**）。

道州制は，地域経済・公共サービスに関わる多くの権限を道州政府に集約する結果，公共部門のガバナンスを機能別（Uフォーム）から地域別（Mフォーム）に転換するものとなるだろう。

■図表4-9　道州制における各レベル政府の役割分担

国	皇室，外交・国際協調，国家安全保障・治安，通貨の発行管理及び金利，通商政策，資源エネルギー政策，移民政策，大規模災害対策，最低限の生活保障，国家的プロジェクト，司法，民法・商法・刑法等の基本法に関すること，市場競争の確保，財産権の保障など
道州	広域の公共事業（大型河川，広域道路，空港・港湾の整備・維持，通信基盤，生活環境基盤など），科学技術・学術文化の振興，対外文化交流，高等教育（大学相当以上），経済・産業の振興政策，地域の土地生産力の拡大（林野・農地の維持），能力開発，職業安定・雇用対策，広域の郊外対策，環境の維持改善，危機管理，警察，地産，災害復旧，電波管理，情報の受発信機能，市町村の財政格差の調整，公共施設規格・教育基準・福祉医療の基準の策定など
基礎自治体	住民の安心安全，消防，救急，社会福祉（児童福祉，高齢者福祉など），保育所・幼稚園，生活廃棄物収集・処理，公害対策，保健所，小中高等学校，図書館，公園，都市計画，街路，住宅，下水道，戸籍，住民基本台帳，地域振興にかかわる産業・文化行政全般

（出所）　道州制ビジョン懇談会中間報告から抜粋

すなわち、「住民に身近な行政はできる限り地方公共団体にゆだねる」（地方分権推進法第5条、地方自治法第1条の2）という原則の下、「国としての存立に直接関わる事務、全国的な規模や全国的視点にたって行わなければならない事務」を除いて、「国の地方支分部局は廃止し、その機能を道州・基礎自治体に移管する」ということだ。

例えば、民間に対する助成・支援など「事務・権限が法令上一つの主体に専属しておらず、国と地方自治体がそれぞれ処理することが許容されている」重複型の事務・事業については「地方に一元化して実施することを基本」とする。これが「国と地方の明快な役割分担を確立し、国と地方の行政の重複を徹底して排除するとともに、国と地方を通じた簡素で効率的な筋肉質の行財政システムを構築する」（地方分権改革推進委員会「中間的な取りまとめ」）ことに繋がると期待する向きもある。

▶ 分権化と市場化

新しい公共経営の考え方　道州制を含め地方分権によって多くの役割を地方自治体に割り当てるとしても、自治体がその企画（デザイン）から執行まで全て丸抱えする必要はない。分権化は必ずしも「大きな地方政府」を要請しない。

一般に公共サービスの**公的供給**と**公的生産**は異なる。例えば、国防は典型的な国家公共財であり、国が供給するが、兵器は民間企業によって生産されている。低所得者向けの住宅にしても、自治体が公営住宅を建設（＝生産）して、提供する代わりに民間賃貸住宅を借り上げたり、家賃補助を出したりすることもあり得る。地域医療を担う中核病院にしても、必ずしも「公立病院」である必要はなく、民間病院やそのネットワークを活用してもよい。病院や庁舎など公共施設の建設・運営、あるいは（国民健康保険など）社会保険料の徴収にしても営利あるいは非営利の民間事業者に委託することはあり得る選択肢だ。つまり、公共サービスを供給するには、国・自治体が執行を担う人員を雇用したり、関連施設を自ら建設・所有したりしなければならない理由はない。

政策が企画・立案、財源確保、執行段階に分離できることは前述の通りで

■図表 4-10 「新しい公共経営」の考え方

(1) 執行部門と企画部門の分離（執行部門に市場原理）
(2) 業績・成果に基づくコントロール：経営資源の使用に関する裁量を広げる一方，業績・成果に基づくマネジメント（「手続き」から「成果」に基づく予算運営へ）
(3) 市場の活用：民間委託・民営化，市場化テスト等市場メカニズムの採用
(4) 顧客主義への転換：顧客としての住民
(5) 組織内ヒエラヒーの簡素化
(6) 事前的規制（許認可）から事後的規制（モニタリング）へ

ある。このうち政策の企画・立案と執行を分離し，後者については公共部門で担うのを止めて，民間との契約に代えるという**新しい公共経営**が拡がりつつある。合わせて財源確保の責任も部分的に民間の契約事業者に負わせる（図表 4-10）。

　その例として，①ゴミ回収など公共サービス提供の**民間委託**，②公共施設の建設に民間の資金やノウハウを活用する PFI，③施設管理や公共サービス提供を民間にも開放して公共部門内の担当局と競合させる**市場化テスト**などがある。

　公共部門では毎年，決められた予算は使い切らなければならない。公務員には身分保障があるため人員整理が難しい上，人件費も高くつく。地方公務員と国家公務員の給与を比較したものとして「ラスパイレス指数」があり，これは地方の行財政改革を反映して低下が続いている（地方公務員の給与水準が国家公務員並みかそれ以下に下がっている）。しかし，民間との比較では依然として地方公務員の給与は高い。公共の清掃職員の給与は同様の職種の民間従業員の 1.54 倍，バスの運転手であれば 1.6 倍あまりの格差がみられるといった調査結果もある。

　加えて，前例主義や事なかれ主義がまかり通る。これでは費用の適正化や効率化を望むにも限度がある。公共部門＝非営利が「公共の福祉の増進」を意味しないことはこれまで述べてきた通りである。たちが悪いことに非営利（採算の取れる事業ばかりをしているわけではない）が言い訳になる分，無

駄も多くなりがちだ。

民間による公共サービスの供給　とはいえ，医療や学校教育など公共サービスの供給を完全に市場に委ねることにも不安は多い。必要なサービスが必要な人々に提供されない不公平があるかもしれないし，外部性や情報の非対称性など「市場の失敗」もある。

そこで考えられるのが施設の立地やサービスの水準など大枠は公共部門が決め，その執行に民間経営の手法を採用することで，「公共の福祉」と効率化を両立させる制度設計である。執行主体を決めるのに競争入札を導入したり，異なる事業者間の業績（パフォーマンス）比較に応じた報酬を支払ったりすることで，競争を喚起できる。市場化テストのように既存の執行当局を民間との競争に晒すこともあり得る。効率化の手段として公共部門の中に競争原理を取り込むわけだ。

公共部門＝非営利は競争原理と相容れないというのは理論的にも実証的にも根拠はない。実際，競争原理は福祉国家を掲げる欧州諸国の医療制度や自治体経営にも取り入れられてきている。競争原理の導入＝完全民営化＝アメリカ化と捉えるのは偏見に過ぎない。

無論，民間事業者の業績を事後的に評価して契約更新や報酬，あるいは罰則などに反映させる仕組みが不可欠である。しばしば，民間委託によってサービスの質が低下するという事例も見受けられる。しかし，それらは民間委託したからというよりも，その後のチェックを公共の監督者が怠った結果とも言える。委託は「丸投げ」を意味しない。

事例：自治体病院改革　医師不足や財政難による地域医療崩壊の懸念が高まっている。2008年9月30日には千葉県銚子市の市立総合病院（ベッド数393）が財政難のため診療を休止した。入院患者は市内外の病院への転院を余儀なくされている。地方自治体が運営する自治体病院は地域医療において大きな役割を果たしてきた。全国の自治体病院の数は2008年1月時点で1,018あまり，全病院の11.5%を占めている。僻地医療についていえば，拠点病院252（2006年12月時点）の7割以上が自治体病院である。地域，特に民間病院の少ない地方圏の医療体制にとっては欠かせない存在となっている。しかし，その財政状態は悪化の一途を辿ってきている。（病院の通常

の活動から生じる）経常損益をみると2006年度には全体の8割近くが赤字となる。赤字の合計は2,000億円あまりに上る。この不採算事業は自治体の財政を圧迫する要因（第3セクターや地方公社と同様に自治体の財政破綻を引き起こす「爆弾」）となっている（「公立病院改革について」総務省（2008年7月））。

　赤字は公共性があるから，僻地で医療活動をしているから仕方がないという向きもあろうが，高コスト体質による面も否めない。民間病院と比較すれば自治体病院の方が給与や材料費など医療費用が割高になっている。実際，100床あたりの民間病院の医療費用が1億3,400万円であるのに対して自治体病院は1億4,700万円あまりとなる。公共性は大事ではあるが，それは高コストの言い訳にはならない。同じ費用を掛けるならば，より良いサービスをするべきだし，サービス水準が同じならば，コストは安いに越したことはない。現行の自治体病院は人手（医師）不足とコスト高（経営効率の低さ）という二重苦を抱えた状態にある。

　こうした中，高度医療を担う基幹病院を中心とした病院の再編成，自治体病院と周辺の医療機関とのネットワークの構築（医療機能の分化）のほか，経営の効率化に向けた試みが行われている。民間的経営手法の導入もその一環である。「指定管理者制度」はその例であり，2007年4月時点で全国44病院において導入されている。指定管理者制度とは，自治体病院など公共の施設の管理・運営を民間事業者やNPOなどに広く開放し，委任する仕組みである。施設自体は公的所有のままであるが，運営・管理には民間のノウハウが反映される。これも新しい公共経営の一つだ。

　分権化は地方自治体の肥大化ではない　地方分権とは政策の立案・企画の権限，財源確保の責任を地方に移すものだが，執行について民間に委ねる可能性を排除するものではない。上記のように分権化＝地方自治体の肥大化は意味しない。

　分権化というと国と地方との間での役割分担，権限配分の見直しに終始しがちだが，「機動的かつ効率的な行財政システムを構築していく」には，国・地方の諸政策の執行において民間（企業や団体）が一定の役割を担う仕組みが不可欠となる。

練習問題

問1：地方分権は一国の経済成長にどのような効果をもたらすだろうか？ プラス要因，マイナス要因を挙げて説明せよ。また，「市場保全型連邦制」をキーワードに成長促進型の分権化のあり方について論じよ。

問2：水平的競争と垂直的競争の違いを説明した上で，垂直的競争が国と地方を合わせた公共政府）部門の規模に及ぼす効果を述べよ。

問3：分権化は特定利益団体との癒着や汚職を減じてクリーンな政治を実現するだろうか？ その是非について論じよ。

問4：公共部門のガバナンスとしては①Uフォームと②Mフォームが挙げられる。「外部性」をキーワードに両者の違い，各々の特徴について論じよ。

問5（チャレンジ）：本章で紹介した地方経済再生対策などを参考にしつつ，読者自身が住む地域，あるいは故郷の経済活性化のためにあり得る政策と地方自治体の役割について考えてみよ。

参考文献・情報

《国の地域再生への取組み》
首相官邸地域活性化統合本部会合HP：http://www.kantei.go.jp/jp/singi/tiiki/index.html

《道州制を巡る議論》
内閣府道州制ビジョン懇談会HP：http://www.cas.go.jp/jp/seisaku/doushuu/index.html

《地域経済の再生》
奥野信宏『地域は「自立」できるか』岩波書店，2008年

《分権化と経済成長の実証研究》
Davoodi, H., & H-F, Zou, Fiscal Decentralization and Economic Growth: A Cross-Country Study, *Journal of Urban Economics* 43, 1998, 244-257.
Zhang, T., & H-F, Zou, Fiscal Decentralization, Public Spending and Economic

Growth in China, *Journal of Public Economics* 67, 1998, 221-240.

《中国とロシアの分権化》
Blanchard, O., & A. Shleifer, Federalism With and Without Political Centralization: China Versus Russia, *NBER Working Paper*, 2000, 7616.

《市場保全型連邦制の理論と実際》
青木昌彦　瀧澤弘和・谷口和弘（訳）『比較制度分析に向けて』（原題 *Towards a Comparative Institutional Analysis*）NTT 出版, 2001 年
Montinola, G., Y. Qian & B.R.Weingast, Federalism,Chinese Style: The Political Basis for Economic Success, *World Politic* 48(1), 1996, 50-81.
Qian.Y., & B.R.Weingast, Federalism as a Commitment to Preserving Market Incentives, *Journal of Economic Perspectives* 11, 1997, 83-92.

《分権化と政府の規模》
Oates, W., Searching for Leviathan: An empirical study. *American Economic Review* 75(4), 1985, 748-757.
Zax, J.S., Is there a Leviathan in your neighborhood? *American Economic Review* 79 (3), 1989, 560-567.

《分権化と汚職の理論と実証》
Fisman, R., & R.Gatti, Decentralization and corruption: evidence across countries, *Journal of Public Economics*, 83(3), 2002, 325-345.
Prud'homme, R., The Danger of Decentralization, *The World Bank Research Observer* 10, 1995, 201-210.
Treisman, D., The Cause of Corruption: A Cross-National Study, *Journal of Public Economics* 76, 2000, 399-457.

《異なる政府観と地方分権》
Buchanan, J.M., & R.A. Musgrave, *Public Finance and Public Choice: Two contrasting visions of the State*, MIT Press, 1999.（関谷　登・横山　彰（監訳）『財政学と公共選択——国家の役割を巡る大激論』勁草書房, 2003 年）

《新しい公共経営論》

赤井伸郎『行政組織とガバナンスの経済学——官民分担の統治システムを考える』有斐閣, 2006 年

大住荘四郎『パブリックマネジメント——戦略行政への理論と実践』日本評論社, 2002 年

第5章

地方税と地方の財政責任

本章の狙い

　地方の自己決定と自己責任を促すべく国から地方への税源移譲が進められてきた。しかし，分権化定理として利点が強調される支出サイドの分権化に比べて，収入サイドの分権化については慎重にならざるを得ない。税源移譲が地域間での格差を助長するだけではなく，税源への課税自主権に起因する「外部効果」があり得るからだ。自治体が地域の厚生を高めるよう課税自主権を発揮することは必ずしも経済全体の利益には繋がらない。本節では，わが国の地方税制度を概観するとともに，自治体による課税自主権の行使の経済的な帰結について学ぶ。5.1節ではわが国の地方税制度の特徴を明らかにする。高い法人課税依存とそれに拠る税収の不安定化や偏在について述べる。地方分権は一方的な税源移譲を意味しない。地方にふさわしい税源とそうでない税源があるのだ。「望ましい地方税」の条件については5.2節で紹介する。5.3節では自治体が独自に税率選択することに伴う租税外部効果としての租税競争，租税輸出，及び「共有地の悲劇」を紹介する。「望ましい地方税」の諸条件を満たす地方にふさわしい税源としての固定資産税の可能性（規範）と課題（実態）については5.4節で説明する。

5.1 わが国の地方税

▶ 地方税の特徴（その1）：所得課税，消費課税，資産課税と幅広く課税

　課税は大きく①個人の所得や法人企業の収益などに対する**所得課税**，②財貨・サービスの購入に対する**消費課税**，及び，③個人や企業が保有する土地，建物など資産を対象とした**資産課税**に分類される（**図表 5-1**）。

　国税でいえば，所得税や法人税が所得課税，消費税，たばこ税，酒税が消費課税，相続税が資産課税にあたる。読者には，わが国では国が主な税源を独占してきたという印象があるかもしれない。実際のところ，**地方税**の課税対象は所得課税，消費課税，資産課税まで幅広い。

　個人所得課税　都道府県や市町村が課す**個人住民税**には**所得割**と呼ばれる個人所得課税がある。三位一体の改革で国から3兆円の税源移譲した際，拡充されたのが，この個人住民税所得割だ。

　配当や利子，株式譲渡益（キャピタルゲイン）といった金融所得に対する税率は一律20％（配当・キャピタルゲイン課税については2011年まで10％に軽減中）と報じられるが，このうち5％は地方税である。都道府県の個人住民税には**利子割**，**配当割**，**株式等譲渡所得割**という税目があって，これらが地方レベルでの金融所得課税となっている。

　法人課税　日本の法人所得課税の「実効税率」は約40％であり，欧米諸国に比べて高い水準にあるとされる。その一方でわが国の法人税率は30％で「既に欧米なみ」という向きもある。法人税は国税であり，実効税率と法人税率の乖離10％分は地方の法人所得課税による。具体的には，都道府県が徴収する法人事業税，都道府県及び市町村レベルで課される**法人住民税**の**法人税割**が地方の法人所得課税にあたる。

　法人住民税には①法人税割のほかに②均等割がある。**均等割**は資本金や（市町村レベルでは）従業員に応じた**定額税**である。一方，法人税割は企業の国の法人税支払い額を課税ベースとすることに特徴がある。つまり，税に

■図表 5-1　主な国税・地方税の種類

		所 得 課 税	消 費 課 税	資産課税等
国		所得税 法人税	消費税 揮発油税 酒税 たばこ税 自動車重量税 石油ガス税等	相続税 登録免許税等
地方	道府県	法人事業税 個人道府県民税 法人道府県民税 道府県税利子割 個人事業税	地方消費税 自動車税 軽油引取税 自動車取得税 道府県たばこ税	不動産取得税
	市町村	個人市町村民税 法人市町村民税	市町村たばこ税 軽自動車税	固定資産税 都市計画税 特別土地保有税 事業所税

対する税（英語では tax on tax）となる。**法人事業税**，法人住民税を合わせて**法人二税**という。

　消費課税　地方では消費課税として**たばこ税**を課している。地方の道路特定財源を構成してきた**自動車取得税**や**軽油引取税**（ともに都道府県の税金）も消費課税にあたる。

　多くの読者は消費税率を 5％ と思っているだろう。しかし，実際には国税としての消費税は 4％ であって，残りの 1％ は**地方消費税**という都道府県税である。この地方消費税は国税の消費税率の 25％ を税率とする決まり（4％×25％＝1％）になっており，国が消費税と合わせて徴収，①小売上（商業統計）など消費を表す指標と②人口に基づき都道府県の間で分け合う仕組みになっている。

　資産課税　地方の資産課税としては市町村が課している**固定資産税**が代表的である。「固定」という名前の通り，土地やその上の家屋を課税対象

とする。国の相続税とは異なり金融資産（株や債券など）は含まない。不動産の売買に際しては**不動産取得税**という税が課されるが、こちらは都道府県レベルの資産課税にあたる。

▶ 地方税の特徴（その2）：地方，とりわけ都道府県の法人企業課税への依存度が高い

ウェイトの高い法人課税　地方税の中でも，法人課税が大きなシェアを占めてきた。2006年度決算でみると地方税（都道府県税と市町村税合計）36兆5,000億円のうち25.5%，金額にして9兆3,000億円あまりの税収を法人二税（法人住民税，法人事業税）から集めている。これは個人住民税（25%）や固定資産税(23.2%)よりも高い（**図表5-2**参照）。

特に都道府県レベルでは，この法人二税が税収の4割（6兆5,000億円）に上り，最大シェアを占める。ちなみに事業税は法人企業だけではなく，個人事業者（自営業者）にも課せられるが課税のルールは法人企業と異なり収入も少ない。

同じ都道府県税である地方消費税や個人住民税（道府県民税）からの税収は各々，2兆6,000億円，2兆9,000億円前後と法人二税の半分に満たない。当該年度の景気の好調ぶりを反映しているとはいえ，都道府県がいかに法人課税に依存しているかが分かるだろう。一方，市町村では固定資産税（約8兆5,000億円（市町村税収の41.9%））が最大の税金である。法人住民税（2兆8,000億円（同14.1%））は，個人住民税（6兆2,000億円（同30.9%））に続き3番目の税収を上げている（なお，2006年度には国から地方への3兆円の税源移譲があったものの，その効果が地方税収に表れるのは2007年度以降となる）。

固定資産税の課税対象には土地や建物のほか，工場の機械設備など企業が抱える事業用資産を含む。つまり固定資産税は個人資産だけではなく，企業資産（資本）にも課税しているのである。この**償却資産課税**とその含意については後に詳しく説明する。この部分を加えると，企業課税（所得課税＋資産課税）は市町村税収の2割あまりとなる。

法人課税への依存傾向　2006年度に限らず，地方は構造的に法人課税に

■図表5-2　地方税の構成（2006年度決算）

国税・地方税の税収内訳（平成18年度決算額）

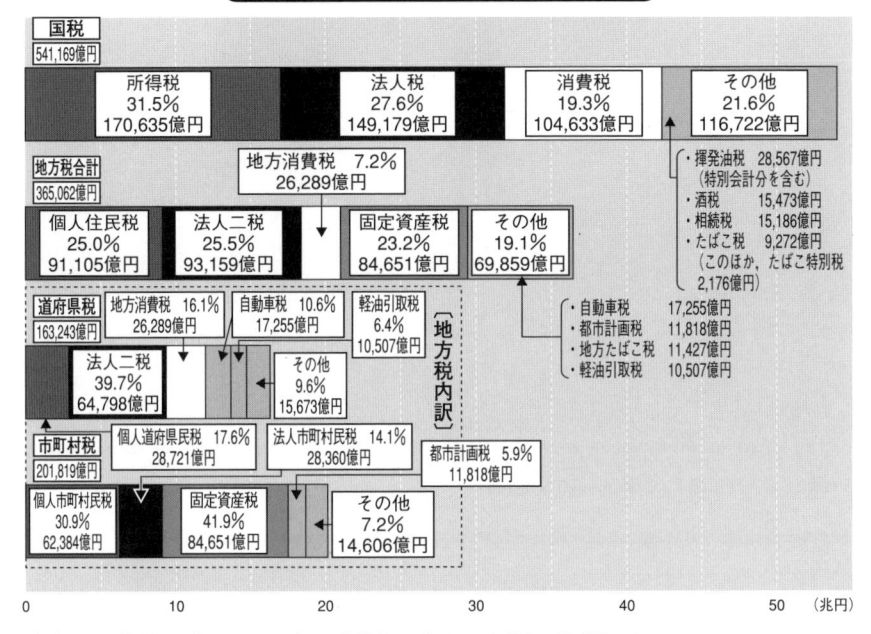

国税 541,169億円				
所得税 31.5% 170,635億円	法人税 27.6% 149,179億円	消費税 19.3% 104,633億円	その他 21.6% 116,722億円	

地方税合計 365,062億円

個人住民税 25.0% 91,105億円	法人二税 25.5% 93,159億円	固定資産税 23.2% 84,651億円	その他 19.1% 69,859億円

地方消費税 7.2% 26,289億円

- 揮発油税　28,567億円（特別会計分を含む）
- 酒税　　　15,473億円
- 相続税　　15,186億円
- たばこ税　　9,272億円
  （このほか、たばこ特別税 2,176億円）

道府県税 163,243億円

法人二税 39.7% 64,798億円	地方消費税 16.1% 26,289億円	自動車税 10.6% 17,255億円	軽油引取税 6.4% 10,507億円	その他 9.6% 15,673億円

〔地方税内訳〕

- 自動車税　　17,255億円
- 都市計画税　11,818億円
- 地方たばこ税 11,427億円
- 軽油引取税　10,507億円

市町村税 201,819億円

個人市町村民税 30.9% 62,384億円	個人道府県民税 17.6% 28,721億円	固定資産税 41.9% 84,651億円	法人市町村民税 14.1% 28,360億円	都市計画税 5.9% 11,818億円	その他 7.2% 14,606億円

0　　10　　20　　30　　40　　50　（兆円）

（注）
1. 各税目の％は、それぞれの合計を100％とした場合の構成比である。
2. 国税は特別会計分を含み、地方税、道府県税及び市町村税は超過課税分及び法定外税を含む。
3. 個人住民税は、配当割、株式等譲渡所得割及び利子割を含む。
4. 固定資産税は、土地、家屋、償却資産の合計である。
5. 地方税合計における法人二税は、道府県民税（法人均等割、法人税割）、法人事業税及び市町村民税（法人均等割、法人税割）の合計である。
6. 道府県税における法人二税は、道府県民税（法人均等割、法人税割）、法人事業税の合計である。
7. 計算はそれぞれ四捨五入によっているので、計とは一致しない場合がある。

（出所）　総務省資料

頼ってきた。このことは都道府県税収、市町村税収各々に占める法人二税のシェアの推移からも伺える（**図表5-3**）。

バブル期の1989年度には法人二税が都道府県税収の半分を占めていた。バブル崩壊後の1990年代は法人企業からの税収が落ち込み、都道府県の法人課税の比率は3割程度にまで下がったものの、2002年からの景気回復で再び上昇傾向に転じ、上述の通り2006年度は4割近くに達している。都道

■図表5-3　地方の法人課税への依存

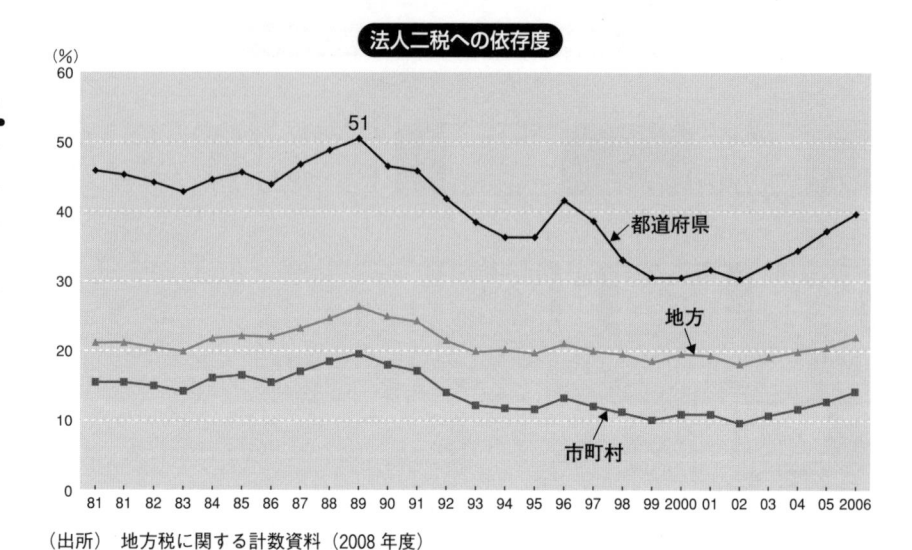

法人二税への依存度

（出所）　地方税に関する計数資料（2008年度）

　府県と市町村を合わせた地方税全体でみても，法人課税のシェアは2割強で推移してきた。

　このような法人課税依存は国際的にみても高いことが知られている。地方法人「所得」課税（償却資産や資本金，後述する外形標準課税のような法人所得以外への地方税は除く）を比較すると，地方税収に占める割合は分権化の進んだドイツで11.7％，カナダが7.5％，米国でも5％（数値はいずれも2005年）に留まる。英国にいたっては法人所得に対する地方税はない。なお，英国では（法人企業などが所有する）商業目的の資産に対する課税はあるが，国税として徴収の上，地方に配分する仕組みになっている。わが国の地方法人所得課税はといえば，地方税収の23.4％（2005年度）と5カ国中断トツに高い。

▶ 地方税の特徴（その3）：法人課税依存に起因する地方税収，とりわけ都道府県税収の不安定性

　法人課税への依存は地方税，特に都道府県税収の不安定要因となってきた。実際，**図表 5-4** から法人二税はそのまま 1980 年代以降，（名目）GDP より激しく変動してきたことが分かる。これに引きずられる形で都道府県税も増減してきた。法人二税の不安定性は課税ベースが景気によって左右されやすい企業収益（所得）だからだ。法人事業税についていえば，ピークの 6 兆 3,000 億円（1989 年度）からバブル崩壊後には 3 兆 7,000 億円（1999 年度）まで減少した。このような税収の激減は東京都や大阪府など都市部の財政を直撃した。これらの大都市自治体では東京都（1998 年 9 月）を皮切りに続々と「財政危機宣言」が出されるに至った。東京都の場合，1998 年度の実質収支赤字（＝現金不足）は 1,068 億円に上っている。

　最近でも，米国発の金融危機のあおりを受け，大手自動車企業が大幅減益になったため，例えば，愛知県豊田市では 2009 年度の法人市民税収入が，

■図表 5-4　地方税収の不安定性

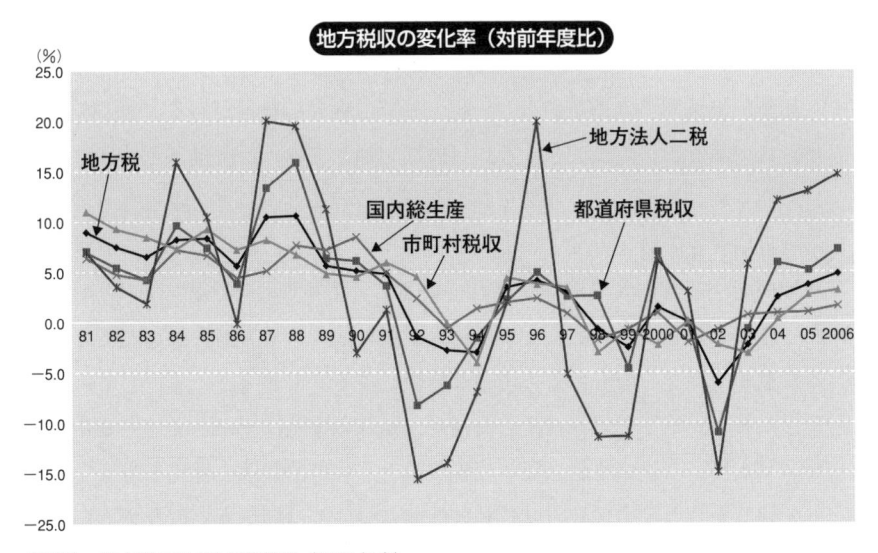

地方税収の変化率（対前年度比）

（出所）　地方税に関する計数資料（2008 年度）

前年度当初予算の9割（約400億円）減収となる見通しが出ている。景気後退による業績不振が市財政を直撃する結果となった。

課税ベースの変動以外にも，地方税が国の景気対策の一翼を担ってきたことも不況期の税収低迷の一因となっている。例えば，1999年度の税制改革では法人事業税の標準税率は11％から9.6％に引き下げられるなどして，法人課税だけで8,000億円程度の減収が地方全体で生じている。

▶ 地方税の特徴（その4）：地方税収，特に法人二税の税収の顕著な地域間格差

図表5-5は都道府県税と市町村税を都道府県ごとに合算したときの「人口一人あたり」税収（2006年度決算）の地域間格差をみたものである。

一人あたり地方税収で測ると格差は最大の東京都51万6,000円と最小の沖縄県16万6,000円の間で3.1倍程度となる。個人住民税でみても同じ程度の格差が生じている。

これに対して法人二税の一人あたり税収の格差は最大の東京都と最低の長崎県の間で6.2倍に達する。概ね自治体税収の豊かさは（利益をあげている）法人企業がどれくらい立地しているかで決まるといっても過言ではないほどだ。

比較的地域間での格差が小さい税としては地方消費税がある。総じて所得格差ほど消費の格差は大きくない（時間を通してみれば所得ほど消費は景気に左右されにくい）ことが知られており，このことが消費を課税ベースとする地方消費税の偏在の度合いを少なくしている（少し細かいが地方消費税の地域間配分基準に人口が加味されていることも平準化の一因である）。地域間の格差を是正するにあたって，法人二税に代えて地方消費税に充実を求める意見が出てくるのも，このような特徴による。

もっとも，第1章でも言及した通り，税収の格差はそのまま地方公共サービス（支出）の違いを表さない。税収の乏しい自治体は交付税を多く受け取っているからだ（交付税の財政調整機能については第7章で言及する）。

■図表 5-5 人口一人あたり地方税の地域間格差（2006 年度決算）

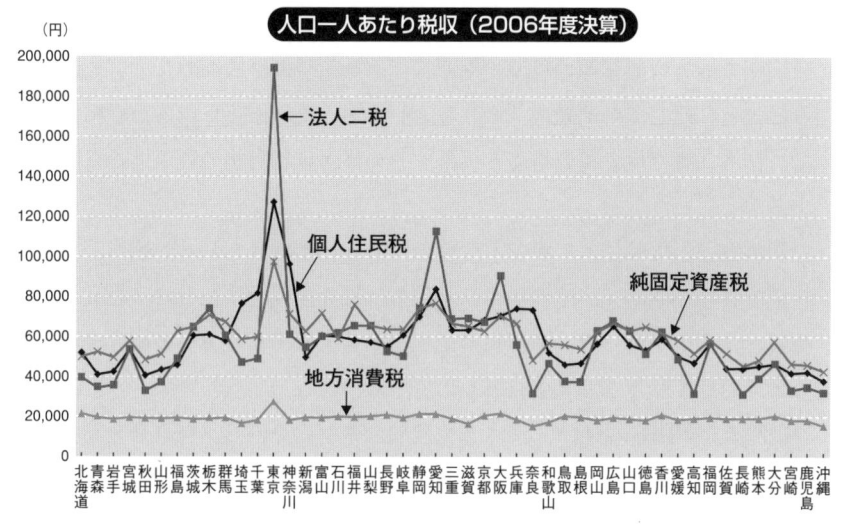

人口一人あたり税収（2006年度決算）

（グラフ：法人二税、個人住民税、純固定資産税、地方消費税の都道府県別比較）

横軸：北海道 青森 岩手 宮城 秋田 山形 福島 茨城 栃木 群馬 埼玉 千葉 東京 神奈川 新潟 富山 石川 福井 山梨 長野 岐阜 静岡 愛知 三重 滋賀 京都 大阪 兵庫 奈良 和歌山 鳥取 島根 岡山 広島 山口 徳島 香川 愛媛 高知 福岡 佐賀 長崎 熊本 大分 宮崎 鹿児島 沖縄

	地方税	個人住民税	法人二税	地方消費税	固定資産税
最　大	51.6万円	12.7万円	19.4万円	2.8万円	9.8万円
最　小	16.6万円	3.8万円	3.1万円	1.5万円	4.3万円
最大/最小	3.1倍	3.3倍	6.2倍	1.8倍	2.3倍

（注）　市町村税と都道府県税を都道府県ごとに合算して算出。
（出所）　地方税制関係資料（総務省）

▶ 地方税収格差の是正

「格差」への関心と懸念が高まる中，地方税収の偏在の是正が求められている。とはいえ，その手法については意見が分かれるところだ。

地方法人税システムの検討　　財務省は地方法人二税について（交付税の）「不交付団体も含めた格差是正を行うため，……自治体間の水平的な財政調整制度の導入についても検討が行われるべき」とした。ここで水平的財政調整とは法人二税からの税収を地域間で再分配することを指す。そのために「地方法人二税について，地方消費税における地域間の清算システム……などを参考にしつつ，偏在性是正のための具体的な仕組みを検討する」。例え

ば，法人二税を人口などに応じて配分することで東京都から地方圏の自治体（交付団体）に 1 兆円規模の再分配が可能になるとの試算も出された。

地方消費税の拡充　一方，地方自治体からは本来，交付税が担うべき財政調整を地方自治体間の税源のやりくり（＝水平的財政調整）で肩代わりさせることに対して，問題の「すり替え」という批判が出ている。全国知事会は「法人二税だけで税収格差を調整するのは，応益負担の税原則から問題がある」とした。

代替案としては法人二税と消費税の税源交換が挙げられる。国が消費税の一部を税源移譲して，その代わり，法人二税を国税化するといった具合だ。更に，知事の中からは「消費税の税率を引き上げて，地方への配分を増やすことで対応すべきだ」との見解も出ている。

地方法人特別税の創設　法人二税の配分基準の見直し（東京都を巻き込んだ水平的財政調整制度）は財務省サイドから，地方消費税の充実は総務省・地方自治体サイドからの主張であった。そこには，利害当事者（財務省，総務省，地方自治体など）の思惑が見え隠れする。「虎の子」の消費税を守りたい財政当局とすれば，税収格差の問題は自治体の中だけで解決してもらうことが望ましい。一方，地方自治体の観点からすれば，法人二税の再分配は税源を巡る自治体間（特に富裕な自治体と財政力の乏しい自治体）の利害対立を顕在化させるものである。彼らからすれば格差是正の財源には国の消費税を充てた方がよい。内輪で揉めずに済むからだ。

結局，消費税の見直しを含む抜本的な税制改革に着手するまでの「暫定的な措置」として，2008 年度から法人事業税の約半分に相当する 2 兆 6,000 億円（平年度ベース）を新設の**地方法人特別税**として国税化，その税収を人口と従業員数を基準に都道府県間で配分することが決まった。これにより東京都は 3,000 億円あまりの減収となり，合わせて約 4,000 億円が都市部の自治体から地方圏自治体に回ることになった。一人あたり地方税収の最大と最小の格差は 2005 年度決算で測って現行の 3.2 倍から 2.9 倍に低下するとの試算もある。

地方法人特別税は地域間格差の是正を（財務省サイドが志向した）配分基準の見直しで実現した形になるが，地方法人特別税に充てられた 2 兆 6,000

■図表 5-6　地方法人特別税と同床異夢

	狙　　い	地方法人特別税への解釈
財務省	・消費税の死守 ・水平的財政調整による地域間格差の是正	・財政調整を法人二税の枠内で実現
総務省・地方自治体	・将来的に地方消費税の拡充 ・自治体間（都市と地方）での利害対立は回避 ・交付税総額の確保	・地方消費税の引き上げへの布石（暫定措置）

億円は地方消費税 1% 分に相当しており，将来的にはこれを地方消費税に置き換える（地方が求めるように地方消費税を充実させる）ことに含みを残している。根本的な解決を先送りして，各々が都合の良いよう解釈できる余地を残した措置となった（図表 5-6）。

▶ 近年の地方税改革

　ここで地方法人特別税以前の最近の主な地方税改革について概観しておこう。第1次分権改革をはじめとする一連の改革の中では①**地方の課税自主権の強化**が図られるとともに，②**税収の安定化**と③受益に応じて負担をする**応益性**が重視されてきた。ここでいう応益性とは行政サービスからの受益に見合う負担にほかならない。

　標準税率と国の関与　　地方税に対する国の関与・規制としては地方税法による標準税率，および法人二税などいくつかの税目に対する制限税率（税率の上限）がある（図表 5-7）。例えば，固定資産税の標準税率は 1.4%，法人事業税の標準税率は 9.6%（下記で説明する外形標準課税が適用される企業であれば 7.2%）となっている。地方交付税制度において各自治体の財政力（基準財政収入）を算定するときの税率には，この標準税率が用いられる。景気対策として地方税の減税を行った際も標準税率が引き下げられた。

　住民税（個人・法人），法人事業税，固定資産税などについて各自治体は標準税率を上回る税率で課税を行うことができる。これを**超過課税**という。法

■図表 5-7　主要な地方税の標準税率（2008 年度現在）

	税　目			標　準　税　率	制　限　税　率
都道府県	個人住民税	所得割		4％	なし
		均等割		1,000 円（年額）	なし
	法人住民税	法人税割		5％	6％
		均等割		2 万～80 万円	なし
	法人事業税	外形標準課税対象法人	付加価値割	0.48％	標準税率の1.2 倍
			資本割	0.2％	
			所得割	3.8％～7.2％（注）	
		所得課税法人		5％～9.6％（注）	
	地方消費税			1％（国の消費税率の25％）	全国一律
	自動車税			自動車の種類・排気量によって異なる	標準税率の1.5 倍
	道府県たばこ税			1,000 本あたり1,074 円	全国一律
市町村	個人住民税	所得割		6％	なし
		均等割		3,000 円（年額）	なし
	法人住民税	法人税割		12.3％	14.7％
		均等割		5 万～300 万円	標準税率の1.2 倍
	固定資産税（土地・家屋・償却資産）			1.4％	なし
	市町村たばこ税			1,000 本あたり3,298 円	全国一律

（注）　法人事業税の所得課税部分（所得割）は所得額に応じた累進構造を持つ。また，2008 年度から地方法人特別税が導入されたことに伴い，税率が外形標準課税対象法人で 1.5～2.9％ に，所得課税法人で 2.7～5.3％ にカットされている。

人二税を中心に超過課税を行使している自治体は数多い。「地方自治体には課税自主権が欠如している」という通念は実態に即さない。ただし，地方自治体は標準税率よりも低く税を課すことは制限される。標準税率以下で課税を行うと地方財政法第 5 条により，地方債の発行には国からの許可が必要になってくるからだ。

これに対して住民税の利子割（利子所得への課税で税率 5％），地方消費税 1％，地方たばこ税などについては税率が全国一律に決められている。地方には独自に税率を設定する権限はない。それでも地方税に分類されるのは，

原則税収がその発生地域に帰属するからである。

課税自主権の強化　総じて地方の課税自主権は標準税率や制限税率により一定の制限が課されてきた。地方分権改革では，この課税自主権の強化が図られている。「個性豊かで活力に満ちた地域社会の実現に責任を持って取り組める」よう「地方公共団体の財政面における自己決定権と自己責任をより拡充する」べく，地方分権一括法（2000年4月施行）において地方の法定外普通税の導入が許可制から協議制に改められるとともに，法定外目的税が創設された。

法定外普通・目的税は①納税者に過大な負担をもたらさない，②物流を妨げない，③国の経済政策と矛盾しない範囲で認められることになった。これが追い風となり，地方では「新税ブーム」（法定外普通税・目的税の創設）が起きたことは第1章でも述べた通りである。この背景には逼迫する地方財政事情があるが，地方新税は都市政策（例えば放置自転車等推進対策税（豊島区）），環境政策（産業廃棄物税）の一環として用いられている。「受益と負担の関係をより意識する議論が行われ，住民参加と関心を呼び起こす契機となる側面を考えれば，その意義は大きい」と評価する向きもある。

外形標準課税　法人事業税についても改革が行われている。政府税制調査会は地方税の現状を「地方の歳出規模と（中略）乖離しているほか，個人・法人とも税負担をしない者の割合が大きく地方税の応益的性格が損なわれかねない状況になっており，また，特に都道府県の税収が極めて不安定である」とした上で，「税負担の公平性の確保，応益課税としての税の性格の明確化，地方分権を支える基幹税の安定化，経済の活性化・経済構造改革の促進」のための法人事業税の**外形標準化**を提言してきた（地方法人課税小委員会（平成1999年7月））。具体的には課税ベースを従来の法人所得（収益）から付加価値（正確にいえば，事業価値＝利潤＋給与所得＋支払い利子＋貸料）などに置き換えて，（法人企業全体の7割を占める）赤字企業にまで課税対象を拡げるとした。赤字企業にも一定の受益者負担を求めたわけだ。

しかし，外形基準課税が実質的に人件費課税（課税ベースに給与を含む）であり，雇用に悪影響を与えかねないこと，担税力の弱い中小企業に対して不公平といった批判を受けて改革は後退した。結局，2004年度から従来型

の所得基準部分（税率7.2％）と外形標準部分（付加価値割と資本割からなる）の負担比率（平均的な納税額）を3：1（更に，外形基準のうち，付加価値割（税率0.48％）と資本割（税率0.2％）の比率は2：1）とした上，外形標準課税の適用は資本金1億円以上の法人に限定されることになった。

個人所得課税の税源移譲 さらに第2次分権改革において，「地方が自らの支出を自らの権限，責任，財源で賄う割合を増やすとともに，国と地方を通じた簡素で効率的な行財政システムの構築」（基本方針2004）するべく三位一体の改革が推進された。2006年度税制改正において，所得税から個人住民税への3兆円規模の税源移譲が実現したことは第1章で説明した通り。合わせて，「所得税と個人住民税を合わせた個々の納税者の負担を極力変えない」よう税率構造を調整の上，個人住民税所得割の税率を10％（道府県民税4％，市町村民税6％）でフラット化することになった。改革以前は所得割にも国の所得税同様，累進構造があった。個人住民税は所得再分配の機能を有していたのである。

個人所得課税が税源移譲に充てられたのは，地方税の中でも「個人住民税が応益性や自主性の要請に最も合致している」からであり，税率のフラット化は「応益性や偏在度の縮小といった観点」による。

改革の問題点 地方新税，法人事業税の外形標準化，および税源移譲のいずれも，その根拠として**応益原則**が挙げられている。次節でも述べるように，受益に応じた負担を求める応益原則は租税の公平感の一つであり，機能配分論に従えば地方公共サービス提供を中心とした資源配分機能を担うべき地方の課税根拠となる（機能配分論については第2章参照）。

しかし，課税の建前はその実態と必ずしも合致しない。例えば，「宿泊税」（東京都）や「臨時特例企業税」（神奈川県（2008年度まで））など非居住者（観光客など）や企業を狙い撃ちにした新税が数多い。非居住者や企業にも応益負担を求めることに一定の妥当性があるとしても，はじめに地域住民が「応分な負担」をしているかどうかが問われるべきだろう。また，地域の環境保全のためといっても廃棄物処理業者への課税が第3章で学んだNIMBY的な性格を持つことは否めない。

外形標準課税についても，「約7割の法人が法人事業税を負担していない

という「税の空洞化」の是正」を図るとしても，同課税の対象とならない資本金1億円以下企業の7割あまりが赤字であって，改革後も法人事業税を支払っていない。このため同税は「空洞化」したままになっている。

　税源移譲は地方税の「量的」充実であり，地方の「自己決定権と自己責任」が拡充されるか（自治体が移譲された税源に対して課税自主権を発揮するかどうか）は明らかではない。三位一体改革では，「財政力の弱い団体においては，税源移譲が国庫補助負担金の廃止・縮減に伴い財源措置すべき額に満たない場合……交付税の算定等を通じて適切に対応する」（骨太の方針2004）など地方への財源保障は堅持された格好になっている（第1章参照）。

5.2　望ましい地方税の条件

▶ 課税自主権の適正な行使

　一口に地方分権改革といっても，大きく**支出サイドの分権化**（予算配分（＝公共サービス提供）に対する地方の権限・裁量の強化）と**収入サイドの分権化**（税源移譲・地方の課税自主権の拡充）に区別される（第2章参照）。支出サイドの分権化と収入サイドの分権化に求められる要件が異なる以上，その程度も同じである必要はない。地方の支出を全額，地方税（＝自主財源）で賄うことが求められるわけではない。

　とはいえ，地方の支出を全面的に国からの財政移転に頼ることも望ましくない。地方は，自ら決めた支出に対しては自らの財源でもって財政責任を果たす，つまり，地方の支出増と地方税の増税がリンクしている（「限界的財政責任」を満たしている）必要がある。ただし，地方税を「量的」に増やせば，地方の財政責任が自ずと高まるというわけでもなさそうだ。

　以下では地方自治体が課税自主権（税率選択，課税標準の決定，徴税など）を適正に行使するのにふさわしい税源について説明したい。ここでいう**適正な行使**とは「住民の受益と負担の対応関係の明確化」するものにほかならない。地域住民は追加的な税負担が自分たちの享受する便益に見合う限り，

地方支出の拡大に同意するだろう。地域間で外部（スピルオーバー）効果がないならば，限界的財政責任を果たすよう地域に帰着する便益と費用を「限界的」に一致させることは資源配分（ここでは地方公共サービス供給の）効率性に適う。

自治体の「無駄な支出」についても，資源の浪費による負担の増加が地域住民に帰する限り，住民はそうした負担増を避けるべく有権者として自治体を監視・規律づける誘因を持つだろう。逆に，地方の無駄遣いを補填するような財政移転が地方の財政規律を損なうことは次章で説明する通りである。

▶ 望ましい地方税の条件

地方財政の理論に従うと「望ましい地方税」としては次のような条件が挙げられる（**図表 5-8**）。

安 定 性　第1に，税収は**安定的であること**が望ましい。**税収の変動**が大きいと公共サービスの安定的供給が損なわれかねない。あるいは安定供給を確保しようとすれば，財源を確保するため国からの補助金や借金に依存せざるを得ない。

税制には，景気の変動を緩和する「自動安定化装置」の役割が知られている。例えば，（課税所得とともに限界税率が高くなる）累進的所得税は景気に応じた所得の変化よりも，可処分（課税後）所得の変化を小さくする。所得が2倍になると所得課税は2倍以上になり，所得が2分の1に落ち込んだときの所得課税は半分以下になるからだ。このような可処分所得の変動の緩和は民間消費の安定化，ひいては景気の安定化に寄与するだろう。無論，そ

■図表 5-8　望ましい地方税の原則

(1) 税収は景気に左右されにくく，安定的
(2) 税源は地域間で偏在していない
(3) 地域間の移動可能性がない
(4) 有権者である地域住民が財政責任を負う
　　（非居住者に税負担を転嫁できない）

の分，税収は不安定になる。景気変動のリスクを政府と民間（納税者）がシェアする仕組みが働くのである。

機能配分論（第2章）に従えば，このような経済安定化は国の役割であり，本来，地方が関わるべきことではない。しかし，実際のところ，わが国の地方税は，減税など国の景気対策に巻き込まれてきた。地方税の減収に対しては国から補填措置（交付税などの加算）はあるものの，安定的な税収確保には即さない。

均一性　第2に，税源は地域間である程度**均一**であることが望ましい。税源の極端な偏在は地域間で財政力格差を拡げ，財政調整なしでは税源の豊かな地域と貧しい地域との間で公共サービスからの受益に格差が生じてしまう。

このような格差は，地域が自ら選択したというよりも**機会の格差**であるから望ましくない。また，そのような偏在は税源に恵まれない多くの地域にとって国からの財政移転を不可欠にして，地方の自立を損ないかねない。

固定的な課税ベース　第3に，地域間で**移動性**の高い課税ベースは地方が税率を引き上げるなど自身の財政状況に応じて独自の課税政策をとることを困難にする。移動性が高いと，税率の低い地域に課税ベースが流出しかねないからだ。

地方自治体は国以上にヒト・モノ・カネの自由な移動に直面している（地域経済は一国経済以上に開放的である）ことを思い出してもらいたい。このような地域間の自由移動は，一方では「足による投票」として働き，地域間競争を喚起して財政の効率化，地方自治体のアカウンタビリティの向上をもたらすというメリットがある。しかし，他方では地方の課税能力に制限を課す。

第4章の公共選択論でみたように政府が集めた税金を全て自己利益のために充てる（私腹を肥やす，無駄遣いする）というならば，課税能力への制限は社会的に望ましい。さもなければ（政府に対する民主的な規律づけができるならば），地方自治体には課税自主権を発揮して十分な収入を確保できるような税源を与えておく必要がある。

住民の財政責任　第4に，地域住民が**受益に応じて財政負担を負う**こと（非居住者に対して税負担を転嫁できない）が望ましい。

限界的財政責任が要請しているのは，地方独自の支出の費用を地方自治体の有権者である（地方自治体をエージェントとすれば，そのプリンシパルたる）地域住民が自ら負担することである。「足による投票」であれ，（パフォーマンス比較の上での）「手による投票」であれ，地域住民が地元自治体の財政運営に関心を払い，無駄遣いをしている政府に対して規律づける誘因を持つには，住民自身が財政のツケを払っていなくはならない。

そもそも地方の課税自主権とは，究極的には地域住民が自らの負担（よって，それに対応する受益）を決定する権利であり，他人（非居住者など）に負担を押し付ける権利ではないことに注意してもらいたい。

▶望ましい地方税と実際

無論，望ましい地方税の条件を厳密に満たすような税を見出すことは難しい。また，分権改革は「政治的」に決められるものであり，国と地方の税源配分や課税自主権の付与が「規範」に即しているとは限らない。しかし，望ましい地方税からの乖離による経済的帰結が望ましくないことは次節で学ぶ通りである。

現実の地方税改革でも，ある程度は望ましい地方税の条件に近づく努力がなくもない。地方税が「地域における行政サービスの経費を地域住民がその能力と受益に応じて負担し合う」ものであり，「応益性を有し，薄く広く負担を分かち合う」とともに「地域的な偏在が少なく，税収が安定したもの」が望ましいことは政府税制調査会の「あるべき税制の構築に向けた基本方針」（2002年6月）でも指摘されている通りである。

税源移譲に伴う住民税所得割のフラット化に際しても，個人住民税については応益性と偏在度縮小を重視する一方，所得税に対しては所得再分配機能の発揮を求めた「個人所得税体系における所得税と個人住民税の役割分担」に即したものといえる。

▶2つの公平感

応能原則による公平感　　わが国の地方税には**均等割**という税がある。この税は個人住民税の一部で都道府県であれば年間1,000円，市町村の場合，年

間3,000円が未成年者を除く原則,全ての個人に対して課されている。

　現在は1年あたりの支払いが合わせて4,000円に過ぎないから,誰も気に留めないが,仮にこの均等割を地方の主要な税源の一つに位置づけるとして,例えば現行の水準の10倍,年間4万円に引き上げるとしよう。おそらく多くの読者は所得の多寡によらない税は「不公平」と思うだろう。しかし,この公平感は「応能原則」からのものである。

　もし,全ての納税者がゴミ回収,近所の公園や生活道の整備など地元の自治体から公共サービスの便益を同程度に享受しているならば,等しく負担するのは応益性には適っている。無論,皆が同程度に公共サービスを受益しているという前提に対しては異論もあるだろう。しかし,その場合,均等割が不公平なのは低所得者に税を課すからではなく,さして公共サービスから受益していない人(子供を公立学校ではなく,私立に通わせている富裕層かもしれない)から税金を取っていることによる。

応益原則による公平感　担税力(支払い能力)に応じた税の負担を求める応能原則は所得再分配を含意する。機能配分論に従えばこの再分配は国に割り当てられるべき機能となる。資源配分機能に専念すべき地方の課税については「応益原則」が望まれる(**図表5-9**)。

　仮に,地方公共サービスから等しく受益しているならば,均等割のように等しく負担するのが応益原則の観点からは公平といえる。低所得者への配慮というならば,それは国が担う再分配政策の役割である。上記のように,法人事業税の外形標準化や個人住民税「所得割」のフラット化でも**地方税の応益性**が重視されてきた。

　無論,いずれの税も厳密に応能原則,応益原則に即するわけではない。比

■図表5-9　課税と公平感

公平感	機能	税	税への評価	
			累進的所得税	住民税均等割
応能原則	再分配・財源確保	国税	○	×
応益原則	財源確保	地方税	×	○

例税化した住民税にしても，所得の高い納税者が多く税を支払う以上，再分配の機能は残っている。しかし，比例税は累進所得課税よりも相対的に応能原則の程度が低く，（受益が広く行き渡っているとすれば，納税者に広く負担を求めているため）応益原則に近いといえる。課税の応益性や応能性は①他の税構造に比べてという意味で相対的，②いずれの原則により近いかという意味で連続的と理解した方がよい。

原則の混乱と改革の迷走　　上で紹介した外形標準課税（法人事業税）は当初，「応益課税としての税の性格の明確化」を意図していた。しかし，中小企業への配慮を重ねた結果，資本金1億円以上の企業に適用を限定するなど受益よりも担税力（税の支払い能力）に応じた課税に落ち着いた。改革の入り口が応益原則で出口が応能原則だったわけだ。外形標準課税に限らず，何のための課税なのか，その根拠を明確にしない，あるいは曖昧な公平感（受益をしている赤字企業が税を払わないのが不公平なのか，（中小企業に多い）赤字企業に税を払わせるのが不公平なのか）に基づく税制改革は迷走気味となる。根拠も分からないまま税を払わされる納税者にしてみれば，税制度に対して不信を抱かざるを得ない。

▶ 税の支払いと負担の帰着

　厄介なことに法律上，納税義務を負っている個人や企業がその税負担を負っているとは限らない。法人二税を含む法人課税の納税義務者は無論，法人企業であるが，経済学的には法人企業がその税を負担することはあり得ない。税を負担するのは「人」であって，企業のような「組織」ではないからだ（負担を感じるのは「効用関数」を持つ人間だけである）。これは，法人企業をどのように認識するか（法人課税の分野では「法人実存説」か「法人擬制説」かの論争として知られているが）ではなく，事実の問題である。

　法人課税の税負担は，製品価格の引き上げを通じて消費者に帰することになるかもしれない。課税が企業の域外への流出をもたらすならば，地域内雇用の喪失という形で労働者（地域住民）が最終的な税の負担者となる。法人課税にあたっては，このような税の転嫁や帰着が考慮されなくてはならない。

　法人事業税の外形標準化は，地元自治体の提供する社会インフラや治安，

環境保全から受益している赤字企業にも応分の負担をさせることで，同税の「応益課税としての性格を明確にする」ことを狙いとしていた。しかし，その意図に反して外形標準課税の負担が受益とは直接関係のない経済主体（他地域に住む消費者や投資家など）に転嫁されるならば，受益と負担のリンクは失われてしまうだろう（ここでは税負担の話をしているが，企業の享受する公共サービスの便益の帰着も明らかではない）。

加えて，課税自主権を行使する地方自治体の誘因も考慮しておく必要がある。地方自治体の誘因が歪んでいるならば，実現する法人課税は応益課税の規範に即したものである保証はない。以下で紹介する租税輸出のように受益に見合わない負担を法人企業に押し付けることになりかねない。

▶ 課税地の原則

ここで課税をいずれの地域で行うか（課税権をいずれの地域に帰属させるか）という原則について触れておきたい。この原則が曖昧なままでは一人の納税者（個人・企業）が複数の自治体から税を課される二重課税を被ったり，逆に課税を逃れる税回避を助長したりしかねない。

課税地原則は（法人所得税を含む）所得課税であれば**源泉地主義**か**居住地主義**に，消費課税であれば**源泉地主義**か**仕向地主義**かに大きく分けられる。

源 泉 地 主 義　源泉地主義とは**生産の行われた地域**に課税権を認めるもので，わが国の地方税の中では法人事業税や法人住民税がこれに従う。例えば，ある企業が地域Aに生産拠点を持っているが，そのオーナー社長は地域Bに居住しているとしよう。源泉地主義に拠れば，この企業に対しては地域Aが課税できることになる。

複数の自治体で事業を行っている法人企業は一般に従業員数や事業所数に応じて課税所得を自治体間で分割しているが，この按分基準も源泉地に対する課税ベースの配分を原則とする。

なお，2008年度に導入された地方法人特別税の配分基準には人口が含まれており源泉地主義に基づく課税になってはいない。納税企業が事業展開していない地域にも税収が配られているからだ。

居 住 地 主 義　居住地主義は**納税者の居住地**で税金をかけることを原

則とする。個人住民税はこの居住地主義による。よってある個人が地域Aで仕事に就いているが、地域Bに住んでいる（地域Aには毎朝通勤している）とすれば、彼が住民税を納めるのは地域Bとなる。ちなみに住民税の1割を上限に納税先を選べる（故郷と思う自治体に寄付する）「ふるさと納税」（第1章参照）は居住地以外に税を納めているから、居住地主義からの逸脱となる。

仕向地主義　消費課税の原則のうち、源泉地主義は生産が行われた地域での納税を指す。例えば、ある財貨が地域Aで生産され、地域Bの消費者が購入しているとしよう。源泉地主義の下では地域Aに課税権が認められる。これに対して、仕向地主義は**最終消費地**（ここでは地域B）での課税を原則とする。実際、消費を配分基準に含むわが国の地方消費税は、この仕向地主義を反映するよう税収を都道府県間で清算していることになる（地方消費税の一部は人口に応じて配分されるが、地域の消費量は概ね人口に比例すると考えれば、ある一度仕向地主義に即した基準といえる）。

望ましい課税地原則　次節でみるように、源泉地主義による企業（法人）課税は地域間で租税競争を喚起させかねない。企業は、生産拠点の立地を変えることで高い税を免れることができるからだ。あるいは生産地の自治体が課税を行い、その税負担を域外の消費者などに転嫁するような租税輸出もあり得る。

　地域住民の財政責任を徹底する観点からすれば、地域内に居住する住民に税負担を求める居住地主義が望ましい。無論、高い税負担を逃れるように納税者は足による投票権を行使するかもしれない。しかし、負担に見合う受益があれば（課税がさほど再分配的でないならば）、足による投票はむしろ財政運営や資源配分を効率化させる方向に働くはずだ（第3章参照）。

5.3　租税外部効果の理論

▶ 望ましくない地方税の帰結

ここでは，課税自主権の行使に伴う他地域への影響＝**租税外部効果**とその帰結について説明したい。紹介するモデルは分権化の進んだ欧米諸国で発展してきた（一部の地方財政学者によって「新古典派モデル」と称されている）ものだが，地方分権改革に伴い，わが国にも妥当するようになってきた。

この外部効果は地方税が前節で学んだ「望ましい地方税」の条件を満たしていない場合に顕著となる。例えば，租税競争は企業など地域間で比較的移動可能性の高い課税ベースに対する課税の帰結である。一方，租税輸出は地域住民が財政責任を負わない，企業や非居住者など第三者に負担を転嫁させるものである（図表 5-10 参照）。

租税外部効果と課税自主権　　租税外部効果の発生要因としては，地方自治体独自の課税自主権の行使が挙げられる。ここで「独自」とは，地域間で税率設定について協調がないこと，「課税自主権の行使」とは地方自治体が自由に税率を選択できることを指す。地方消費税や地方たばこ税など地方税の税率が全国一律に固定されているような税については租税外部効果の余地は限られる。

■図表 5-10　望ましくない地方税の経済的帰結

望ましい地方税の条件	満たされないときの経済的帰結
税収の安定性	・税収の不安定性 ・地方公共サービス提供の不安定
税源分布の均一性（税源格差が少ない）	・地域間財政力格差の拡大 ・格差是正のための政府間補助金への依存
課税ベースの固定性	・地方の課税能力への制限 ・課税ベースを巡る地域間競合（租税競争）
地域住民の財政責任	・非居住者への税負担の転嫁（租税輸出）

ただし，制度的に課税自主権に制限が課されているとしても，実態として地方に裁量がないというわけではない。地方自治体はアドホックな補助金など財政的な支援を通じて実質的に納税者の負担の軽減を図るかもしれないからだ。後述する不均一課税や課税の減免といった特例措置を最大限活用することもあり得る。

法人税の分野で多く議論されていることだが，制度上の「法定税率」と補助金や税額控除などを勘案した上で算出される実質的な税率（経済学における「実効税率」という）は一致しない。税の経済効果を理解するのに重要なのは，名目的な税率ではなく「**実効税率**」の方である。以下でも，地方が選択する税率は名目ではなく，実効的な税率を指すものとして話を進めていく。

2つの租税外部効果 　租税外部効果は大きく①**地域間**で生じる**水平的外部効果**と②**国と地方**との間で生じる**垂直的外部効果**がある（これらは第4章で紹介した水平的競争と垂直的競争に対応する）。

租税競争や租税輸出は水平的な外部効果の例である。一方，課税ベースが国と地方との間で重複している，例えば，国も地方も法人所得，あるいは個人所得に税を課しているような状況で起きるのが垂直的租税外部効果とされる。具体的には，一方の政府の税率選択が他方の政府の税収（＝当該政府の公共支出の財源）に影響を及ぼすことを指す。

以下でみるように，一口に租税外部効果といっても，その帰結は外部効果の種類，水平的か垂直的か，（前者の中でも）租税競争か租税輸出かによって異なってくる。これは，水平的競争と垂直的競争との間で（国・地方を合わせた）政府の規模に及ぼす効果が違っていたのと同様である。

▶ 租税競争

良い競争と悪い競争（再論） 　競争の「社会的」価値については議論の余地がある。競争にも「良い競争」と「悪い競争」があるからだ（第3章参照）。競争が，地域間で「切磋琢磨」的に経済活性化に努めるよう誘因づける，あるいは「足による投票」のように地方自治体への財政的な規律づけとして働くならば結構である。しかし，足の引っ張り合い，他人を犠牲にして自身の利益の拡大を図るような「ゼロサム型」であれば，競争は望ましくな

らない。

　企業への補助・支援による地方自治体の地域活性化策にしても，新たな産業の育成や新規企業の参入を促すならば，一国全体でみても「付加価値」が高まったことになる。しかし，他地域からの「既存」の企業の移動（生産活動の再配置）を促すだけならば，当該企業が流出する地域における雇用や税収を損ないかねない。しかも，企業の立地が生産性の高さではなく，税負担の低さによって左右されるため，地域間で資源配分（ここでは企業の立地）が歪められてしまう。

　ゼロサム・ゲームとしての租税競争　租税競争の例として２地域Ａ，Ｂが企業の立地，より一般的にいえば，資本（工場・事業所）の地域間配分を巡って競合している状態を考えよう。各地域の自治体は，域内にある資本からの収益（企業所得）に対して源泉主義課税を行っているとする。わが国でいえば法人二税がそのような税にあたる。

　地域経済の活性化を図る自治体Ａは地域Ｂから企業を誘致すべく，資本税の減税を行う。しかし，この企業誘致は，元々当該企業が立地していた地域Ｂにとってみれば損失となる。誘致に成功した地域Ａの雇用増や税収増は，企業を奪われた地域Ｂの雇用減や税収減という**外部コスト**を伴うわけだ。しかし，この外部費用が地域Ａによって勘案されることはない。結果，企業誘致の社会的費用が過少評価される，言い換えると企業誘致の便益が過大評価されることから，地域の企業誘致努力（＝減税）は過剰になる。

　この類の外部性には「お互い様」的な性格がある。地域Ｂでも企業を奪われまい，あわよくば地域Ａから企業を奪いとろうと同様に過剰な**企業優遇政策**に走るだろうからだ。

　「戦略型ゲーム」を使って，この問題を説明したい（**図表5-11**）。ゼロサム・ゲームの性格を強調するため経済全体の企業数＝資本の総量を一定とする。また，単純化のため，両地域は全く同一の経済構造を有していると仮定する。従って，資本の地域間配分は両地域から得る課税後収益率の差（＝税率の差）に依存して決まる。税率として$\bar{t}$（＝標準的な税率）と$\underline{t}$（＝軽減税率）の２つが選択可能としよう。ただし，$\bar{t} > \underline{t}$である。上記のように，この税率は名目（法定）というよりも，補助金などを加味した実効税率とし

■図表 5-11　租税競争ゲーム

A \ B	$\bar{t}$	$\underline{t}$
$\bar{t}$	(A, B)=(10, 10)	(4, 15)
$\underline{t}$	(15, 4)	(7, 7)

（注）数値は各地域の利得（厚生水準）である。「囚人のジレンマ」状態を強調するよう数値は選んでいる。

て理解してもらいたい。**図表 5-11** の数値は各々地域の利得を表す。地域住民の厚生を追求する「慈悲深い」地方自治体を前提にすれば，これらの利得は地域厚生水準にあたる。

協調の失敗　当初，両地域が標準的税率を課しているところから出発する。地域 B で $\bar{t}$ が課されていることを与件として地域 A には税率を $\underline{t}$ へ引き下げる選択肢がある。減税は①既に地域 A で立地している企業（資本）からの税収を減じる一方，②減税が誘発する地域 B からの資本流入は税収を高める上，③地域内の雇用も増加する。後者（＝②+③）の便益が前者（＝①）の費用を上回る限り，地域 A は減税に踏みきるだろう（**図表 5-11** の地域 A の利得は，税率を一方的に引き下げた方が 5 ポイント（＝15−10）高くなる）。

地域 B にも全く同様のインセンティブが作用する。地域 A の減税に対して，地域 B も資本税率を $\underline{t}$ まで引き下げることで対抗するだろう。結果として，両地域で資本に対する課税が低められる。同率であるから資本が地域間で移動することはない。地域 B から課税ベース＝資本を奪い取ろうとする地域 A の思惑は，地域 B の対抗処置に遭い，頓挫する。

「ナッシュ（非協調）均衡」として実現する低税率の下では，$\bar{t}$ に比べて（資本配分が変わらないから）同じ所得（雇用）のまま，税収だけが低下する。このため，地域住民や企業への十分なサービス提供も困難になる。**図表 5-11** の数値例に従えば，協調して資本に $\bar{t}$ を課していたときに比して両地域の厚生は低い。

各自治体は自身の地域厚生を追求するように税率を選択するにもかかわら

ず，競争は両地域に「パレート劣位」な（どちらにとっても望ましくない）結果をもたらす。このような租税競争は**協調の失敗**（囚人のジレンマ）として特徴づけられる。どちらの地域にとっても税収確保が困難になるなど，この類の競争は「自己破滅的」(self defeating)となる。

租税競争への評価　租税競争の帰結への評価は分かれるところである。第4章で概観したように地方自治体が住民の意思とは独立に自己利益（税収最大化）を追求する主体であるならば，（水平的）租税競争は政府の搾取から住民の所有権を守る手段とみなされる。もっとも，租税競争による過少課税が予見されているならば，真にリバイアサン型政府は競争を回避する制度を構築する誘因を持つだろう。彼らは競争を誘発するような分権化には反対し，集権的税制度の下で補助金に依存し続けることを選好するかもしれない。あるいは，地域間の結託を続けるよう分権化後も国の関与を求めるかもしれない。

租税競争の現実性　上記の租税競争モデルでは各自治体が地方税の税率を自由に選択できることが仮定されている。わが国では，標準税率に満たない自治体の地方債の発行が許可されない場合があるなど，実質的に各自治体に税率引き下げの余地は著しく限定されているというのが通常の理解であろう。

しかし，「公益，もしくはそれに準じる事由」があれば，地方自治体は条例により**不均一課税，減免措置**を講じることができるようになっている（地方税法6条）。これは自治体内の特定地域に立地する，あるいは自治体の定める一定要件を満たす企業を対象とした法人事業税，不動産取得税，あるいは固定資産税などの減税であり，（全企業に適用される）地方税率の標準税率以下への引き下げとは異なる。

よって，一般に考えられているほど地方自治体の税率選択への裁量が制限されているわけではない。実際，企業誘致税制は多くの自治体で行われてきている（**図表5-12**）。大阪府の「産業集積促進税制条例」では，資本金1,000万円以下の中小創業法人（2001年4月1日～）を対象に創業から5年間法人事業税を2分の1に軽減した。京都府の「企業の立地促進及び育成に関する条例」（実施期間は2002年4月1日～）は，知事が「ものづくり産業

■図表 5-12　各県独自の企業誘致税制

都道府県	名　称	対象税目	税　率	主な要件等
茨城県	県税の特別措置に関する条例	不動産取得税 事業税（3事業年度）	免除	風俗営業以外 増加雇用5人超
新潟県	産業立地を促進するための県税の特例に関する条例	不動産取得税 事業税（3事業年度）	税率1/2	風俗営業以外 取得価格2,500万円超
神奈川県	産業集積促進税制条例	不動産取得税	1/2又は3/4	資本金1億円以下等
		事業税（5事業年度）	1/2又は1/4	
京都府	企業の立地促進及び育成に関する条例	不動産取得税	税率1/2	法人設立後5〜10年以内・指定する業種であること
		事業税（5事業年度）	1/2又は9/10	
大阪府	産業集積促進税制条例	不動産取得税	税率1/2	対象期間、対象事業あり、資本金1,000万円以下等
		事業税（5事業年度）	1/2又は9/10	
香川県	県税の特別措置条例	不動産取得税	税率1％	増加雇用5人以上 取得価格5,000万円超 指定する業種であること
佐賀県	企業立地の促進に関する条例	事業税（5事業年度） 不動産取得税 固定資産税	最初の5年免除、以後5年1/2	企業立地補助金との選択制

（注）　特別措置は課税免除、あるいは不均一課税の形をとる。
（出所）　www.pref.miyagi.jp/zeimu/zeiseikenkyuukai/資料3.pdf

集積促進地域」として指定した地域内において工場・研究所（従業員数5人以上）などの新増設・建替などを行った場合，不動産取得税の2分の1を減免する。茨城県の場合，2003年4月1日〜2009年3月31日の間に県内で事務所などを新設・増設した従業員5人以上の法人について，特別措置として法人事業税（3年間），及び不動産取得税が課税免除されていた。税制優遇以外でも，立地企業に対して，融資や補助金給付を実施している自治体は多い。

米国，スイスやカナダなど地方分権の進んだ国々では，地方間の税率引き下げ競争に関する実証研究が数多い。具体的には，近隣地域が地方法人税や所得税などを減税すると自身の税率を下げて対抗する現象が統計的にも有意に推計されている。

経済のグローバル化に伴い，この租税競争は世界規模に拡がりをみせてきた。実際，OECD・東欧・アジア諸国では（国と地方を合わせた）法人税率の切り下げが行われている。例えば，OECDの平均法人税率（国税＋地方税）は2000年時点で34%だったのが，2006年には29%まで低下した。これは，わが国の税率（＝国税＋地方税）の40%をはるかに下回る。

▶ 租税輸出

租税輸出の例　租税輸出とは地方税の負担を**域外の住民**に押し付ける（転嫁する）ことをいう。その具体例としては，別荘など非居住者資産への固定資産税やホテル税を含む観光客に対する課税が挙げられよう。ほかの財貨・サービスに代替するのが困難な（よって需要の価格弾力性が低い）ほど市場を占有する独占企業が価格を吊り上げやすいように，人気スポット（例えば国宝級の寺社）などほかに代え難い地域ブランドを抱えた（課税対象の財・サービスに対する独占度が大きい）自治体であれば，観光客のような非居住者に対して税負担を押し付け易い。

法人二税についても課税される企業が税金以外に当該地域から重要な経済的利益を得ているならば，他の地域に転出するのは難しいと感じるはずだ。ここでいう経済的な利益としては，都市部では取引企業が集まっている，研究機関が多く製品開発のための新しいアイディアを得やすい，優秀な人材がいる，自社製品の消費市場に近接しているといった**集積の経済**（ヒト・モ

ノ・カネの集積がその生産性を高めること）が挙げられる。地方税が割高でも，このようなメリットは捨て難い。

また，工場や事業所を立地したばかりだったり，当面，新しく設備投資を行う予定のない企業も移動は困難なはずだ。この場合，課税ベースの移動の度合いは小さく，他地域とも「租税競争」は生じにくい。租税競争に代わって，企業課税の負担は「誰か」に転嫁されることになる。この誰かの中には課税地域以外に居住している投資家や労働者，あるいは課税企業の製品を購入する域外の消費者が含まれるかもしれない。課税は配当や賃金の引き下げ，あるいは雇用の縮小を招くほか，税負担の一部が製品価格に上乗せされ得るからだ。

租税輸出の理論モデル　租税輸出を簡単な経済モデルで説明する。いま，地域Aで財Xが生産されているとしよう。この財貨は地域Aの特産物である。地域内の財Xの生産者は「完全競争的」で単純化のため一定の限界費用cでもって生産を行うと仮定する。完全競争企業は価格＝限界費用となるように供給量を決めるから，供給関数はcで水平になる。生産者の受け取る価格（＝生産者価格）はcに等しい。財Xは地域Aの住民のほか，地域Bの住民によっても消費されるとしよう。各々の地域の需要関数は$D_j(p)$（$j=A, B$）で表される。

いま，地域Aの地方自治体が財X一単位あたりの生産に対して税率tで源泉地主義課税を行ったとする。制度上は財Xを生産する企業への課税とみなされるかもしれない。しかし，生産者はこの税率を自分たちの製品の価格に上乗せするため，負担は消費者に転嫁される。

図表5-13では，課税後の市場均衡がA点で与えられる。このとき消費者の支払う価格は$p=c+t$に引き上げられる。地域Aの消費者は課税のない状況に比べてABFG，地域Bの消費者はBDEFだけ消費者余剰（満足度）を失う。一方，地域Aの地方自治体はACEFに等しいだけの税収を得る。地域Bの消費者（＝非居住者）の被る消費者余剰の減少分BDEFだけ税負担が輸出されたことになる。これは地域Aの税率引き上げに伴う負の外部効果にあたる。

しかし，地方自治体が追求するのは地域住民の厚生であって，非居住者の

■図表 5-13 租税輸出モデル

消費者価格=p

課税後の地域B住民からのX財需要

課税後の市場均衡

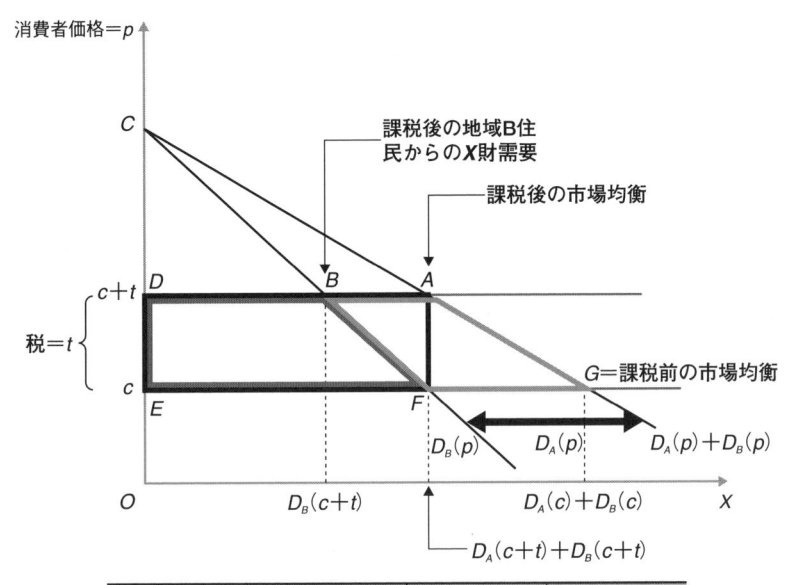

G＝課税前の市場均衡

税=t

$D_B(p)$ $D_A(p)$ $D_A(p)+D_B(p)$

$D_B(c+t)$ $D_A(c)+D_B(c)$ X

$D_A(c+t)+D_B(c+t)$

		課 税 前	課 税 後	変 化
消費者余剰	地域A	CFG	ABC	ABFG
	地域B	CEF	BCD	BDEF =外部コスト
地方税収		0	ADEF	ADEF

被るこの外部コスト（=BDEF）は課税自主権を行使する上で加味されない。つまり，課税のコスト（＝消費者余剰の減少）が地域Bによって過少評価されるのである。その分，当該地域は税率を社会的にみて過剰に引き上げてしまう。

　無論，観光客や企業も環境保全やインフラの整備など地方公共サービスから便益を得ているならば，「応益原則」の観点から彼らに応分の税負担を求めるのが筋という意見もあるだろう。しかし，課税自主権を行使する地方自治体は応益課税を建前に掲げても，その意図（本音）は財政負担の企業・非居住者への押し付けかもしれない。この租税輸出の誘因は地方レベルで自律

的に矯正されることはない。住民の反発を買わない税が政治的には最も望ましい税だからだ。課税は租税輸出の可能な税源に偏りがちになってしまう。実際、第1節で述べたように地方新税なども非居住者や企業を「狙い撃ち」するものが多かった。

超過課税の実際　上記の通り、現行の地方税制度の下でも標準税率を超えて超過課税を行うことは可能である。このような課税自主権の活用にあたっては「住民と正面から向き合い、自らの責任と負担で施策を進める姿勢」がなくてはならない。しかし、そのように超過課税を実施しているのはごく僅かに過ぎない。むしろ超過課税は法人事業税や法人住民税に偏って行われてきた（図表5-14）。2006年度決算ベースでみると超過課税からの税収全体に占める地方二税の割合は93.4％に上る。租税輸出の傾向が示唆されよう。「徴税しやすい税源に安易に依存している」との批判もある。

この超過課税と前述の企業誘致税制との間で整合性が問われるかもしれない。これについては、①移動性の高い新規企業（新たな工場立地を考えている企業など）を巡っては不均一課税などを使った租税競争、②工場の立地・設備投資を終えて当面は動きそうにない企業に対しては超過課税による租税輸出といった具合に整理できそうだ。

コスト意識喪失の危険性　ここで地域の観点から望ましい税と社会的に望ましい税とは異なることに留意されたい。地域的には自分たちが負わない税が望ましいに決まっている。しかし、これは非居住者に及ぼす負の外部効果を無視した考えだ。社会的には非居住者の被る負担（＝外部コスト）も**課税のコスト**の一部である。

租税輸出は地域住民に対して受益と負担の関係を不透明にしかねない。他の誰かが負担する税は「ただ飯」同様に映るだろうし、自身の懐から出ていない税金の使途に対して住民は大した関心を払わないだろう。結果的に住民は自治体が放漫財政、無駄遣いをしていたとしても、その**早期の是正**や**行財政改革を求める誘因**を持たなくなる。住民は自らが有権者として自治体の監視し、規律づける（住民自治を強化する）ことを放棄してしまいかねない。

■図表 5-14　地方の超過課税の実態（2006 年度決算）

ア　超過課税実施団体数（H19.4.1 現在）

○ 都道府県
〈道府県民税〉
- 個人均等割　23 団体〔岩手県，山形県，福島県，神奈川県，富山県，石川県，静岡県，滋賀県，兵庫県，奈良県，和歌山県，鳥取県，島根県，岡山県，広島県，山口県，愛媛県，高知県，長崎県，熊本県，大分県，宮崎県，鹿児島県〕
- 所得割　1 団体〔神奈川県〕
- 法人均等割　23 団体〔岩手県，山形県，福島県，富山県，石川県，静岡県，滋賀県，大阪府，兵庫県，奈良県，和歌山県，鳥取県，島根県，岡山県，広島県，山口県，愛媛県，高知県，長崎県，熊本県，大分県，宮崎県，鹿児島県〕
- 法人税割　46 団体〔静岡県を除く 46 都道府県〕

〈法人事業税〉　7 団体〔東京都，神奈川県，静岡県，愛知県，京都府，大阪府，兵庫県〕
〈自動車税〉　1 団体〔東京都〕

○ 市町村
〈市町村民税〉
- 個人均等割　1 団体〔北海道夕張市〕
- 所得割　1 団体〔北海道夕張市〕
- 法人均等割　404 団体
- 法人税割　1,019 団体

〈固定資産税〉　158 団体
〈軽自動車税〉　26 団体〔【北海道】夕張市，歌志内市，函館市，赤平市，根室市，滝川市，南幌町，栗山町，滝上町，上砂川町，古平町【山梨県】早川町【京都府】伊根町【島根県】松江市，浜田市，出雲市，益田市，大田市，斐川町【徳島県】徳島市，小松島市，鳴門市【香川県】高松市【高知県】高知市，須崎市，春野町〕

〈鉱産税〉　36 団体
〈入湯税〉　2 団体〔三重県桑名市，岡山県美作市〕

（出所）　総務省資料

イ　超過課税の規模（H18 年度決算）

道府県税（団体数(注)）		
道府県民税	個人均等割（16 団体）	71.8 億円
	法人均等割（17 団体）	62.0 億円
	法人税割（46 団体）	1,325.9 億円
法人事業税（7 団体）		1,295.4 億円
自動車税（1 団体）		13 百万円
道府県税計		2,755.2 億円

市町村税（団体数(注)）		
市町村民税	法人均等割（408 団体）	145.8 億円
	法人税割（1022団体）	3,171.2 億円
固定資産税（154 団体）		347.9 億円
軽自動車税（22 団体）		5.0 億円
鉱産税（36 団体）		9 百万円
入湯税（2 団体）		23 百万円
市町村税計		3,670.2 億円
超過課税合計		6,425.4 億円

※法人二税の占める割合：93.4％
（注）　平成 18 年 4 月 1 日現在の団体数である。

▶ 垂直的租税外部効果

課税ベースの重複　租税競争や租税輸出とは異なり，ここで紹介する外部効果は**国と地方との間**で発生する。

外部性の要因は**課税ベースの重複**にある。わが国でも国が法人税を課す一方，地方が法人住民税や法人事業税をかけるなど課税ベース＝法人企業（所得）の重複が見受けられる。個人所得についても国が所得税を，地方自治体が個人住民税を課している。

たとえ課税ベースが名目的（制度的）には一致していなくとも，実質的に重なるケースがあることに留意されたい。例えば，酒税（国税）は部分的であるが地方消費税に重複している。アルコール類にも消費税が課せられるからだ。また，標準的な財政学で学ぶように消費課税と賃金所得税は個人の生涯予算制約式上，課税としては（個人の誘因に同じ効果をもたらすという意味で）同値（税等価）である。従って，中央で消費課税が，地方レベルで賃金所得課税がなされている場合であっても，課税ベースは実質的には重複していることになる。

垂直的租税外部効果の理論モデル　図表 5-15 でこの問題を説明しよう。ここでは国と地域 A の自治体の両方が財 X に対して税を課しているケースを取り上げる。単純化のため，他の地域との関係は無視する。よってこの財は他地域で消費されることも（租税輸出が生じることも），企業が他地域に移動することも（租税競争を伴うことも）ない。財 X を生産する企業の受け取る価格（＝限界費用）は c で一定と仮定しよう。国・地方の税率を当初 T_0，及び t_0 とする。税率合計は $\tau_0 = T_0 + t_0$ に等しい。

市場均衡は E 点となる。いま，地方の税率が限界的に Δt 単位，引き上げたとする。均衡は F 点に移動する。消費者余剰は H だけ減少，地方の税収変化は $H - K$ に等しい。K は ΔX だけ課税ベースが縮小（財 X の取引が減少）したことによる。課税ベースの縮小の結果，国の税率は変わっていないにもかかわらず，その税収は L だけ減じられてしまう。つまり，地方の一方的な増税は国の財政に対してマイナスの外部効果を及ぼしているのである。

図表 5-15 の例に限らず，地方税の増税は所得課税であれば労働供給や貯蓄意欲の低下，法人課税であれば設備投資の減退を招くだろう。納税者は税

■図表5-15　垂直的外部性

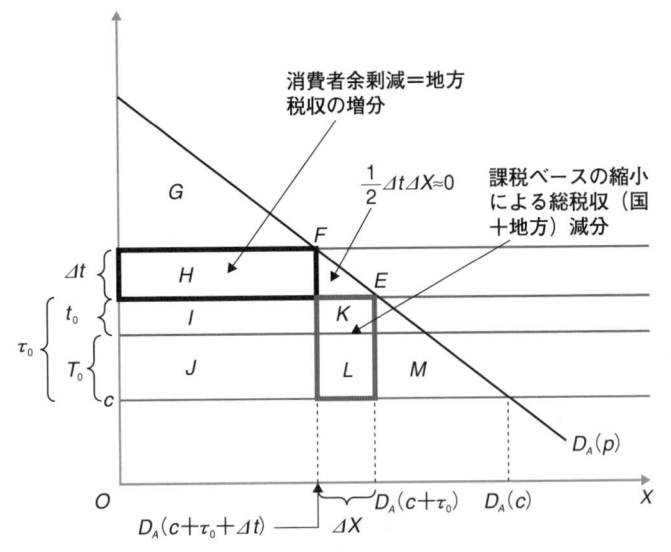

（図）縦軸に価格、横軸に X をとったグラフ。需要曲線 $D_A(p)$ が右下がりに描かれている。縦軸上には下から c、T_0、t_0、Δt の区分があり、$\tau_0 = T_0 + t_0$。領域 G, H, I, J, K, L, M および点 E, F が示される。横軸上には $D_A(c+\tau_0+\Delta t)$、$D_A(c+\tau_0)$、$D_A(c)$ の点があり、ΔX の幅が示される。

注釈：
- 消費者余剰減＝地方税収の増分
- $\frac{1}{2}\Delta t \Delta X \approx 0$
- 課税ベースの縮小による総税収（国＋地方）減分

	地方税率引き上げ前	地方税率引き上げ後	変　化
消費者余剰	$G+H$	G	$-H$
地方税収	$I+K$	$H+I$	$H-K$
国税収	$J+L$	J	$-L=$外部コスト

を逃れるべく，節税・脱税を図るか，政府の課税権の及ばない地下経済に経済活動を移すかもしれない。いずれせよ，課税ベースは小さくなる。この課税ベースを国が共有するならば，その税収は減じられる。

　租税輸出同様，地方が考慮するのは地域住民の厚生の変化（消費者余剰の減少）と自身の税収のみである。国に対する外部効果が自発的に是正されることはない。負の外部性が無視される分，（課税のコストを十分に考慮していない）地方は税率を引き上げ過ぎるはずだ。

　この租税外部効果は（租税競争同様）**相互的**である。国も地方同様に振る舞う（地方税収への影響を考慮しない）ならば，国の租税政策も課税のコストを過少評価していることになる。結果，帰結する非協力均衡における国・

地方を合わせた租税負担は，仮に両政府が協力して税率を設定していたとき（あるいは国か地方のいずれかのみが課税権を持っていたとき）に比して過剰になってしまう。

共有地の悲劇（再論） 租税競争が地方自治体間での課税ベースの「奪い合い」であるのに対して，課税ベースを巡る国と地方との間の競合関係（垂直的競争）は「たかり合い」の性質を持つ（第4章参照）。この現象は所有権の設定されていない土地や資源（例えば，森や牧草地，漁場）が過剰搾取される**共有地の悲劇**に類似している。共有地のように皆の財産といえば聞こえがよいが，言い換えると長期的な観点からその管理・維持に対して誰も責任を負わないことになる。ここで共有地とは重複課税ベースにほかならない。

5.4 地方税にふさわしい税源は？

税負担の転嫁や地方の課税自主権の行使の誘因を加味すれば，応益原則を建前としても，法人企業への課税がもたらす経済効果はあまり望ましくないことが分かるだろう。企業の地域間移動可能性の程度や転嫁の方向に応じて，租税競争や租税輸出をもたらしかねない。企業課税に限らず国税との課税ベースの重複は垂直的外部効果を発生させ，納税者の税負担を過剰にするかもしれない。では，望ましい地方税として挙げた条件を満たした税源は具体的にはどのようなものがあるだろうか？ 本節ではこの問題について考えていきたい。

▶ 望ましい地方税としての固定資産税

なぜ固定資産税が望ましいか 土地を課税対象に含む**固定資産税**は望ましい地方税としての条件を多く満たしていることが知られている。実際，わが国を含む多くの国々で地方（特に市町村レベル）の基幹税源となってきた。ただし，課税ベースやその評価額などについては国によって実態は様々であり，それが非効率や不公平をもたらしていることが少なくはない。原則（理想）としての固定資産税と実態は異なるのである。

本節では，はじめに理想的な固定資産税を想定して，それが何故地方税として望ましいのかを述べる。ここでいう「理想的」とは①課税ベースが**土地のみ**であること，②その土地への課税評価額は**市場価格を適切に反映**して決められていることを指す。

移動可能性の側面　そもそも土地は物理的に地域間で**移動しない**。住んでいる地域の固定資産税の税率が上がったからといって，自分の土地を抱えて隣の地域に引っ越すことはできないだろう。従って，自治体は課税ベースの地域間移動に制約されることなく税収を確保できる。

また，土地の価格には**公共サービスからの便益**が反映されやすい。例えば，ある地域では街をあげて教育に力を入れており，質の高いサービスを提供していたとしよう。子供のいる家庭であれば，そのような地域で子供を学校に通わせたいと思うに違いない。

従って，足による投票を行使して，当該地域に住みたいと考えている家族が多くなる。当然，そこに住むには住宅やマンションなどを買うか賃貸する必要がある（教育のような公共サービスは住んではじめて享受できるものである）。よって，住宅やマンション向けの土地に対する需要が高まる。

固定資産税と資本化　ここで土地への需要の増加は市場における土地需要の右方シフトにあたる（**図表5-16**）。需要の増加は土地価格（地価）の上昇をもたらすだろう。これは新たな住民向けの住宅・マンションに関わる（実際に売買される）土地に限らず，既に住んでいる住民が所有している，あるいは賃貸している土地にも波及する。彼らの土地もまた潜在的には売買され得るからだ。よって，彼らの地価（実際に売却しないとしても，その評価額）も上昇することになる。

仮に固定資産税の評価額が市場価格に一致しているならば，所定の固定資産税率の下で既存の住民税の支払う固定資産税額＝税率×土地価格が引き上げられる。質の高い公共サービスからの受益⇒居住希望者の増加⇒土地需要の増加⇒土地の市場価格（＝固定資産税の評価額）の上昇⇒固定資産税支払額の増加というわけだ。最初と最後の項目だけをつなげると，

質の高い公共サービスからの受益⇒固定資産税支払額の増加

■図表5-16　固定資産税と資本化

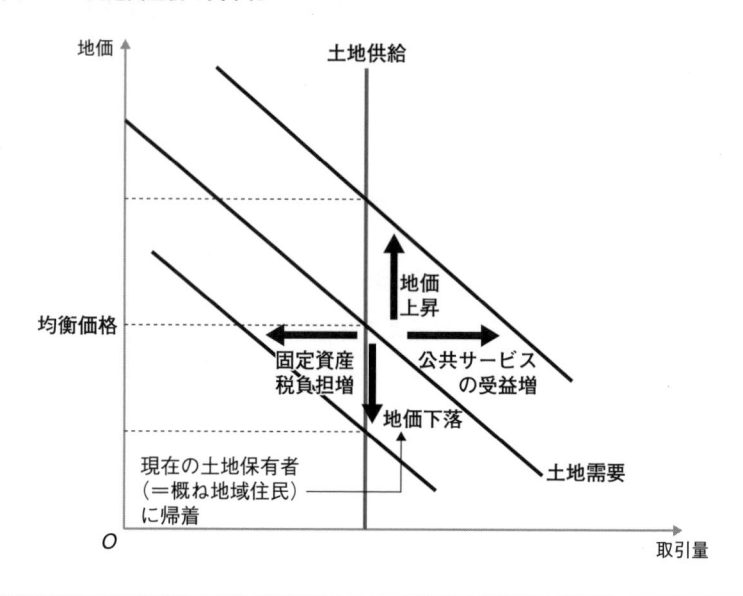

地価／土地供給／地価上昇／公共サービスの受益増／均衡価格／固定資産税負担増／地価下落／現在の土地保有者（＝概ね地域住民）に帰着／土地需要／O／取引量

であるから，受益と負担との間に対応関係が伴うことが分かるだろう。公共サービスの受益は地価に「資本化」される（資本化については第3章でも言及した通り）。その結果，固定資産税は**応益性**を有することになる。

　受益と負担の対応　地域内での土地供給を一定とすれば土地に対する課税はその所有者（＝持ち家ならば住民）に帰着する。法人課税などとは異なってほかに転嫁することはない。持ち家を売却する予定もないのに土地の評価額が上がったことで固定資産税の支払いが増えるのはどうだろうかと思う読者もいるかもしれないが，そこに住んでいる住民は公共サービスから受益していることを想起してもらいたい。固定資産税額の増加は，その質の高いサービスへの対価である（賃貸住宅についていえば，高水準な公共サービスは賃貸料の増加，高い固定資産税分は賃貸料の低下という形で，理論上，便益，税負担ともに大家＝所有者に帰着する）。

　政治的に望ましい税とは住民にとって負担感のない税といえる。一方，経済的（規範的）に望まれるのは負担が明瞭な税である。固定資産税はしばし

ば負担感の強い税とされるが，そうであればこそ，財政への**住民のコスト意識**が喚起される。住民の間で地方自治体の財政運営への関心も高まり，監視の目も厳しくなるはずだ。

▶ 固定資産税の実態

上では理想的な固定資産税を想定して，それが何故地方税として優れているかを説明した。しかし，現実の固定資産税が理想的なわけではない。もっとも，だから固定資産税が地方税の基幹税にならないといっているわけではない。むしろ，可能な限り理想に近づけるよう税制改革を行うのが筋であろう。

この乖離は日本を含む多くの国々で①課税対象が土地以外にも**建物**（家屋）や企業の保有する償却資産（機械設備等）などを対象にしていること，②政策的な配慮や技術的な問題から課税ベースの評価が**市場価格を適切に反映できていない**ことに起因する。はじめに②から説明をしよう。

課税標準額の算定　日本の固定資産税の場合，その課税ベース（「**課税標準額**」という）は市場価格と一致しているわけではない。土地の市場価格にあたる公示地価に対して固定資産税評価額は7割を目処に決められる。

固定資産税評価額の見直しは3年ごとであるが，その間に地価が大きく変動すると評価額が急に変わることになる。例えば，ここ3年の間に地価が30％増加するならば，固定資産税評価額（＝0.7×公示地価）も3割増，税率一定としてもそのままでは固定資産税の負担も評価替えの前の年に比べて1.3倍に跳ね上がってしまう。そこで，このような激変を緩和する措置を施した上で，課税標準額を算定する。逆に，地価の7割を当該年度評価額が下回ったような土地については速やかに課税標準額が軽減される。

> 課税標準額＝固定資産税評価額×負担調整
> 　　　　　＝0.7×公示地価×負担調整

固定資産税額はこの課税標準額に税率を乗じて算出される。

政治的配慮　さらに，政治的配慮から課税標準額が意図的に低く算定されるケースもある。小規模住宅（住宅の敷地面積が200㎡以下）について

は課税標準額は固定資産税評価額の6分の1まで圧縮される。一般住宅（住宅の敷地面積が200㎡を超えた部分）については3分の1の圧縮となる。

農地の評価も厄介である。市場（経済）価値で評価するならば，土地はそれが最も生産的な用途に充てられたときの収益をベースにしなくてはならない。例えば，住宅地の中にぽつんと残った農地ならば，そこで細々と農業を続けるよりも，宅地化した方が収益性は高い。近隣の宅地の価格を参照しつつ，宅地としての利用を想定して評価されるべきとなる。実際，わが国でも市街化区域内の農地について，特に三大都市圏（東京，近畿，中部圏）の市街地では評価額，及び課税標準額とも「宅地並み」課税を原則としている。

しかし，市街化区域に指定されていない農地への評価は農地としての利用を前提としたものとなる。宅地や工業団地にした方が高い収益が見込まれていても，収益の低い農地としての評価がつくため，課税標準額は低く，よって固定資産税も安く済む。

土地利用の非効率性と税への不信感の醸成　　農地や住宅地に対する課税標準額算定上の優遇措置は次の2つの問題を伴う。

第1に，**土地の有効利用への誘因**を損なう。生産性の低い農地であっても農地として評価される限り，収める固定資産税は低い。収益は低くとも税金も低い（逆に農地以外の利用をしたら税金が高くなる）という理由で利用の効率化が促されない。

第2に**税負担の根拠**が不透明になり，税への信任も失われかねない。課税標準額が著しく市場価格から乖離し，その優遇措置が土地の用途（小規模住宅か商業地かなど），及び立地（市街化区域かそれ以外かなど）によって裁量的に差別化されるならば，納税者は自分の固定資産税の負担と他の納税者との間に明らかな関係を見出さなくなる。自分の納税額の方が高いのは自分の土地の評価額（＝0.7×公示地価）が比較して高いからなのか，他の納税者が負担調整上，優遇されているためか峻別しにくいだろう。このことは納税者の間に不公平感をもたらすばかりか，税制度に対する不信感を高めかねない。

納税者を公正（平等）に扱うことが税制に対する納税者の信任を得るのに不可欠となる。所得税の文脈でいえば，しばしば，「クロヨン」，あるいは

「トーゴーサン」と呼ばれるようにサラリーマン（被用者），自営業者，農家の間での所得の捕捉率の違い（サラリーマンの所得であれば，その捕捉率は9割～10割であるのに対して，自営業者の所得の捕捉率は5割～6割，農家に至っては3割～4割）に起因する課税上の不公平が問題視されてきた。ここでいう不公平とは同じ課税所得を持った納税者を均等に扱っていないという意味で「水平的公平」に反することを指す。この不公平は所得税に対するサラリーマン層からの反発を招いてきた。

固定資産税についても，自分たちが公正に扱われていないのではないかという納税者の不信が応益課税としての同税の課税根拠を弱めてしまうだろう。納税額が受益の多寡（資本化を前提にすれば，これらは地価に反映される）ではなく，別の政策的配慮で決まってきてしまうからだ。地方税に限ったことではないが，税には納税者に対して課税の根拠を示す「説明責任」が欠かせない。

▶ 固定資産税の帰着

土地の税収は半分以下　これまでは固定資産税を受益に対する対価（＝応益課税）として説明してきた。しかし，固定資産税の負担の帰着が応益性に適っているかどうかについては経済学者の間でも意見の分かれるところである。問題は固定資産税が土地だけではなく，**建物**（**家屋**）や**機械設備**（**償却資産**）などを課税対象に含むところにある。

図表5-17はわが国の固定資産税収の内訳（シェア）を土地，家屋，償却資産に分けたものである。2006年度決算でみると固定資産税収8兆4,700億円のうち，土地からの税収は3兆3,900億円であるのに対して，家屋，償却資産からの税収は各々3兆4,700億円，1兆6,000億円となっている。全体の半分以上が**土地以外**から上がっているのが現状だ。

資本課税の要因　家屋や償却資産はいずれも広く資本と定義される生産要素であることから，固定資産税には資本課税としての性格が伴ってくる。このとき地方独自の課税（例えば，近隣地域よりも高い税率の設定）は**資本の地域間移動**を誘発するだろう。家屋は組み立てる前の資材であれば，持ち運びは容易だし，工場の機械設備にしてもそれを何処に立地させるかは企

■図表5-17　固定資産税収の内訳

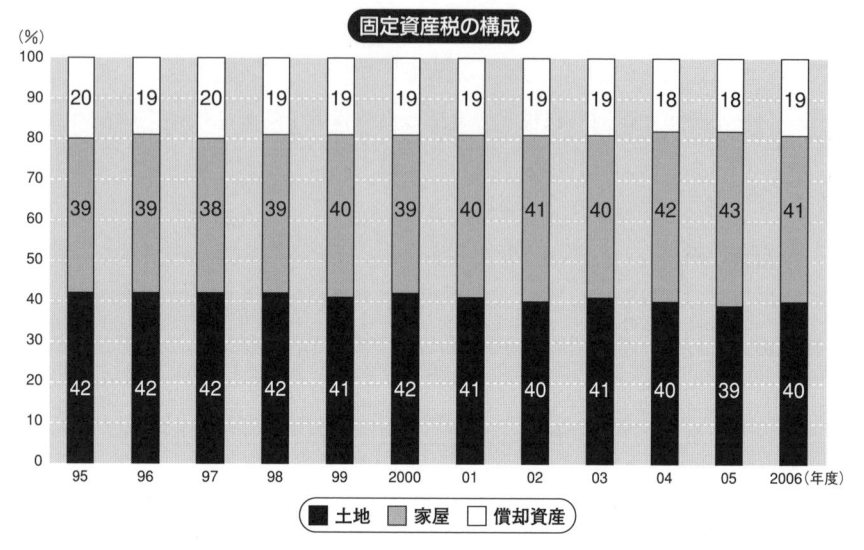

固定資産税の構成

年度	土地	家屋	償却資産
95	42	39	20
96	42	39	19
97	42	38	20
98	42	39	19
99	41	40	19
2000	42	39	19
01	41	40	19
02	40	41	19
03	41	40	19
04	40	42	18
05	39	43	18
2006	40	41	19

（出所）　地方財政統計年報

業の判断に拠るからだ。結果，税の負担は地代の低下を通じて土地所有者に，資本の課税後収益率を減じて資本所有者に，あるいは住宅価格を引き上げることで住宅購入者のいずれかに帰着することになる。

帰着についての伝統的見解　この帰着については次の2つの見方が出されてきた。

第1の見解「伝統的な見解」に従えば，固定資産税の負担の帰着は土地と資本（家屋・償却資産）との間では大きく異なる。土地の部分は全面的に土地の所有者に帰する一方，地域間で自由に移動できる資本は税負担を免れることができる。資本の所有者が負担しない資本課税は土地価格の下落や住宅価格の上昇といった形で，土地所有者や住宅購入者に転嫁されてしまう。

ここから導かれるインプリケーションは次の3点である。第1に，資本所有者は固定資産税を負担しない。第2に，税負担は部分的であれ，住宅消費者に転嫁される。資本所有者に比べて彼らの所得が相対的に低いならば課税

は「逆進的」となる。第3に，資本を課税地域から流出させる分，当該地域における住宅の過少供給と資本の地域間配分の非効率性をもたらす。後者は生産性が高くなくとも税率の低い地域間に資本（ここでは企業立地のほか住宅供給を含む）が偏りがちなことによる。

帰着についての新しい見解　これに対して「新しい見解」（といっても，この見解が出されたのは 1970 年代だが）は資産税に誘発される資本の流出入と合わせて，資本市場の均衡を織り込んだ「一般均衡分析」に基づいて租税の帰着分析を行っている。

　ここで単純化のため，一国経済全体での資本の供給量を一定と仮定しよう。経済のグローバル化や家計の貯蓄選択を考えれば，これはかなり強い（非現実的な）仮定であるが，伝統的な見解との違いを際立たせる上で有用である。伝統的見解のいう通り，資本課税は課税を強化した地域からの資本の流出を招く。この一地域からの資本の流出は他地域にとっては資本の流入，つまり，地域内資本供給の増加にあたる。

　しかし，当初の資本収益率（＝資本に対する対価）の下では流入地域において資本の超過供給が生じることになる。新たな資本を吸収するだけの需要がないからだ。この超過供給を解消するには収益率が下がって，資本需要が喚起されなくてはならない。収益率の低下分，資産税は資本所有者に帰着する。

　伝統的見解ではこの**一般均衡効果**（＝他地域の資本市場の需給変化）が無視されていた。資本の収益率の低下を**利潤税効果**という。この利潤税効果が大きく，かつ資本所有者の多くが高所得者であれば，固定資産税は伝統的見解とは対照的に「累進課税」としての特性を有することになる。無論，資本税率の地域間格差が資本の流出入を誘発し，資源配分を歪めるのは伝統的見解と同じである。これは**物品税効果**と呼ばれる。

　固定資産税の資本所有者への帰着の有無について，上の2つの見解は意見が異なるが，固定資産税の資本課税の性格が地域間で資源配分を歪め，かつその帰着が応益性に即さないことでは一致している。固定資産税が資本課税の性格を帯びるほど，この問題は顕著になり，望ましい地方税から離れてしまう。

▶ その他の税について

　最後に固定資産税以外で地方が課税自主権を行使するのに望ましい税源について考えることにしたい。

　地方消費課税　　地方独自の消費課税としては，米国やカナダの州レベルで伝統的に課されてきた**小売上（こうりあげ）税**（小売段階での財・サービスへの課税）がある。

　小売上税は仕向地主義（消費地課税）を原則とする。しかし，仕向地主義だから地元住民だけが税を支払う，あるいは地元住民だから税を払わなくてはならないというわけではない。地域間で税率格差が顕著な場合，消費者が相対的に税率の安価な地域で財貨の購入を行うクロスボーダー・ショッピングを誘発しやすいからだ。

　例えば，自分の住んでいる県の地方消費税率が3％に引き上げられる一方，隣の県の税率は1％で据え置かれていたとしよう。多少の時間と交通費が掛かっても週末，隣の県まで出向き買い物をしようと思うだろう。ここで地域間を移動するのは資本（企業）に代えて，消費者であるが，状況は租税競争に類似している。

　消費者の獲得を図った地域間競争は税率を過少な水準まで低め，どの地方自治体にとってみても十分な税収の確保を困難にするだろう。

　消費課税は税収の安定性や税源の均一性から地方の基幹税として期待する向きがある。しかし，地方が課税自主権を発揮するには明らかに不向きといえよう。

　地方所得課税　　居住地主義に基づく所得課税は非居住者に対して税負担を（少なくとも直接的には）転嫁しない。その分，企業課税に比べて，地方税としては望ましい。しかし，居住者の移動可能性がある限り，受益に見合わない形で所得税率を引き上げるには限界がある。税負担が割に合わないままでは富裕層は相対的に税率の低い他地域に移住するだろう。移動が頻繁であるほど，かつ課税が再分配の性格を持つほど税収確保は困難になる。

　わが国では個人住民税について「税源の偏在性が少なく，税収の安定性を供えているものである。このような性格を踏まえ，地方税の基幹税としての充実確保を図る必要」があるとされてきた。また，三位一体の改革では，上

述のように「個人所得税体系における所得税と個人住民税の役割分担」として，累進課税による再分配機能を所得税に残す一方，住民税の税率10%（都道府県分4%，市町村分6%）でフラット化している。

納税者各々について受益と負担に厳密な対応関係があるわけではないものの，改革以前の累進課税に比べれば，広く負担を求めているという点で（地方公共サービスからの受益も広く行渡っている限り）課税の応益性が高まった（逆に再分配の程度が低まった）といえるだろう。

個人住民税均等割（人頭税） 均等割は定額税としての性格上，ほかの税源とは異なって他の財貨・生産要素に転嫁することはない。所得の多寡と関わらず，原則的に全ての住民が負担することになる。それ故に応能原則の観点から逆進性が指摘されるが，地方公共サービスから皆が等しく受益している限り，等しく負担することは応益原則に適っている。幅広い負担を求めることで，受益主体，コストを負担する主体，および有権者を一致させ，地方支出の便益と負担との関係を意識した政策決定（限界的財政責任の充足）を促し易い（**図表 5-18**）。

実際，「地方税の本質として，個人住民税（均等割）などを地方税のより中核に据えるべきである」（経済財政諮問会議）といった意見も出されている。無論，地方税の全てを均等割で賄うことは現実味がないにせよ，現行の水準（市町村，都道府県合わせて年間4,000円）を引き上げる余地はありそうだ。

■図表 5-18 望ましい地方税？

望ましい地方税の条件	地方税					
	個人住民税		法人二税	地方消費税	固定資産税	
	均等割	所得割			土地	資本
税収の安定性	○	△	×	○	△	
税源分布の均一性	○	△	×	○	△	
課税ベースの固定性	○	△	×	△	○	×
地域住民の財政責任	○	△	×	△	○	×

練習問題

問1：地方法人課税をキーワードにわが国の地方税の特徴とその経済的帰結について述べよ。

問2：「望ましい地方税」の条件を挙げた上で，これらの条件が満たされないときの経済的帰結を論じよ。

問3：地方法人課税の帰結としては①租税競争と②租税輸出がある。各々を特徴づけた上で，そのいずれが発生するかについて地域間競争・地域経済の条件を挙げて説明せよ。

問4：国と地方の課税ベースが重複し，各々のレベルの政府が独自に課税自主権を行使することの経済的帰結（「垂直的租税外部効果」）について説明せよ。

問5：理論上，土地課税としての固定資産税が何故，地方税として望ましいかを①応益課税と②資本化をキーワードの説明せよ。また，現実の固定資産税が資本課税（家屋・償却資産課税）を課税ベースに含むことの経済的帰結を論じよ。

参考文献・情報

《地方税制度の概要》

総務書 HP：http://www.soumu.go.jp/czaisei/czais.html

《租税外部効果の理論》

佐藤主光「地方税の諸問題と分権的財政制度のあり方」フィナンシャル・レビュー 65 号，2002 年

佐藤主光「地方法人税改革」フィナンシャル・レビュー 69 号，2003 年

《租税競争の実証研究》

Boadway, R., & M. Hayashi, An empirical study of intergovernmental tax interaction: The case of business taxes in Canada, *Canadian Journal of Economics* 34 (2), 2001, 481-503.

Devereux, M., B. Lockwood, & M. Redoano, Horizontal and vertical indirect tax competition: Theory and some evidence from the USA, *Journal of Public Economics* 91, 2007, 451-479.

Feld, L. P., & G. Kirchgassner, Income tax competition at the State and Local Level in Switzerland, *Regional Science and Urban Economics* 31, 2001, 181-213.

《固定資産税の経済効果》
佐藤主光「地方の自立と財政責任を確立する地方税制改革へ向けて」フィナンシャル・レビュー 76 号, 2005 年
堀場勇夫『地方分権の経済分析』東洋経済新報社, 1999 年
Zodrow, G.R., The Property Tax as a Capital Tax: A Room with Three Views, *National Tax Journal*, 2001, Volume LIV No. 1.

第6章
政府間財政移転の理論

本章の狙い

　地方分権は国から地方への財政移転（補助金）の廃止を意味しない。分権的財政制度であっても，政府間財政移転には「あるべき」役割がある。ただし，その役割は国が決めた政策を地方が執行するにあたって施す財源保障とは異なり，地方の自己決定と自己責任を前提としたものでなくてはならない。本節では地域間格差（財政的不公平）など「地方分権の失敗」を矯正する政府間財政移転の役割とその誘因効果，及び，規範とは異なる政府間財政移転の実態（政治経済学）について学ぶ。はじめに6.1節では財政移転の種類とその機能を紹介する。一口に財政移転といっても，その種類は様々であり，それらが財政力格差の是正やナショナル・ミニマムの確保といった機能を充足する。こうした財政移転が地方自治体の誘因（公共支出の選択）に及ぼす効果については6.2節で概観する。分析手法としてはミクロ経済学で学ぶ「効用最大化行動」を用いる。続く6.3節では，財政移転による地域間（水平的）財政調整機能を取り上げる。財政移転の実態が規範的役割を満たしているとは限らない。一般に政策の規範と実態は異なる。6.4節は「政府間補助金の政治経済学」と題し，「ばら撒き」（利益誘導政治）や「地方予算のソフト化」など財政移転の実態の規範からの乖離と，その弊害を明らかにする。

6.1 政府間財政移転のタイプと機能

▶ 政府間財政移転の役割とは

　国からの補助金などはしばしば中央集権の象徴とみなされ，地方分権とその削減を一体視する向きがある。しかし，交付税や国庫補助負担金といった**政府間財政移転**には地方分権の失敗を矯正し，分権化の経済的効果を高める上で，**あるべき（規範的な）役割**がある。無論，地方の自己決定と自己責任を前提とした分権体制における財政移転の役割と集権的分散システムを担わせるための（国が決めた政策を執行させるための財源保障としての）財政移転の働きは同じではない。本節では，地方分権に即した政府間財政移転のあるべき役割について説明していく。

▶ 政府間財政移転の役割（その1）：国と地方との間での「垂直的財政力格差」の解消

　国は地方に比して税収確保の面で「比較優位」を持つことが知られている。第1に，国の方が「規模の経済」を活用することで税務執行を効率化して徴税に要する経費を節約できる。第2に，地方の課税能力がヒト・モノ・カネなど課税ベースの地域間移動によって制約を受ける一方，国（中央政府）はそうした移動によって課税を制限されない。累進的所得税など再分配機能を伴う課税が可能となるほか，十分な税収を上げ易い。地域間移動を伴う税源の分権化の帰結については租税競争として第5章で説明した通りである。

　無論，経済のグローバル化に伴い国境を越えたヒト・モノ・カネの移動が活発になってきており，国の課税能力（特に法人・金融所得課税）に限界がみられるようになった。しかし，地方に対する「相対的」な優位関係に変わりはない。

　固定資産税や累進度の低い（フラット化された）個人所得課税，あるいは人頭税（均等割）などは地方に委ねても構わない税源（第5章で学んだ「望ましい地方税」）としても，これらだけで地方の支出の全てを賄うことはで

きないし，そうすることは望ましくもない。一般に収入サイドの分権化はその質（＝権限委譲される課税自主権の程度），量（＝税収）ともに支出サイドの分権化ほどにはならない。この2つの分権化の間の**非対称性**が，国と地方との間での**垂直的財政力格差**を不可避とする。国と地方の間で支出責任と収入責任に乖離（＝垂直的財政力格差）があることはわが国のような集権国家に留まらず，カナダ，ドイツなどの分権国家でも見受けられる。

　垂直的財政力格差を解消することは政府間財政移転のあるべき役割の一つとなる（図表6-1）。政府部門全体では税収と公共支出が一致しているとしよう。ただし，国の支出には地方への財政移転分は含まない。現実には支出の一部は財政赤字で賄われており，国からの財政移転もその財源は国税収ではなく国の借金が充てられているかもしれない。

　図表6-1は①支出面，収入面の国・地方の役割・責任の違いに起因する問題（＝垂直的財政力格差）を②国・地方の財政難による問題（＝財政赤字の拡大）から切り離して考えるための便法と思っても構わない。

　第1章で学んだようにわが国ではこの比率が税収と支出では逆転する（税収では国対地方＝6対4が，支出でみると国対地方＝4対6）ことが知られているが，ここで重要なのは逆転現象ではなく，地方が税収比率よりも高い支出シェアを占めている（逆にいえば国の徴税責任は支出責任よりも大きい）ことだ。この格差は財政移転で埋め合わされなくてはならない。

■図表6-1　垂直的財政力格差

公共支出	
国（中央）	地方（マクロ・レベル）

財政移転

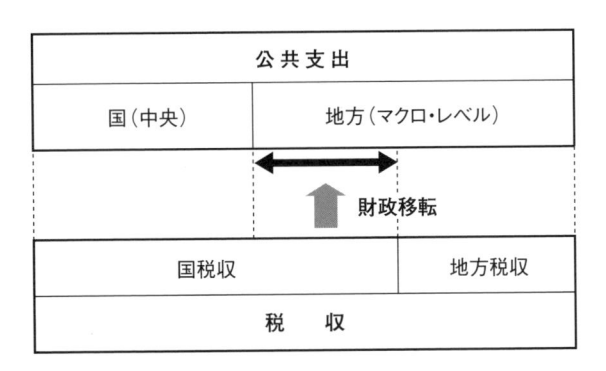

国税収	地方税収
税　　収	

ただし、垂直的財政力格差が着目するのは国と地方「全体」の格差であって、その意味で**マクロ的な観点**に拠る。格差是正に向けて算定されるのは国から地方への**財政移転の総額**である。わが国では国が毎年作成する地方財政計画（第7章参照）がマクロの観点から所定の支出責任（国の義務づけ）に応じた地方の財源を確保する役割を持つ。

▶ 政府間財政移転の役割（その2）：地域間での財政力格差の是正

ミクロ的な観点からの議論も財政移転にとっては重要だ。ここでミクロ的な観点とは**地域間配分の問題**にほかならない。地域間配分は、①どのような地域に対して優先的に補助金を与えるか、②どのような地方公共サービスを優先的に支援するかという判断に基づく。国の財政力は無限ではないから、財政移転に充てることができる財源にも限りがある。全ての地域、サービスを支援するというより、地域、サービスに優先順位をつけて配分していくことが肝心といえる。

公平の観点からすれば、**税源の偏在**による財政力の違いをそのままにしておくのは望ましくない。第5章でも紹介した通り、東京都の人口一人あたり税収は51万6,000円で最小の沖縄県16万6,000円との格差は3.1倍あまりとなる（2006年度決算）。このような財政力の違いは、さもなければ地域間で教育や医療サービスなど地方公共サービスの提供機会に格差をもたらしかねない。

地方には地域間で偏在のない税源を与えることが最も望まれるところだが、税源に偏りを完全になくすことは難しい。そこで地方税収の乏しい地域に対して重点的に補助金を充て、地域間の財政力格差の平準化することが政府間財政移転に求められる機能となる。わが国の交付税にも自治体間での財源の均衡化を図る**財政調整機能**がある。具体的には各地方自治体の地方税収の大きさを「基準財政収入」として算定し、これを交付額から差し引く仕組みである（第7章参照）。

▶ 政府間財政移転の役割（その3）：社会的に重要な地方公共サービスのナショナル・ミニマムの保障

　分権化された地方公共サービスの中にも，地域のニーズに留まらず，社会的にも重要視されるサービスがある。介護を含む福祉サービスや医療，学校教育などが例として挙げられる。地方分権は地方自治体が（権限委譲された）公共サービス供給についてローカル・オプティマムを追求することを認めている。分権化定理に従えば，それが地域のニーズに即したサービス供給を可能にして資源配分の効率化をもたらす。

　しかし，地域によって学校教育をほとんど提供していなかったり，医療施設を一方的に閉鎖したりすることが，地域住民（正確にいえば自治体の首長や地方議会）の意向としても，一国全体の観点（第2章で紹介した「メリット財」の視点）からすれば認め難いかもしれない。地域の選好というよりも，財政難から教育や医療サービス供給の削減を余儀なくされているならなおさらのことである。

　いずれにせよ，社会的に重要なサービスについては，社会的に合意された一定の**ナショナル・ミニマムの保障**が求められる。このような公共サービスに対する財源保障も政府間補助金の機能の一つである。

　しばしば地方分権のキャッチフレーズとして「ナショナル・ミニマム（スタンダード）からローカル・オプティマムへ」が掲げられるように，わが国を含む多くの先進諸国における分権化は地方公共サービスの多くが既にナショナル・ミニマムを超えた水準にあるという認識の下で行われている。それ以上のサービス提供については**地方のニーズ**を優先すべきというわけだ。そうだとしても，達成されたナショナル・ミニマムを担保する仕組みは求められる。政府間財政移転はその役割を果たし得る。

▶ 政府間財政移転の役割（その4）：地方公共サービスが他の地域に及ぼす外部効果を内部化

　第3章で述べたように，公共支出に関わる**地域間スピルオーバー**などは地方分権の失敗の一つとなる。公衆衛生や環境保全などは地域間で外部性を伴う公共サービス（政策）の典型例だ。近隣の自治体とつながる道路もその受

益者は地域住民に限らない。

ローカル・オプティマムを追及する自治体は，外部便益を伴う公共サービスを**過少**にしか供給しない。財政移転は自治体の誘因を矯正することで，その主体的な政策決定に制約を課すことなく，外部性を織り込むように誘因づけることができる。

無論，現実の政府間財政移転がこのような規範的な役割に対して忠実なわけではない。実際の政策を決めるのは政治家や官僚であって，彼らが追及するのは政治的利益である。必ずしも経済的合理性とはそぐわないからだ。だからといって，上の規範が無意味なわけではない。ある「べき」政府間補助金制度を示すことによって，**現実の制度を評価するベンチ・マーク**として政策提言の方向性を与えることができるのである。

▶ 財政移転のタイプ

一般補助金　政府間財政移転は大きく①一般補助金と②特定補助金に区別される（**図表6-2**）。このうち，**一般補助金**は原則，「渡し切り」の移転であり，その使い道は補助金を受け取った個々の自治体の選択に委ねられる。国が使途について関与しない，特定の用途に誘導しないことから地方の自己決定権は尊重される。その意味で分権化に即した補助金ともいえる。

わが国では地方交付税が一般補助金にあたり，地方自治体の一般財源を構成し，「地方団体が自主的に……行政を執行する権能をそこなわず……地方行財政の計画的な運営を保障することによって，地方自治の本旨の実現に資する」（地方交付税法第1条）ものとされる。

特定補助金　マスコミ報道で補助金といえば，**特定補助金**を指すことが多い。その名前の通り，この補助金の用途は教育や介護，生活保護，医療など指定された分野に限られる。わが国では**国庫補助金**，**国庫負担金**が特定補助金にあたる。

特定補助金は集権体制の象徴，国が地方の行財政に関与する手段であり，地方自治体の主体的な財政運営（公共サービス供給）を損ないかねないという批判がある。しかし，特定補助金は集権国家独自の制度ではない。例えば，分権化の進んだカナダにも特定型補助金としてCHT（カナダ健康交付金）

■図表 6-2　政府間財政移転のタイプ

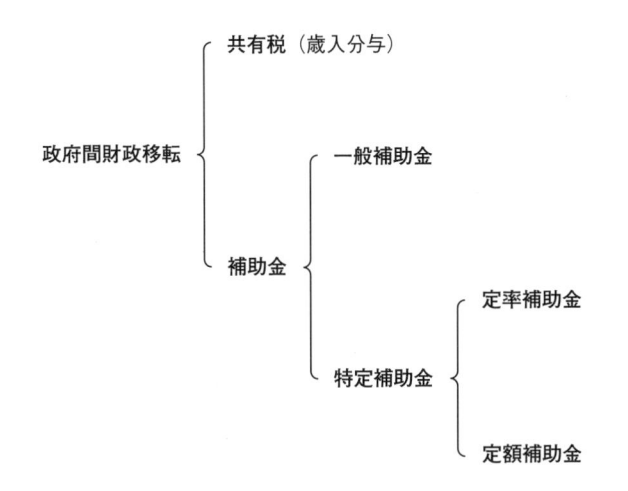

```
                    ┌ 共有税（歳入分与）
                    │
政府間財政移転 ┤         ┌ 一般補助金
                    │         │
                    └ 補助金 ┤         ┌ 定率補助金
                              │         │
                              └ 特定補助金 ┤
                                        │
                                        └ 定額補助金
```

や CST（カナダ福祉交付金）がある。ただし，用途こそ医療，福祉関係に限られるものの，人件費や設備経費など具体的な支出内容は州政府の裁量に委ねられている。

　一口に特定補助金といっても課される条件の幅や程度は様々であり，それを比較的緩く設定することで地方分権との整合性も保たれる。現行の国庫補助負担金の問題は，それが特定補助金だからというよりも，特定の度合いが強過ぎる，国が条件を詳細に決め過ぎていることにある。

　例えば，補助金の使途が決まっていても，対象となるサービス提供のための人員の配置，給与，事業の規格（公共事業でいえば，道路の幅，アスファルトの厚さなど）などは地方が独自に決めても構わない。国は公共サービスの達成水準，教育ならば学力，医療ならば健康水準などアウトカムを評価することに徹していればよい。

　定額・定率　　特定補助金は，更に補助対象の政策分野に一定額が給付される「定額」補助金と，掛かった経費の一定割合をシェアする「定率」補助金とに区分される。定額であっても特定目的とリンクしているから，これを取り崩してほかのサービスに転用することは認められない。

次節でみるように特定補助金の中でも定率と定額では地方自治体の政策決定にもたらす誘因効果（政策誘導の効果）は異なる。

共有税　政府間財政移転には上記の補助金のほか**共有税**（歳入分与）が含まれる。共有税とは国と地方自治体とが一定の割合で税収を按分する仕組みである。

ドイツでは個人所得税や法人税が国と地方（州）政府との間での共有税となっている。わが国では地方消費税（1%）が共有税の地方シェアにあたる。制度上，地方消費税は「地方税」であるが，実態としてみれば，税率，課税標準（課税ベース）とも全国一律に決められ，各地方自治体が独自に課税自主権を行使する余地はない。ここでは原則課税自主権を伴う地方税から区別して，政府間財政移転に分類している。ただし，ほかの補助金とは異なり，地方の取り分は原則，税収が上がってきた地域に帰属する。自治体に税を操作する権限はないが，税収に対する請求権を有するわけだ。「税」としての性格を持つのはこの税収請求権による。

例えば，天然資源税を共有税とすれば，その資源，例えば石油の取れた地域が国と税収を按分するのであって，他の地域は少なくとも直接的には分け前を預かることはできない。「税収の上がってきた地域」の定義は課税の原則として居住地主義を取るならば納税者の所在地，源泉地主義ならば生産地となろう。仕向地主義の消費税の場合，税収は最終消費地に帰属しなくてはならない。

交付税を「地方共有の固有財源」として一種の共有税とみなす向きがある。全国知事会は地方交付税が地方の自主財源であることを明確にすべく，「地方共有税」への衣替えを求めている（「第2期地方分権改革」への提言（2007年7月25日））。確かに，現行の交付税は国税の一定割合を原資としており地方全体（マクロ）でみれば，国と税収を共有している。しかし，その配分は財源保障機能や財政調整機能に基づいており，税収の発生地域に還付されているわけではない。個々の自治体（ミクロ）ベースでみると共有税の形になってはいない。

▶ 補助金の機能配分

補助金の機能　政府間補助金の機能は①**財政調整**（垂直的・水平的財政力格差の是正），②**財源保障**，および③**資源配分の効率化**（外部性の内部化）からなる。以下では，このような機能をいずれのタイプの財政移転で充足するかについて考える。重要なことは，正しい政策手段を用いて正しい政策目的を追求することである（**図表6-3**）。

共有税と一般補助金：財政調整と財源保障　垂直的財政力格差を埋めるだけならば，国の税収の一部を地方に回すことのみを考えればよい。共有税（歳入分与）や一般補助金がその役割を担うだろう。

共有税に対する積極的な評価としては地域経済の活性化への誘因づけが挙げられる。例えば，個人所得税や法人税を地方が国と共有しているとする。税率を選択する権利はないから，自治体が税収を増やすには地域経済を活性化させ課税ベースを大きくするしかない。その努力が「市場保全型連邦制」（第4章参照）にあるように，新規企業・地場産業の育成や新しい街づくりを通じて地域経済の成長を促すならば，社会的にも望ましい。

ただし，共有税では地域間の財政力格差を埋め合わせることはできない。その平準化のためには，財政調整（財政力の平準化）を伴うような配分基準を持った補助金が不可欠となる。その役割を担うのが一般補助金である。ここで重視されるのは，地域間格差であって医療や教育など個別の公共サービス格差ではないから特定補助金を用いる必要はない。義務教育向けの特定補助金は，結果的に（若い世帯が多く集まることから）生徒数の多い都市圏により手厚く配分されるかもしれない。教育サービスの充実化という目的には

■図表6-3　財政移転の機能とタイプ

		規範的目的
一般補助金		地域間財政力格差の是正
特定補助金	定率	地域間外部性の内部化
	定額	ナショナル・ミニマムの確保

適っても，豊かな自治体への財政支援は格差是正の目的に反している。

特定補助金：外部性の内部化　政策目的が教育など特定の公共サービスに関わるナショナル・ミニマムの保障，あるいは地域間スピルオーバーの内部化であるならば，特定補助金がその役割を担う。共有税や一般補助金ではこの目的を適切に果たすことはできない。移転された財源を国が支援を意図した公共サービスに充てるとは限らないからだ。

特定補助金として定率と定額のいずれを使うかは地方に働きかける誘因効果に依存する。第3章でみたように地域間スピルオーバーを伴う公共サービスについては地方がその限界的（追加的）な便益を過少評価している（社会的限界便益が地域に帰着する限界便益を上回る）ことに問題があるわけだから，追加的支出に関わる地方の「限界的」な意思決定を矯正しなくてはならない。そのために「定率」補助金で地方の認識するサービス供給の限界コストを外部性相当分引き下げることが望ましい（**ボックス6-1** 参照）。

一方，ナショナル・ミニマムの確保は地方支出の下支えが出来ていればよい。これを超過した支出は地方が自らの財政責任（＝限界的財政責任）と判断で実施すべきで，その限界的な誘因を特定の方向に誘導する必要はない。「下支え」であれば定額補助金の機能となる。

このような特定補助金（定率・定額）の誘因効果については次節で簡単なモデルを使って説明を加えておく。

6.2　財政移転の経済効果

本節では政府間財政移転が地方自治体の誘因にどのように働きかけ，公共サービス供給（公共支出）に影響するかについて考える。ここでの焦点は補助金を受け取る地域における域内資源配分（公共サービス配分）にある。

▶ 政府間補助金の誘因効果

誘因効果　財政移転が所定の政策目的（地域間スピルオーバーの内部化やナショナル・ミニマムの確保など）を実現できるかどうかは，地方自治

体の反応（＝**誘因効果**）に依拠することになる。無論，この誘因効果が重要なのは，地方自治体が自らの支出に対して裁量（自己決定権）を有しているからにほかならない。集権体制の下では国は地方に対して財源保障の上，所定の支出を命じればよいからだ。分権体制における政府間補助金は地方の自己決定権を尊重しつつ，その決定を所定の方向（例えば，地域間外部性の内部化）に（「強制」ではなく）「誘導」することを狙いとする。

補助金の誘因効果　補助金の誘因効果はミクロ経済学で学ぶ消費者の効用最大化に類似している。地方自治体が代表的地域住民に忠実に振る舞う限り（当面，そのように仮定する），公共サービス供給は地域厚生最大化の解に等しい。

2種類の公共サービスXとYを提供する「代表的」自治体の選択に着目しよう。Xを義務教育，Yを公共事業と考えてもよい。簡単化のため，両サービスの価格（供給コスト）を1に基準化しておく（$P_x=P_y=1$）。この自治体の自主財源（＝地方税収）をTとすれば，その予算制約式は，

$$X+Y=T \tag{6.1}$$

で与えられる。予算制約式の下で，$U(X, Y)$で表された地域厚生＝代表的住民厚生（中位投票者の効用と解釈してもよい）を最大化するように決まった財政移転前の公共サービス配分を$E=(X^0, Y^0)$としておく。

一般補助金の移転額をS，特定定率補助金の補助率をm（<1），特定定額補助金の給付額をBとしよう。ここで特定補助金は公共サービスX向けと仮定する。これら政府間財政移転は各々自治体の予算制約を**図表6-4**のように変化させる。

一般補助金　一般補助金は地方予算を移転額分，上方に「平行」シ

■図表6-4　地方予算制約式の変化

一般補助金		$X+Y=T+S$	
特定補助金	定率	$X+Y=T+mX$　⇒　$(1-m)X+Y=T$	
	定額	$X+Y=T+B$	$X≥B$

フトさせる（**図表 6-5**）。特定の公共サービスを支援しているわけではないから，1に基準化された公共サービスの価格は変化しない。つまり，一方の公共サービスを追加的（限界的）に拡充する機会コスト（＝他の公共サービスの削減）はそのままになる。

一般補助金は地域の財政力や財政ニーズを反映するような配分基準（フォーミュラ）に従うかもしれない。しかし，これらが地方税収や地方支出の実額ではなく，客観的な根拠に基づいた見込みに従うならば，移転額が地方自治体の政策決定に応じて変化することはない。よって，給付を受ける地域の観点からすれば，S は定額払い（「渡し切り」）で与件となる。

市場で取引される財貨・サービス同様，公共サービスにも正常財，劣等財の区別がある。医療や教育，福祉サービスなどは地域住民の所得が高まるにつれ，ニーズも増える正常財といえるだろう。豊かになるほど，より質の高いサービスを求めるようになるからだ。

予算制約式の平行シフトが家計の選択に**所得効果**をもたらすことは消費者の理論で学ぶ通り。同様に一般補助金の促す誘因効果も所得効果となる。公

■図表 6-5　一般補助金の誘因効果

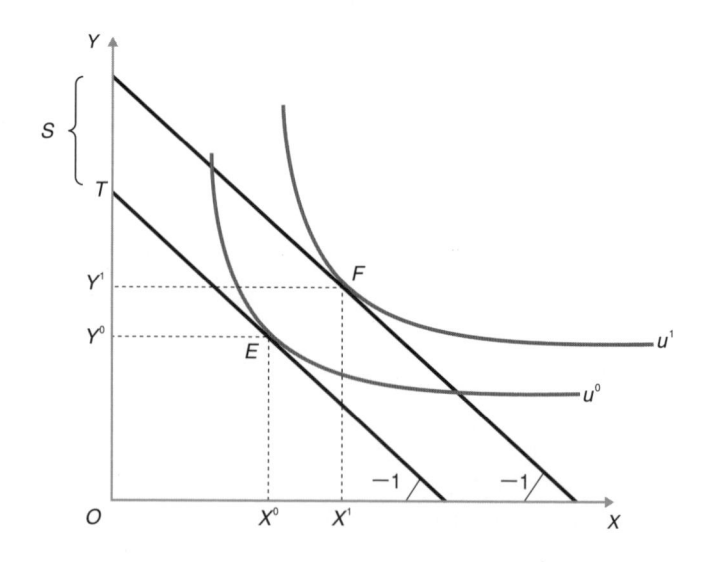

共サービスが**正常財**である限り、この所得効果はプラスであり当該サービス消費は増加するだろう。**図表 6-5** では X, Y とも正常財と仮定している。結果、移転後の自治体の選択する公共サービス配分は $F = (X^1, Y^1)$ で、$E = (X^0, Y^0)$ の右上に位置することになる。

特 定 補 助 金　次に特定補助金について説明しよう。定率補助金の移転額は地方自治体の公共サービス X への支出額に依存しており、mX に等しい。自治体からみれば、X への支出を1万円増やすごとに m 万円（例えば、$m=0.5$ とすれば5,000円）だけ補助金が増えるわけだから、自身の持ち出しは $1-m$ 万円で済むことになる。これは当該サービスの価格が $1-m$ に低下したことに相当する。

市場において財貨・サービスの価格低下が家計の需要行動に代替効果と所得効果をもたらすように、定率補助金は自治体の選択に代替効果と所得効果を及ぼす（**図表 6-6a**）。当初の配分 $E = (X^0, Y^0)$ から始めるとして、定率補助金による X の価格低下は補助対象にならない公共サービス Y に比べて

■図表 6-6a　特定補助金の誘因効果（定率補助金）

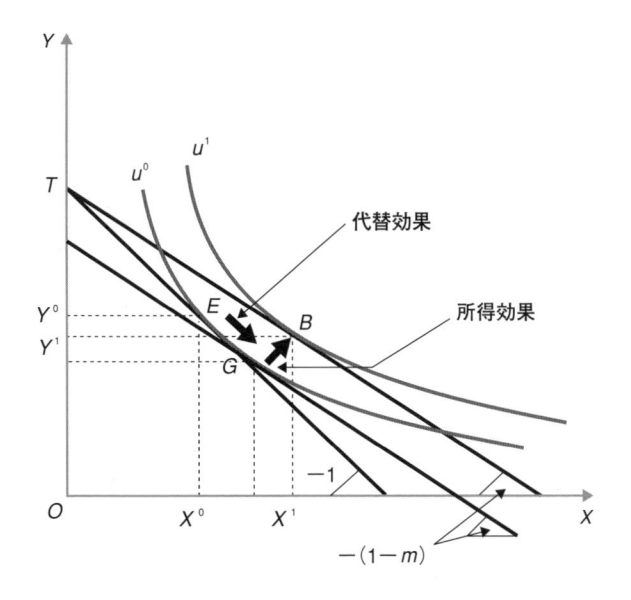

X の方を割安にする。ここで割安とは両サービスから得る受益（**限界代替率**）と負担（価格比）との比較による。

自治体は Y を減らして X を高めるように予算配分を変えるだろう。これが**代替効果**にあたる。ただし，補助金の移転は自治体の財政力も高める。消費者理論でいえば価格低下が家計の購買力を高めるのと同じことだ。この財政力の増加は一般補助金と同様に所得効果を発揮する。

両サービスとも正常財であるならば，所得効果は X，Y への需要を増やす方向に作用する。代替効果，所得効果ともサービス X の消費を増加させる一方，Y への支出は代替効果がマイナス，所得効果がプラスに働くため，ネットの効果は明確にならない。

特定定額補助金 特定定額補助金の効果は移転後に補助対象サービス（公共サービス X）に対して自治体が①依然として自主財源も充当しているか，②補助金のみを財源とするかによって異なってくる（**図表6-6b**）。

補助金移転後の地域厚生の無差別曲線が u^1 であるとき，新しい公共サー

■図表6-6b　特定補助金の誘因効果（定額補助金）

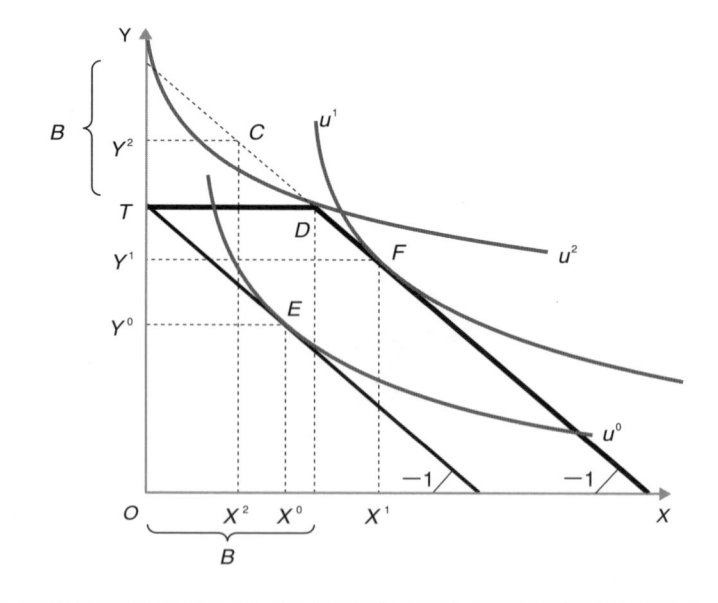

ビスの配分 $F = (X^1,\ Y^1)$ において，自治体は定額補助金に加えて自主財源からも $X^1 - B$ だけサービス X に充てている。

移転後の地方の予算制約が $D = (B,\ T)$ 点で屈折しているが，その右下に位置する F 点と E 点との関係は予算制約の平行シフトに相当する。ここで定額補助金の誘因効果は一般補助金と同じく**所得効果のみ**である。制度上は特定か一般かの違いはあっても経済効果は等しい。

一方，移転後の無差別曲線が u^2 であるならば，移転後の自治体の公共サービス配分は $D = (B,\ T)$ 点となる。D 点では無差別曲線の傾きと予算制約の傾き（$=-1$）が一致していないことに注意してもらいたい。地域の観点からすれば，公共サービス X を更に削減して Y に回したいところだが，ここでは補助金が「特定」目的であることが効いていて，X の供給を定額補助金額 B よりも低めることはできない。

このとき，定額補助金の誘因効果は一般補助金とは異なってくる。仮に同額 B を一般補助金化するならば，u^2 のような選好を持った地域は D 点に変えて，$C = (X^2,\ Y^2)$ を選ぶだろう。C 点では $X^2 < B$ であり，X には移転額以下しか支出されない。

ファンジビリティ 補助対象サービスに自主財源が充てられている限り，定額補助金の支払いはその自主財源を他の用途（ここでは公共サービス Y）に転用できるようにする。**図表 6-6b** において E から F 点への変化は公共サービス X を移転額 B 以下しか増加させない一方，補助対象ではないはずの Y を増やしていることからも分かるだろう；$\Delta X = X^1 - X^0 < B$，$\Delta Y = Y^1 - Y^0 > 0$。

ΔY は移転前に X を賄っていた自主財源 X^0 の一部を回した結果である。このような転用を補助金の**ファンジビリティ（流用可能性）**という。このファンジビリティがある限り，定額補助金の補助対象サービス拡大効果は（一般補助金同様の所得効果に）限られる。

上述の通り，定額補助金は対象サービス（ここでは X）の下限（**図表 6-6b** でいえば D 点）を定めることで，**ナショナル・ミニマムな水準を保障する**ことで有用だが，地方の限界的な誘因に働きかけ，当該サービスの拡充を奨励するには向かない。その目的のためであれば代替効果を発揮する定率補

■図表6-7 補助金の誘因効果（まとめ）

		誘因効果	帰　結
一般補助金		所得効果	（正常財である限り）公共財消費の増加
特定補助金	定額	代替効果	補助対象（対象外）の公共財消費の増加（減少）
	定率		

（注）定額補助金の誘因効果は補助対象の財に対して地方の自主財源が充当されている場合。

助金を用いた方がよい（**図表 6-7**）。

▶ フライペーパー効果

支出肥大化の検討　ここまでは，地方自治体を（代表的）地域住民の厚生を追求するという意味で，彼らの「忠実な代理人」と仮定した上で，財政移転の誘因効果をみてきた。しかし，財政移転は①自治体がそのように振る舞うことへの誘因，及び②地域住民が自治体をそのように振る舞わせるべく規律づけることへの誘因に影響を与えるかもしれない。

しばしば，補助金は地方の支出を肥大化させてきたといわれる。非効率性が指摘される公共事業なども補助金で費用が賄われるからこそ続けられる。もっともな主張だが，それが論理的に妥当であるためには，次の2つの点が明らかにしておく必要がある。

第1に肥大化というが何を基準にして地方支出は多過ぎるといえるのだろうか？　医療であれ，教育であれ公共サービスが「正常財」である限り，補助金に限らず住民の所得が増加すれば，公共サービスへの財政需要が高まるはずだ。補助金で増えた支出だからといって即無駄扱いできるわけではない。第2に自治体の無駄な支出は地域住民にとって「コスト」を課す。その支出を住民にとってより有益なサービスに振り向けることができたら，あるいは地方税の減税に回すことができたら，彼らによってもメリットがあるから

❖ボックス 6-1　定率補助金と外部性の内部化

第3章で紹介したモデルを使って定率補助金による地域間外部性の内部化について説明しよう。地域Aが地域Bに対して外部便益を及ぼすような地方公共サービスを提供しているケースである。

地域Aは $MB_A = c$ を満たすようにサービス水準 X を選択する。しかし，社会的に望ましいのは $MB_A + MB_B = c$ となる水準である（$X_S^* > X_A^*$）。MB_B が限界外部便益にあたる。中央政府は $m = MB_B/c$ となるような補助率で X を補助するとしよう。ただし，MB_B は効率水準 X_S^* で評価された便益である。このとき，地域Aの観点からすれば，サービス供給のコストが低下したことに相当する。「代替効果」が働き，X 財供給は，

$$MB_A = (1-m)c = c - MB_B \quad \Rightarrow \quad MB_A + MB_B = c$$

となるところまで拡大する。

このとき地域Aについて望ましい水準の条件式は社会的効率の条件式に一致する。条件式が等しいのだから，選ばれる X の水準は効率水準 X_S^* にほかならない。

現実には外部性の程度を測定するのは困難であるにせよ，「定性的」にいえば外部便益を与える地方公共サービスへの定率(特定)補助金は（それが過度にならない限り）当該サービスの拡大を促し効率性を改善するだろう。

■外部便益の内部化

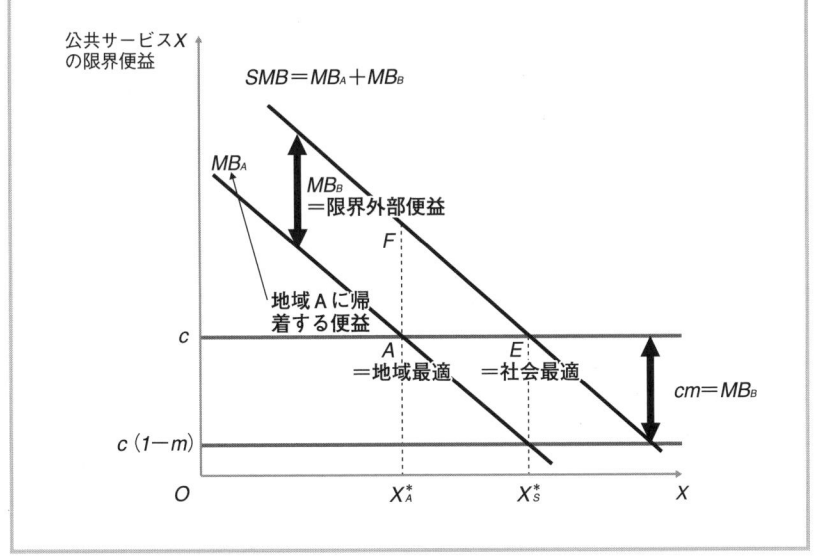

だ。何故，住民は自治体の無駄遣いを放置するのだろうか？

モデルの変更　このような問いに答えるため，上記のモデルに少し変更を加えたい。Z を地域住民の私的消費とする。貯蓄選択を無視すれば，これは課税後所得に等しい。X は地域住民が受益する地方公共サービス全体を集計したものとする。2財に限定するのは図による説明のためであって，X に代えて，複数の公共サービスを加味しても以下の結論に変更はない。更に簡単化のため，域内の全ての住民は選好・所得に関して同質と仮定する。住民は皆同じだから，これまで通り「代表的」な住民についてのみ考えていけばよい。

その住民の課税前所得を I，国税負担を τ，地方税負担（例えば個人住民税）を T とおけば，その予算制約式は，

$$Z = I - \tau - T \tag{6.2}$$

で与えられる。国からの定額払いの一般補助金は S で表される。「定額」であるから理論上，代替効果は伴わない。更に一般補助金であるから，その用途として自治体が地方税の減税の財源に充てることも可能となっている。この地域の人口を N とすれば，自治体の予算制約式は，

$$X = NT + S \tag{6.1'}$$

となる。この家計部門と地方自治体部門の予算制約式を合わせると，当該地域の資源制約を得る。

$$X + NZ = S + NI - N\tau \tag{6.3}$$

地方税 T が消去されているのは，それが地域住民から自治体への地域内での所得移転だからである。

等価定理とその検証　地域住民に対して忠実であるならば，地方自治体は（地方税負担を織り込んだ）地域資源制約式(6.3)を制約にして，代表的住民の効用 $U(X, Z)$ を最大にするよう公共支出 X と私的消費 Z の組合せを決めるだろう。(6.3)式の右辺はこの地域内で利用可能な資源（＝所得）の総量であり，それは補助金 S と地域住民が国税を支払った後の所得 $NI -$

$N\tau$ の合計に一致する。ここで重要なことは，S が 100 万円増えても，$NI - N\tau$ が 100 万円増えても，理論上，X や Z に及ぼす所得効果は等しいということだ。これを等価定理という。

> 等価定理＝地方自治体部門の所得の増加も地域の家計部門の所得の増加も公共支出に対する効果は等価となる。

実際のところはどうだろうか？ わが国を含めて，補助金が地方支出に及ぼす効果と住民の所得が与える効果の差異について，現実のデータを用いた実証研究が進められてきた。無論，多くの簡単化・抽象化を含む理論モデルと統計データが含意する現実は異なる。そのため理論では考慮されなかった経済的，社会的な特性をコントロールした上で，それでも残る撹乱要因影響については計量分析のテクニックを駆使し取り除くよう検証されている。

その研究結果は概ね補助金の支出拡大効果は，理論上等しいはずの地域所得の効果を上回るというものであった。米国の研究によれば，等価定理に基づく増加額の理論値と実際の地方支出増との間で人口一人あたりの定額補助金 1 ドルにつき 20 セントから 98 セントの差が見受けられている（Fisher, 1982）。$I-\tau$ が 1 万円増えるよりも，S/N が同額増えた方が公共支出 X の増加幅は大きい（逆に私的消費 Z の増額は小さい）ということだ（**図表 6-8**）。補助金の誘因効果としてみれば，定額払いの一般補助金は所得効果に加えて，あたかも代替効果（ここでは私的消費を公共支出で代替）が伴うことになる。

フライペーパー効果　等価定理によれば，理論上，国が（減税などで）地域住民に 1 万円与えるのも，自治体に補助金として住民一人あたり 1 万円渡すのも「お金には色は無い」。確かにお金には色はないが，直接受け取る主体は異なる。一旦，自治体の懐に入ったお金は地方税の減税などといった形で地域住民に還元されにくい（逆に地域住民にしても一旦もらったお金を，早々と地方税の増税に応じて自治体に渡す気にもなれない）。ことわざに「金は天下の回りもの」というが，少なくとも補助金に関しては，お金は一度張り付いたところから中々離れないのがわが国や米国などでみられる実証結果である。これを**フライペーパー効果**という。

■図表6-8　フライペーパー効果

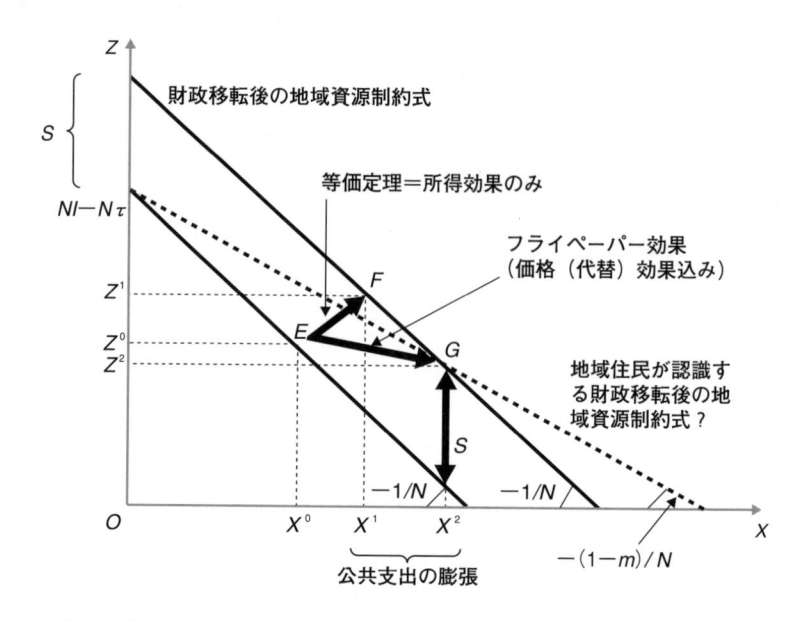

フライペーパー（flypaper）とは「ハエ取り紙」のことだが，ベタベタしていて補助金同様，一度くっついたら離れない。このベタベタ分，政府間財政移転は地方支出を増加させる効果を伴う。その増加は，地域住民が自身の所得が増えたときにその中から進んで払おうとする水準（所得効果）よりも大きい分だけ「過大」となってしまう。

財政錯覚　地方支出の肥大化は何故，地域住民によって許容されてしまうのか？　言い換えると，何故，地域住民は自治体に対して規律づけることをしないのか？

フライペーパー効果の発生要因としては，**財政錯覚**が挙げられる。財政錯覚としては，地域住民が補助金を含む地方予算の仕組みに関して正確な情報を持っていない状況を指す。例えば，今年の地方支出が100億円だったとして，その半分が補助金で賄われていたとしよう。実際のところ，この補助金は50億円の定額払いである。しかし，住民は**半分**という比率で考えてしま

い，自分らの負担は常に支出の「半分」で済むと思い込むかもしれない。翌年の支出が20億円増だったとしても，自分らの負担は10億円増えるに留まるというわけだ。これは**平均**価格（＝現行の支出に対する地方税の比率）と**限界的**価格（＝支出の追加に対する負担増）の混乱である。定額補助金が住民の観点からすれば国と費用を分担する定率補助金に映ってしまうのだ（**図表 6-8**）。

わが国でも義務教育費国庫負担金は3分の1であるが，これは国が定めた経費に対する負担割合で，自治体が独自に上乗せした支出への補助ではない。しかし，住民は自分らの負担は常に3分の2だと思い込んでいるかもしれない。住民の厚生最大化を前提に政策が決まっているとしても，認識する価格が誤っているため，本来，定額の補助金に代替効果が伴ってしまう。

そもそも，地域住民は自分たちの自治体が国からどれくらい補助金をもらっているか理解していないかもしれない。自治体が公表する予算書をみれば分かるはずだとの意見もあろうが，地方自治体は一般会計（普通会計）のほか，地方公営事業などの特別会計などを抱えている（第1章参照）。医療や介護のように，国など上位レベル政府からの補助金が特別会計に直接流れたりもする。

経済学では合理的な経済主体を前提にする。政治的な選択においても有権者は政府予算に制約がある（例えば，今日の借金は将来的には増税や支出カットでもって償還していかなくてはならない）こと，政策が市場経済に及ぼす複雑な一般均衡効果を全て正しく理解しているものとして理論モデルをたてる。もっとも，皆が真に合理的ならば経済学を学ぶ必要も（本書を読む必要も）ない……。有権者らの合理性について本来はそれを前提にするというよりも，それを可能にするような制度設計，具体的には情報開示，補助金制度の簡素化，公会計の透明化などを進めることが筋のはずだ。

情報の非対称性　地域住民が補助金に関して誤った認識をしているとして，自治体にはそれを正す誘因はないだろう。例えば，定額補助金と定率補助金の混乱などは自分たちの部局の予算最大化を図る地方官僚にとっては都合が良い。地方支出の拡充に対する地域住民からの支持を取り付け易いからだ。自治体が受け取る補助金が知られていなければ，地方税の減税要求もさ

れない。地域住民にしても補助金で支出の多くが賄われる限り，支出の膨張や無駄遣いがあっても自分たちの懐が直接に痛むわけではない。

　無論，減税を含めて財源は有効に活用されることが望ましいのだが，住民の間で負担感のない状態では，時間を費やして地方財政の現状や仕組みを知ろうとはあまり思わないだろう。多くの住民は「合理的無知」を決め込むかもしれない。補助金を配っているのは国なのだから，地方財政の最終責任は国にあるといった具合に，住民は当事者意識を失ないかねない。

　総じて自治体は住民よりも補助金の仕組み（＝定額か定率か）や実態（＝移転額）について情報（知識）上優位にあり，それを自分たちの利益，典型的には予算最大化や権益確保のために使おうと思うかもしれない。住民サイドに「財政錯覚」解消に向けた努力がない限り，そのような自己利益の追求を阻止することはできない。

　最近でこそ，住民の間で自治体財政への危機感が高まっているが，それも交付税など財政移転の削減や地方債の累積が続いた後になってのことだ。はじめからそのような危機感が共有されていたわけでもない。

6.3　地域間財政力格差の是正

▶ 財政調整機能

補助金のフォーミュラ　一般補助金の財政調整機能について説明したい。一般に地域の財政力は人口一人あたり収入でもって測られる。経済では豊かさの指標として「一人あたり所得」など人口で基準化することが多い。地域の財政力の定義もこれに即するものである。社会資本の整備状況や人口密度なども財政力として勘案されるべきという意見もあるだろう。道路など社会インフラがなければ産業も育たず，税収も乏しくなるし，人口が域内で拡散するほど，消防や福祉などの公共サービスを隅々まで行き渡らせる費用が高くつくからだ。もっとも，「均衡ある国土の発展」のためインフラが不可欠ならば，ナショナル・ミニマムの確保として特定補助金などで手当てすれば

よい。ここで財政移転に要請されているのは財政調整ではなくインフラ整備のための財源保障の機能である。割高な公共サービス費用にしても，当該サービスが社会的に重要ならば，その確保は別の補助金制度の役割になる。格差是正と称してむやみに財政力の定義を精緻にするのは，補助金フォーミュラを複雑，かつ不透明にしかねない。その帰結としてのソフトな予算制約については次節で紹介する通りである。

一般補助金の財政調整機能は次のような配分基準（フォーミュラ），あるいはそれに類似したものに従う。

> 人口一人あたりの補助金額＝定額－m ×（一人あたり地方税収）

ここで0以上1以下の m は調整率であり，一人あたり税収が1万円増えれば，m 万円減額される仕組みになっている。交付税における m は0.75に等しい。

図表6-9では横軸に一人あたり地方税収を，縦軸に補助金後の一人あたり収入をとっている。45度は財政移転がなかったときの地方収入にあたる。B 点までは補助金後の収入は A を切片とした傾き $1-m$ の直線で表される。(B 点の左に位置する) 2つの地域の間で一人あたり税収に10万円の格差があっても，(補助金フォーミュラ中の定額部分がどちらの地域でも同じとすれば) 移転後の格差は $10 \times (1-m)$ 万円に留まる。両地域間で（一人あたり）財源は均等化される。

潜在的財政力≠実際の財政力　ただし，実現した税収で地方の財政力を判断すべきではない。一人あたり税収は（厳密にいえば税目ごとに），

> 一人あたり税収＝（徴収率）×（地方税率）×（課税ベース評価額）

で決まることに注意してもらいたい。ある地域で実現した税収が小さいのは他の地域よりも税率を低く留めた結果かもしれない。あるいは地方税の取り漏れが多く徴収率が低かった可能性もある。地方分権の下ではローカル・オプティマムとしての税率選択の違いは許容されて然るべきだろう。徴収率にしても，それが低いのは自治体の自己責任である。いずれも財政移転で補塡する必要はない。さもなければ，徴税努力を怠った自治体が補助金上，優遇

■図表 6-9　一般補助金の平準化効果

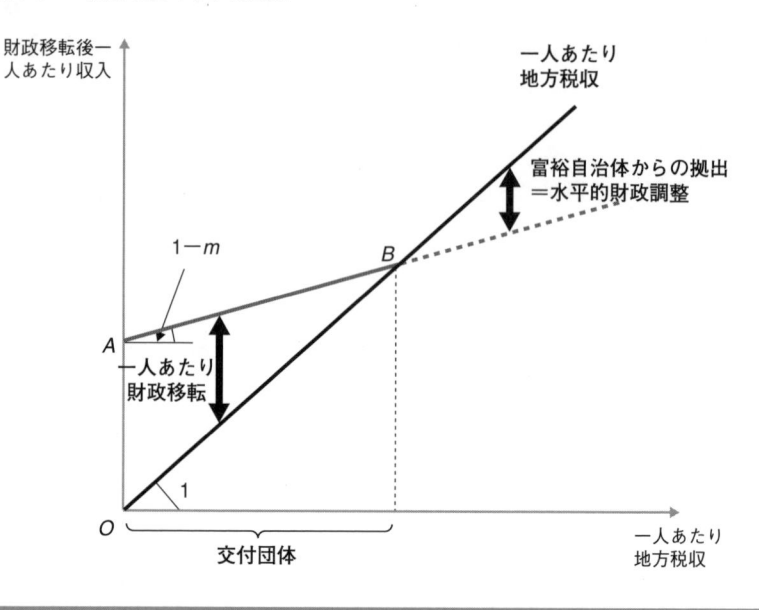

（図：縦軸「財政移転後一人あたり収入」、横軸「一人あたり地方税収」。原点Oから傾き1の直線「一人あたり地方税収」、点Aから傾き$1-m$の直線が点Bで交わる。AからBまでの区間が「交付団体」。Bより右側で点線との差が「富裕自治体からの拠出＝水平的財政調整」。A点付近の縦矢印が「一人あたり財政移転」。）

されることになりかねない。財政調整にあたって考慮すべきは地方自治体の**潜在的税収稼得能力**である。

　実際，地方交付税は地方税法が定める標準税率を用いて算定される。地方税の徴収率も実績ではなく見込みベースだ。カナダの平衡交付金（州間で財政力を平準化）でも各州の税収を計算するのに当該州の税率ではなく，全国平均の税率が採用されている。

　自立への誘因　補助金フォーミュラの調整（平準化）係数＝mを100％にすれば，移転後，一人あたり収入の完全な均等化が実現する。格差是正の観点からすれば，それが望ましいと思う読者もいるだろう。しかし，完全平等は地方自治体の自立への誘因を損ないかねない。税率や徴収率を標準税率や全国平均としても，課税ベースの大きさには地域経済の活性化の度合い（所得税であれば個人所得や企業収益，固定資産税ならと地価）が反映されるからだ。第4章で議論したように，地域経済活性化に地方自治体が一定の役割を果たし得る。一生懸命，地域産業の育成や起業活動を支援しても，

その成果である税収増の大半が財政移転の削減で相殺されるとなれば，さすがにやる気もなくすだろう。これは「貧困の罠」として知られるように，稼得所得の増加分，生活保護など福祉手当をカットされて手取りが変わらないとなれば，生活保護世帯が勤労意欲を失ってしまう（敢えて働かずに福祉を当てにした生活に甘んじる）のと同様だ。自立への誘因を勘案すれば，平等が常に望ましいわけではない。

この件については，「自治体が企業誘致に期待する効果として税収確保は高くない」との意見もある。しかし，法人二税の配分基準の見直しによる財政調整には「地方公共団体にとっては産業振興等を通じた税源涵養のインセンティブ……を失わせる」との異論が出ていた（地方財政審議会（2006年6月19日））。地方自治体は収入に無関心というわけではないようだ。

2つの財政調整　図表6-9で受け取る補助金がちょうどゼロになるB点から右側では次の2つのケースがあり得る。第1は，B点よりも財政力の豊かな自治体の収入が45度線に一致するケースである。このような自治体は，補助金を受け取らないが補助金の財源への拠出の義務も免れている。わが国の交付税制度では東京都など「不交付団体」がこれにあたる。一般補助金はもっぱら国の懐（税金）から賄われることから（国から地方への資金の流れを強調して）**垂直的財政調整**という。

垂直的財政調整における財政力の平準化は補助金を受け取る地域（交付団体）の間に限られる。交付団体間であれば，地方税（標準税率分）の格差の一定割合（$=m$）が是正される一方，不交付団体と交付団体の間の格差はそのままになる。この非対称性は税源移譲を行うときに顕著となる。第1章で言及したように三位一体の改革に際して，税源移譲と同額の交付税が削減される措置が採られていた。しかし，不交付団体にはこのルールは当てはまらない。移譲された税源はそのまま留保できる。よって，税源移譲は交付団体と不交付団体の間で財政力格差を拡げかねない（ただし，ネットの効果は国庫補助負担金の削減に対する交付税の補塡措置（＝財源保障）にも依存する）。

第2は，B以降の地域の移転後収入が45度線以下に位置しているケースである。縦軸でみて，45度線との差額分だけこのような地域は一般補助金

■図表6-10　2つの財政調整

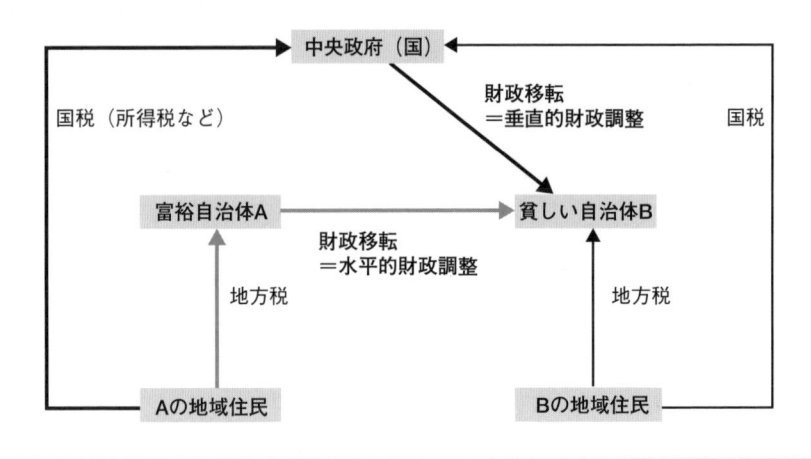

```
                    中央政府（国）
         ┌──────────→          ←──────────┐
         │         財政移転                  │
  国税    │        ＝垂直的財政調整            │ 国税
（所得税など）│              ↓                │
         │                                  │
      富裕自治体A ──────────→ 貧しい自治体B
         ↑      財政移転          ↑
         │     ＝水平的財政調整     │
       地方税                    地方税
         │                       │
      Aの地域住民              Bの地域住民
```

の財源に拠出していることになる。富裕な地域から貧しい地域に直接的に資金が流れることから**水平的財政調整**と呼ばれる。ドイツの平衡交付金はこの水平的財政調整の例である。わが国でも，地方法人特別税導入に際して「不交付団体も含めた格差是正を行うため，……，自治体間の水平的な財政調整制度の導入についても検討が行われるべき」とされていた。具体的には国税化した法人事業税（2兆6,000億円分）を人口などで按分することで東京都を含む都市圏自治体から他の道府県に4,000億円規模（試算）の財政移転を実現している。

　もっとも，所得税や法人税を考えると税収の多くは都市圏で徴収される。企業を含む都市圏の納税者が国に税金を納め，垂直的財政調整として，その税金が地方圏の自治体に回っているならば，国を介しているとはいえ，住民間での財政調整（再分配）は水平的になっている。財政調整が垂直的か水平的かは富裕な自治体を直接的に財政力の平準化に巻き込んでいるか否かの違いに過ぎない（**図表6-10**）。

▶ 地域間の公平？

　しばしば，地域間での公平云々が論じられる。しかし，公平とは本来，地

域に適用すべき価値尺度ではない。経済学的にいえば，公平・不公平とは個人と個人の間に関わるものだからだ。実際，企業のような組織の間で（課税や規制の手続きに関わる「公正」＝平等な扱いが求められることはあっても）公平が論じられることは滅多にない。

だからといって，経済学は地域間格差が不公平にあたらないといっているわけでもない。では誰と誰との間の公平・不公平を指しているのだろうか？

僻地のように財政力の乏しい地域にも比較的所得の高い住民（例えば，地元の名士や会社社長など）はいるだろう。都市圏の財政力の豊かな地域にも低所得者はいる。貧しい地域の住民が全て貧しいわけでも，豊かな地域の住民が皆豊かなわけでもない。財政移転が，都市圏の豊かな納税者から貧しい地域の低所得の住民への再分配に繋がるとは限らない。

垂直的公平感と水平的公平感　租税の公平感として，応益原則と応能原則があることは第２章，第５章で説明した通りである。この公平感には，もう一つの軸として，**垂直的公平感**と**水平的公平感**がある。

前者は**個人間での格差是正を求める公平感**である。応能原則同様に担税力に応じた税負担が望ましく，給付は低所得層を優先すべきということになる。もっとも，格差是正の方向には大筋で合意があっても，是正の「程度」は個々人の価値観によるだろう。これに対して，水平的公平感とは**均等者の間での公平**を指す。

例えば所得の同一な個人を「均等者」と定義するならば，彼らが租税や公共サービスを含む公共政策によって異なった扱いを受けてはならない。「均等者均等待遇の原則」である。税制でいえば，第５章でも言及したようにサラリーマン，自営業，農家といった業種によって所得の捕捉率が異なるクロヨンやトーゴーサンは水平的公平感にそぐわない例となる。

地方財政の文脈でいえば，住んでいる地域の違いから**所得など経済的な境遇が似通った２人の個人**（均等者）の厚生水準が異なるならば，水平的公平に反することになる。地方圏に住む個人が居住地の自治体の財政力の乏しさから，都市圏自治体の「均等者」よりも高い税負担，あるいは，低い公共サービス供給に甘んじるのは望ましくないということだ。

この観点からすれば，地域間の税収格差が不公平なのは富裕な地域の富裕

層と貧しい地域の低所得層との間に格差があるからではなく，富裕な地域と貧しい地域の均等者（同じくらいの額の所得を得ている個人）間で格差が生じるからである。財政移転の財政調整機能（財政力の平準化）は，このような均等者が等しい厚生を得る機会を**均等化**させるように働く。

垂直的公平の改善は累進的所得課税や生活保護などセイフティネットの充実といった「対人給付」によって対処するべきものである。無論，わが国のように地方がこのような給付を担うこともある。その場合，国は給付のナショナル・ミニマムを確保するよう（特定補助金でもって）財源保障すればよい。

▶ 財政余剰

公共サービスの純便益　ここでは課税前所得が同じ個人を均等者と定義した上で，水平的不公平感と財政移転による是正策について「財政余剰」という概念を使って説明したい。この**財政余剰**とは地域住民が享受する地方公共サービスからの便益と当該住民の地方税負担の差として定義される。負担を超過した公共サービスの「純」便益であり，市場でいえば消費者個々人の消費者余剰に相当する。

> 財政余剰＝地方公共サービスからの受益－地方税負担

消費者余剰同様，この財政余剰は金額ベースで測られる。消費者理論では「支出関数」を使って消費活動からの効用を金額表示するのだが，簡単化のため，住民一人あたりの公共支出を受益と定義しておく。地域間での財政力格差を測るとき，一人あたり税収を用いたように，ここでも受益の水準を比較するのに人口一人あたりに基準化して考える。地方が提供する公共サービスが介護や医療，保育サービスなど財の性質としてみて（競合性を伴う）私的財に近い性質を持つものが多いならば，人口一人あたりの地方支出は実際に各住民が享受するであろう便益を近似する。

ここで次の2点に留意してもらいたい。第1に，この財政余剰は住民ごとに定義される。原則，地域内で集計化されるべき概念ではない。つまり，地域Aに居住する佐藤氏の財政余剰，鈴木氏の財政余剰といった具合に算出

するのであって,これらを合計して地域Aの財政余剰を出すことに意味はない。

無論,支払う税金が異なる限り,域内の住民が皆同じだけの財政余剰を得ているわけではない。貧しい地域の中にも財政余剰の高い住民も低い住民もいる。富裕な地域についても同様である。ただし,水平的公平の関心は異なった所得階層間での財政余剰の比較ではなく,異なった地域に居住する均等者の間での比較であることに注意してもらいたい。

第2に,上で受益を住民一人あたり支出で測るとしたが,同じ地域内でも住民個々人が享受する便益は同じではない。地方公共サービスとしての介護は高齢者が多く受益する一方,保育サービスであれば幼い子供を持った比較的年齢の若い家庭が受益者となる。地方自治体の提供する公共サービスの中身(構成)によって,同じ一人あたり支出からの受益の程度が住民によって違ってきてもおかしくはない。以下では財政余剰を実現した純便益というよりも潜在的に享受可能な純便益と考える。受益から差し引かれる地方税も実際の税率ではなく,標準税率や全国平均など潜在的な税負担に対応する。

財政余剰の格差 地域住民の効用水準は私的財消費(=課税後所得)と地方公共サービス便益の和で定義する(これは財政学で学ぶヘイグ=サイモンの「包括的所得」概念にあたる)。

単純化のため,国税や国の支出は捨象する。国防など国家公共財の受益は全国均一だし,所得が同じであれば国に支払う所得税も居住地のいかんに拠らず同一になる。よって原則として国の政策が均等者(=課税所得が同じ個人)を地域間で差別的に扱うことはない。無論,国の公共事業などが特定の地域に偏ったり,同じ所得を稼ぐ都市圏のサラリーマンと地方圏の農家との間で所得の捕捉率が異なったりすること(クロヨン問題)が現実にはあるが,国の政策に起因する不公平はここでの関心事ではない。

> 個人の厚生=私的財消費(課税後所得)+地方公共サービス便益
> 　　　　　=課税前所得+(地方公共サービス便益−地方税負担)
> 　　　　　=課税前所得+財政余剰

上式から課税前所得が同一な均等者の間で水平的公平が確保されるには,

彼らの財政余剰が地域間で平準化されてなくてはならないことが分かるだろう。

地域間での税源の偏在はこの財政余剰に格差をもたらす。例えば，地方税として源泉地主義の法人課税（わが国では法人二税）が割り当てられていたとしよう。この課税は地域住民が直接的に負担する税（居住者課税）ではないから，個々人の財政余剰で受益から差し引かれる地方税には含まれない。法人課税が域外の住民に転嫁される（租税輸出がある）ならば，税の帰着ベースでみても住民負担にはならないはずだ（第5章参照）。

法人税収の豊かな自治体は同じ水準の公共支出を地域住民に対する低い税負担でもって提供できる，あるいは（個人住民税や固定資産税など）同じ居住者課税でもってより高い支出を賄えることになる。しかし，法人税収の乏しい自治体はそうはいかない。よって，課税所得が等しい都市圏の住民と地方圏の住民との間で財政余剰に違いが出てくることになる。

税源の偏在の問題は法人課税に限らない。個人住民税であっても地域間で平均所得に違いがあれば，平均所得の高い地域に居住する個人の方が同所得の低い地域の均等者よりも高い財政余剰を享受できる。同じ税率に対して上がってくる税収が高いことから，一人あたり支出も多くなるからだ。

▶ モデルによる説明

政府間財政移転の財政調整機能は，**財政余剰格差**を是正して水平的公平を改善する効果がある。このことについて簡単な数値例を用いて説明しよう。

数値例による説明 2つの地域A，Bに各々3人の住民が住んでいるとする。ここで財政余剰格差は地域間での平均所得の違いによる。

地域Aの住民のうち2人は高所得者で年間の所得が1,000万円，残りの1人が比較的，低所得者で400万円である。一方，地域Bの住民のうち1,000万円を稼ぐ高所得者は1人で，残りの2人の年間所得は400万円とする。いずれの地域でも税率10%で地方所得税を課しているならば，高所得者，低所得者が税負担は各々100万円，40万円で与えられる。

このとき，地域Aの税収は240万円＝2×100万円＋40万円，地域Bの税収は180万円＝100万円＋2×40万円に等しい。法人課税などほかに税収が

ないとすれば，財政移転前の一人あたり支出は地域Aで80万円＝240万円÷3人，地域Bが60万円＝180万÷3人となる。

問題の所在　各地域，各個人の財政余剰（財政移転前）は**図表6-11**で与えた通りである。地方の予算収支がバランスしていること，所得税以外に収入がないことから，各地域内で個々人の財政余剰の合計はゼロになる。地域Aでは高所得者が一人あたり20万円のネットの負担（＝負担－受益）を被っているが，この分が域内の低所得者への所得移転となる（税率がフラット化していても所得課税には再分配機能が残るからだ）。

地域Bについても唯一の高所得者から40万円分が残りの低所得者に再分配されている。水平的公平感が問題視されるのは，このような地域内での再分配ではない。同じ高所得者であっても，地域Aの住民の方が地域Bの住民よりも20万円高い財政余剰を得ている（低いネットの負担で済んでいる）のが不公平なのである。同様に，低所得者の間でも地域Aに住むか，地域Bに住むかで財政余剰が異なってくる（地域Aの低所得層の財政余剰＝40万円＞20万円＝地域Bの低所得者の財政余剰）ことが水平的公平を損ねている。

調整の方法　このような水平的不公平を是正するには，国は地域Bに対して人口一人あたり20万円＝両地域間の財政余剰格差だけの補助金を給付しなければならない。この財政移転によって地域Bの一人あたり支出は自主財源（地方税）分と合わせて80万円（＝財政移転20万円＋一人あたり税収60万円）まで増える。これは地域Aと同じ水準であって地域Bの高

■図表6-11　財政余剰格差と財政調整

		財政余剰（移転前）	財政移転	財政余剰（移転後）
高所得者	地域A	80－100＝－20万円	0	－20万円
	地域B	60－100＝－40万円	20万円	－20万円
低所得者	地域A	80－40＝40万円	0	40万円
	地域B	60－40＝20万円	20万円	40万円

所得者，低所得者は各々，地域Aの高所得者，低所得者と同じ財政余剰を得ることができるようになる。移転総額60万円（＝3人×20万円）の財源を例えば，高所得者への累進課税（一人あたり20万円）で賄うとすれば，水平的公平は確保される。いずれの地域でも高所得者の国税負担額は等しいからだ。

この財政調整は上の分類に従えば，垂直的財政調整にあたる。財政調整を水平的に行うならば，地域Aから住民一人あたり10万円を拠出させ，それを地域Bに移転すればよい。地域Aの一人あたり公共支出は10万円分減額され，地域Bでは同額だけ増加する。高所得者の財政余剰はどちらの地域でも－30万円（＝70万－100万），低所得者の財政余剰は両地域とも30万円（＝70万－40万）に等しい。

地域間財政移転と個人間公平　　地方自治体に対する財政移転が何故，個人間での水平的公平を改善するのかについて違和感を持つ読者もいるだろう。理解のポイントは次の2点だ。第1に，財政力の乏しい地域では概ね全ての所得層を通じて住民の厚生が他地域の住む彼らの均等者の厚生よりも低くなる。上の例に即していえば，財政余剰を所得（厚生）に加えたとき，地域Bの高所得者はAの高所得者よりも貧しく，地域Bの低所得者はAの低所得者よりも貧しい。所得のいかんによらず，同じ境遇に置かれるわけだ。第2に，財政移転は一人あたり公共支出を高める，あるいは住民の地方税負担を低めることで地域内の全ての住民の財政余剰を同様に高めることができる。国から地域Bへの一人あたり20万円の財政移転は当該地域内の高所得者と低所得者の財政余剰（よって厚生）を同額，均等に引き上げる。財政調整についていえば，（その財源を確保するための国税負担の変化を除けば）地域Bの高所得者と低所得者は利害を一にする。

直接移転の場合　　自治体への補助金ではなく地域住民への直接給付でもって水平的公平の問題に対処することも理論的にはあり得るだろう。上の数値例でいえば，地域Aの高所得層から10万円分，国税を追加徴収し，地域Bの高所得層に10万円を給付するといった具合だ。6.2節で紹介した「フライペーパー効果」を勘案すれば，対人給付の方が政府間財政移転よりも公共部門の膨張（地方支出の拡大）を抑えるともいえる。

ただし,地方自治体に代えて,絶対数の多い個人に対して給付をするとなれば,均等者(各々の地域で誰が高所得者で,誰が低所得者かなど)を正しく識別するための所得捕捉の徹底や給付の手続きなど執行上のコストは高くつくことになるだろう。

▶ 財政移転の保険機能

社会保障には再分配だけではなく,保険としての機能があることが知られている。例えば,年金は「長生き」のリスクに対する保険である。頻度こそ年齢などによって異なるが,誰でも病気になり得る。健康保険には,病気になったときの出費のリスクをヘッジする役割がある。生活保護のような福祉も,万が一に生活が困窮したときの最後の拠り所であり,誰も自分だけは大丈夫と言い切れない以上,保険としての側面がなくはない。

財政調整にしても,その便益は今日,補助金を受け取る地域に限られない。今日富裕な地域も,明日は不況による税収の落ち込みで財政的に困窮するかもしれないからだ。人生に浮き沈みがあるように,地域経済の繁栄や自治体の財政力にも浮き沈みはある。

景気のサイクルが地域間である程度独立しているとき,財政移転による財政調整は地域間で**リスク・シェア(保険)機能**を発揮する。地域経済が低迷し税収の落ち込んだ(よって財政力が低下した)地域への移転を高め,逆に景気が良く税収が増加した地域への移転を低めることで,地方の財源を安定化できるからだ。その結果,財源(=地方税+財政移転)の変動リスクは緩和される。地域(の住民)がリスク回避的である限り,このような財政移転はその厚生を増進するだろう。

無論,補助金に代え地方自治体は地方債の起債で景気の変化に対処することもできよう。不況期は借入で収入不足を賄い,好況期に増えた税収を借金の返済に充てるといった具合だ。しかし,地方の借入能力(市場からの信頼)は財政移転を担う国に比して限定されてしまうだろう。

財政調整の効果は長期と短期に区別できる。今日だけみれば地域間での再分配(平準化)だが,長い目でみれば**時間を通じて**各地域の財政力を平準化(安定化)するよう働くことになる。

ただし,保険の存在により各地域は自ら収入の変動に備える,具体的には基金を積み立てる,あるいは地域経済の安定化を促す努力を怠る(**モラル・ハザードを助長する**)かもしれない。従って平準化の程度はリスク・シェアと地方のモラル・ハザードの背反関係を勘案して決められなくてはならない。

また,リスク・シェアとしての財政移転は「保険数理的に公平」なことが求められる。ここで公平とは各地域が受け取る補助金の期待値とその住民が(国税として)負担するその財源が事前(長期的・平均的)に見合っていなければならないということだ。さもなければ,財政移転は保険ではなく,長期的観点からも再分配的となる。実際,東京から北海道への(国税⇒交付税・国庫補助負担金を通じた)財政移転は両地域でのリスク・シェアというよりも,前者から後者への純然たる再分配とみなすのが妥当だろう。

6.4 政府間補助金の政治経済学

規範と実態 前節までは「地方分権の失敗」を矯正する政府間財政移転の規範的(あるべき)役割と経済効果についてみてきた。しかし,現実の財政移転がこのような規範に即しているわけではない。あるべき政策と政策の実態は違う。

本節では財政移転を決める政策決定過程に注目し,その政治経済学的な帰結について説明する。市場が失敗するように,政府も失敗する。地方分権が失敗するように,中央政府も失敗するわけだ。財政移転に限らず,政策が政治的に選択される以上,効率・公平よりも政治的利益が政策に反映されるのは自然であろう(分権化に関わる政治経済学については第4章参照)。現実の公共政策は「慈悲深い専制君主」による社会厚生の最大化問題の「最適解」ではなく,それに関わる政治家,官僚,利益団体など様々なステイク・ホルダーの選択と相互作用の帰結たる「ゲームの均衡」として実現するものである。

しかし,前にも述べたように政治的に望まれる政策の経済的な帰結が望ましいわけではない。経済学に基づく政策評価,政策提言の目的は,政治的に

■図表6-12 「あるべき」補助金 vs「ある」補助金

	特定補助金＝国庫補助負担金	一般補助金＝地方交付税
規範的 （「あるべき」 補助金）	外部性の内部化 ナショナル・ミニマムの確保	財政的公平の改善
政治経済学 （「ある」補助 金）	国の過度な関与 地方へのばら撒き・陳情合戦 （レント・シーキング）	国の政策誘導（補助金化） 地方予算の「ソフト化」

受けいれてもらえるよう妥協したり，利害当事者らに迎合したりすることではない。むしろ，政府（政治）に失敗に伴うコスト（仮に規範に即していたら得られたであろう**社会的利益の逸失**）を明らかにすることにある（**図表6-12**）。

以下では政府間財政移転の政治経済学として①利益誘導政治（補助金のばら撒き），②レント・シーキング（補助金の陳情合戦），及び③ソフトな予算制約（事後的救済）を紹介する。

▶ 利益誘導政治

規範的にいえば，国政を担う国会議員や政治政党は経済成長や所得分配など一国全体の見地から政治的判断を下すことが望まれる。しかし，実際のところ，議員は国民にではなく自分の選挙区のみに「奉仕」する傾向がある。政治家が政治的裁量を利かせ自分の選挙区向けの補助金（とりわけ公共事業向けの補助金）を政府（国庫）から捻出することは日常茶飯事といっても過言ではない。このようなばら撒きを**利益誘導政治**という。

2つのアプローチ　国会議員は自らの補助金獲得能力を顕示することで地元の利益団体や有権者の支持を取り付けようとする。

もっとも，彼らの主張が何故国政の場で通ってしまうのだろうか？　族議員のドンなど政党内で人事や選挙資金などに歴然とした影響力を行使できる政治家ならともかく，普通の議員ならばそのようなわがままは通りそうにない。これがまかり通る理由としては，政権政党内での政治的リーダーシップ

の欠如が挙げられる。政治家同士の利害を調整したり，過大な要求は退けたりする機能が失われているということだ。政党の拘束が緩やかなほど，議員個々人の裁量の余地は高まることになる。

一般に，補助金の政策決定は大きく**トップダウン型**と**ボトムアップ型**に分けられる。前者は政府・与党が強力な政治的リーダーシップを発揮して選挙時の得票率や政権支持率など（家計であれば効用，企業ならば利潤にあたる）単一の目的を最大化するよう補助金配分を最適化する（地域間での利害調整を図る）ものである。政党内の政治家らは共同歩調をとる。しばしば政治経済学のモデルでは政党の目的関数を「得票率の最大化」と置くことがあるが，これはトップダウン型の意思決定（政治的リーダーシップの存在）を仮定したものだ。

一方，ボトムアップ型の場合，政治家・中央官庁は個別・独立に自己の利益を追求するべく補助金予算の獲得に走る。補助金政策決定の裁量・権限が分散しているのが特徴である。ここでいう利益誘導政治は「ボトムアップ型」にほかならない。

また，政治家の間で馴れ合い的な**暗黙裡の合意**があるかもしれない。各国会議員は自身の補助金要求に賛同してもらう見返りに他の議員の同様の要求にも賛成するといった具合だ。

こうして彼らは便益の範囲が地域的（主に自身の選挙区）に限定される「地方公共財」的な事業への補助金を獲得する。無論，補助金の財源は最終的に国の税金でもって賄われなくてはならない。しかし，当の政治家は自身の選挙区外の住民に帰着する税負担を考慮しない。コストが過少評価される分，補助金要求は過大になりかねない。

縦割り行政　国会（立法府）に限らず，権限の分散化は政府（行政府）にも見受けられる。政権内での意思統一の難しい連立政権ではこの傾向が顕著になるだろう。連立与党を構成する政党は各々，支持基盤のある地域や産業界向けに補助金を際限なく，ばら撒くかもしれない。実際，単独政権に比べて連立政権の方が財政を膨張させ，財政悪化に陥りやすいとの国際比較データを用いた実証研究がある。

わが国では「縦割り行政」の弊害が長く指摘されてきた。情報や権限が組

織の下層部に偏重する形で分権化・分散化し，意思決定が積み上げ型となっている。その結果，「省益あって国益なし」とばかりに中央官庁は自身の予算や既得権益の確保に固執する。ステイク・ホルダーは自らの予算を配慮しても，（財政当局を除けば）国全体の長期的（通時的）予算収支を考慮することはないから，財政が「自律的」に均衡化する保証もない。このため財政（補助金予算）の膨張に歯止めが掛からない。

モデルによる説明　利益誘導政治の帰結を簡単なモデルで説明しよう（**図表 6-13**）。地域 A で提供される公共サービスを g，当該地域に帰着する限界便益を MB とおく。地域間外部性は存在しないものとする。費用 $C = cg$（c は正の定数）のうち地方の負担割合（＝地方税からの持ち出し）は ϕ，残りは国からの補助金によって賄われる。

全ての地域が補助金の財源を均等に負担するような簡単なケースでは，補助金 $S_A = (1-\phi)C$ に対して，地域 A は国税として限界的に $(1-\phi)/J$ だけ支払うことになる。ただし，J は地域の数である。地方税と国税を合わせて，

■図表 6-13　利益誘導政治

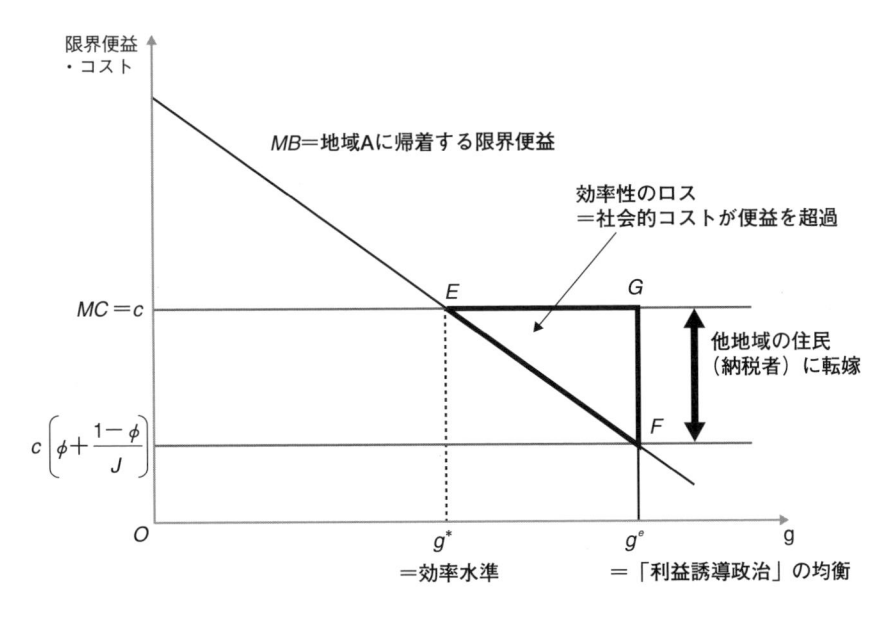

地域Aの観点からみたサービス供給の限界費用は，$(\phi+(1-\phi)/J)c$ に等しい。ここで $(1-1/J)(1-\phi)$ は他地域に転嫁されている。当該地域の選出議員が（再選を目指して）地域厚生のみを追求するならば，補助金は，

$$MB = (\phi+(1-\phi)/J)c \tag{6.4}$$

を満たす水準まで拡大する。(6.4)式の解を g^e としよう。効率的供給水準の条件式は $MB=MC$ だから，公共財は過剰供給（$g^e > g^*$）である。これは他地域に負担が転嫁される分だけ，地域Aの選出議員が g のコストを過少評価しているためである。

共有財源問題　上では地域Aの選択のみに着目したが，他の地域もまた同様に，過剰な補助金要求をする誘因を持つだろう。「全ての」地域が同様の行動をとるならば，それは，相互にコストを押し付けあうことであり，究極的には国民皆が高い国税負担を負うことになる。共有地の悲劇と同様だが，これを**共有財源問題**という。

共有財源とは利害当事者らが自由にアクセスして収奪できる財源であり，ここでは国庫がそれにほかならない。この問題を克服するには国の政策決定過程の集権化が不可欠となる。具体的には政党内，政府内の階層的コントロールを強める，あるいは補助金政策に関わるステイク・ホルダー数を減じることである。特に大統領や政党リーダーの権限強化は一国全体の経済，財政に配慮した財政運営を可能にするものと考えられる。

▶ レント・シーキング

わが国の政府間関係は中央官僚が主導権を持ち，地方を国の下部組織とした**集権的分散システム**によって特徴づけられてきた。しかし，首長や地方選出議員を通じて地方が相互に競合しつつ，国の政策に働きかける側面（**レント・シーキング活動**）も否定できない。「集権的分散」体制は国が政策の執行を地方に依存することで，後者の政治的影響力を増すものとも考えられるからだ。

地方のロビー活動　国と地方の密な融合関係は，後者のニーズを前者に伝えるルートともなり得る。地方自治体（あるいは，その利益代弁者）のレ

ント・シーキング（ロビー）活動の一つとしては中央官僚・政治家への情報提供が挙げられる。その情報には補助金事業の経済効果及び政治的効果（同事業が次の国政選挙で現職政治家の得票数に及ぼす効果など）がある。地方が地域経済の現状や住民の選好について中央レベルよりも詳細な情報を有している限り，その情報上の優位が地方のロビー活動の源となるはずだ（ここで地方自治体は優位な情報を地域のニーズに即した財政運営のためではなく，国からの補助金獲得のために使う）。

もっとも，このような情報が正しく伝達されるとは限らない。地方は補助金配分が自身に有利になるよう情報を操作する誘因を持つからだ。地方の伝える情報には一定の根拠や信認が求められる。その点，中央の天下り官僚が伝える情報であればその信憑性は高いだろう。実際，わが国では国からの「出向官僚」が出身官庁とのパイプを生かし，予算要求において国と効果的な交渉力を発揮してきたといわれる。

政党の地方支部や地方議員らによる（国会議員を選出する）国政選挙への選挙協力も地方のロビー活動の一環となる。補助金事業など地域利益に最も尽くしたとみなされる候補者や政党に対しては積極的な支持がなされるだろう。彼らの貢献をメディアを通じて広く宣伝し，有権者の認知を高めるのも，そのような活動の一つである。

小規模団体の優位性　一般にレント・シーキング活動は少数派（小規模団体）に優位性があることが知られている。第1に，小規模団体にとってレント・シーキング活動から得る権益（補助金）は多額でも，そのコストは一国全体に広く分散するため，多くの有権者には認知されにくい。

人口が1,000人に満たない村で50億円規模の公共事業（道路や公共施設の建設）を行うとしよう。その権益（＝公共事業補助金）は村人一人あたり500万円あまりとなる。一方，全国の納税者（消費税であれば，数は日本の人口1億2,000万人にあたる）一人あたりの負担は僅か（50円に満たない）に過ぎない。高い権益を感じる小規模集団（ここでは公共事業を行う村）とコストをあまり認識しない集団（全国の納税者）のいずれが，国に対してより積極的に働きかけるかは明らかだ。

第2に，多様な利害関係を含んだ都市圏自治体よりも，人口が少ない地域

の方が自分たちの権益（公共事業による雇用の確保，農業補助金による農家支援など）について合意を形成しやすい。

レント・シーキング活動の代償　地方自治体が国に陳情して補助金の獲得に成功したとしても，その補助金は自治体にとって只で手に入ったわけではない。ロビー活動に掛けた時間や労力を他の用途，例えば，行政サービスの提供，質の改善に繋がる仕事に充てていたならば実現したであろう便益（住民厚生の増進）を失ったことになるからだ。何事にもフリー・ランチ（只飯）はない。

特に将来性のある，能力の高い人材を陳情合戦に投入するならば，その潜在的コストは非常に高くつくだろう。より生産的な活動（地元産業の振興か行財政の効率化）に専念させることができた能力を中央官庁・政治家とのパイプ作りに費やされてしまう。長い目でみれば，地方の自立と経済発展も損なわれかねない。

その代わりに補助金を得たから割が合うという意見もあろうが，陳情合戦からは社会的に何ら付加価値を創造しない。ある自治体が獲得した補助金は所詮，**他の自治体が獲得し損ねた補助金**にほかならない。レント・シーキングは本質的にゼロサム・ゲームであり，「悪い競争」の典型だ。

▶「ソフトな予算制約」問題

財政移転の弊害は国や地方の誘因が（利益誘導政治やレント・シーキングのように）自己利益の追求に偏重しているから起きるとは限らない。皮肉だが，国・地方とも各々の有権者の忠実という意味で慈悲深いとしても，問題が生じることがある。以下で紹介するソフトな予算制約はその例だ。

政策の時間整合性　国の政策はしばしば，裁量的，悪く言えば場当たり的になりがちである。経済学的には，これは政策の**時間整合性**あるいは国の**コミットメント**に関わる問題であり，財政移転の文脈では**ソフトな予算制約**問題として知られている。

ここで**予算のソフト化**とは**国による（事後的）救済**を指す。地方は収入の枠内で（身の丈に合わせて）支出を行うのではなく，地方の支出（経費）の実態に応じて収入サイド（補助金）が調整されるのである。

第3章で学んだように，限界的財政責任は地方税が支出規模とリンクした残余（調整）変数として与えられることを求めている。しかし，ソフトな予算制約の下では残余変数は補助金であり，自治体は最終的に財政責任を負わない（読者はミクロ経済学で消費者が予算制約式の下で，効用を最大化することを学んだであろう。予算制約式とは収入（所得）の範囲で消費支出を行うという制約である。そこでは予算が「ハード」なことが前提条件となっていた）。

予算のソフト化　予算がソフト化するメカニズムを説明しよう。ある自治体が財政難に陥ったとする。そのままにすれば，当該自治体は財政破綻するか，歳出のカット，増税措置が余儀なくされる。しかし，教育や医療など社会的に重要なサービスのカットは公平の観点から望ましくないだろうし，それらの財に外部性（地域間スピルオーバー）があるならば他地域の便益が失われるなど効率性も損なわれかねない。財政難を理由に中核病院が閉鎖されるならば，当該地域はもちろん，周辺自治体の住民にとっても不利益となる。国は公平・効率の確保のため，その自治体を救済しようとするかもしれない。たとえ政治目的を優先する利己的な政府であっても，政治的利益に即する（選挙での票稼ぎ）ならば，救済を考えるはずだ。

また，地方の財政破綻を国民は，国が必要な財源保障を施さなかった，あるいは（財政状況を早期に把握できなかったことから）地方への監督能力が欠如していたためとみなすかもしれない。国の関与があり，国と地方の財政責任の所在が明らかでないときは特にそうだろう。国からの財政移転は国の地方に対する財政責任（保護者責任？）という印象を地域住民に与えてしまいかねない。将来の選挙やキャリアへの悪影響を避けるため，国（中央官僚や政治家）は地方の財政破綻を露呈させないよう財政支援を施すこともあり得る。

事前と事後　事後的な救済を行う国は無責任なわけでも，無能なわけでもない。一般に，政策上の望ましさの判断基準は時間によって異なる。ここで時間軸は，放漫財政を続けた結果，財政難に陥った「事後」（例えば20XX年）と財政再建の機会があった「事前」（20XX年以前）に分けられる。**事前の観点**からすれば，自治体が**自力**で財政再建に努めることが望ましい。

規範的に振る舞うならば，中央政府は自治体を救済しない（無駄な支出のツケは自治体自らが払うという意味で地方予算をハード化する）ことを選ぶだろうし，そのように「宣言」（アナウンス）するだろう。

しかし，一旦，財政危機が顕在化してしまえば，今更文句を言っても始まらない。その状態を「与件」としてしまえば，つまり，**事後的な観点**に立てば，**救済すること**が公平・効率に適うかもしれない。

事前には望ましくない政策が事後的に望ましくなることに読者はおやっと思うかもしれない。両者の違いは**自治体による自力再建の誘因**を織り込むか否かにある。事後的に自治体の誘因（ここでは財政再建はせずに放漫財政を放置するという選択）はサンク（埋没）しており，積み重なった借金，あるいは膨張した経費は実現してしまっている。これを前提とした事後的に望まれる政策と，自治体の事前的誘因を重視した事前に望まれる政策とでは明らかに異なってくる。

これに関連するが，不良債権を抱えた金融機関に税金（公的資金）を投入するかどうかについては賛否が分かれるところである。一つの見解は金融市場の安定化のためにも税金の投入もやむを得ないというものであるが，他方，金融機関のモラル・ハザードへの懸念も挙げられる。ここでのポイントは，どちらが正しいかではなく，時間軸上で評価する時点（タイミング）にある。前者は既に不良債権が累積した「事後」の観点によるものであり，前者は金融機関が自ら進んで不良債権を処理する可能性（誘因）を留保した「事前」の観点からのものである。

国の事後的裁量の問題　　国が事後と事前のいずれに望まれる政策を実行するかは，（その振る舞いの規範性に加え）政策の裁量性に依存する。政策が裁量的であるとはいつでも政策を容易に変えられることを意味する。一方，政策が一定のルールに縛られているならば，その変更は簡単ではない。

国の補助金政策が裁量的なほど，国は事後になってから政策を決定する，あるいは予め決めていた政策を修正することができるため，事後的最適（効率・公平）が追求されやすい。地方財政の実態に応じて機動的に措置するといえば，聞こえはよいが，要するに実態を追認するということだ。

なお，自治体への事後的な救済は（金融機関への公的資金の投入のよう

に）明示的かもしれないし，財源保障や財政力の平準化を名目に補助金の配分基準に暗黙裡に織り込まれるかもしれない。補助金配分が一定の基準に従うから，裁量性がないとするのは正しくはない。配分基準があるとはいっても，新たな財政需要が生じたなど，いろいろと言い訳をつけて改訂もできるだろうし，そもそも，基準の根拠自体に客観性（科学的な根拠）が問われるかもしれないからだ。

事後的モラル・ハザード　国による事後救済の可能性はその前の段階（＝事前）で自治体のモラル・ハザードを助長しかねない。いざとなれば国の補助金を当てにできると考える地方自治体は自力で財政健全化しようとは思わなくなる。敢えて政治的に不人気となる無駄な公共事業の見直しや，自治体内の過剰人員の整理をしようとはしないかもしれない。また，選挙目的で社会福祉など公共サービスをばら撒いたり，冒険的にリスクの高い公共事業に着手したりすることもあり得る。地域経済を活性化して財政的に自立する誘因も削がれてしまうだろう。

　無論，全ての地方自治体が自立可能なわけではない。しかし，事後的に最適化される補助金は，本来，救済対象になるべきではない（地方の誘因を織り込んだ事前の観点から設計されていたら，救済対象にはならなかったはずの）自治体まで救済することになってしまう。

　事後的救済の財政的なつけは，増税あるいは国からの公共サービス・移転の削減といった形で国民全体に及ぶ。救済される地域の住民からみれば，自分たちが最終的に負担をするわけでもないから，自治体の無駄な支出・非効率な財政運営に対して，関心を払わないだろう。「自治の担い手たる住民による規律を強化することにより，財政悪化を避ける」ことが望ましいにしても，そのような誘因を地域住民は持たなくなる。放漫財政（事前的モラル・ハザード）は放置されてしまう。足による投票であれ，手による投票（ヤードスティック競争）であれ，それらが有効に働くのは住民がコスト意識を持っている（限界的な財政責任を負っている）ことが前提だったことを想起してもらいたい。地方予算のソフト化は地域住民に自治体の財政を監視して，規律づける誘因を阻害しかねない。

国の裁量と地方の裁量　無論，地方自治体が自身の支出や徴税努力，借入

など財政運営に対して何ら裁量を持っていなければ，仮に事前にも中央が地方を完全コントロールしているならば，地方にモラル・ハザードを起こす余地などない。問題は，政府間財政移転が裁量的なまま（政府間財政関係が緊密なまま），地方の裁量を高めるよう分権化を行う（支出権限と財政責任が分離する）ところにある。

ただし，ここでいう地方の裁量には非公式な権限も含むことに留意されたい。例えば，「法律上」は地方債の発行が国によって規制されていても，公社や関連団体を介して借入ができるならば，地方は借入に対して実質的に裁量を有していることになる。

事後的救済への期待　事前に国は事後的な救済を否定する宣言（脅し）をするかもしれない。しかし，一旦，地方が財政危機に陥れば，事前のアナウンスに従うことは望ましくなく，国は救済に乗り出す誘因を持つだろうし，補助金に裁量性がある限り，実際にそうするだろう。

地方が読み込むのは国が何を言っているかではなく，事後的にどのように振る舞うかである。事後的な救済が排除できない限り，国のアナウンスに信認はない（大学の先生が試験の採点を厳しくすると宣言したとしても，学生は先生の過去の採点の仕方や人柄などから，実際の行動を予想して，それに基づいて試験の準備をするだろう。当然，甘い先生と思われる限り，学生は真剣に試験に取り組まないし，成績が悪くとも，本当に甘い先生は学生たちを落第させることはできない。学生の予想は正しく，この先生の宣言は信認されない）。

展開ゲームによる分析　このようなソフトな予算制約問題は国と代表的自治体との間の「展開ゲーム」を用いて説明することができる（**図表6-14**）。簡単化のため，地域間の水平的相互関係（租税競争など）は捨象する。

このゲームでは，地方が先手であり事前に財政運営の効率化に向けて努力するか，放漫財政を続けるかを選択する。事後的に当該地方自治体の財政状態が国に明らかになる。事前に効率化に取り組んでいれば，事後的な財政状態は良好であるが，それを怠っているならば，財政は立ち行かない。

悪化した財政をそのまま放置しておくと，自治体は破綻，地域住民がそのコスト（増税や公共サービスの削減）を負う。ここで国の事後的な選択は，

■図表 6-14　事後的救済と事前的モラル・ハザード

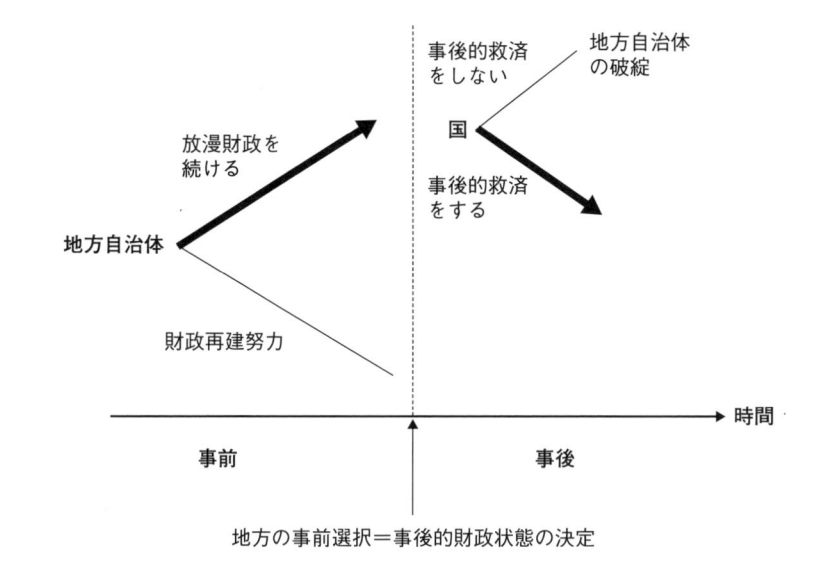

地方を救済するかどうかである。上記の通り，国が事後的政策に十分な裁量権を有している限り，規範的観点から，あるいは政治的配慮から財政難にある地方を救済するだろう。

問題は，そのような事後的な救済を当該自治体が予め期待しているところにある。仮に救済がなければ，努力していたはずの地方自治体にとっても事後的救済ありきとなれば，そうしないことが事前の時点で最適な選択となる。事前に放漫財政が選択され，事後的に財政救済が行われることが，均衡（ゲーム論では「サブゲーム完全均衡」という）として実現するのである。

実証研究　ソフトな予算制約に関する事例研究や実証研究は数多い。1990年代以降の南米における分権化では，地方の支出責任や権限が強化される一方，財源の移譲が十分でなく，更に支出や借入への中央のコントロールが弱まった結果，地方の債務が累積，最終的に連邦政府が財政悪化した州政府への救済を余儀なくされた。スウェーデンでは（地方自治体が所有する）住宅供給会社の破綻危機以降（1992年），債務を累積させた地方自治体

に対して国の財政支援が施されている。

定率補助金≠ソフトな予算制約　ただし，定率補助金のような費用分担が即，予算のソフト化を意味しているわけではない。

例えば，環境保全などに伴う地域間スピルオーバーを内部化するよう（限界）外部便益に応じた定率の補助金を与えることは効率性に適う政策である。**ボックス6-1**でいえば，限界外部便益に一致する定率補助金は，財政学で学ぶ「ピグー補助金」として「地方分権の失敗」を矯正して，効率性を高める役割を担う。支出への補助率が地域間外部性に反映して決まる限り，地域に帰着する便益については地域住民が依然として財政責任を負うことになるからだ。

重要なことは費用分担の有無ではなく，補助金が地方の事前の誘因を織り込んでいるかどうかである。外部性の内部化であれば（そのような外部性を無視する）地方の誘因を矯正しているわけだから，補助率は事前の誘因を反映している。ここで補助率は地方の支出など，政策決定に対して「先決変数」になっていることに留意してもらいたい。ゲーム理論的にいえば，国はシュタッケルベルグ・リーダー（ゲームの「先手」）として振る舞う。一方，地方の事前の選択を与件とする事後的救済は補助金が事前の誘因に及ぼす影響を勘案していない。ここで補助率は地方の選択の「従属変数」になっている。また，制度的には定額払いになっている補助金であったとしても，その「水準」が自治体財政の実情を追認する（財政破綻しないように常に手厚い）ものならば，地方の観点からみて予算はソフトなままとなる。

ハード化への方策　では，いかにして地方予算を「ハード化」できるのだろうか？　第1に，地方自治体には自身の支出をカットしたり，超過課税を課したりする**権限**が付与されなくてはならない。さもなければ，財政の悪化に対して地方が自ら対処することはできないだろう。特に教育，福祉などに対して給与，配置などを規制することで国が一定の支出を義務づけている場合，地方は自ら財政状態を改善する術が限られてしまう。

第2に，地方支出への**財政責任の所在**も明瞭でなくてはならない。国の関与や財源保障の範囲が曖昧，あるいは幅広く解釈されているならば，地方は自身の財政悪化を国の規制や政策誘導，財源保障の不足に責任転嫁できてし

まうからだ。実際，関与する国に責任がないわけでもない。その結果，事後的に財政支援（救済）への要請が高まるだろうし，国もそのような政治的圧力に抵抗し難いだろう。

本来，医療であれ，教育であれ分権化された公共サービス供給に対して主たる責任を有するのは地方自身である。これらのサービスを国が（特定補助金などで）補助するのは（国が重要と考えるサービス水準の確保など）国独自の政策判断に拠るものであって，地方の責任を引き受けているわけではないことを明確にしておく必要がある。

財政移転ルール化の重要性　そもそも予算のソフト化は国の事後的裁量に拠る。その裁量を制限するには，財政移転を予めルール化してなくてはならない。ただし，ルール自体が不透明だったり，その変更が容易だったりしては意味がない。ルールに従っているから問題がないのではなく，そのルールの妥当性（事後でなく事前の観点から定められているかどうか）が問われるのである。

配分基準の簡素化・ルール化　また，配分基準は簡素であることが望ましい。配分基準が複雑なほど，国の事後的な裁量が利きやすくなる。表だって救済をしたら国民一般（納税者）の反発があり得る場合でも，複雑なフォーミュラを操作することで暗黙裡に救済を施すことができるからだ（何か言われても，新たな財政需要への対応などと弁明できてしまう）。

また，財政破綻処理を予めルール化しておくこともアドホックな救済や結局，「国が何とかしてくれる」という過度な期待を除くのに有用であろう（自治体の破綻法制については第7章参照）。

練習問題

問1：国から地方への財政移転の機能を挙げて，その特徴を説明せよ。その上で，このような機能はいずれのタイプの政府間財政移転制度に割り当てることが望ましいか述べよ。

問2：定率特定補助金，及び定額特定補助金が地方自治体の選択に及ぼす「誘因効果」について説明せよ。

問3：地域間財政力格差に伴う不公平とは何か「財政余剰」をキーワードに説明せよ。その上で，財政移転がこの不公平をどのように是正するか述べよ。

問4：政府間補助金の規範的な機能が現実の政策決定過程において充足されるとは限らない。その例として，「利益誘導政治」と「レント・シーキング」の特徴とその経済的帰結について述べよ。

問5：政府間財政移転に伴う「ソフトな予算制約」問題とは何か？ 国のコミットメント能力に言及しつつ，この問題の発生要因とその帰結について説明せよ。説明にあたっては「事後的最適」と「事前的最適」の違いに言及すること。

参考文献・情報

《政府間財政移転の機能と規範》

Boadway, R., Grants in a Federal Economy, In Boadway, R.,& A. Shah, eds., *Intergovernmental Fiscal Transfers: Principles and Practice*, Public Sector Governance and Accountability Series, World Bank, 2007, Ch. 2, 55–74.

Boadway R.,& P.Hobson, *Intergovernmental Fiscal Relations in Canada*, Canadian Tax Foundation, 1993.

《フライペーパー効果の理論と実証》

土居丈朗『地方財政の政治経済学』東洋経済新報社，2000 年

長峯純一『公共選択と地方分権』勁草書房，1998 年

Fisher, R.C.,Income and Grant Effects on Local Expenditure: The Flypaper Effect and Other Difficulties, *Journal of Urban Economics*, Vol.12, 1982, 324–345.

《政府間財政移転の政治経済学の理論》
佐藤主光「政府間財政関係の政治経済学」フィナンシャル・レビュー 82 号, 2006 年

《政府間財政移転の政策決定過程》
中野　実『現代日本の政策過程』東京大学出版会, 1992 年
村松岐夫『地方自治』東京大学出版会, 1998 年

《ソフトな予算制約の理論と実証》
赤井伸郎「公的部門におけるソフトな予算制約問題 (Soft Budget)」伊藤秀史・小佐野　広（編）『インセンティブ設計の経済学――契約理論の応用分析』勁草書房, 2003 年
佐藤主光「ソフトな予算制約と税源委譲の経済効果」井堀利宏・岡田　章・伴　金美・福田慎一（編）『現代経済学の潮流 2001』東洋経済新報社, 2001 年, 71-109.
Rodden, J.A., G.S. Eskeland, & J.Litvak, eds., *Fiscal Decentralization and the Challenge of Hard Budget Constraints*, MIT Press, 2003.

第 7 章

わが国の政府間関係の実際と課題

本章の狙い

　わが国の政府間関係は，国が政策を決め，地方が執行を担う「集権的分散システム」として特徴付けられてきた。同システムを支えていたのが，財政移転（交付税・国庫支出金）と地方債制度を通じた手厚い財源保障である。この財源保障が地方のモラル・ハザード（甘え）を助長してきたという批判がある一方，地方財政の膨張は主として国の関与・義務づけに拠るとの反論もある。総額 200 兆円（2008 年度時点）あまりに上る地方の借金にしても，地方自治体が勝手にしてきたものではない。2006 年以前，地方が借入をするにも国の許可が必要だった。その国が許可する地方債の元利償還費の一部には将来的に交付税による手当てがある。地方債にも国の財源保障が深く関わってきたことが分かる。しかし，国の財政が悪化する中，現行の財源保障を続けることは難しくなっている。本章ではわが国の財政移転制度と地方債制度の現状と課題，制度改革に向けた論点を概観する。7.1 節では国が毎年策定する「地方財政計画」と同計画を支える財政移転制度について説明する。特定補助金である国庫補助負担金については 7.2 節で述べる。7.3 節では地方交付税制度の特徴と同制度を巡る議論を紹介する。財政移転と並んで，「暗黙裡の信用保証」を介して国の財政と結びついた地方債制度とその改革，地方財政の健全化への動きについては 7.4 節で学ぶ。

7.1 政府間財政移転制度入門

本節ではわが国の財政移転制度を概観していく。地方財政に限ったことではないが，制度を学ぶにあたってはその建前と実態の区別が不可欠である。

どの制度にも目的や理念がある。しかし，制度運営の実態がそれらに即しているとは限らない。例えば，地方交付税は「地方団体が自主的に……行政を執行する機能をそこなわず，その財源の均衡化を図り，……地方自治の本旨の実現……地方団体の独立性を強化することを目的とする」（地方交付税法第1条）とあるが，実態が条文に適っているかどうかは別問題である。制度に関わる当事者，財政移転であれば自治体や中央官庁が必ずしも当該制度の理念・目的に適うよう振る舞うわけではないということだ。

▶ わが国の政府間財政移転制度

種　類　国から地方への財政移転としては①**地方交付税**，②**地方譲与税**，③**特例交付金**，及び④**国庫支出金**がある（**図表7-1**）。

制度上，最初の2つが**一般補助金**であり，国庫支出金が**特定補助金**にあたる。地方譲与税の中には使途が道路財源に特定されるなど（国からの縛りはきつくないものの）特定補助金に分類される移転が含まれる。

このうち，交付税については地方固有の財源であり「国が地方に代わって徴収する地方税」とする向きがあるが，地域間配分は財政力の平準化と財源保障に従っており，税収の上がった地域に配られているわけではない。本書では，**国からの補助金**として話を進めることにしたい。

同様に，地方譲与税も税という名前を冠しているが，①地方道路譲与税であれば地方道路税，②自動車重量譲与税であれば自動車重量税といった「国税」として集められた税収を，地方に移転するものである。交付税ほどの財政調整は働かないものの（自主財源というよりも）補助金に近い。なお，地方道路譲与税，自動車重量譲与税，石油ガス譲与税（2005年度ベースで総額7,000億円あまり）は従来，道路費用に充てられてきた地方の「道路特定財源」の一部である。

■図表 7-1　わが国の財政移転制度一覧

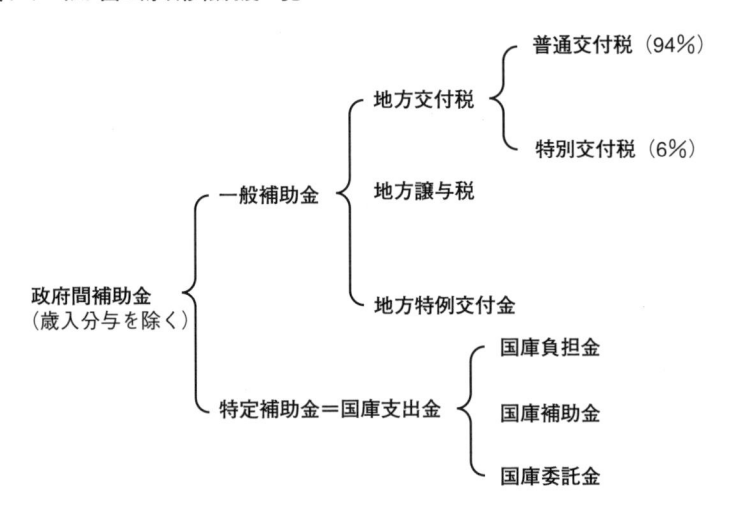

```
                                           ┌ 普通交付税（94％）
                          ┌ 地方交付税 ┤
                          │                └ 特別交付税（6％）
            ┌ 一般補助金 ─ 地方譲与税
            │             │
政府間補助金 ┤             └ 地方特例交付金
（歳入分与を除く）
            │                            ┌ 国庫負担金
            │                            │
            └ 特定補助金＝国庫支出金 ┤ 国庫補助金
                                         │
                                         └ 国庫委託金
```

　このような譲与税は（比較的条件の緩いという意味で）「包括的」特定補助金となるが，地方の財源構成の中では「一般財源」にカウントされる。ちょっと込み入っているが，「税」という名前が付いているから「地方税」というわけではないし，「一般財源」に含まれるから使途が完全に自由になっているというわけでもない。

　財源保障　1980年代半ばまでは特定補助金である国庫支出金の方が一般補助金の交付税よりも高いシェアを占めていた。転機は1980年代に推し進められていた「増税なき財政再建」である。その一環として国庫支出金の「補助率」（地方の経費に対する国庫支出金の割合）が引き下げられた。例えば，国庫支出金の一つである「生活保護費負担金」の補助率は1985年度に10分の8から10分の7に，更に1989年度には4分の3となって現在（2008年度）に至っている。児童保護費をカバーする「児童保護費等負担金」も1985年度に10分の8から10分の7に，翌1986年度には2分の1にまでカットされている。この補助率削減の穴を埋めたのが地方交付税による「財源保障」であった。

　近年の動向　以降，交付税が多くの地方自治体にとっても最も重要

■図表 7-2　政府間財政移転の推移

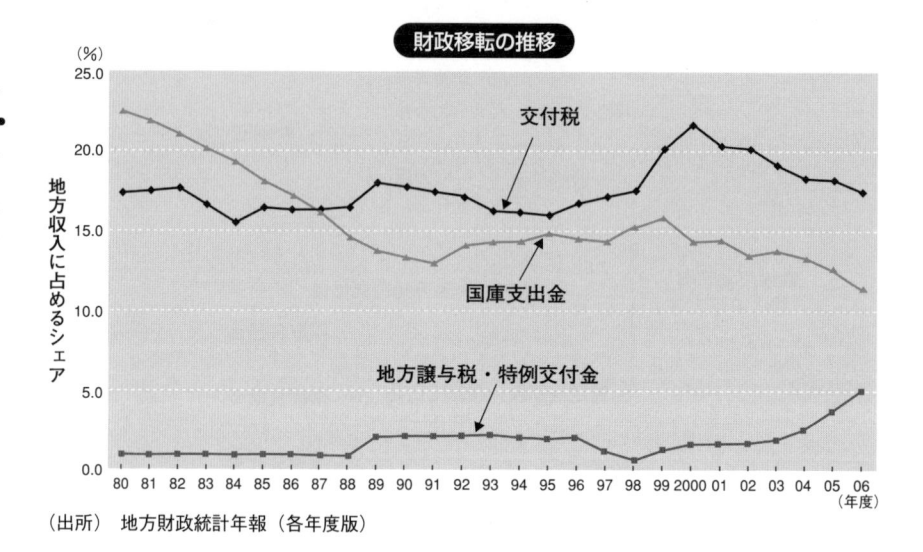

財政移転の推移

(グラフ：地方収入に占めるシェア(%)、1980～2006年度。交付税、国庫支出金、地方譲与税・特例交付金の推移)

(出所)　地方財政統計年報（各年度版）

な財政移転となっている（**図表 7-2**）。

　その総額は 2000 年度には 21 兆 4,000 億円に上っていた。その後、三位一体の改革などを通じて、交付税の抑制が図られ 2006 年度決算でみると、16 兆円（地方収入の 17.5％）と 5 年間で 5 兆円あまり減少している。もっとも、同年度 10 兆 4,000 億円の国庫支出金（同 11.4％）や 3 兆 7,000 億円の地方譲与税（同 4.1％）、8,160 億円の地方特例交付金（同 0.9％）よりも、相変わらず金額は大きい。

　2006 年度、地方譲与税は前の年度 1 兆 8,000 億円から 2 倍あまりの増額となった。この年、国から地方への税源移譲が「所得譲与税」（2006 年度 3 兆 94 億円）という形で行われたためである。個人住民税（所得割）に移されたのは 2007 年度になってからだ。ちなみに 2007 年度の地方譲与税の総額は 7,091 億円に過ぎない。

　第 5 章でも触れたように地域間での税収格差を縮小すべく法人事業税のうち「当面の措置」として 2 兆 6,000 億円が「地方法人特別税」として国税化された。この税収を（人口と従業員数に応じて）都道府県に按分するのが

「地方法人特別譲与税」である。このように地方譲与税は，税制改革の移行措置として活用されることが多い。

特例交付金にも「当分の間の措置」の性格が見受けられる。例えば，2005年度，「税源移譲予定特例交付金」として4,250億円が地方に配られているが，その原資は元々，義務教育費国庫負担金であり，三位一体の改革の過程で「暫定的」に一般補助金化（一般財源化）したものだ。また，2006年度以降，児童手当の制度拡充（支給対象年齢の引き上げや所得要件の緩和）に伴う地方負担の増加に対応するために，特例交付金として473億円（2007年度）あまりが充てられている。

財政移転制度間関係　財政移転制度は互いに独立に構築されてきているわけではない。国の財源保障として，国庫支出金が減額されれば，交付税など一般補助金が引き上げられるといった具合に互いに連結した関係になっていることに注意してもらいたい。国の政策方針（道路整備，児童手当の拡充など）による地方の財政負担を補塡するのも財政移転の役割となる。

▶ 地方財政計画

目　的　地方の財源は①地方税，交付税，地方譲与税，特例交付金といった原則，使途が地方の裁量に委ねられた**一般財源**と②国庫支出金や地方債など使途が限定された**特定財源**から構成される。マクロ（地方全体）のレベルで，これらの制度を結びつけているのが**地方財政計画**（以下，地財計画）である。地財計画は「内閣は毎年……翌年度の地方団体の歳出歳入総額の見込み額に関する書類を作成し，これを国会に提出するとともに，一般に公表しなくてはならない」（地方交付税法第7条）ことを根拠とし，①国と地方の財政・政策との整合性を確保，②地方が「標準的な行政水準」を確保できるよう財源を保障するとともに，③地方自治体の財政運営の指針とすることを狙いとしている。

「見込み」とはいうが，これを策定する国の方針・裁量から無縁ではない。公共事業であれ，高齢者医療や少子化対策であれ，地財計画には国（総務省など中央官庁）がその年度に重視する政策が多く織り込まれているからだ。地財計画はあくまで国の観点から望まれる地方の財政運営であり，交付税や

国庫支出金など財政移転を通じた財源保障も（地方自治体からの要請がないわけではないが，概ね）国の意向に基づく。

分　　類　　地財計画における経費は**性質別**に分類される。**図表 7-3** にあるように地方全体の経費は小中学校の教職員の人件費を含む給与関係費，生活保護，老人医療・介護（いずれも地方の普通会計からの支出分），児童手当などからなる一般行政経費，公共事業に関わる投資的経費，及び地方債の元利償還費である公債費などに分けられる。例えば，学校教育費というのは「目的別」による定義だが，性質別の場合，この学校教育費が教職員の給与，学校の管理維持経費，（投資的経費の一部たる）施設建設費などに区分される（目的別，性質別の支出分類については第 1 章参照）。

規　　模　　2008 年度でみると地財計画に計上された地方全体の支出は 83 兆 4,000 億円あまりに上る。ただし，地財計画の歳出規模がそのまま地方予算に一致するわけではない。前者には児童・高齢者への医療補助や生活保護への加算，（国家公務員の水準を超過した）地方公務員給与の上乗せなど地方自治体独自の支出は加味されない。

また，地方税の標準税率を超えた課税を行う超過課税，地方新税を含む法定外目的税・普通税も地財計画における地方歳入には計上されない。よって，実際の地方歳出・歳入は地財計画よりも大きい。2006 年度の地財計画の歳出は約 83 兆 2,000 億円だが，同年度の地方財政の決算額は 89 兆 2,000 億円あまりとなる。

国の方針が地方の公共事業の削減ならば，地財計画に計上される投資的経費が少なく見積もられる。例えば，2008 年度地財計画の場合，2011 年度までに国と地方を合わせた基礎的財政収支を黒字化するという「基本方針 2006」に即して投資的経費を前年度比 2.7% 減じている。少子化対策の一環として児童手当金額を引き上げる際は同計画内の一般行政経費にある児童手当の項目が増額される。

地方の借金の返済に充てる公債費も地財計画に反映されるが，これは国が地方債に対して「暗黙裡の信用保証」を与えていることと無関係ではない。公債費を含めて地財計画に反映された支出は国が財源保障を施すものだからだ。

■図表 7-3　地方財政計画

(1) 歳入歳出総括表

(単位：億円, %)

区　分	2008年度 (A)	2009年度 (B)	増減額 (A)-(B) (C)	増減率 (C)/(B)	備　考
(歳　入)					
地　方　税	404,703	403,728	975	0.2	
地方譲与税	7,027	7,091	▲ 64	▲ 0.9	
地方特例交付金等	4,735	3,120	1,615	51.8	
地方交付税	154,061	152,027	2,034	1.3	
国庫支出金	100,831	101,739	▲ 908	▲ 0.9	
地　方　債	96,055	96,529	▲ 474	▲ 0.5	
使用料及び手数料	16,220	16,455	▲ 235	▲ 1.4	
雑　収　入	50,382	50,572	▲ 190	▲ 0.4	
計	834,014	831,261	2,753	0.3	
一　般　財　源	598,858	592,266	6,592	1.1	
(歳　出)					
給与関係経費	222,071	225,111	▲ 3,040	▲ 1.4	
退職手当以外	198,206	201,283	▲ 3,077	▲ 1.5	
退 職 手 当	23,865	23,828	37	0.2	
一般行政経費	265,464	261,811	3,653	1.4	
補　　　助	115,660	112,300	3,360	3.0	
単　　　独	138,410	139,510	▲ 1,100	▲ 0.8	
国民健康保険・後期高齢者医療制度関係事業費	11,394	10,001	1,393	13.9	
地方再生対策費	4,000	—	4,000	皆増	
公　債　費	133,796	131,496	2,300	1.7	
維持補修費	9,680	9,766	▲ 86	▲ 0.9	
投資的経費	148,151	152,328	▲ 4,177	▲ 2.7	
直轄・補助	64,844	66,444	▲ 1,600	▲ 2.4	
単　　　独	83,307	85,884	▲ 2,577	▲ 3.0	
公営企業繰出金	26,352	27,249	▲ 897	▲ 3.3	
企業債償還普通会計負担分	18,092	18,915	▲ 823	▲ 4.4	
その他	8,260	8,334	▲ 74	▲ 0.9	
不交付団体水準超経費	24,500	23,500	1,000	4.3	
計	834,014	831,261	2,753	0.3	
(地方再生対策費を除く)	(830,014)	(831,261)	(▲ 1,247)	(▲ 0.2)	
地方一般歳出	657,626	657,350	276	0.0	公債費，企業債償還普通会計負担分，不交付団体水準超経費を除く
(地方再生対策費を除く)	(653,626)	(657,350)	(▲ 3,724)	▲ 0.6	

(出所)　総務省

財源の確保　一旦，地財計画上の歳出水準が決まると，その見合いとなる財源の確保が図られる。経済見通しなどから地方税の収入見込みが与えられるとして，残りは国からの財政移転，あるいは地方債によって賄われなくてはならない（地方収入にはこのほか，手数料・使用料などがあるが，話を簡単にするため，これらは無視することにしたい）。

財政移転のうち，国庫補助負担金は法律で定めた補助率や国が作った社会資本整備計画などによって予め決められている。そもそも，国庫補助負担金は所管する省庁は，地財計画を策定する総務省と異なるため，その増減について口出しもしにくい。従って，総務省の観点からすれば，特定補助金も先決変数（与件）となるわけだ。地財計画ベース支出から地方税（見込み額）と国庫補助負担金（予算ベース）を差し引いた残りは地方債もしくは交付税で埋め合わされる必要がある。

地方債　このうち地方債は「原則」投資的経費に充てることが決まっている（地方財政法第5条）。つまり，人件費や一般行政費（社会福祉関連の扶助費など）といった経常的経費の不足分は原則，交付税で賄わなくてはならない。もっとも，この原則は必ずしも厳格に守られてきたわけではない。今期の公共事業支出を地方債で財源調達する比率（「起債充当率」という）を高くすれば，当該支出に充てる一般財源を節約することができる。この節約分を教育・福祉など経常経費に回せばよい。所詮，お金には色はない。

地方債の発行総額や資金調達の内訳は地財計画と平行して策定される「地方債計画」で決められる（詳細は次節参照）。国が許可する地方債で対応しても足りない部分が交付税による財源保障として残される。つまり，

地方交付税必要額＝地方支出（地財計画）－地方税（地財計画）
　　　　　　　　－国庫補助負担金（予算）－地方債（地方債計画）

として，交付税所要額が算出される（**図表7-4**）。

財源不足額　しかし，交付税の原資（＝法定分）は「交付税率」と呼ばれる国税5税の一定割合（所得税・酒税の32％，法人税の34％，消費税の29％，たばこ税の25％）と決まっている。この原資が算出根拠の全く異なる交付税必要額と一致するならば，奇跡以外の何ものでもないし，その

■図表 7-4　地方財政計画と財源保障

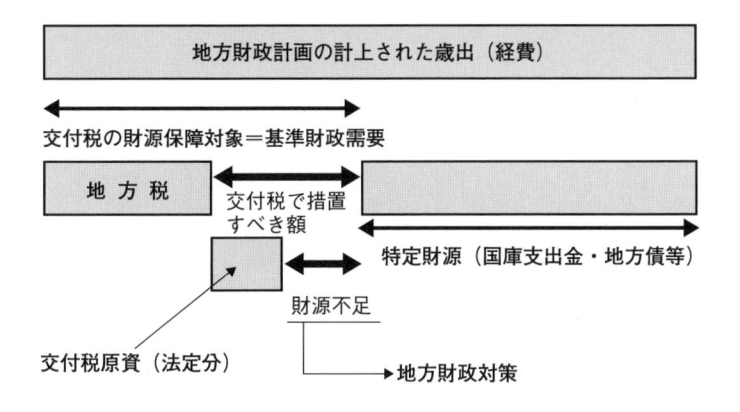

[図: 地方財政計画の計上された歳出（経費）と交付税の財源保障対象＝基準財政需要、地方税、交付税で措置すべき額、特定財源（国庫支出金・地方債等）、交付税原資（法定分）、財源不足、地方財政対策を示す図]

ような奇跡が起こることはない。両者の乖離は**財源不足額**と呼ばれ，この不足額への対応を巡って総務省と財務省との間で折衝がなされる。これを**地方財政対策**という。

　1990年代以降，経済が低迷する中，国税5税は減収，交付税に回す原資が少なくなった。一方，公共事業など景気対策の要請もあり，交付税所要額は増えていった。このため財源不足額は拡大し，2000年度には13兆4,000億円あまりとなった。その後，2003年度には財源不足額が17兆4,000億円（恒久的減税の影響を含めないとしても13兆4,000億円）に至っている。

　このような財源不足額は，①交付税を管理する交付税特別会計（以下，交付税特会）による借入金，②臨時財政対策債など将来の元利償還費への交付税措置（将来の交付税による補填）を約束した上での地方債の増額，③国の一般会計からの（交付税率以外の）加算措置で埋め合わされてきた（**図表7-5**）。

　交付税の原資を決める**交付税率**（例えば所得税の32％）も一定であり続けたわけではない。「毎年度分として交付すべき普通交付税の総額が引き続き，……（基準財政需要額－基準財政収入額＝財源不足額で）算定した額の合算額と著しく異なることとなった場合においては……制度の改正もしくは第6条第1項に定める率の変更を行うものとする」（地方交付税法第6条の

■図表7-5 財源不足への対処

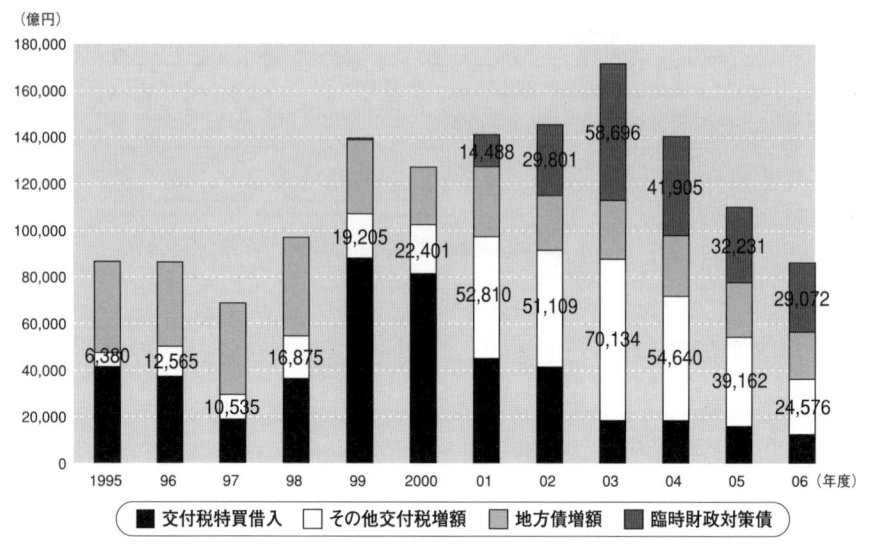

(億円)

年度	交付税特買借入	その他交付税増額	地方債増額	臨時財政対策債
1995	6,380			
96	12,565			
97			10,535	
98	16,875			
99			19,205	
2000			22,401	
01	52,810		14,488	
02	51,109		29,801	
03	70,134		58,696	
04	54,640		41,905	
05	39,162		32,231	
06	24,576		29,072	

(出所) 地方財務協会『地方財政要覧』(平成19年度版)

3)とある。ここで「第6条第1項に定める率」というのが交付税率のことを指す。条文中にある「著しく異なる」とは，財源不足額が交付税法定分(原資)の1割以上で，その状況が2年連続して生じ，かつ3年目以降も続くことが見込まれるものと解釈される。これに従い法人税の交付税率は1999年度には32％から32.5％に，2000年度から2006年度まで35.8％に引き上げられた。

▶ 交付税特会借入金と臨時財政対策債

交付税特会借入金 国や地方の借金は一般会計(普通会計)に限ったことではない。特別会計には「埋蔵金」が隠れているとも言われるが，借金も抱えている。交付税特別会計はその典型例である。この特別会計は国の一般会計から支払われる交付税(「入り口ベース」という)と地方自治体に給付する交付税(「出口ベース」)を繋ぐものである。2つの交付税が同額とは限

らない。交付税特会による借入があるからだ。

交付税特会の借入金は 2006 年度までに残高が約 53 兆円までに積み上がっている。通常の国債や地方債とは別に発行されるもので，国や地方の一般会計には計上されないことから，しばしば「隠れ借金」と揶揄される。もっとも，借入残高は毎年公表されており，金額自体が隠されていたわけではない。むしろ曖昧だったのは，この借入金に対する責任関係（結局，誰の借金なのか）だった。

2006 年度には約 53 兆円の借入金残高のうち，約 19 兆円は国の負担分として全額国の一般会計に振り替えられた。特別会計に隠さないで，一般会計の中で処理することになったわけだ。残りの約 34 兆円は地方が全体で負担するものとなり，同年度以降，「計画的に償還」することとされた。

臨時財政対策債 交付税特会借入金による財源不足の埋め合わせができなくなった分，交付税は減額せざるを得ない。そこで，国は**臨時財政対策債**と呼ばれる（公共事業費以外の経費にも充当できる）赤字地方債の発行を認めてきた。2008 年度には 2 兆 8,000 億円の発行が見込まれている。

なお，地財計画関係資料では，臨時財政対策債を「実質的な地方交付税」としている。これは臨時財政対策債の発行に伴う元利償還費が将来の交付税で措置（財源保障）される約束になっているからだ。臨時財政対策債を起債する自治体は，交付団体であり続ける限り，将来的に公債費負担が増すことはない。ちょっとややこしいが，将来の交付税を「先食い」して今期の財源を保障している格好になる。

まとめ ここまでをまとめよう。地財政計画において地方交付税は地方税徴収，地方債起債，及び国庫補助負担金交付の後に残った地方歳出の財源を保障することになる。

制度上，交付税の原資（法定分）は国税 5 税の一定割合（交付税率）とされるが，地方に移転される交付税（特別会計から出て行くという意味で「出口ベース」）がこれと等しくなっているわけではない。つじつまの合わない部分（財源不足額）は，地方財政対策を通じて措置される。その中には，臨時財政対策債など地方債の増額や（2006 年度までは）交付税特別会計の借入金があるが，いずれも将来の交付税の「先食い」（自治体の元利償還費へ

の補塡，あるいは将来の交付税原資からの借入金償還）になっている。

7.2 国庫補助負担金制度

本節では，交付税と並ぶわが国の財政移転の柱である国庫補助負担金の特徴とその課題について概観していく。

国庫補助負担金　国庫支出金は①国庫負担金，②国庫補助金，及び③国庫委託金に分けられる。このうち，**国庫補助金**は国が道路整備事業など一定の政策・事業を奨励するために交付するものであり，「通念上」の補助金に近い。一方，国庫委託金は国政選挙などもっぱら国の利害に関わるもので，国から委託された地方が担う仕事に要する経費をカバーする。以下では国庫委託金を除き，地方の利害に関わる国庫補助負担金（国庫負担金＋補助金）に着目して説明する。

国庫補助負担金は長らくわが国の集権体制（「集権的分散システム」）を象徴するものとみなされてきた。特定補助金という性格上，その用途に国からの規制・義務づけがあったからだ。もっとも，特定補助金が常に地方分権に相反するというわけではないことは第6章で強調した通り。

全国一律の規則　問題なのは補助金の形態が「条件つき」かどうかではなく，むしろ，その条件の程度にある。「国庫補助金の交付を受ける以上は，その目的実現のために，国の定める制約を守りながら事務・事業を遂行しなければならない」としても，わが国ではその制約（基準・規格）は詳細，かつ全国一律なため「地方の実情に合わない」のが問題になってきた。

補助金を使って全国一律な規則の下で整備された公共施設や街並みは，どこも画一的で地域の独自性もあったものではない（ちなみに，公園といえば，ブランコ，滑り台，砂場という「三種の神器」が相場だが，これが全国津々浦々に普及したのも，かつて補助金をもらう際の条件だったからだ）。道路でいえば幅や交差・接続など構造の技術的基準が，道路の種類ごとに政令で定められている（道路法30条）。国から補助金を受け取るには，その基準が守られてなくてはならない。

目的外使用への制約　また，公共施設（義務教育諸学校，社会体育施設等）を経済情勢や地域住民のニーズの変化に応じるよう別施設として活用するのも難しい。国庫補助金等を受けた施設については当初の目的以外の用途に転用する際，補助金の一部返還義務が生じることがあるからだ（補助金等適正化法22条）。近年では補助金所管庁が同じ事業間（教育施設と体育施設など）での転用であれば，比較的柔軟になってきたが，管轄省庁が異なる事業（教育施設と介護・福祉施設など）間での規制は相変わらず，厳しいといわれる（全国知事会「第2期地方分権改革」への提言）。全体としては規制緩和（補助金等適正化法の弾力的運用）の方向にあるものの，省庁の対応にもバラツキがある。

制度の区分　交付税と異なり，国庫補助負担金とは単一の補助金を指しているわけではない。その内訳は義務教育費国庫負担金，生活保護負担金，老人医療給付費負担金，在宅福祉事業費補助金，地方道路整備臨時交付金，まちづくり交付金などだ。「負担金」，「補助金」，「交付金」などが後に付くが，これは制度上の区分を表す（**図表7-6**）。

　負担金（国庫負担金）とは，義務教育職員給与，生活保護，老人保健事業，介護保険給付，児童手当など「地方公共団体が法令に基づいて実施しなければならない事務であって，国と地方公共団体相互の利害に関係がある事務」（地財法第10条）に要する経費への国の費用分担である。その際，恣意的な運用を避けるべく経費の種類や負担割合などを法律でルール化することが求められている。国が策定した総合計画に基づく公共事業（道路，河川，砂防，海岸，港湾，公営住宅建設等）向けの国庫負担金もある（地財法第10条の2に列挙）。

　一方，**補助金，交付金**は国が奨励する，あるいは（過疎地対策，地域間格差の是正など）政策的配慮から財政的に支援する事業への補助で国庫補助金のカテゴリーに入る（地財法第16条関係）。交付金は特定事業・特定箇所ではなく，「まちづくり」など包括的な政策目的に対する助成で，補助金よりも地方の裁量が利く。

　このような特定補助金は補助する事業の経費全額の面倒をみるわけではない。2分の1，3分の2といった具合に補助率，あるいは補助額は決まって

■図表7-6　国庫支出金の区分

区分		対象となる事業	対象経費（例）
国庫負担金	経常経費に係わる負担金（地方財政法第10条）	「地方公共団体が法令に基づいて実施しなければならない事務であって、国と地方公共団体相互の利害に関係がある事務のうち、その円滑な運営を期するためには、なお国が進んで経費を負担する必要がある」もの	義務教育教職員の給与など、生活保護、児童保護、身体障害者・知的障害者の援護、麻薬取締り、国民健康保険事業、地籍調査など
	公共事業に係わる負担金（同法第10条の2）	「地方公共団体が国民経済に適合するように総合的に樹立された計画に従って実施しなければならない法律又は政令で定める」事業	道路、河川、港湾、林道などの新設、都市計画事業、学校、公営住宅・社会福祉施設の建設
	災害に係わる負担金（同法第10条の3）	「災害に係る事務で、地方税法又は地方交付税法によってはその財政需要に適合した財源を得ることが困難な」もの	災害救助事業、道路、学校、公営住宅、社会福祉施設などの災害復旧に要する経費
国庫委託金（地方財政法第10条の4）		「専ら国の利害に関係のある事務を行うために要する」経費	国政選挙、外国人登録事務、検疫、国の統計調査事務
国庫補助金（地方財政法第16条）		国が「その施策を行うため特別の必要があると認めるとき又は地方公共団体の財政上特別の必要があると認めるとき」	私立高等学校等経常費助成費補助金、都道府県警察費補助金、交通安全対策特別交付金、電源立地地域対策等交付金、地方道路整備臨時交付金など

おり，残りは（公共事業関連であれば）地方債，あるいは一般財源（地方税や交付税）によって賄われなくてはならない。これは「補助裏」と呼ばれる。第6章で学んだように定率補助金ならば，補助対象事業に代替効果をもたらすだろうし，定額補助金の場合，自治体の持ち出しがある限り，その誘因効果は所得効果に留まるはずだ。もっとも，国が義務づけた事業であれば，地方負担分も含めて地財計画に計上されるため，交付税による財源保障の対象

となる。よって，地方への誘因効果には交付税の財源保障が絡んでくる。ただし，国が奨励はしていても，義務づけているわけではない事業（原則，国庫補助金が入る事業）については必ずしもこの限りではない。

税源移譲と一般財源化　三位一体の改革では税源移譲分を含めて4兆円規模の補助金の整理・縮減が図られた。税源移譲は地方収入の比重を特定財源から一般財源にシフトさせる。

第1章で説明したように，第1次分権改革では集権的分散システムの典型だった機関委任事務を廃止するなど国の関与の縮減，（「自治事務」を増やすことで）地方の権限の拡充を図った。もっとも，財源を国が握る限り自治体は中央官庁に気兼ねせざるを得なかった。一般財源化はこのような中央官庁の統制を弱める狙いがある。しかし，補助金（財源）と国の関与（義務づけ）は必ずしも一体というわけではない。国庫補助負担金には「金の切れ目が縁の切れ目」になるものと，そうはいかないものがあるからだ。

国庫補助金でもって国が奨励する事業（地方財政法16条関係）であれば，当該事業を行わない限り，国からの口出しはない。その補助金を一般財源化すれば，地方は奨励事業を独自の判断で実施できるほか，それ以外の用途に回すこともできる。国（補助金所管省庁）の関与は補助金がなければ，自治体に及ぶことはない。

しかし，地方には国から事務の実施と具体的な水準を法令で義務づけられた仕事も多い（「金が切れても縁が切れない」ことは第1章で述べたとおり）。義務教育や医療保険，児童手当などはその典型だ。たとえ，義務教育費国庫負担金が全額一般財源になったとしても，自治体が学校教育のカリキュラムを独自に作成できるわけではないし，教員の配置や給与についても法律による縛りがある。国の関与は国庫補助負担金の入った事業（「補助事業」）に限定されるわけではない。これを守らない場合，国は自治体に是正を勧告・要求することができる。最終的な判断は国に委ねられた格好になっている。

地方の裁量拡大に向けて　既存の国庫補助負担金の中でも規制緩和がなかったわけではない。義務教育費国庫負担金は都道府県ごとに法律で定めた教職員の定員に標準的な給与を掛け，更に補助率の3分の1（2006年の改革以前は2分の1）を乗じることで算出される。従来は①教職員給与や各種手当

（例えば，通勤手当，管理職手当）ごとに決められていた上限額があり，更に②教職員数に標準定数が課されていた。これが2004年度以降，「総額裁量性」が採用され，①負担金総額の中で自治体が給与水準や手当の組合せを選んだり，②給与を抑える代わりに標準定数を超えて教員数を増やしたりすることができるようになった。

ただし，特定補助金である以上，「国が使途を指定して配分する財源」であることに変わりはなく，同じ義務教育でも教職員給与関係費以外には充当できないことから，一般財源化に比べると地方にとって使い勝手はよくない。

今後，地方分権改革を進めるにあたって，①一層，特定補助金の削減と税源移譲を進めて，地方収入に占める一般財源の比重を高める，あるいは②特定補助金の中で地方の裁量を高める規制緩和を講じるといった選択肢があり得る。後者は学校教育や医療，街づくりなど一定の枠の中で地方が自由に用途を選べる「交付金化」などを指す。

7.3 地方交付税制度の実際

▶ マクロ（総額）からミクロ（配分）へ

交付税入門 地方財政計画において，一旦，交付税総額が決まれば，次の問題はその配分となる。交付税のうち6％は特別交付税として，災害復旧や「特殊な財政需要」に充てられる。以下では94％を占める**普通交付税**について説明したい。

交付税は基準財政需要額と基準財政収入額という基準の設定を通じて，「行政の計画的な運営が可能となるように必要な財源を保障する」財源保障機能と「地方団体相互の過不足を調整し，均てん化を図る」財政調整（財政力の平準化）機能を合わせ持つ。「教科書」的にいえば，**基準財政収入**は標準税率で評価した地方税（法定税）収入の75％に等しく，**基準財政需要**は学校教育，社会福祉など個別の行政ごとに算出され，財源保障の役割を担う。

基準財政需要が基準財政収入を上回る自治体が**財源不足団体**として，その

差額（＝基準財政需要－基準財政収入）分だけ交付税を受け取る交付団体となる。一方，基準財政収入が基準財政需要よりも大きい自治体は**財源超過団体**であり，交付税を受け取らない不交付団体である。

> 基準財政需要＞基準財政収入；交付税あり（財源不足団体）
> 基準財政需要＜基準財政収入；交付税なし（財源超過団体）

基準財政需要額のうち，自らの財源（ここでは基準財政収入で測定）でどれだけ賄えるかを測る**財政力指数**は「基準財政収入÷基準財政需要」で定義される。交付団体ならば，この財政力指数が1未満（基準財政需要＞基準財政収入）であり，不交付団体であれば同指数が1以上となる。

交付団体と不交付団体　2006年度，47都道府県の中で不交付団体だったのは東京都と愛知県の2県のみ，市町村では都市圏の自治体を中心に169団体に留まる。不交付団体はこれまで地方自治体全体（1,800あまり）の1割未満に過ぎない。ほとんどの自治体が，大なり小なり交付税に依存している格好だ。

財政力のある自治体は基準財政収入が多く算定されるから，その分，交付税が減額される。つまり，財政調整の機能を果たす仕組みになっている。ただし，この財政調整は交付団体の間に限られる。不交付団体（東京都や愛知県など）は交付税を交付されることはないが，交付税の原資に拠出する義務もない。わが国の財政調整は国が原資を出す「垂直的調整」メカニズムであって，地方間で直接的に財源をやり取りする「水平的調整」ではない（財政調整のタイプについては第6章参照）。結果，交付団体間であれば，基準財政需要を一定とすると，地方税（標準税率分）の格差の75％までが交付税で是正される一方，不交付団体と交付団体の間の格差はそのまま残される。

基準財政需要　マクロレベル（地方全体）の基準財政需要額は行政項目別，「測定単位」別（小学校費であれば，教職員数，生徒数など），及び都道府県・市町村別に細分化されていく（測定単位については後述）。このうち行政項目は教育費（小中学校費など），厚生費（生活保護費，社会福祉費，保健衛生費など），土木費（河川費，道路橋梁費）など「目的（用途）別」に分類される。

■図表7-7 地財計画と基準財政需要

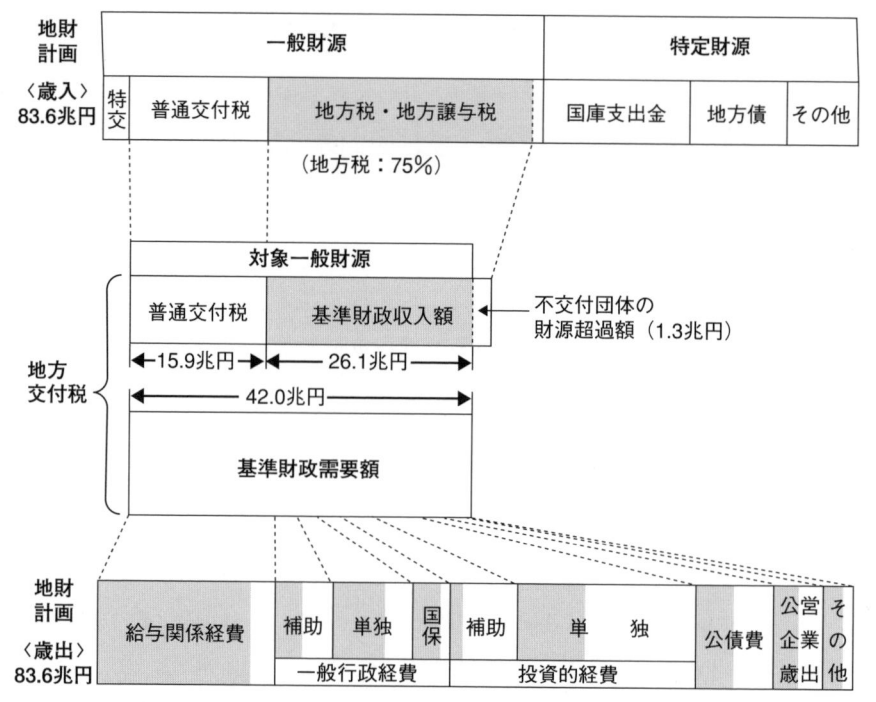

地財計画〈歳入〉83.6兆円	一般財源			特定財源		
	特交	普通交付税	地方税・地方譲与税	国庫支出金	地方債	その他

（地方税：75％）

地方交付税：
- 対象一般財源：普通交付税 15.9兆円 ＋ 基準財政収入額 26.1兆円
- 不交付団体の財源超過額（1.3兆円）
- 基準財政需要額 42.0兆円

地財計画〈歳出〉83.6兆円	給与関係経費	補助	単独	国保	補助	単独	公債費	公営企業歳出	その他
		一般行政経費			投資的経費				

（出所）　地方財務協会『地方交付税のあらまし』（平成20年度版）

　基準財政需要が（国庫補助負担金の入らない）単独事業に限らず，補助事業のうち国庫補助負担金によって埋められない「補助裏」にも充てられることは上述の通り。教育費の基準財政需要は地財計画中の学校教職員の給与や学校施設の整備に関わる投資的経費など性質別支出を合算したものから，義務教育費国庫負担金や文教施設の建設に充てる地方債などを差し引いた残余にあたる。交付税と国庫補助負担金による財源保障は「棲み分け」ができているわけではない。同じ公共サービスの財源が一部は国庫補助負担金（特定財源），一部は交付税（一般財源）で賄われるなど，「マーブルケーキ」状になっているところに特徴がある（**図表7-7**）。

▶ 基準財政需要の計算

　ミクロの基準財政需要は都道府県，市町村の各々について「標準団体」を想定し，最初に当該団体で要する財政需要を計算して，それを一般の自治体に延用する形をとっている。

　この標準団体としては，都道府県では人口170万人・66万世帯，市町村では人口10万人・3万9,000世帯が想定される。

　小学校費の算出　　都道府県の小学校費を例に基準財政需要の算出について説明しよう。法律上，あるいは政策上，標準団体において「標準的」とみなされる教職員数6,667人（うち一般教員数5,340人）及び給与体系から「標準団体経費」を出す。2007年度，同経費は約580億円とされ，これから義務教育費国庫負担金等を差し引くと，一般財源所要額433億円が求められる。この所要額を教職員数（6,667人）で割ると，教職員一人あたりに要する小学校費として「単位費用」（2007年度は約650万円）を得る。

　教職員数は都道府県の小学校費の「測定単位」となる。測定単位は行政項目によって異なり，警察費であれば警察職員数，社会福祉や保健衛生費ならば人口，道路橋梁費の場合，経常経費部分は道路面積，投資的経費は道路の延長距離といった具合だ。単位費用は「標準的条件を備えた地方団体が合理的，かつ妥当な水準において地方行政を行う場合……要する経費を基準」（地方交付税法第2条-6）とある。測定単位同様，単位費用も基準財政需要ごとに計算される。（**図表 7-8** 参照）。

　実際に自治体の基準財政需要を算出するにあたっては，単位費用に当該自治体の「測定単位」を掛ける。小学校費（都道府県）であれば，「650万円×当該自治体教職員数」ということになる。ただし，測定単位に用いられる教職員数は実際に雇用されている人数ではなく，国の定める定数に拠る。従って，学校の先生の数を国の基準を超えて増やしたからといって交付税が増額されるわけではない。

　補 正 係 数　　では「単位費用×測定単位」が各自治体・各行政項目の基準財政需要に等しくなるかといえば，そういうわけでもない。ここに**補正係数**と呼ばれる調整がなされることになる（**図表 7-9** 参照）。従って，

■図表 7-8　交付税の基準財政需要項目

2008 年度

行政項目		測定単位	道府県		市町村	
			基準財政需要額	単位費用	基準財政需要額	単位費用
警察費		警察職員数	2,231,933 百万円	8,952,000		
消防費		人口			1,548,132 百万円	10,600 円
土木費	道路橋梁費	道路の面積	339,217	153,000	578,597	81,200
		道路の延長	844,104	2,388,000	842,007	262,000
	河川費	河川の延長	110,250	143,000		
	下水道	人口			685,441	100
教育費	小学校費	教職員数	2,803,651	6,494,000		
		生徒数			306,966	39,600
		学級数			364,313	824,000
		学校数			192,649	8,672,000
	中学校費	教職員数	1,572,082	6,552,000		
		生徒数			133,849	36,500
		学級数			221,092	1,040,000
		学校数			93,416	9,329,000
	高等学校費	教職員数	1,469,724	7,289,000	100,560	7,263,000
		生徒数	219,112	62,900	17,533	72,500
厚生費	生活保護費	町村部人口	97,500	6,630		
		市部人口			730,545	6,610
	社会福祉費	人口	1,003,279	9,330	1,984,580	15,200
	保健衛生費	人口	1,373,708	10,800	1,078,725	4,060
	高齢者保健福祉費	65歳以上人口	1,116,731	45,500	1,878,202	69,400
		75歳以上人口	769,765	91,000	771,086	79,700
	労働費	人口	66,034	554		
	清掃費	人口			1,274,778	5,760
公債費		元利償還額	2,801,559		2,545,542	

（参考）　地方財務協会『地方交付税のあらまし』（平成 20 年度版）

■図表 7-9　基準財政需要の計算（ミクロ）

自治体 j の行政項目 k の基準財政需要	$N_k^j = c_k \times M_k^j \times A_k^j$
自治体 j の基準財政需要	$N^j = \sum_k N_k^j$
行政項目 k の基準財政需要	$N_k = \sum_j N_k^j$
行政項目 k の単位費用	c_k（例：小学校費（都道府県）＝650万円＝443億円/6,667人
自治体 j の行政項目 k の測定単位	M_k^j（例：小学校教職員数）
自治体 j の行政項目 k の補正係数	A_k^j（例：寒冷補正，態容補正）

各自治体・各行政項目（ミクロ）の基準財政需要＝単位費用×測定単位×補正係数

例：新潟県の小学校費（2007年度）

　基準財政需要＝教職員一人あたり単価×教職員数
　　　　　　　×（普通態容補正×寒冷補正＋経常態容補正）
　　　　　　＝649万3,000円×9,229人×(1.000×1.003＋0.001)
　　　　　　＝602億円

となる。補正係数とは，各自治体の「自然的・社会的条件」の違いによる行政経費の差を反映させるよう測定単位を割増・割落としする措置である。

　例えば人口規模の小さい自治体の基準財政需要を割増する**段階補正**がある。段階補正は公共サービス提供に「規模の経済」（スケールメリット）が働く結果，人口の多い地域ほど（測定単位あたりの）経費が比較的安価に済む一方，人口の少ない地域は割高になるという認識に基づく。**密度補正**は地域の面積が大きく人口密度が希薄になるに従い，交通の便などの要因から消防や保健所などに関わる行政コストが高くなることを勘案したものである。この段階補正は消防費や社会福祉費に用いられている。

　このように補正係数は多岐に渡る。これがミクロ（個別自治体）ベースの基準財政需要の算定を複雑怪奇にしてきた。中には教職員の「寒冷地手当」

■図表 7-10　補正係数あれこれ

種　　類			例
種別補正			港湾費（港湾の種類（「特定重要港湾」,「重要港湾」,「地方港湾」）の違いによる経費の相違）
密度補正			消防費（人口密度に応じた経費の差）
態容補正	普通態容補正		保健衛生費（保健所を設置している市と他の市との「行政機能差」を反映）
	経常態容補正		林野水産行政費（産業別所要経費の差）
	投資態容補正	投資補正	道路橋梁費（未整備延長比率，改修経費の必要度の差）
		事業費補正	臨時地方道整備事業費債元利償還費
寒冷補正			小中学校費（寒冷地手当の差）
数値急増・急減補正			地域振興費，高齢者保健福祉費，農業行政費（人口の急減・急増を補正）
合併補正			地域振興費（05 年 4 月 1 日以降の合併自治体への割増）

（出所）　地方財務協会『地方交付税のあらまし』（平成 20 年度版）

に関わる経費を反映するための「寒冷補正」（小中学校経費を割増）まである（**図表 7-10**）。

　交付税の補助金化　補正係数のうち「事業費補正」は特定の政策・事業を奨励する意図を持った措置であり，投資的経費の実額に応じて基準財政需要を増額する（こうした地方自治体の実績に基づく補正を「動態的補正」と呼ぶ）。具体的には道路・港湾事業，小中学校整備など所定の公共事業の向けに自治体が発行した地方債の元利償還費が補正係数に織り込まれる。公共事業を行う自治体ほど将来多く交付税がもらえる仕組みである。これは補助金の理論に即していえば代替効果を誘発する定率補助にあたる（第 6 章参照）。

　例えば，「地方特定道路整備事業」という公共事業の場合，対象事業費の 90％ は「臨時地方道整備事業債」として地方債が起債できる（90％ は「起

債充当率」という)。ちょっと面倒だが，この9割のうち①15%が財源対策債分と区分され，その元利償還金の50%を後年度事業費補正により，基準財政需要額に算入される。②残りの75%は通常分として元利償還費の3割が事業費補正の対象となる。つまり，事業費10億円につき大雑把にいえば将来の交付税が10億円×(15%×50%+75%×30%)＝3億円手当てされるという計算だ。補助率は $m=0.3$ に等しい(起債充当率，事業費補正算入率とも2008年度時点の数値)。

この種の補正は景気対策の一環として地方の公共投資を促すために1990年代に多用されていた。結果，交付税が一般補助金であるという原則に反して，(特定定率)「補助金化」による「政策誘導」が行われたとの批判を招いた。また，交付税を複雑・不透明にしたとの指摘などもあり，三位一体の改革の中で事業費補正は大幅に縮減されている。ただし，後述するように交付税の特定補助金的性格は形を代えて残っている。

▶ 基準財政収入

次に基準財政収入について説明しよう。基準財政収入は①標準税率で測った(法定の)地方税収入の75%と②地方譲与税(100%算入)に等しい。①地方税標準税率分の25%と②超過課税・法定外税が自治体の留保財源となる。

この基準財政収入は交付税制度において自治体の財政力を表す指標となる。交付税のフォーミュラから分かるように，基準財政収入の高い地域ほど交付額が減額，逆に基準財政収入が小さく，財政力が乏しい地域ほど移転が多くなる。一般補助金の財政調整機能については第6章で述べた通りである。

地方の自主財源のうち地方譲与税は全額基準財政収入に算入される。従って，交付団体である限り，譲与税の多寡は自治体の一般財源(＝地方税＋地方譲与税＋交付税)に影響しない。もっとも，このことは必ずしも交付団体が損をしていることを意味しない。交付団体の一般財源所要額は既に交付税の基準財政需要に反映されているからである。

一方，地方税(標準税率分)のうち25%を地方に留保させるのは，「地方団体の自主性，独立性を保障し，自主財源である地方税の税源かん養に対す

る意欲を失わせない」ための措置とされる。しかし，2006年度の三位一体改革で地方に移譲された3兆円分については地域間で財政力格差が拡がらないよう基準財政収入に100％算入した。税源移譲による地方の「独立性」や移譲税源の「かん養」（拡充）への誘因については考慮されていないようだ。

▶ 交付税を巡る議論

様々な見解　交付税を巡る見解は様々だ。「現行の地方財政計画における手厚い財源保障は，地方の自立を阻害する」もので，交付税の「財源保障機能は，歳入と歳出の差額を補塡しているので，歳出拡大に対する地方の負担感を希薄にする」（地方予算を「ソフト化」している）といった批判があれば，交付税はあくまでも標準的な財政需要に必要な財源を保障する制度であって「モラル・ハザード」（財政規律の弛緩）を助長させるという意見はあたらないとの反論もある。

そもそも，地財計画に計上される歳出は「国が決めた教育・福祉などの実現であり，国が期待する公共投資の実現」であって，「国庫補助関連事業，国が法令で基準を設定しているもの，国が法令でその実施を義務づけているものが地方の歳出の大半」を占めており，過去に地方歳出が拡大した原因は地方のモラル・ハザードではなく，国の要請に拠るというわけだ。むしろ「地方は……事務事業の徹底した見直し，職員定数の削減，人件費カットなど財政再建のため……努力を行ってきた」（全国知事会）のである。

義務づけと財源保障　地方が実施を義務づけられている政策・事業は幅広く，それらが自治事務か法定受託事務かのいかんに拠らず，国の関与（基準の設定など）が詳細に渡ってきた。その一方で，「法律又はこれに基づく法令により普通地方公共団体に対し，事務の処理を義務付ける場合において，国は，そのために要する経費の財源につき必要な措置を講じなければならない」（地方自治法第232条第2項），及び「法律又は政令に基づいて新たな事務を行う義務を負う場合においては，国はそのために要する財源について必要な措置を講じなければならない」（地方財政法第13条）といった決まりもある。国が義務づけるならば，国は財源保障をする義務があるというわけだ。

三位一体の改革でもって，義務教育費国庫負担金をカットしたとしても，

学校教育を地方に義務づけている以上，（基準財政需要を増額して）財源保障が施されなくてはならないことになる。よって，「税源移譲が行なわれても，移譲額が国庫補助負担金廃止に伴い財財源措置すべき額に満たない地方公共団体については，地方交付税……を通じて確実に財源措置を行なう」（地方六団体（2004年8月）ことが求められてくる。「地方財政計画や地方交付税を圧縮することは法令で義務づけられている事務事業が実施できない」ことになりかねない。

合理的，かつ妥当な水準か　とはいえ，「国が財源を保障すべき経費の内容，実額等について必ずしも十分な検証が行われていない」現状はいかがなものかという意見もあろう。地方財政法によれば「地方公共団体の事務（略）を行うために要する経費については，当該地方公共団体が全額これを負担する」（第9条）のであり，国が経費の全部又は一部を負担すべき行政サービスは義務教育や児童手当，災害復旧など同法の第10条から第10条の4までに限定列挙されているに過ぎない。そもそも，地財計画に計上される地方歳出や，そこから算出される交付税総額にしても「合理的，かつ妥当な水準」であるという科学的な根拠はない。

過大推計の問題　わが国は中央集権的だから，地方の裁量が働く余地はないと考えるのは必ずしも正しくない。自治体は交付税を基準財政需要の内容通りに支出しているわけではないからだ。地財計画の方針通りに地方が支出を行わなかった事例はある。投資的経費（単独事業）をみると1994年度以降，2002年度にかけて1兆5,000億円から最大6兆6,000億円（2000年度）あまり決算額が地財計画額を下回ってきた。例えば，2002年度の場合，地財計画額では26兆円だったのに対して，地方全体で実際に支出された投資的経費は21兆円に過ぎない。地財計画額を超えた支出であれば，超過課税などで賄った地方独自の政策によると評価できるかもしれない。しかし，決算が計画額に届かないというのは，後者が「過大推計」だった（必要もない経費を計上した）ということになりかねない。

　ここで，過大推計を批判する財務省とこれを擁護する総務省・地方自治体間で議論が巻き起こった。財務省の調べによると，浮いた財源は地方公務員の人件費のほか，結婚仲介報酬金，男女交流会（要するに「合コン」），職員

互助会，海外旅行奨励金，生活保護世帯への上乗せ補助などに流用されていたことが分かっている。

このような過大推計の批判に対しては，地財計画が地方の実情に即していないのであり，地方が「国に先んじて公共投資の抑制に転じ，教育，福祉……など住民生活にとって不可欠な行政分野に予算を重点的にシフトしている」（地方財政審議会（2005年6月10日））結果との反論がある。地財計画が過大推計なのではなく，「誤った推計」だったということだ。

そもそも，交付税は一般補助金であって，その使途は「地方団体の自主的な判断に任されており，国がその使途を制限したり，条件を付けたりすることは禁じられている」とされる。自治体や地域住民の視点からすれば，一般補助金たる交付税を地財計画と異なる用途に充てることを問題視されるいわれはない。

加えて，「地方財政の自主性・自立性の観点に照らせば，（中略）計画と決算の差異をチェックするような形で国が地方歳出の具体的内容に関与するべきものではない」（地方財政審議会（2005年6月10日））といった主張もある。むしろ，「地方公共団体のごく一部の不適切な事例を取り上げ，地方財政全体に敷衍するという偏った捉え方」をするのではなく，地財計画とは乖離があっても，地方独自の政策を推進することで「地域住民のチェック機能が有効に働く」ことになるということだ。

財源保障か一般補助金か　財源保障機能というならば，支出実績が計画額に満たない投資的経費は削減しても構わないというのは一理ある。必要のない用途に財源保障しても意味がないからだ。しかし，ここで「交付税は一般補助金」という論理が出てくる。一般補助金である以上，国の地財計画に縛られる理由はないというわけだ。交付税水準を決定するときの論理（＝財源保障）とその使途を正当化する論理（＝一般補助金）が使い分けられているのである。「ああ言えば，こう言う」といったところだ。

それでも批判が続くようだと，「ハードからソフトへの決算乖離の一体的是正」と称して，地財計画の中で投資的経費への財源保障（基準財政需要）を減じる分，他の経費（行政経費）の財源保障を同額増加させてしまう。いずれの経費も一般財源を充当する部分だから交付税所要額に変化はない。財

源保障が地方支出の多岐に渡ればこそできる離れ業といえる。

財政力の逆転　交付税が①財源保障機能と②財政調整機能の両方を担っていることは評価にあたって，厄介な問題を引き起こすことになる。

地域間格差として地方税の偏在が取り上げられるが，交付税交付後でみると不交付団体の東京都と交付団体との間には一人あたりでみた財政力に逆転現象が見受けられる（**図表1-8**参照）。交付後の一人あたり一般財源は地方圏の自治体の方が総じて豊かになっているということだ。財政調整は過剰との批判もあるが，財源保障の要請という理由で擁護される。いずれが正しいかではなく，交付税額の多寡の判断が（少なくとも第三者にとって）つかないことが問題なのである。

配分基準の簡素化　ポスト三位一体改革の一翼を担った「地方分権21世紀ビジョン懇談会」（2006年7月3日）は国の基準の義務付けや規制の削減

■図表7-11　新型交付税

$ax + by$

a：12,390円（都道府県），23,220円（市町村）
b：1,114,000円（都道府県），2,357,000円（市町村）
x：人口規模のコスト差を反映した人口
y：土地利用形態のコスト差を反映した面積

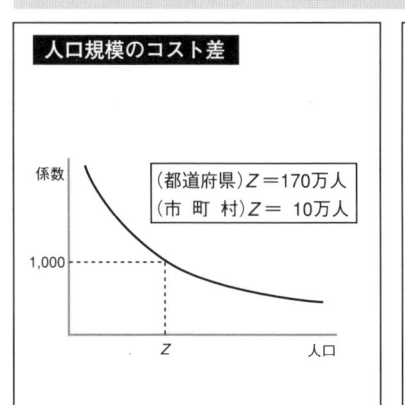

人口規模のコスト差

（都道府県）$Z=170$万人
（市町村）$Z=10$万人

土地利用形態のコスト差

都道府県
宅　地：1.00（固定資産価格等の概要調書）
耕　地：2.87（農林業センサス）
林　野：0.60（農林業センサス）
その他：0.59（上記以外の国土地理院公表面積）

市町村
宅　地：1.00（固定資産価格等の概要調書）
田　畑：0.90（固定資産価格等の概要調書）
森　林：0.25（農林業センサス）
その他：0.18（上記以外の国土地理院公表面積）

（出所）　地方財政白書（2007年度版）

に合わせて、「現在の複雑な交付税の算定基準を抜本的に改め、……人口と面積を基本として算定」する新型交付税の導入、交付税5兆円分を置き換えることを提言した。(人口一人あたりの財政力の均等化で評価した)財政調整には適った改革といえよう。

しかし、フォーミュラの簡素化は地方の多様な行政需要を反映できず、「いずれの地域・いずれの団体においても最低限の行政水準を国民に保障するという交付税制度の本質を損なう」(全国知事会(2006年10月17日))と財源保障の観点から批判を受けた。新型交付税は2007年度から始まったが、配分基準は人口・面積そのものではなく、「人口規模のコスト差」や「土地利用形態のコスト差」を反映した新たな指標に基づくものとなっている。

確かに「人口と面積を基本」としているという意味で「とんち」の利いている感があるとはいえ、フォーミュラが簡素化したわけではない(**図表7-11**)。更に新型交付税の配分上、不利になる地域に配慮した「地域振興費」を新たに創設して基準財政需要に反映させることになった。

▶ 通 念 と 実 際

交付税は一般補助金か　教科書的にいえば、交付税は一般補助金であり、配分基準が「地方団体における個々具体的な財政支出の実態を捨象」している限り、第6章で学んだように自治体に及ぼす誘因効果は所得効果に留まる。基準財政需要が各地方自治体の過剰人員・経費を補塡するものでなく、税収面でも徴税努力を損なわない限り、地方予算はハード化し、「地方交付税には地方行革を促す仕組みが内在」することになるだろう。

しかし、交付税は教科書的な一般補助金になっていない。上述の事業費補正のように公共事業など特定の事業を奨励する(代替効果を伴う)仕組みがある。結果、交付税は(特定)「補助金化」してきた。

構造改革への反動で格差是正に関心が集まるようになると「都市と地方の共生」と称して、2008年度には新たに地方再生対策費が4,000億円地財計画に計上、財源保障として基準財需要に算定されている。特に財政状況の厳しい地域に重点的に配分するとしている。交付税の重点配分を実現するために補正係数(具体的には「段階補正」など)が活用される。その理念はとも

かく交付税の地域間配分の裁量性が伺えよう。

行政改革インセンティブ算定　さすがに補正係数が交付税算定の複雑化・不透明化を招いたという批判から，三位一体の改革と合わせて事業費補正などの簡素化が進んでいる。その一方で，「歳出削減の取組みを反映する算定」（人件費・物件費などの増減率）や「徴税強化の取組みを反映する算定」（徴収率の増減，全国平均との差）を含む**行政改革インセンティブ**が基準財政需要に織り込まれるようになった。「行革努力による地域振興への取組強化」を奨励する意図があるのだが，これでは奨励する政策が公共事業から行政改革に変わったに過ぎない。

行政改革を推し進めることが悪いわけではないが，それは自治体が自らの判断で行うべきで，「政策誘導」するのは地方の主体性を重視する一般補助金の原則に反する。第4章で紹介した「頑張る地方応援プログラム」にしても地方再生のための政策的要請ともいえるが，新たな政策誘導であることに変わりはない。

そもそも基準財政需要額は，（経済学者など専門家を総動員して）「科学的・客観的」根拠をもって算定されたというよりも，地財計画に織り込まれる国の政策方針（社会資本整備計画など）や（地方に支出を義務づける法令に従う。「経験的」・「政策的」に求められており，地域住民のニーズや公共サービス供給の最小コストを正確に反映しているわけではない（少なくとも，それを担保する制度にはなっていない）。

7.4　地方債制度

財政移転制度と同様，地方債には国の関与と国の「信用保証」という両方の顔がある。地方の自主性が損なわれてきたとも，地方の甘えを助長したとも評されるが，地方債もまた，集権的分散システムの下，国と地方との財政関係（財源保障）に関わる連立方程式の一部だった。

▶地方債とは

　国と地方合わせて（借入期間が1年以上の）長期債務の残高は780兆円（2008年度時点）に上る。国内総生産との比較でいえば、1.6倍弱ほどになる。このうち地方の借金は200兆円あまりとなる（地方の財政悪化については第1章の議論を参照）。

　建前上、「地方公共団体の歳出は、地方債以外の歳入をもって、その財源としなくてはならない」（地財法第5条）ことになっている。つまり、均衡財政が原則なのである。「但し書き」として公共施設の建設事業向けの起債や公営企業による借入が認められているに過ぎない。このような起債は**建設地方債**あるいは（地方財政法第5条の規定によることから）**5条債**と呼ばれている。

　ちなみに、国の借金も公共事業に充てる建設国債を原則としている。赤字国債は「特例」に過ぎないが、1975年度からほぼ毎年発行されてきた。政府の特例や暫定措置、「当面の措置」が恒常化することはさほど珍しくはないのだが……。

　起債の前提　いうまでもなく、借金は将来の納税者に「ツケ」を回す行為である。彼らが元利償還費の財源確保のため増税や他の公共支出の削減を被ることになるからだ。家計の借金も政府の借金もそれが将来的には返済を求められることに違いはない。ただ、家計と違って政府は生存期間が「原則」（革命でも起きない限り）永久だから、返済に要する期間を長くとることができるだけだ。

　もっとも、同じ借金でも、将来に渡って収益が見込まれる事業への投資に充当するならば、将来の納税者に負担を求めることなく、元利償還費はその収益から捻出すればよい。下水道事業といった公営企業の起債は利用料金など将来収入が裏づけとなる。たとえ、金銭的な収入がないとしても、道路や橋梁など社会インフラからは将来世代も受益する。とすれば、「応益原則」（第5章参照）の観点から彼らに対して応分の負担を求めることは理に適うだろう。地方の借金として前述の「5条債」が例外的に認められているのは、このような理由による。

　崩れる原則　しかし、地方財政が悪化する中、実際のところ「建設

地方債」の原則は崩れつつある。国は、今期の交付税で手当できない財源について「臨時財政対策債」の起債を認めてきた。借金で経常的な経費を賄うこともできるから、これは赤字地方債にほかならない。2008年度には赤字地方債の新規発行が2兆8,000億円ほど見込まれている。

上述のように、この赤字地方債の元利償還費については将来の交付税による補塡が約束されている。このため、発行した自治体にとってみれば自分の借金という認識は薄い。むしろ、本来国が保障すべき財源の不足分を借金で「肩代わり」させられたといったところだろう。

ただし、将来的に交付税の原資が増えないとすれば、赤字地方債に交付税措置を行う分、ほかの基準財政需要が抑制されるかもしれない。赤字地方債のツケを将来、（起債の有無によらず）全ての交付団体が広く負わされることになりかねない。そうしないように（ほかの基準財政需要を確保するべく）交付税の原資（国税の一定割合）を増やすとなれば、①国税の増税、あるいは②交付税率を引き上げる分、国の（交付税交付後の）一般歳出が減額され、国からの公共サービスが低下するといった形で将来の納税者、サービス受益者の負担となる。

▶地方債計画

このような地方の借金は、何も自治体が勝手にしてきたものではない。むしろ、国が許可してきた借金なのである。国は毎年、地財計画と合わせて、新規の起債（フロー）について「地方債計画」を作成する。地方債計画は地方債の計画的利用の指針となるもので、その中では①国が許可する地方全体での新規地方債総額、②起債が認められた事業ごとの地方債発行枠、及び、③地方債の消化（購入）する資金の内訳が決められる。

計画の実態　2008年度の地方債計画に即して説明しよう。同年度の起債総額は12兆5,000億円と見込まれる。これは普通会計が起債する9兆6,000億円（普通会計債）のほか、公営企業の起債2兆9,000億円を含む。地財計画が地方の普通会計の歳出入の限られる一方、地方債計画は地方の公営事業会計もカバーしているのが特徴である。

普通会計債の中に建設地方債（5条債）や臨時財政対策債（2008年度2兆

8,000億円)が入る。5条債については地方債を充当する事業ごとに起債額が決まってくる。これはマクロレベル（地方全体）の基準財政需要額が小学校費や道路・橋梁費など個別の行政項目ごとに定まるのに類似する。例えば，教育・福祉施設など整備事業向けの起債は6,241億円，臨時地方道路事業関連では8,600億円，下水道事業として1兆4,994億円，水道事業，病院事業に各々4,263億円，2,865億円といった具合だ。

　国は「平成の大合併」を推し進めるために，合併市町村に対して「合併特例債」を認めてきた（第3章参照）。この合併特例債は新たな公共施設の整備など「合併後の財政需要」に充当される。2008年度に発行される合併特例債は9,500億円，このほか，過疎対策事業のため3,213億円の起債が計上されている。交付税の基準財政需要が国の政策方針や（補正係数を通じた）政策誘導を反映していたように，地方債計画には国の奨励事業（道路整備や下水道整備，市町村合併など）や政策的配慮（過疎対策など）が織り込まれる。

　公的資金　地方債計画は地方債を消化する資金源も定める。この資金源は大きく①公的資金と②民間等資金からなる。前者には①-(i)**財政投融資資金**と①-(ii)**地方公営企業等金融機構資金**などが含まれる。地方債計画における公的資金充当額は2008年度で4兆5,730億円，うち財政融資資金が3兆2,400億円，地方公営企業等金融機構資金1兆1,230億円となる（**図表7-12**）。

　地方公営企業等金融機構の前身は「公営企業金融公庫」，これが2008年10月に廃止されたことに伴い，地方公共団体の共同で設立，同金融公庫の事業を継承した。「借り手」である地方自治体が共有する「貸し手」ということになる。地方公営企業等金融機構は市場から資金を調達し，その資金で地方債を購入する。対象とする事業は上下水道，都市交通，病院などの住民生活に不可欠とされる社会資本の整備であり，民間からの資金調達の拡大と合わせて段階的に規模の縮減を図るとされる。

　「地方主体のガバナンス」であることは借り手たる地方に対する規律を働かせにくくするかもしれない。政策的・政治的な配慮から自治体の赤字事業（例えば，下水道事業など）に対する融資に歯止めが利かないとすれば，不

■図表 7-12　地方債計画（2008 年度）

（億円）

項　目	計画額
A. 一般会計債	60,761
1. 一般公共事業	18,874
2. 公営住宅建設事業	1,603
3. 災害復旧事業	403
4. 教育・福祉施設等整備事業	6,241
うち，学校教育施設等	1,993
5. 一般単独事業	25,341
うち，合併特例債	9,500
臨時地方道	8,600
6. 辺地及び過疎対策事業	3,213
7. その他	5,086
B. 公営企業債	27,783
1. 水道事業	4,263
2. 下水道事業	14,994
3. 交通事業	2,798
4. 病院事業	2,865
5. その他	2,863
C. 臨時財政対策債	28,332
D. 退職手当債	5,900
E. その他	2,000
総　計	124,776

（億円）

資金区分	計画額
1. 公的資金	45,730
財政融資資金	32,400
公営企業金融公庫資金	2,100
地方公営企業等金融機構資金	11,230
2. 民間等資金	79,046
市場公募	34,000
銀行等引受	45,046
総　計	124,776

（出所）　総務省

良債権がたまって，その財政基盤を揺るがしかねない。

財投債　**財政投融資**といえば，かつては「第2の予算」と呼ばれ，2000年度以前は年間40兆円規模の資金を動かしていた。財政投融資計画（融資・政府保証など）の残高は2000年度には418兆円あまりに上っている。その資金源は郵便貯金や公的年金の積立金であり，融資先には地方自治体以外に道路公団など政府系の特殊法人が数多く含まれていた。わが国では巨額な資金が市場を通じて配分されるのではなく，政府によって政策的，あるいは（ばら撒きなど）政治的な意図を持って動かされてきたのである。

もっとも、このような巨大な財政投融資という印象も昔のことで、2000年度以降、新規計画額の減少が続き、2008年度は約14兆円と、かつての3分の1ほどに留まっている。財政投融資残高も2007年度には245兆円まで減少した。

　財政投融資改革の一環として、その資金源は郵貯や年金から**財投債**に置き換えられてきた。この財投債とは、国債とは別に国が発行する債券であり、調達された資金を**財投機関**と呼ばれる国の独立行政法人や公庫、及び教育・福祉・医療関連機関、地方自治体に融資する。

　地方公営企業等金融機構もそうだが、ヒトからお金を借りてヒトに貸していることになる。財政投融資制度から融資を受けている機関が直接借りればよいではないかと思われがちだが、信用力には差がある。財政力の乏しい自治体や収益性の見込めない独立行政法人が市場からお金を借り入れることは容易ではない。債務の償還能力が疑われるからだ。

　また、小規模自治体や財投機関が個別ばらばらに発行する少額の債券より、財投債のような発行規模の大きい債券の方が市場で売買しやすい（流動性が高い）という利点もある。

　民間の資金源　公的資金のシェアは年々低下してきている（**図表7-13**）。新規地方債に占める公的資金比率は1985年度で76%あまり、その後も50%を超えて推移していたが、2000年度以降は財政投融資の縮減と合わせて低下、2008年度は36.6%に留まる。公的資金に代わって比重が高まりつつあるのが民間等資金である。

　この民間等資金には①**銀行等引受資金**と②**市場公募資金**がある。銀行等引受とはその名前の通り、銀行からの借入を指す。特に地元で取引関係の深い銀行からの借入は「縁故債」とも呼ばれる。地方債の利率は銀行との交渉に拠る。

　市場で広く市場から投資資金を募るのが**市場公募債**である。2008年度、民間等資金は7兆9,000億円で、うち市場公募債が3兆4,000億円、銀行等引受資金は4兆5,000億円となる。市場公募資金のシェアは27.2%であり、これは財政投融資資金の比率26%より高い。

　ただし、地方債の残高（ストックベース）でみると、残高200兆円（2008

■図表 7-13　新規地方債引受先の推移

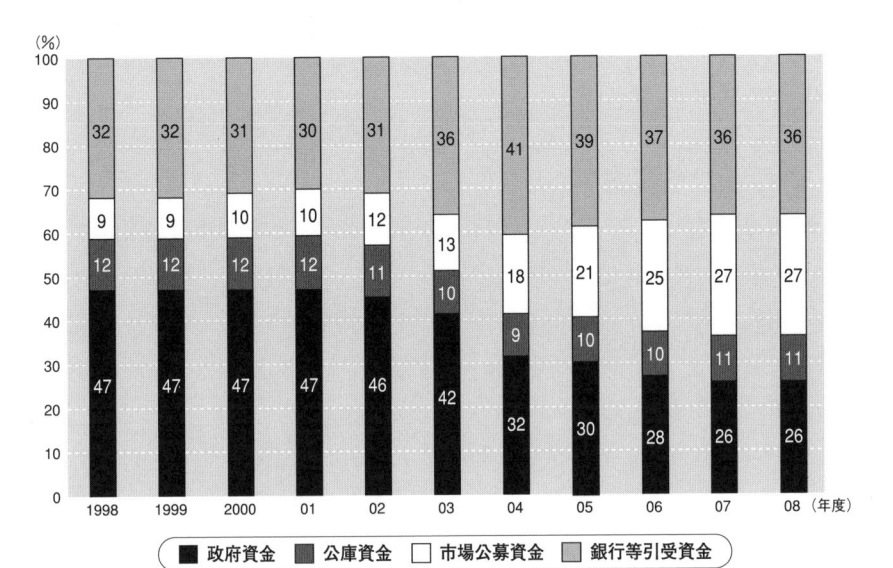

年度	政府資金	公庫資金	市場公募資金	銀行等引受資金
1998	47	12	9	32
1999	47	12	9	32
2000	47	12	10	31
01	47	12	10	30
02	46	11	12	31
03	42	10	13	36
04	32	9	18	41
05	30	10	21	39
06	28	10	25	37
07	26	11	27	36
08	26	11	27	36

（注1）　公庫資金は 2007 年度までは公営企業金融公庫，2008 年度分には地方公営企業等金融機構が含まれる。
（注2）　政府資金は財政融資資金のほか 2006 年度まで郵貯資金・簡保資金からなる。
（出所）　財務省資料

7.4　地方債制度

年度時点）のうち公的資金は 6 割，うち財政投融資資金は 35.6％（金額にして約 71 兆 5,000 億円）を占める。市場公募債は 14.4％ に過ぎない。市場公募債が増加したのは（財投改革が進んだ）2004 年度以降のことで，それ以前，地方自治体は公的資金に多く頼っていたからである。

公的資金と暗黙裡の利子補給　　公的資金依存は自治体間でバラツキがみられる。2007 年度の政令市（15 団体）が新たに起債した地方債のうち財政投融資資金で消化されたのは 11％ に留まる。一方，政令市以外の市町村の財投依存度は 4 割あまりに上る。一般に財政力が乏しい自治体ほど公的資金から借り入れる割合が高い。公的資金は市場に比べて金利が低く設定されることから資金調達コストが安く上がる。さもなければ市場からの資金調達が困難な自治体は（財投債の金利に反映される）国の信用力の恩恵に預かること

ができるわけだ。

　財投債の金利が市場金利を下回る分は，事実上の利子補給（自治体が市場公募債を募り，その金利の一部を補助しているのと同じ経済効果）であり，暗黙裡の補助金にあたる。

▶ 許可制から協議制へ

　起債の自由化　「地方債計画」がマクロレベルで地方債の起債総額，充当する事業，及び消化する資金源を定めているのに対して，従来，個別自治体の個別事業について（ミクロレベルでの）起債を決めていたのが，**起債許可方針**であった。都道府県が地方債を発行するには国（総務大臣）の，市町村の起債には都道府県の各々許可が必要とされていた。

　2006年度以降，この起債許可制度は「地方公共団体の自主性をより高める観点に立って，廃止し，地方債の円滑な発行の確保，地方財源の保障，地方財政の健全性の確保等を図る観点から」（地方分権推進委員会第2次勧告）事前協議制度に移行することになった。「起債の自由化」と称されるが，自治体が自由勝手に起債できるようになったわけではない。地方債を発行するにあたっては，都道府県は国と，市町村は都道府県との協議が求められるからだ。

　同意債・不同意債　ただし，起債許可制度と異なり，上位政府との協議で合意が得られないとしても，地方議会からの承認があれば自治体は起債できる。協議で同意を得られた地方債を**同意債**，同意がなく発行された地方債を**不同意債**という。

　このうち，同意債は発行年度の地方債計画に反映され，一部には公的資金が充当される。また，その元利償還費は将来の地方財政計画に計上され，部分的に交付税措置の対象となる。

　一方，不同意債には財源保障がないだけでなく，公的資金も充当されない。従って，不同意債を起債できるのは市場からの信用力が高い自治体に限られる。

　不同意債は全ての自治体で認められているわけではない。財政状況の悪化した自治体の起債には許可が必要とされる。財政悪化は実質赤字比率や実質

公債費比率などで測られ，前者が（財政規模に応じて）2.5％〜10％以上，あるいは後者が18％以上の自治体については許可制度が留保される（実質公債費比率の定義と含意については後述）。

　地方債全体の信用を維持するための措置ともいえるが，そもそも財政状態が芳しくない自治体の出す（将来の交付税措置も見込めない）不同意債を市場で消化するのは難しい。信用リスクに相当する分，高い金利を求められるのがオチだろう（ただし，市場が国の事後的救済（地方予算のソフト化）を予期しているならば，その限りではない）。むしろ国の起債許可は「国が自治体の債務に最終的に責任を持つ」というシグナル（印象）を市場や自治体関係者に送りかねない。「許可する」ということは信用保証を与えていることになるからだ。

▶ 地方債と国の信用保証

　揺らぐ国による信用保証　　地方債には①地方債計画を通じた公的資金の手当てや②地財計画による（マクロレベルでの）公債費への財源保障によって「暗黙の政府保証」が施されてきた。実際のところ政府保証は暗黙裡でもないし，市場が受け取るであろう信用保証のシグナルに概ね誤りもない。国はこれまで財政力の多寡に拠らず「自治体間に信用力格差はない」，「地方債の安全性は国債と同等」であることを明言してきたからだ。

　無論，地方債への信用は国の信用力（財源保障機能）によって裏づけされたものである。国は市場による規律づけを排除しないまでも，地方自治体の財政力は千差万別で，民間からの資金調達が困難なところも出てくるという理由から，地方債への「信用補完」（公的資金の充当と公債費への財源保障）を続けてきた。しかし，国の財政が悪化する中，交付税総額の確保もままならなくなり，国の財源保障機能は揺らぎ始めた。さらに，財政投融資制度改革に伴い公的資金の縮小が続いている。信用補完は持続困難になりつつある。これまで国に頼ってきた分，その国の財政基盤が揺らげば，地方自治体は「共倒れ」になりかねない。

　金利交渉の個別化　　市場公募債についても，その発行は完全競争条件からはほど遠かった。2001年度までは総務省（当時の自治省）と地方債を引

き受けるシンジケート団（銀行団体）との間で統一的に金利が決められていたからだ。資金の需給動向や発行自治体の信用力ではなく，国の交渉力（半ば金融機関に対する政治力）に依存していたのである。

その後，2002年4月に東京都が，2004年4月に横浜市，2006年4月以降神奈川県と名古屋市がそれぞれ，総務省への委任をやめ個別交渉に移った。信用力の高い自治体は統一条件よりも有利な金利で起債できる。

更に2006年には公正取引委員会は「本来，市場公募地方債の発行条件は，個々の地方公共団体の信用力，当該地方債の発行額等を反映して市場において決定されるべき」（2006年8月14日）との見解を出している。統一条件交渉は自治体（と総務省）のカルテルであり競争政策に反するというわけだ。これを受けて，2006年9月には全ての自治体が個別に金利交渉を行う（「個別条件決定方式」に移行する）ことになった。

信用力の格差　個別に金利が決まるとなれば，発行自治体単独の信用力が反映されるようになってくる。償還可能性が懸念される自治体の地方債は当然，金利は高くなる（言い方を換えれば，債券価格が安くなる）はずだ。高い金利は信用リスクを反映する。

2006年以前から既に自治体間で市場に出回る（発行済み）公募市場債の流通利回りに違いが見受けられるようになった。市場公募債（満期10年）流通利回りが長期国債（満期10年）の利回りを上回る分（対国債スプレッド）で比較すると，2005年9月末時点，東京都が発行した市場公募債は0.07％（だけ国債の利回りを超過）である一方，財政が悪化している北海道や大阪府の市場公募債のスプレッドは0.13％と2倍あまりになっている。つまり，投資家は東京都よりも北海道や大阪府の地方債をよりリスクが高いと認識していることになる。

いずれの自治体も翌2006年度には「夕張ショック」の影響（自治体の財政破綻に現実味が出てきたこと）もあってか，対国債スプレッドが上昇している。（地方債計画や地財計画など）制度としての「暗黙の政府保証」がなくなったわけではないものの，その持続可能性が疑われ始めているのかもしれない。市場の期待形成は現行制度・政策を与件とするのではなく，その変更を織り込むことがあり得る。次に説明する「地方財政健全化法」などは地

方財政の破綻・再生に関わる制度改革の一環である。

▶ 財政健全化

①マクロレベル（地方全体）の地方債計画や②ミクロレベル（個別自治体）での起債許可（2005年度まで）あるいは事前協議制（2006年度以降）は，いずれも地方債に対する信用確保と安定消化を狙いとしてきた。③財政状態が悪化した自治体に対する**起債制限**もその一つであった。

起債制限と自治体破綻　具体的には，前年度の実質収支比率が都道府県で5％以上，市町村で20％を超えると地方債の発行が制限される。実質収支赤字比率は簡単にいえば，手持ち現金の不足状態が経常的な収入が見込まれる一般財源（「標準財源」）に占める割合を指す。このとき，自治体は①起債制限の枠内で自主的に財政再建に努めるか，②**財政再建団体**になるかという選択を迫られる。なお，財政再建法自体は1954年の臨時的な特別措置法であり，それを準用する仕組みになっている。財政再建団体になることが地方自治体の「破綻」と称される。

財政再建団体になった最近の例としては，2006年6月に財政再建団体指定の申請を表明し，翌年に財政再建団体になった北海道夕張市のほか，福岡県赤池町（財政再建期間1991年～2000年）が挙げられる。

財政再建計画　無論，民間企業の破綻のように自治体自体が清算される（地図から消えてなくなる）ことはない。その代わり，財政再建団体には再建期間と地方税・使用料金の引き上げ，歳出の削減など財政再建に向けた具体的な措置を含む再建計画を作成，総務大臣からの同意が求められる。この財政再建計画が認められると特定の事業に対する国庫負担率の引き上げ，政府資金による一時借入金の斡旋や利子補給など国からの支援が施される。民間企業との比較でいえば，このような財政再建制度は企業の経営体制を存続させつつ経営改善を進める（民事再生法による）「企業再生」に近い性格を持つ。

これを国による「事後的救済」とみる向きもあれば，財政再建計画自体が国や都道府県の管理の下で進められ，地域住民の意にそぐわない負担増を求められることから「地方自治の喪失」とする見方もある。財政再建制度の本

質については意見の分かれるところだ。

制度の課題　従来の財政再建制度については課題が多く挙げられてきた。第1に，**早期是正措置の欠如**である。財政再建団体化はサッカーの試合でいえば，いきなり「レッドカード」を出されたに等しい。そこに至るまでに警告（イエローカード）を出すルールがあってもよい。

第2に，国は自治体の財政状況を必ずしも正しく把握できなかった。地方債の起債許可など，一見すると国は地方の財政状態を詳細に管理しているように思われるかもしれない。しかし，実際のところ，自治体は国の規制が直接及ばない病院など公営事業や地方三公社（土地公社，住宅供給公社，道路公社），あるいは第3セクターに債務を隠しているかもしれない。

地方財政といえば，普通会計（あるいは普通会計から一部の特別会計を除いた一般会計）に注目することが多いが，自治体のコントロールは普通会計以外にも公営事業会計（地方特別会計），地方公社・第3セクターといった出資法人にまで及ぶ。例えば，自治体の信用保証の下で，地方公社や第3セクターが金融機関から借入れをして事業を実施することもあり得る。信用保証しているわけだから，地方公社・第3セクターが自分たちで借金を返せないときは，自治体が応分の返済義務を負うことになりかねない。

実際，2006年3月末時点において，第3セクター489法人が有する対外債務2兆3,109億円について，地方自治体が損失補償契約を締結している。国の施策としての損失補償契約もある一方，自治体の自主的判断に基づくものなども数多くあると見込まれる（債務調整等に関する調査研究会「第三セクター等の資金調達に関する損失補償のあり方について（中間まとめ）」(2007年10月17日)）。夕張市の場合，観光事業や病院に債務が累積していて，これを支援するために決算には表れない「一時借入金」（本来は短期間の資金調達のための借入）を用いた会計操作が行われた。財政再建団体化の判断指標である実質収支赤字比率（都道府県5%以上，市町村20%以上）は主として地方の普通会計に着目したもので，公営企業や地方公社・第3セクターまで監視が行き届いていなかった。

第3に，従来の自治体の財政状況の指標が今期の資金のやり取り（フロー）に偏っていた。実質収支赤字比率や経常収支比率などはフロー指標の典

型である。経常収支比率は歳出の中の人件費や扶助費，公債費など（削減が容易ではない）義務的経費のシェアを指す。しかし，フロー指標が健全であっても，**過去の借金による債務**が累積しているならば，将来的に多大な償還財源が必要となるリスクが発生する。現在の事業が順調でも，債務ストックによって経営危機に陥ることは民間企業でもよくあることだ。このような事態に備えるには「ストック」に基づく財政指標，具体的に負債残高と当該自治体の償還能力を比較した指標が必要となってくる。

　まとめると，①フロー指標のほかストック指標によって②普通会計に留まらず地方の財政状況を広く捉え，③財政悪化に際しては早期是正措置が課題とされてきた。

　地方財政健全化法の成立　　地方分権21世紀ビジョン懇談会（2006年7月3日）による「再生型破綻法制の検討」の要請や夕張市の破綻で露呈した従来の財政再建制度の限界を受けて，政府は「透明なルールのもとに早期是正措置を導入することにより，住民のチェック機能を働かせ，財政再建を促していく」べく「地方公共団体の財政の健全化に関する法律」（略称：**地方財政健全化法**）を2007年6月15日に成立させた。この新しい財政再生制度は，①自治体の財政の健全度に関する情報の開示と②財政健全化判断基準に基づく早期是正措置と財政再生の2段階からなる国の介入を柱とする。

　フ ロ ー 指 標　　具体的に地方自治体は，毎年度，①実質赤字比率，②連結実質赤字比率，③実質公債費比率，及び④将来負担比率といった「健全化判断比率」を公表しなければならない（**図表7-14**）。このうち実質収支比率は従来の財政再建制度で用いられてきたものと同様，連結実質赤字比率は資金収支を普通会計のみならず，**公営事業会計**（公営企業）まで拡げた指標である。連結によって，公営企業の資金状態も把握することができるようになる。ただし，実質赤字比率であれ連結実質赤字比率であれ，通常の財政赤字（＝新規公債の発行額）ではなく，自治体の資金の出入りであり，手元現金（資金）の不足を表す。

　実質公債費比率は，地方債の元利償還費の負担状況を示す指標であるが，普通会計に留まらず，公営企業や（自治体の外部に作られる）一部事務組合・広域連合による借入の償還財源に充てたと認められるものを含むなど，

■図表 7-14　財政指標あれこれ

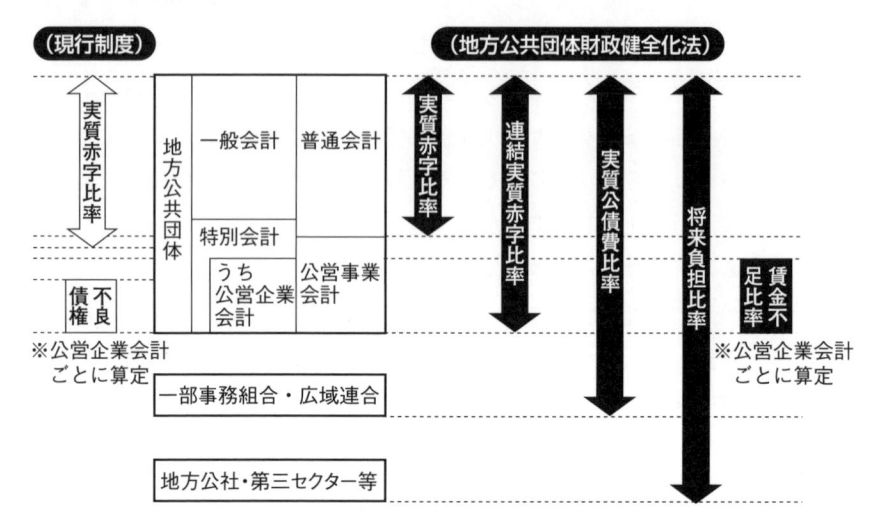

（現行制度）　　　　　　　　　　（地方公共団体財政健全化法）

地方公共団体	一般会計	普通会計	実質赤字比率	連結実質赤字比率	実質公債費比率	将来負担比率	
	特別会計						
	うち公営企業会計	公営事業会計					資金不足比率

実質赤字比率／債権不良
※公営企業会計ごとに算定

一部事務組合・広域連合

地方公社・第三セクター等

※公営企業会計ごとに算定

（出所）　総務省「地方公共団体財政健全化法について」（2008 年 6 月 4 日）

元利償還費の範囲を広く捉えているところに特徴がある。

ストック指標　最初の 3 指標がフローであるのに対して，最後の将来負担比率はストック指標にあたる。この将来負担は通常の地方債残高以外に，自治体が設立した法人（公営企業，公社・第 3 セクターなど）の債務のうち普通会計による負担が見込まれる額を含む。このような法人の財務・経営状況が悪いほど，この見込み額は大きくなる。つまり，赤字の 3 セクや公営企業を抱えた自治体の将来負担は高く算出される。

標準財政規模　いずれの指標も「比率」であり，その分母には「標準財政規模」，あるいは標準財政規模から元利償還費への交付税措置分を差し引いた額などが充てられる。標準財政規模とは経常的な収入となる一般財源（地方税，普通交付税など）を指す。特定財源を除くのはその使途が制限されていて，元利償還の財源に自由に充当することができないからだ。特別交付税や自治体資産の売却収入などは「臨時収入」であり，いざというとき（地方債の償還が求められたとき）当てにはならない。

早期健全化基準と是正措置　上記の4指標のうち、実質赤字比率が2.5%～10%以上（具体的な水準は財政規模に応じて決まる）、実質公債費比率が18%以上であれば、自治体は不同意債を起債することはできない。地方債の発行には国・都道府県からの許可が必要になる。

更に、健全化判断比率のうちいずれかが早期健全化基準以上の場合、該当自治体には是正措置が求められる。これが財政健全化の第1段階であり、自治体に対するイエローカードにあたる。早期健全化基準は4指標、都道府県、市町村ごとに設定される。市町村に対する基準値は財政規模に応じて異なる。例えば、実質赤字比率であれば、都道府県で3.75%、市町村で11.25%～15%、実質公債費比率は都道府県、市町村とも25%といった具合だ（**図表7-15**）。自治体は財政健全化計画を作成して国・（市町村の場合）都道府県に報告する義務を負う。

■図表7-15　国の介入の判断基準

	（参考）地方債協議・許可制移行基準	早期健全化基準	財政再生基準
○実質赤字比率 ・一般会計等の実質赤字の比率	都道府県：2.5% 市町村：財政規模に応じ2.5～10%	都道府県：3.75% 市町村：財政規模に応じ11.25～15%	都道府県：5% 市町村：20%
○連結実質赤字比率 ・全ての会計の実質赤字の比率	───	都道府県：8.75% 市町村：財政規模に応じ16.25～20%	都道府県：15% 市町村：30%
○実質公債費比率 ・公債費及び公債費に準じた経費の比重を示す比率	18%	都道府県・市町村：25%	都道府県・市町村：35%
○将来負担比率 ・地方債残高のほか一般会計等が将来負担すべき実質的な負債を捉えた比率	───	都道府県・政令市：400% 市町村：350%	───

（出所）　総務省「地方公共団体財政健全化法について」（2008年6月4日）

これを受けた総務大臣又は都道府県知事は同計画の実施状況を踏まえ，早期健全化が著しく困難であると認められるときは必要な勧告（関与）を行うことができる。また，自治体は外部監査を受けなくてはならない。自治体の内輪だけの財政健全化では馴れ合いになりがちだし，財政指標を粉飾する可能性もあるからだ。

財政再建団体への移行　それでも財政が好転しない自治体は①実質赤字比率であれば都道府県5％，市町村20％，②連結実質赤字比率の場合，都道府県15％，市町村30％，③実質公債費比率ならば35％のいずれかを超過すると，レッドカードが出されることになる。該当自治体は財政再生計画を作り，国からの同意を求めなくてはいけない。早期健全化段階との違いは国からの同意なしでは災害復旧事業を除き，地方債を起債することができないところにある。従前の財政再建団体同様，実質的に国の管理の下で財政の再建が進められる。

事前ルール化の重要性　「破綻法制」，「財政再生」と聞くと，縁起でもないと感じる読者も多いかもしれない。財政破綻しないような努力をもっとするべきという意見もあるだろう。しかし，財政破綻を宣言する基準や財政再生に向けた手続きを予め「ルール化」されていなければ，財政の健全化に向けた自治体の誘因も喚起されないだろう。「国が何とかしてくれる」という「神話」から財政規律の緩み（予算のソフト化）に繋がりかねないからだ。

経済学の観点からすれば，現在の選択（財政健全化の努力）は将来に対する期待（国からの支援やペナルティ）に依存する。起きて欲しいかどうかとは関係なくゲーム・オーバー（財政破綻）のルールは予め決めておくに越したことはない。国の裁量的な救済も制限できるし，地方自治体にとっても財政再建を迫られたときの国の関与や自身の財政負担について「予見可能性」が改善するはずだ。

▶ 市場か自治か？

新しい地方財政健全化制度は，新たな財政指標と情報開示の徹底，早期是正と財政再生の二段階構えの仕組みによって，財政危機の深刻化を回避，「再生への道筋を明らかにする」ことを狙いとしている。しかし，①**債務調**

整（債務の一部放棄や金利の減免，返済の繰延べ）や，関連して②**自治体の経営**責任が課題として残されている。ここに民間企業の再生との違いがある。

地方の債務整理の例として米国の連邦破産法第9章（**チャプター9**）がある（**図表7-16**）。もっとも，普通自治体に適用されたケースはカリフォルニア州オレンジ郡など稀で，適用事例の多くは学校区，公営企業などである。清算型債務整理ではなく，債務免除と支払繰延を中心とした再建型であることが特徴で，債務者である地方政府が財産を占有し，首長等はそのまま事務を遂行するため，地方自治体の業務継続が可能となる。

■図表7-16　アメリカ地方自治体の破産制度

【特　　色】アメリカ連邦破産法第9章には地方自治体の破産条項が設けられているが，個人・企業の破産と異なり，財政再建を目的とする。

【適 用 例】公営企業区（public improvement district），学校区（school district）等がほとんど。市（city）や郡（county）の適用例は少数。

	連邦破産制度（アメリカ）	再建制度（日本）
対象	自治体（市町村，公営企業区，学校区等）	普通地方公共団体
目的	財政破綻に陥った自治体の債務調整等を実施	赤字団体の財政再建を促進
申立者	自治体（債権者からの申立を認めず）	地方公共団体
要件	・支払不能 ・州法において連邦破産法による破産手続を承認していること	赤字の発生 （一定比率以上の赤字発生で公共施設等の整備のための地方債の発行を制限）
手続	〈債務調整計画に基づく債務調整〉 ・破産裁判所による救済命令 ・債権者委員会を組織して破産裁判所の監督の下で債務調整（債務圧縮，支払繰延べ等）の手続を進行	〈財政再建計画に基づく赤字解消〉 ・議会の議決 ・総務大臣の同意 ・財政再建計画に基づき歳入確保・歳出削減を実施
債務調整	あり	なし
自治体の機能	行政サービスは継続	行政サービスは継続

（出典）㈶自治体国際化協会「CLAIR REPORT」第59号（米国地方政府の破産など）
（出所）総務省自治財政局資料

債務調整は財政再建の一つになり得るが，容易に行使できる手段ではない。債務調整を認めるとなれば，「地方債全体の信用を維持し，民間引受の地方債のリスク・ウェイトがゼロとされている現行の位置づけを維持していく」（地方分権推進計画（1998年5月29日））方針の転換となる。地方債はもはや安全資産ではないということになるからだ。約束通りの元利償還が行われない可能性があるとなれば，地方債金利は上昇するだろう。その分，自治体の資金調達コストは高くつく。

「新しい地方財政再生制度研究会」（2006年12月8日）は「債務調整の導入は，地方行財政制度の抜本改革が進展した場合における地方財政の規律強化に向けた再生ツールの選択肢として評価できる」としつつも，①財政力の弱い（よって信用リスクの高い）自治体の資金調達が困難になる，②地方に多くの事務を義務づけている国の責任・負担も問われるといった課題を挙げる。

また，③経営者を更迭して**経営責任**をとらせる民間企業の債務調整同様，自治体の首長を解任して民事再生法上の監督委員のような職を置くことは地方自治に適わないという批判がある。首長は選挙で地域住民の付託を受けており，これを選挙以外の形で解任することは民主主義に反するというわけだ。**市場原理に基づく規律づけ**ではなく，「住民や住民代表機関としての議会による監視等により再建を進めていくことを基本とすべきである」（新地方分権構想検討委員会（2006年11月30日））との見解もある。

食い逃げ　「自治の担い手たる住民による規律を強化することにより，財政悪化を避ける方が望ましい」として，地域住民にそのような誘因があるだろうか？　第3章では「足による投票」が自治体に対する規律づけとなるとしたが，こと地方債に関しては，逆方向に働くことがあり得る。**受益と負担のタイミング**に乖離が生じるからだ。

現在の住民は公共サービスやインフラ整備の財源をなるべく地方債を多く発行して，負担を将来に先送りしようと思うかもしれない。債務がたまって，いざ増税という段階で足による投票権を行使して他の地域に移り住んでしまえばよい。一種の「食い逃げ」である。

将来の住民も道路など社会資本から受益しないわけではないだろうが，地

方債償還のために割に合わない負担を被ることになる。なお，財政赤字に対する規律づけが弱いのは地方債に限ったことではない。国債の発行にしても現在世代は将来にツケを回そうとするだろう。ただし，地方債とは異なり，国債の負担は国外に移住するか，寿命を終えない限り免れることはできないのだが……。

　もっとも，現在の住民は負担から逃げ切れないかもしれない。移住のため自分の住宅を売却する際，新しい買い手（新規居住者）は将来の増税を織り込んだ上で買値を設定するかもしれないからだ。住宅を買うということは合わせて地方税負担も引き受けることを意味している。その負担が住宅価格に「資本化」（反映）されるというわけだ（地方の受益と負担の資本化については第3章，第5章参照）。ただし，将来負担が明確でないとき，逃げ出そうとしている住民が賃借人であるときはこの限りではない。

　市場による規律づけの意義　　いずれにせよ，住民自治（監視）による歯止めが掛かりにくいとすれば，市場にその機能の補完が求められてくる。仮に債務調整があるとなれば，投資家は財政状態の悪い自治体に融資したりはしないだろう。信用リスクが高まって資金調達コストが増加すること自体，市場からの規律づけが有効に働いている証しでもある。自治体の資金調達が難しくなるという懸念もあるが，そもそも償還可能性を疑われるような（償還財源の裏づけがない）地方債を起債すること自体が問題ともいえよう。

練習問題

問1：地方財政計画における地方交付税，国庫補助負担金（支出金），及び地方債の関係について整理せよ。

問2：わが国の地方交付税は「垂直的財政調整」にあたる。同財政調整とドイツなどに見られる「水平的財政調整」との違いを説明せよ。

問3：①地方財政計画と地方債計画，②地方債と地方交付税，③地方債の起債と財政投融資との関係についてまとめよ。

問4：2007年に地方財政健全化法が成立した。従来の財政再建制度の問題点を挙げた上で，この新しい財政健全化法と比較せよ。財政指標，早期是正措置に言及すること。

問5（チャレンジ）：本章で紹介した地方財政健全化法などを参考にしつつ，読者自身が住む地域，あるいは故郷の自治体の財政再建・健全化のためにあり得る政策と国の役割について考えてみよ。

参考文献・情報

《地方財政計画・地方財政対策に関する情報》
総務省 HP：http://www.soumu.go.jp/iken/zaisei.html

《地方交付税制度の概要》
地方交付税制度研究会（編）『地方交付税のあらまし』（各年度版）

《地方公共団体財政健全化法関連資料》
総務省 HP：http://www.soumu.go.jp/iken/zaisei/kenzenka/index.html

《地方交付税制度と政府間財政移転を巡る議論》
赤井伸郎・佐藤主光・山下耕治『地方交付税の経済学――理論・実証に基づく改革』有斐閣，2003年
岡本全勝『地方交付税 仕組と機能――地域格差の是正と個性化の支援』大蔵省印刷局，1995年
岡本全勝『地方財政改革論議――地方交付税の将来像』ぎょうせい，2002年

小西砂千夫『地方財政改革論──「健全化」実現へのシステム設計』日本経済新聞社, 2002 年

神野直彦・金子　勝（編）『地方に税源を』東洋経済新報社, 1998 年

《地方債制度改革と自治体の破綻》

白川一郎『自治体破産──再生の鍵は何か』NHK ブックス, 日本放送出版協会, 2004 年

土居丈朗『地方債改革の経済学』日本経済新聞社, 2007 年

読売新聞北海道支社夕張支局（編著）『限界自治夕張検証──女性記者が追った 600 日』梧桐書院, 2008 年

第8章

地方分権改革に向けて

本章の狙い

　本書では，経済学の視点から地方財政の課題と地方分権改革の経済的帰結について学んできた。経済学のアプローチの特徴としては，①エビデンスに基づく現状把握，②ロジックに従った分析，③公平性・効率性による多面的評価の視点が挙げられる。④望ましい地方分権改革についても経済学の理論と実証（と若干の想像力）から導くこともできる。無論，政治的力学から実現する改革が経済学の規範に即しているわけではない。しかし，規範に即さない改革の経済的帰結は望ましくない。その政治的な実現可能性の是非はともかく，経済学は改革のデザインに向けての指針を与えてくれる。特に経済の成長が低い水準に留まり，国・地方の財政が悪化する中，資源の希少性が強く意識され始めているからこそ，限られた資源の有効活用を図る効率化の視点が不可欠となる。地方分権も公共部門の効率化に繋がることが期待されている。本章では，これまで学んできた地方財政の経済分析をまとめるとともに，効率性をキーワードに「あるべき」分権改革について考えていきたい。

8.1 本書で学んだこと

▶ 見えない将来像

地方分権とは？　「地方分権」がブームになって久しい。新聞を開けば，毎日のように政府の経済財政諮問会議，あるいは全国知事会など様々な委員会や団体が地方分権に対して何か「モノを申す」記事が並んでいる。地方分権を進めていこうというのは社会的なコンセンサスを得ている感もあるが，どのような地方分権をどのようにして実行に移していくかに関しては百家争鳴といえる。

そもそも，地方分権とは何なのか，何のために分権化しなくてはいけないのか？　相次ぐ国（霞ヶ関や永田町界隈）で起きている不祥事に嫌気がさして，国の官僚や政治家を懲らしめてやろうといった反発だけが分権化をサポートする原動力になってはいないだろうか？

もちろん，年金の未払いや道路特定財源の無駄遣い，一方的な医療制度改革や，果ては「霞ヶ関埋蔵金」など国の行いにも問題はある。しかし，国がうまくできないから，地方がうまくやってくれる，国は信用できないから，自治体ならば信用できるといえるだろうか？　そもそも，地方分権を通じて「均衡ある国土の発展」を図るのか，あるいは「地域間競争」への理念転換をするのかもはっきりとしない。同じ分権化という言葉を使っても，その意図するところは論者によって様々だ。

地方分権は万能薬？　地方分権改革はわが国にとって「未知の領域」といえる。そのため，必ずしも実証（エビデンス）や理論（ロジック）に基づかない楽観論や懐疑論も多い。

厄介なことに，しばしば規範と実態（実証）が混乱する。分権化に懐疑的な論者は理想的な集権体制（「市場の失敗」の矯正や所得再分配による公平の確保など）を仮定して地方分権の弊害（財政的外部効果，財政的不公平）をあげつらう。一方，分権化の支持者は集権体制の弊害を並べ，あたかも，現状の全ての課題が地方分権によって解決するかのように（特にグローバル

経済において，地方自治体が所得再分配を含む福祉国家の担い手になれるといった具合に）論じる。理想化された制度と実際の制度を比べれば，前者がよいに決まっている。

人は「信じたいものを信じる」（見たい現実をみる）傾向があるわけで，専門家といえども例外ではないようだ。実際のところ，分権化は公共（政府）部門の非効率性や財政悪化，地方経済の低迷など現在，わが国の抱える諸問題の全てを解決する「万能薬」ではないし，「地方の切り捨て」や格差をもたらす「諸悪の根源」というわけでもない。これらは地方分権の一面のみを捉えたものに過ぎない。

本書では，経済学の視点からわが国の地方財政の現状や課題とともに，分権化（分権的財政制度）の帰結について説明してきた。その概要は以下のようにまとめることができる。

▶ その1：地方分権の種類も様々

一口でいえば，地方分権とは国と地方の役割・責任配分の見直しであり，そのタイプも多様である。支出サイドにおける地方の裁量を拡充するような分権化（支出サイドの分権化）もあれば，課税自主権の強化と合わせて地方の財政責任を問う収入サイドの分権化もある。支出サイドと収入サイドの分権化の程度は同じである必要はない。

税の徴収には国に「比較優位」があることから，国が税を余分にとって地方の財政移転に充てる「垂直的財政力格差」が規範的には望まれるし，実際，多くの国々で見受けられる。いずれにせよ，問われるべきは分権化の是非ではなく，その「デザイン」といえる（第2章参照）。「良い地方分権」もあれば，「悪い地方分権」もあるというわけだ。また，分権化には「量的」な側面と「質的」な側面がある。量的にみれば，公共支出の6割を地方が担うなど，わが国は分権化しているようにも見受けられる。しかし，このような地方支出の多くは国の「下部組織」（執行機関）として行われてきたに過ぎなかったとされる（「集権的分散システム」）。地方の自己決定権や自己責任といった分権化の「質」が伴っていないということだ。

▶ その2：財政の機能と地方の役割

　財政の「機能」は大きく①資源配分機能，②所得再分配機能，③経済安定化機能に分けられる。教育など個別の政策でも，学校施設整備など個別の事業でもなく，機能に着目するのは，経済学的な観点からの評価が（何をしたかよりも，何をもたらしたかといった）効果・効能に基づくためである（第2章参照）。

　このうち，再分配と経済安定化は地方が独自に担うには限界がある。地方経済は一国経済に比べて早相対的にヒト・モノ・カネが自由に移動できるからだ。「規範的」にいえば，地方分権は国から地方への一方的な権限委譲は意味しない。地方は国に対して「比較優位」を持つ機能に特化することが望ましい。

▶ その3：地方自治体の能力と誘因

　地方が，その比較優位を発揮できるのは地方公共財・サービス供給（資源配分機能）である。無論，地方自治体といっても都道府県もあれば，市町村もある。いずれのレベルの自治体に割り当てるかは，公共財・サービスの受益の範囲や生産に伴う「規模の経済」，および競合性（混雑現象）の程度に依存する。

　「分権化定理」として知られるように，地方自治体は地域に密着した地方公共財・サービスに対する地域独自のニーズ・選好について国よりも詳細な情報を有している。（支出サイドの）分権化はこのような情報に基づく公共財・サービス提供を可能にするだろう。地域のニーズに即するという意味で希少な資源（限られた予算）が有効活用され，資源配分の効率性が高まる。

　もっとも，地方自治体が優位な情報を有しているとしても，その情報を活用する「誘因」の有無は別途，問われなくはならない。分権化定理は地方分権の潜在的便益を述べているに過ぎない。それが顕在化されるかどうかは，地方の誘因に拠る。

▶ その4：政府間競争の良し悪し

　政府間（地域間）競争は地方自治体への「規律づけ」として作用し，効率

化と地域住民の厚生増進に努めるよう誘因づけることが期待できる。政府間競争の形態としては「足による投票」（個人の居住地選択）と「ヤード・スティック競争」（パフォーマンス比較）が挙げられる。これらの競争が国ではなく地方レベルで有効なのは①ヒトの自由移動があることや②経済環境の似通った他地域など比較対象が存在することによる（第3章）。

ただし，競争によって地方自治体が奉仕するよう誘因づけられるのは，地域住民であって非居住者ではない。従って，地方支出や地方税を介した「外部効果」（租税競争や租税輸出など）があっても，自律的には内部化されない。

競争にも「良い競争」と「悪い競争」があることに留意が必要だ。本来，地域間で切磋琢磨を促し，経済全体の「付加価値」（効率性・経済発展）を高めるような競争が望ましい。一方，租税競争を典型例とする「近隣窮乏化」型の，他地域の犠牲で自地域の利益増を図るような類の競争は「ゼロサム・ゲーム」に過ぎず，そのために投下される資源は社会的にみて無駄となる。

▶ その5：良い格差と悪い格差

分権化後の地方の予算配分（公共財・サービス供給）には「格差」が生じるだろう。ある地域では学校教育により多くの予算を割くかもしれないし，他の地域は医療や介護サービス提供に力を入れるかもしれない。住民の税負担を低く留めて，その分，公共サービスも低水準という地域も現れてくるかもしれない。これは問題だろうか？

そもそも地方分権は，多様な地域のニーズ（「ローカル・オプティマム」）の追求を促すためにある。そのニーズが地域間で違っていれば，地方自治体の選択にも違いが出てきて当然といえよう。「選択」の帰結の格差は地域の主体性・自己決定を反映したもので，分権化というならば許容されて然るべきであろう（第3章参照）。

これに対して，地域の自助努力に拠らないところ，例えば地理的・自然条件による格差（財政力格差など）はローカル・オプティマムを実現する機会に違いが生じていることを意味する。地域間公平の視点から是正すべきは，この「機会」の格差ということになろう。

▶ その6：地域経済の活性化？

「分権化定理」を拡張すれば地域独自の経済条件について優位な情報を持った地方の方が，国よりも効果的に地域経済の活性化を促進し得る。地域経済の発展は一国（マクロ）経済全体の成長にも繋がることも期待される。

しかし，分権化が経済成長に寄与するかどうかは理論的にも実証的にも確定的ではない。地方自治体は経済活性化に向けて規制緩和や民間との協働を含めて実験的・革新的な取組みを行えるようになるだろう。その一方で，近隣地域で高規格道路や空港など重複したインフラ投資がなされるならば，資源が無駄になる。また，地域内の既存産業を保護するべく，却って規制を強化したり，域外からの新規参入を制限するといった保護主義的な行動に出るかもしれない。

国内の財貨，資本，労働市場の統一性を確保しなくては，資源配分は効率的にならず一国全体の経済発展もない。「国内共通市場」の確保やインフラ整備の調整には，中央政府に一定のイニシアティブが要請される（第4章参照）。「市場保全型連邦制」として説明したように（特に発展途上国の文脈において）国と地方との間での権限をバランスさせることで政府部門と市場経済の良好な（互いの発展に整合的な）関係を構築できるようなタイプの分権化が求められる。

▶ その7：分権化とアカウンタビリティ

分権化が「悪い中央政府」から「善良な地方政府」への権限委譲であるというならば，その効果は明白であろう。しかし，実際のところ，地方の政治家・官僚の方が国よりもクリーンであるということは実証されていない。

「分権化定理」が強調する通り，住民に身近な地方自治体は，同時に特定利益団体にとっても身近な存在になる。よって，両者が癒着しやすく，分権化が却って地方の政治家・官僚の汚職を増長するだろうという懸念がある。理論的にも，実証的にも結論は確定的ではない。

いずれにせよ，情報公開を含めた地方政府内部の「ガバナンス改革」などを通じて癒着や汚職の温床を断たない限り，分権化が自ずとクリーンな政治を実現するという保証はない。

▶ その8：地域厚生と社会厚生

　地方自治体が地域住民の厚生（地域厚生）を最大化することは必ずしも，社会厚生（社会全体の観点からみた効率性や公平性）の増進に繋がっているとは限らない。地域間で外部性が存在するならば，その分，両者に乖離が生じる。

　例えば，地方の観点からすれば，域内の住民の負担が低くて済む税が望ましい。ただし，税は誰かが負担するものである。地域住民でなければ，（租税転嫁による分を含めて）非居住者に税負担は「輸出」されている。このような「租税輸出」の誘因は地方によって自律的に是正されることはない。地域住民の利益には適っているからだ（第5章参照）。しかし，社会的には不公平であり，非効率となる。地域厚生（ローカル・オプティマム）の追求はその影響が域内の留まる限り認められるべきだが，他地域に外部性をもたらす部分については（課税自主権行使の制限を含めて）「矯正」されなくてはならない。

▶ その9：政策実験と失敗する権利

　分権化の利点は，様々な自治体が健康増進や子供の学力向上，地域経済の活性化など政策課題に対して異なった政策実験を試みることができるところにある。無論，その過程では成功する地域と失敗する地域が出てくるだろう。結果，平等の観点からすれば，このような違いは望ましくないと思われるかもしれない。

　もっとも，有効な政策は予め知られているわけではなく，むしろ試行錯誤を通じて見出されるべきものといえる。中央集権ではしばしば，国は家父長主義的（「父親は何でも知っている」的態度）に振る舞うことが多い。これに対して，分権化は地方に自らの成功の恩恵を受けるだけではなく，自分たちが正しいと考える政策・事業を行って，「失敗する権利」も認めるものである。さもなければ，地域の多様性も自立もあったものではない。

▶ その10：政府間財政移転の規範と実態

　地方分権は必ずしも政府間財政移転の縮減・廃止を意味しない。むしろ，

財政移転は「地方分権の失敗」を矯正し，分権化の社会的な利益を増進する「規範的」役割を果たし得る。具体的には地域間財政力の平準化であり，社会的に重要なサービス（例えば医療や学校教育）のナショナル・ミニマムの確保であり，（公衆衛生や環境保全など）他地域に及ぼす外部便益の内部化である。地方の自己決定権や自立性を損なうことなく，地方が追求する「ローカル・オプティマム」と社会的観点からみた効率性・公平性（社会厚生）とを整合的にすることが可能になる。

もっとも，現実の財政移転があるべき役割に即しているわけではない。補助金の配分は効率性・公平性ではなく，地方からの陳情などロビー活動（レント・シーキング）や政治家によるばら撒き（「利益誘導政治」）によるかもしれない（第7章参照）。国が補助金を出していることは「国が最終的に責任を持っている」，「最後には国が助けてくれる」というメッセージ（シグナル）を地域住民や自治体に与えかねない。国と地方の責任の所在が曖昧になってしまう。

このため，地方自治体が財政難に陥った際には，「国が放置していたのが悪い」，「国が責任を果たすべき」という批判が出てきて，それらの自治体を事後的に救済せざるを得なくなるかもしれない。結果，地方予算は「ソフト化」される。これを当てにした地方は，放漫財政を改めない，財政の効率化に努めない（「事前的モラル・ハザード」を助長する）ことになる。

▶ その11：「プリンシパル」としての地域住民

有権者たる地域住民は地方自治体の「プリンシパル」にあたる（自治体は彼らのエージェントである）。よって，地方の自立や責任も究極的には地域住民の自立であり，責任にほかならない。

仮に地域住民が責任を負わないならば，自治体をモニタリングして，規律づける誘因は持たなくなるだろう。そのツケを国が払ってくれる（事後的救済によって地方予算がソフト化される）ことが期待されるならば，自治体の放漫財政も放置されたままになる。それどころか，道路も福祉も充実して欲しい，しかし地方税の増税は反対という「わがまま」もまかり通りかねない。

分権化は地方の自己決定と自己責任の拡充と合わせて，住民の自己決定

(「住民自治」）と自己責任を高めなくてはならない。具体的には無駄も含めて地方が自らの裁量で決めた（限界的）支出については地域住民自身が負担をする「限界的財政責任」の確立が求められる。

この限界的財政責任を持たす税源は他地域に転嫁することなく，（固定資産税や個人住民税など）住民自身の負担に帰着する（「良い地方税」の条件を概ね満たす）ものである。住民のコスト意識が喚起できるからだ。

▶ その12：分権化と中央政府

地方分権は国の権限の量的な縮小を意味するのではなく，むしろ，その質的転換であると考える方が妥当であろう。

規範的な観点からすれば，国は現行の集権体制におけるような地方行政の詳細に渡るまで日常的に関与する政治ゲームの当事者ではなく，地域間競争をモニターし，それが社会厚生（効率性や公平性）の増進と整合的になるように規制，政府間補助金など政策手段を講じていく仲介者，レフリーとしての機能を強化していくことが望ましい（第4章参照）。

現実には国への不満と不信が地方分権への政治的な支持を高めてきたといえるのだが，地方分権は「悪い政府」から「善良な政府」への権限委譲といった単純なものではない。実際のところ，良い中央政府なくしては良い地方分権も実現し得ない。

8.2　効率化の視点

本書が重視していたのは制度の理念・建前ではなく，それに関わる経済主体（国や地方）の誘因である。また，評価の視点として関係法令（法律に書いているから正しい）ではなく，より普遍的な効率性・公平性を取り上げてきた。特に効率性の追求が公共の利益と整合的なこと，公共の利益をもって非効率を容認されるわけではないことはこれまで繰返し述べてきた通りである。国も地方も財政が悪化する中，資源（＝財源）の希少性を意識せざるを得ない。公共の利益を安定的・持続的に確保するためにも，効率性に対する

目配りは欠かせない。本節では再度，政府（公共部門）の効率化＝希少な資源の有効活用に着目し，地方分権改革における留意点をいくつか挙げておきたい。

▶手段と目的

政策の「手段」と「目的」は区別されなくてはならない。例えば，公共事業はインフラ整備（資源配分機能）のほか，地域の雇用確保という形でセイフティネット（再分配）としての機能の役割を担ってきた（第2章）。しかし，同じ再分配であれば社会福祉や生活保護もある。地域経済の再生というならば，地域の特性（比較優位）を活かした産業振興・起業の促進することもあり得る（**図表 8-1**）。

経済学の観点からすれば，所定の目的（例：再分配）を最も効果的・効率的に達成する政策手段が行使されるべきである。政策目的（＝地方圏における所得保障）は，現行の政策手段（＝公共事業）を正当化しない（第2章の議論参照）。

政策の目的と手段の混同はしばしば議論を錯綜させる。「無駄な公共事

■図表 8-1　政策の目的，手段，水準

	例	評価基準
政策目的	地域間所得再分配 貧困層支援 産業振興・経済成長の促進 経済安定化	「目的」自体が効率・公平（社会厚生の増進）に即しているか？
政策手段	公共事業 地方交付税・補助金 生活保護・失業手当 職業訓練，規制（緩和）	所定の「目的」を充当する上で，効率・公平な「手段」を選択
政策水準 （程度）	公共投資水準（＝公共財供給量） 生活保護の給付水準 補助金額	社会的受益とコストを比較

業」というが，たとえ生産性が低くとも地方圏の所得保障（「所得再分配機能」）の観点からすると，無駄とは言い切れない。無論，「資源配分機能」（インフラ整備による経済成長の促進）という別の政策目的からしてみれば，同じ公共事業予算は生産性の高い地域に重点的に配分することが望ましい。一つの政策手段であっても，政策目的（再分配機能か資源配分機能か）によっても評価が異なってくるため政策論が行き違ってしまう。しかし，ここで問われるべきは公共事業が再分配手段として「無駄」（非効率的）かどうかであろう。

　交付税の縮減の是非を巡る議論にしても①国による財源保障の範囲（合わせて国の義務づけ）の見直しを迫っているのか，②交付税による「地方自治の本旨の実現……地方団体の独立性を強化」（地方交付税法第1条）を税源移譲による地方税の充実という別の方法で置き換えようとしているのか，あるいは③現行の財源保障の行き過ぎを是正するに留まるのかといった異なる視点があり，それに応じて評価も（批判であれば，もって代わるべき）代替案も異なってくるはずだ。

　このように政策の是非は①政策目的の妥当性，②政策手段の効率性，③政策水準・規模の妥当性といった異なる次元ごとに判断していく必要がある。公共事業の削減，地方向けの補助金のカットといえば，「地方の切り捨て」という批判があるだろう。この「地方の切り捨て」（＝地域間再分配の縮小）は政策「目的」の変更にあたる。

　一方，所定の地域間再分配の水準を維持しつつ，別の政策手段を当てることがあってもよい。例えば，国は地方自治体に移転するのではなく，年齢や所得など個人の属性などに応じて対人給付を行い，地方は必要な財源をそのような給付への課税（地方税）によって調達することも少なくとも理論的には考えられる。地域間格差といった地方財政固有の問題を地方財政固有の政策手段（＝政府間補助金）でのみ対処しなくてはならないという理由はどこにもない。

　政治的プロパガンダとしてはともかく，地方分権もまた「手段」であって，それ自体が「目的」ではない。では何が目的かといえば，（少なくとも経済学的な観点からすれば）公共部門の効率化であり，限られた資源の有効活用

にほかならない。分権化のタイプもこのような目的に適うことが望ましい。

▶ ミクロとマクロの効率性

国も地方も巨額の財政赤字を抱え込むなど台所事情は厳しさを増している（第1章参照）。これ以上の財政悪化を避けるには「身の丈」にあった（経済の成長に見合った）財政運営が求められる。しかし，その一方で，「地方にはまだまだ道路が必要だ」，「医師の不足している地域や診療科がある」といった声もある。政府（国・地方）は予算の量的拡大に限度がある中，高齢化や格差の拡がりに伴う財政需要（医療・介護，セイフティネットの充実など）にも応えなくてはならないという難しい政策課題に直面している。

わが国の政府部門（国・地方）は欧米諸国に比べて量的に大きいわけではない。「国民負担率」（税・社会保険料が国民所得に占める割合）も40%弱に留まっていて，米国よりは高めなものの，軒並み50%を超えているヨーロッパ諸国に比べるとわが国の政府は「小さい」。これを理由に歳出増，増税の余地が大きいとする向きもある。

しかし，政府の「無駄遣い」を報じる出来事は数多い（無論，外国の政府に無駄がないといっているわけではない）。選挙目当ての地方へのばら撒きや特定産業への行き過ぎた保護なども国民の目からすれば無駄といえよう。政府は量的に小さければ効率的というわけではない。いくら増税（量的拡大）の余地があるといっても，無駄遣いが増える（と思われている）ならば，負担増への納税者からの理解は得られない。

ここで効率性を**マクロ効率性**と**ミクロ効率性**に区別したい。前者は経済の大きさ（＝GDP）に対する財政規模の適切性と持続可能性（長期的財政収支の均衡）を問うものである。財政再建とはこのマクロ効率性の改善にほかならない。これに対してミクロ効率性は所定の資源制約（予算）の枠内で「技術的効率性」（所定の投入で最大の生産），あるいは「配分効率性」（ニーズに応じた資源配分・費用の最小化）の実現を指す。しばしば政治家やマスコミで強調される「予算配分のメリハリ」や「選択と集中」を経済学的に解釈すれば，このミクロ効率性にあたる。

ミクロ効率性の観点からすれば，現在の予算が効果的に配分されているの

■図表 8-2　マクロ効率性とミクロ効率性

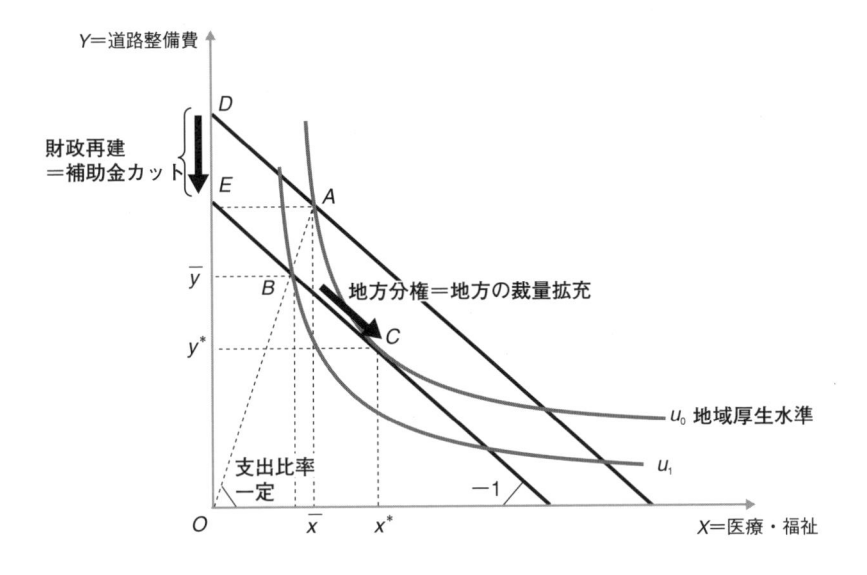

Y＝道路整備費軸に *D*, *E*, $\bar{y}$, y^*、*X*＝医療・福祉軸に $\bar{x}$, x^*。無差別曲線 u_0（地域厚生水準）、u_1。「財政再建＝補助金カット」「地方分権＝地方の裁量拡充」「支出比率一定」「−1」の注記。点 *A*, *B*, *C* が示される。

8.2 効率化の視点

かどうかが問われなくてはならない。ニーズのあるところ全てにお金を充てるのではなく，ニーズ（「費用対効果」）の高い事業から優先的に限られた予算を充てていくことが効率性に即している。

　例えば，僻地の道路が未整備で地元住民の利便性の改善に高い経済価値を見出せるというならば，（道路財源の流用が報じられた）マッサージチェアやカラオケ機器，職員の海外旅行に代えて道路予算をそちらに充てればよい。医療や教育，福祉の充実のためには予算を増やすのではなく，予算の使い方を徹底的に見直していくこともあり得る手段である。ミクロ効率性は無駄を減らし，限られた資源（予算）を有効に利用することで財政運営の質的な向上を求める。民間委託や市場化テスト，PFI など民間活力や競争原理の導入はそのための手段となり得る（第 4 章参照）。

　ミクロ効率性とマクロ効率性は互いに補完関係にある。このことを簡単なモデルで説明しよう。ある自治体が所定の地方予算を X（例：医療・福祉）と Y（例：道路整備）の 2 つの用途に配分するケースを考える（**図表 8**

337

-2)。

簡単化のため X と Y の価格は 1 で基準化しておく。補助金を含めた当該自治体の収入は OD に等しい。予算配分は国の義務づけにより A 点で規制されており、実現する地域厚生は u^0 に留まる。いま、国の財政再建の一環として補助金が DE だけ削減されたとしよう。公共サービス間の支出比率が変えられない（予算配分が硬直化している）ならば、新しい配分は B 点で与えられ、厚生水準は u^1 に低下する。B 点は明らかにミクロ効率的ではない。所定の予算制約の下で地域厚生を最大化するような資源配分が達成されていないからだ。

しかし、①分権化による地方の裁量の拡充や②費用対効果分析（政策評価）に基づく予算マネジメントの徹底を通じて、地域のニーズに即する（地域厚生を最大にする）よう資源配分を適正化するならば、予算額 OE の枠内で、C 点を達成、u^1 よりも厚生水準が高められる。当初の予算配分（A 点）自体がミクロ効率性に適っていない限り、u^0 を確保することも不可能ではない。財政再建（マクロ効率性の改善）に伴う歳出カットの「痛み」を、予算の効果的な配分（ミクロ効率性の改善）によって和らげることができるということだ。

財政難の折だからこそ、財政の「量」（規模の確保によるサービス水準の確保）から「質」（希少な資源の有効活用）への転換が不可欠なのである。地方分権も①地域独自のニーズに即した公共サービス提供、②政府間競争を通じた規律づけによるコストの適正化など、うまくデザインされていれば、ミクロ効率性の改善に寄与することが期待される。

▶ 残余変数

ミクロ経済学で学ぶ標準的な消費者理論によれば、家計は予算制約式の枠内で効用を最大化するように消費配分を決定する。ここでは収入が支出の総額を定めている。従って、ある財貨への支出を増やすには他の財貨への支出を減らさなくてはならない。あるいは、労働供給の選択を加味するならば、消費支出を増やすには、努力して多く稼ぐ必要がある。無論、借金をして今日の消費支出に充てることもあり得るだろう。しかし、借金は将来的には利

■図表 8-3　残余変数 ?

ハードな予算制約	地方税＝地方支出－財政移転
	あるいは
	地方支出＝地方税＋財政移転
ソフトな予算制約	財政移転＝地方支出－地方税

（注）　左辺が残余（調整）変数

息をつけて返済することが求められ，その際，消費を減らすか，稼ぎを増やさなくてはならない。このように自身の消費と収入の関係が自己完結という意味で，家計の予算制約は「ハード」である。

　地方予算についてはどうだろうか？ 第3章で紹介した「限界的財政責任」は自治体が自ら決めた支出に対しては自らの財政負担（地方税）でもって賄うことを要請している。**図表 8-3** の式でいえば，最終的に地方税が両辺を等号で結ぶように調整されなくてはならない。ここでは地方税が「残余（調整）変数」となっている。

　一方，地方予算がソフト化されているとき，最終的に地方予算の帳尻を合わせるのは国からの財政移転となる（第6章参照）。財政移転が他の変数（地方支出や地方税，地方債）に従属する関係になってしまうのだ。その誘因効果は明らかであろう。地方は自らの財政運営（支出や借金）に財政責任を負わないため，その再建・効率化に努めない（モラル・ハザードが助長される）。

　近年の財政悪化で多くの自治体が歳出の削減や収入確保に躍起になっていることから，予算はハード化されてきたとの評価もあるだろう。しかし，交付税など，財政移転を当てにする（残余変数であることを期待する）体質が払拭されたわけではない。実際，地方団体は「交付税総額の確保」を求め続けている。そもそも，「国が何とかしてくれる」という見通し（それも従来，間違った見込みではなかった）が長年，財政悪化が放置されてきた理由の一つだった。

　国からすれば地方の自助努力が筋ということになるかもしれないが，「集

権的分散システム」の下で国と地方の責任の所在とともに，財政再建のために調整されるべき政策変数は明らかでなかった。

　地方財政計画における慢性的な財源不足についても，①（決算が地財計画額に届かない投資的経費を含め）地方歳出を徹底的に見直して，基準財政需要額を抑制（よって交付税所要額を減額）するという考えもあれば，②交付税総額は確保するよう交付税率を引き上げるべきという意見も出てくる。

　実際，「不足額の解消というなら，本来，地方交付税法の規定に基づき地方交付税の法定税率の引き上げを行うべき」という主張がある。いずれの政策変数を調整するべきかについてコンセンサスができていないということだ。このため，財政的帰結が明らかにならない。交付税総額は確保されるに違いないという楽観論もあり得るだろうし，交付税の持続可能性自体を問う向きもあるだろう。問題意識が共有されない限り，現行の財源保障の見直しや財政再建への取組みに対する合意も得られにくい。

　一般に経済学では政府の長期的財政均衡（持続可能性）を担保するような財政ルールを「仮定」して議論することが多い。例えば，財政赤字の中立性を唱えた「リカードの等価定理」の場合，代表的家計は今日の減税（財政赤字）が将来の増税に繋がっていることを予見して消費・貯蓄選択を行うとされる。この見通しが常に「正しい」のは財政赤字を家計に対する増税で解消するという「財政ルール」があるからだ。

　しかし，現実には一口に財政赤字を是正するために，歳出カットならば，どの公共サービスを減らすのか（社会保障，公共事業，教育？），増税ならば，どの税目を増税するのか（消費税，法人税，所得税，たばこ税？）について明示的なルールがあるわけでも，社会的な合意があるわけでもない。「総論」として財政再建には賛成でも，各論になれば自身に関わる公共サービスの削減や増税に反対が出てくるのも，このためだ。結局，財政再建は進まず，「先送り」が繰り返されてしまう。

　本来，財政ルールは議論の仮定ではなく，改革によって確立されるものでなくてはならない。限界的財政責任も地域住民に対する地方税を残余変数とする財政ルールの一つである。実際，英国では（国が財源保障する標準的経費を超えた）地方独自の支出を住民が支払う地方税（「カウンシルタック

ス」という固定資産税）と制度的にリンクさせている。

8.3 地方分権改革に向けて

▶ もたれ合いへの終止符

　従来，わが国の財政制度は国が政策を企画して，地方に執行を担わせる「集権的分散システム」として特徴づけられてきた。国の規制・義務づけは地方の行財政の詳細に渡る。その一方で国から地方に対して手厚く，幅広い財源保障がある。結果，国が地方の主体性や自立を阻害してきたとも，国の財源保障が地方の財政規律を弛緩してモラル・ハザードを助長してきたともいえる。国は地方の甘えや無駄遣いを責め，地方は国の一方的な「地方の切り捨て」を非難する。一見，対立しているようにも見えるが，責任を擦り合うことで，互いに責任を回避できてしまう。「国と地方のもたれ合い」は責任の所在を曖昧にしてきたのである。しかし，国・地方の財政が悪化する中，この「もたれ合い」をいつまでも続けているわけにもいかない。

▶「現在進行形」の分権改革

　「もたれ合い」に終止符をうつべく，地方分権改革は「国と地方の明快な役割分担を確立」して，「簡素で効率的な行財政システム」を構築することを狙いとしてきた。第2次分権改革（「三位一体の改革」）に続き，地方分権改革推進委員会(2007年4月設置)を中心に新たな分権改革が現在進行形で進んでいる。そこでは，

(1) 「地方の担う事務と責任に見合った地方税財源の充実確保をはかり，地方自治体が自らの責任で効率的な自治体経営を行うことができる基盤をつくるためには，……国と地方の税源配分について……5：5を念頭におく」とともに，

(2) 「国によるさまざまな義務付け・枠付け，関与などを明快な基準にもとづき徹底的に見直すことで廃止するとともに，条例により法令の規定を

「上書き」する範囲の拡大を含めた条例制定権」を拡大，
(3) 「行政の重複を徹底して排除」するべく「国の出先機関の事務・権限の大幅な地方移譲や廃止などを行うとともに，国の出先機関を廃止・縮小する」。

といったことが掲げられた。このような分権化を通じて自治行政権，自治立法権，自治財政権を有した「地方政府の確立」を図っている（「地方分権改革推進委員会第1次勧告（2008年5月28日））。その際，「自治事務に対する義務付け・枠付けについて存置を許容する場合のメルクマールを設定し，該当しないものは原則廃止を求める」としている。特段の理由がない限り，地方への権限委譲を「デフォルト」にするということだ。続く「第2次勧告」（2008年12月8日）では，メルクマールとして「私有財産制度，法人制度等の私法秩序の根幹となる制度に関わる事務を処理する場合」などを挙げている。また，国の出先機関については直轄国道や一級河川などを順次，地方へ移管（合わせて人員も地方に移す），国に残った事務・権限は現行の縦割りを見直し，省庁を横断するよう「統合・一元化」する。これで「出先機関職員のうち，合計3万5,000人程度の削減を目指すべき」とする。

　地方分権改革はこの国を大きく変えるだろう。どのような方向に変えるかは分権化のデザインと執行次第である。効率であれ，公平であれ経済学の評価が重視するのは何をもたらしたかという「成果」にほかならない。地方分権改革にしても「地方が主役の国づくり」といった理念に留まらず，その経済効果（資源配分や地域間格差など）が公平・効率に適うものでなくてはならない。そのためにも重要なのは分権化への楽観（希望的観測）でも悲観でもなく，エビデンス（＝実態の把握）とロジック（＝理論）による冷静な分析能力である。読者は「現在進行形」の地方分権改革を目撃している。本書で学んできた地方財政の理論と実証が，分権化という「未知の領域」を進む地図になり得るはずだ。

参考文献・情報

《地方分権改革》

地方分権改革推進委員会「第1次勧告——生活者の視点に立つ「地方政府」の確立」(2008年5月28日)

《現代地方財政と分権改革を巡る議論》

貝塚啓明・財務省財務総合政策研究所（編）『分権化時代の地方財政』中央経済社, 2008年

小西砂千夫『地方財政改革の政治経済学——相互扶助の精神を生かした制度設計』有斐閣, 2007年

林 宣嗣『新・地方分権の経済学』日本評論社, 2006年

索　引

あ　行

アカウンタビリティ　330
足による投票　95, 97, 102
新しい見解　219
新しい公共経営　170, 171
安定性　192
暗黙裏の信用保証　280

依存財源　36
一般財源　36, 279
　　――化　289
一般補助金　230, 233, 235, 276, 300
インセンティブ　44

エージェンシー問題　44, 163

応益原則　21, 47, 190, 195
応益性　187, 214
応能原則　47, 194
大きな政府　146
オーツ（W. Oates）　153, 154

か　行

改革のパッケージ　142
外形標準課税　189

外部効果の矯正　112
外部コスト　201
外部性　54, 108
　　――と歪みの方向　55
　　――の内部化　164, 234, 241
外部費用　54, 110
外部便益　110
格差と多様性　86
課税自主権　69, 199
　　――の強化　189
　　――の適正な行使　191
課税地原則　197
　　望ましい――　198
課税ベースの重複　210
寡占　53
価値財　57
合併特例債　122
合併特例法　120
ガバナンス改革　157, 165
完全情報の仮定　101

機会の格差　193
企画・立案　32
機関委任事務　2
企業優遇政策　201
起債許可方針　310

345

起債の自由化　310
基準財政収入　290, 297
基準財政需要　290, 291
　　――の計算　293
基礎自治体　120
基礎的財政収支　14
　　――の黒字化　14
機能配分論　59, 65, 66
機能別分権化　166
規範　73
　　――と実態　258
　　――と実態の区別　48
規模　63, 114, 280
　　――の経済　115, 118
義務づけと財源保障　298
義務的経費　30
競合性　114
行政改革インセンティブ　303
　　――算定　303
競争　93
　　――制限的政策の排除　144
　　――の誘因効果　93
　　――のルール　51
　　「規律づけ」としての――　93
　　垂直的――　149
　　　モデルによる説明　150
　　水平的――　149
　　良い――　104, 200
　　悪い――　104, 200
協調の失敗　202, 203
共有財源　262
　　――問題　262

共有税　70, 232, 233
共有地の悲劇　212
居住地主義　197, 198
均一性　193
銀行等引受資金　308
均等割　178, 194

食い逃げ　320
国・地方係争処理委員会　4
国と地方の税収比率　25
国と地方の役割分担の見直し　71
国による（事後的）救済　264
国の信用保証　311

軽油引取税　179
限界代替率　238
限界的財政責任　89
権限　270
　　――と誘因　92
　　――の質的転換　145
建設地方債　36, 304
源泉地主義　197
減免措置　203

公営事業会計　28, 315
公共サービス　82, 98
公共財　55
公共事業　58, 130
　　――の機能　58
公共選択　157
　　――論　148
公債費　29, 30

公的供給　170

公的資金　306

　　──と暗黙裏の利子補給　309

公的生産　170

交付金　287

交付税　298

　　──特会借入金　284

　　──の財源保障機能　21

　　──率　283

交付団体　291

公平感　194, 195, 251

　　──の多面性　47

公平性　46

効用最大化問題　83

小売上（こうりあげ）税　220

効率性　45

　　パレート──　45

公立病院　14

高齢化　12

　　──と地方財政　13

5条債　304

個人住民税　178

　　──均等割　221

個人所得課税　178

　　──の税源移譲　190

国家公共財　62

国庫支出金　276

国庫負担金　230

国庫補助金　230, 286

国庫補助負担金　32, 286

固定資産税　179, 212

　　──と資本化　213

──の帰着　217

──の実態　215

コミットメント　264

混雑現象　115

さ　行

財源超過団体　291

財源不足団体　290

財源保障　24, 233, 277, 300

財政移転　228, 230, 257, 279

財政健全化　313

財政再建計画　313

財政再建団体　17, 313

　　──への移行　318

財政錯覚　244

財政責任の所在　270

財政調整　233, 233, 249

　　──機能　228, 246

　　垂直的──　249

　　水平的──　250

財政投融資　307

　　──資金　306

財政の三機能　56, 57

財政の役割　49

財政余剰　252

　　──格差　254

財政力指数　291

財政力の逆転　301

最適規模　119

　　──の実証　120

財投機関　308

財投債　307, 308

再分配機能　56
債務調整　318
三位一体の改革　6
　　──の狙い　6
　　──の始まり　5
残余変数　338

時間整合性　264
事業と政策　33
資源配分機能　56, 58, 61
資源配分の効率化　233
事後的救済への期待　268
資産課税　178, 179
自主財源　36
　　──とのリンク　90
市場化テスト　171
市場公募債　308
市場保全型連邦制　142, 144
自治行政権　11
自治財政権　11
自治事務　3, 35
自治体規模　114, 116〜118, 124
自治体病院改革　172
市町村合併　120
自治立法権　11
実質公債費比率　24
実質収支比率　17, 24
自動車取得税　179
慈悲深い専制君主　148
「自分の庭だけはやめてくれ」政策　109
資本化　102, 103
　　──の示すシグナル　103

仕向地主義　197, 198
集権的分散システム　32, 262
集積の経済　205
住民の財政責任　193
償却資産課税　180
消費課税　178, 179
消費者余剰　87
情報上の優位性　82
情報の自発的な表明　52
情報の非対称性　53, 245
所得再分配機能　64
新分権一括法　11

垂直的外部効果　200
垂直的財政力格差　25, 226, 227
垂直的租税外部効果　210
　　──の理論モデル　210
水平的外部効果　200
ストック指標　316

税源移譲　6, 289
政策間外部性の内部化　164
政策協調　61
　　──の問題　60
政策実験　91, 104, 331
政策と機能　57
　　──の対応関係　58
政策の選別　88
正常財　237
政府間競争　93, 101, 152
　　──と政府部門の規模　146
　　──の良し悪し　328

索引

348

――への効果　116
政府間財政移転　226
　　――制度　276
　　　　近年の動向　277
　　　　種類　276
　　――の規範　331
　　――の実態　331
　　――の役割　226, 228, 228, 229
政府間補助金　234
　　――の政治経済学　258
セイフティネット　59
ゼロサム・ゲーム　105
　　――としての租税競争　201

早期健全化基準と是正措置　317
総合行政　167
租税外部効果　199, 200
　　――の理論　199
租税競争　200, 201
　　――の現実性　203
　　――への評価　203
租税輸出　205
　　――の理論モデル　206
ソフトな予算制約　264, 270
　　実証研究　269

た　行

第1次分権改革　2, 3
代替効果　238
第2次分権改革　5
ダウンズ・モデル　161
只乗り　56

縦割り行政　260
たばこ税　179
段階補正　295
単独事業　36

地域活性化統合本部会合　135
地域間移動　108
地域間外部効果　106
　　モデルによる説明　107
地域間格差　19, 20, 97, 184
地域間財政力格差の是正　246
　　数値例による説明　254
　　調整の方法　255
　　モデルによる説明　254
　　問題の所在　255
地域間スピルオーバー　229
地域経済の活性化　130, 330
地域厚生　331
　　――関数　83
　　――の構造の違い　84
地域再生　130
　　――戦略　135
　　――対策　132
　　――への課題　130
　　状況の変化　130
　　――への取組み　132
地域情報の活用　86
地域別分権化　167
小さな政府　146
地方公営企業等金融機構資金　306
地方公共財　62, 82, 111
地方交付税　24, 276

索引

349

――制度の実際　290
　　　通念と実際　302
　　――の見直し　6
地方債　282, 304, 311
　　――計画　305
　　　計画の実態　305
　　　崩れる原則　304
地方再生　135
地方財政計画　279
　　分類　280
　　目的　279
地方財政健全化法　17, 315
地方財政対策　283
地方債制度　303
　　起債の前提　304
地方財政の悪化　14
地方自治体　7
　　――規模・レベルの決定要因　114
　　――の能力と誘因　328
地方消費課税　220
地方消費税　179
　　――の拡充　186
地方譲与税　276
地方所得課税　220
地方税　178
　　――改革　187
　　――の応益性　195
　　――の特徴　178〜184
地方税収　184
　　――格差の是正　185
地方分権　2, 137, 143, 326
　　――一括法　3

　　――改革　2, 341
　　――推進委員会　2
　　――推進法　2
　　――の種類　327
　　――のタイプ　67
　　――の量と質　141
地方法人特別税　21, 186
　　――の創設　186
チャプター9　319
中位投票者モデル　157, 159
　　モデルによる説明　160
「中央分権」　166
超過課税　187
　　――の実際　208
直轄事業負担金　38

定額税　178
定額補助金　269
展開ゲーム　268
伝統的見解　218

同意債　310
等価定理　243
　　――とその検証　242
当事者間の交渉　112
投資的経費　30
道州制　11, 169
投票のパラドックス　161
独占　53
特定財源　36, 279
特定定額補助金　238
特定補助金　230, 234, 237, 241, 276

特定利益団体　155
特例交付金　276
トップダウン型　260

な　行

ナショナル・ミニマムの保障　229

望ましい地方税　191, 192, 194, 212

は　行

排除可能性　114
排除不可能性　55
配分基準　9, 271, 301
パフォーマンスの比較　99

比較優位　60, 137, 138
非競合性　55
標準財政規模　316
標準税率と国の関与　187

ファンジビリティ　239
不完全競争　53
不均一課税　203
不交付団体　291
普通会計　28
普通交付税　290
物品税効果　219
不同意債　310
不動産取得税　180
フライペーパー効果　240, 243
　　モデルの変更　242
フリーライダー　56

「プリンシパル」としての地域住民　332
ふるさと納税　20
フロー指標　315
分権　84
　——的な再分配　111
　——化　157, 330
　　——定理　82
　　——と汚職　155
　　——と財政移転　73
　　——と市場化　170
　　——と政策実験　92
　　——と政府部門の規模の実証研究　153
　　——と中央政府　333
　　——の質と量　70
　　——のデザイン　71
　　——のトレード・オフ　111
　　支出サイドの——　68, 191
　　質的——　70
　　収入サイドの——　68, 69, 191
　　量的——　70
　　良い——　71
　　悪い——　71
分離型　72

法人課税　178, 180, 183
法人事業税　19, 21, 179
法人住民税　19, 178
法人税割　178
法人二税　19, 24, 179, 184
法定受託事務　3, 35
補完的な改革　141
補助金　287

索引

351

──依存の体質　37
　　──の機能　233
　　──の機能配分　233
　　──のフォーミュラ　246
　　──の誘因効果　235
補助事業　36
ポスト三位一体の改革　11
補正係数　293
ボトムアップ型　260

ま 行

マクロ経済安定化機能　58, 60
マクロ効率性　336
まちづくり交付金　132

未完の分権改革　5
ミクロ効率性　336
密度補正　295
民間委託　171

メリット財　57

モラル・ハザード　258
　　事後的──　267

や 行

ヤードスティック競争　98, 99
　　──の実証　100
　　──の特徴　100
役割分担の見直しと明確化　71

誘因効果　44, 234, 235

　　──と意図せざる結果　44
誘因等価　113
融合型　72
有効需要政策　18

良い格差　329
余剰分析　76
4対6　25

ら 行

利益誘導政治　259
　　モデルによる説明　261
利潤税効果　219
利他心　110
　　──の及ぶ範囲　111
リバイアサン仮説　147, 148
リバイアサン政府　147
流用可能性　239
臨時財政対策債　18, 284, 285

レント・シーキング　262
　　──活動　262
　　──活動の代償　264

6対4　25
ロビー活動　262

わ 行

悪い格差　329

欧 字

Mフォーム　166, 168

NIMBY 109
PFI 171

Uフォーム 166, 168

著者略歴

佐藤　主光（さとう　もとひろ）

1969 年　秋田県生まれ
1992 年　一橋大学経済学部卒業
1998 年　クイーンズ大学（カナダ）経済学部 Ph.D. 取得
1999 年　一橋大学大学院経済学研究科専任講師
2002 年　一橋大学大学院経済学研究科助教授
2007 年　一橋大学大学院経済学研究科准教授
現　在　一橋大学経済学研究科・政策大学院教授

主要著書・論文

「ソフトな予算制約と税源委譲の経済効果」（井堀利宏，岡田　章，伴　金美，福田慎一編『現代経済学の潮流 2001』第 4 章，71-109 頁，東洋経済新報社，2001 年）

『地方交付税の経済学——理論・実証に基づく改革』（赤井伸郎・山下耕治との共著，有斐閣，2003 年）第 47 回日経・経済図書文化賞，NIRA 大来政策研究賞，租税資料館賞受賞

『公共経済学 15 講』（新世社，2017 年）

"The political economy of interregional grants", Robin Boadway & Anwar Shah eds., *Intergovernmental Fiscal Transfers: Principles and Practices*, The World Bank, 2007.

"Too big or too small ? A synthetic view of the commitment problem of interregional transfers", (with Nobuo Akai) *Journal of Urban Economics*, Vol. 64, Issue 3, November 2008, pp. 551-559.

経済学叢書 Introductory
地方財政論入門

2009 年 3 月 25 日 ⓒ　　初　版　発　行
2022 年 9 月 10 日　　　初版第 5 刷発行

著　者　佐藤主光　　発行者　森平敏孝
　　　　　　　　　　印刷者　加藤文男
　　　　　　　　　　製本者　小西惠介

【発行】　株式会社　新世社
〒151-0051　東京都渋谷区千駄ヶ谷 1 丁目 3 番 25 号
☎(03)5474-8818(代)　　サイエンスビル

【発売】　株式会社　サイエンス社
〒151-0051　東京都渋谷区千駄ヶ谷 1 丁目 3 番 25 号
営業☎(03)5474-8500(代)　　振替 00170-7-2387
FAX☎(03)5474-8900

印刷　加藤文明社　　　製本　ブックアート
《検印省略》

サイエンス社・新世社のホームページのご案内
http://www.saiensu.co.jp
ご意見・ご要望は
shin@saiensu.co.jp まで．

本書の内容を無断で複写複製することは，著作者および出版社の権利を侵害することがありますので，その場合にはあらかじめ小社あて許諾をお求めください．

ISBN 978-4-88384-133-2
PRINTED IN JAPAN

新経済学ライブラリ 18

地方財政論

齊藤　愼・林　宜嗣・中井英雄 著
A5判／240頁／本体2400円（税抜き）

地方公共支出と歳入について，国の行財政との関連を含め豊富なデータと図解を用いて平易に解説する．財政の面から地方の重要性を考えると共に今後の展望をひらくテキスト．

【主要目次】
公共財と支出／地方公共支出の役割と構造／地方公共支出の経済学／地方公共支出の実態／地方歳入／地方税の原則と税体系／地方税制度／地方債／財政関係／国と地方の役割／国から地方への移転／地方財政調整制度／地域と財政－カレント・トピックス／分権と集権／新たな過密・過疎問題／国民生活と財政

発行　新世社　　　発売　サイエンス社

コンパクト 経済学ライブラリ 4

コンパクト 財政学 第2版

上村敏之 著

四六判／224頁／本体1750円（税抜き）

本書は，財政学のエッセンスをわかりやすくコンパクトにまとめ好評を博してきた書の待望の改訂版である．最新の財政制度の情報と財政データにもとづき，内容をバージョンアップした．左頁に本文解説，右頁に財政データや概念図を配した左右見開き構成として現実感覚と直観的理解を生かすアプローチをとっている．経済学の予備知識がなくても読み通せる一冊．2色刷．

【主要目次】
財政と財政学／公共財／租税の基礎／租税の各論／公債／国と地方の財政関係／社会保障

発行 新世社　　発売 サイエンス社

グラフィック[経済学] 1

グラフィック
経 済 学
第2版

浅子和美・石黒順子 著
A5判／400頁／本体2300円（税抜き）

主に日本の経済をベースに，経済学の基礎概念をやさしく解説して好評を博した，入門テキストの改訂版．リーマン・ショック後の世界同時不況，東日本大震災，日本における政権交代など，初版刊行以降の情勢の変化についても言及し，経済データも最近期のものにアップデート．また，新たなQ&A，コラムなどの記事を加え，親しみやすさ・わかりやすさにより配慮した．左右見開き体裁・見やすい2色刷．

【主要目次】
経済学とは何か？／GDPを理解する／景気の動きをつかむ／個人・家計の選択／企業の営み／市場メカニズムの働き／金融を理解する／財政・社会保障を理解する／経済の開放・グローバル化／残った話題

発行　新世社　　　発売　サイエンス社

グラフィック[経済学] 3

グラフィック
ミクロ経済学
第2版

金谷貞男・吉田真理子 著
A5判／328頁／本体2500円（税抜き）

「日本で一番やさしいミクロ経済学の教科書」として好評を博してきたベストセラーテキスト待望の第2版．「国際貿易」の章を新たに加え，部分的な構成の変更や説明の補足を行った．統計データのアップデイトを行い，ミクロ経済学の最新の話題にも言及した．また，一層の読みやすさに配慮し，装いも新たにした．2色刷．

【主要目次】
はじめに／市場の理論／家計の理論／生産の理論／費用の理論／独占の理論／厚生経済学／国際貿易

発行 新世社　　発売 サイエンス社

経済学叢書 Introductory

金融論入門

清水克俊 著
A5判／240頁／本体2600円（税抜き）

本書は，現代における金融取引の初歩的な知識をつかみその意義を正しく理解することを目的とする入門テキストである．金融経済学と貨幣経済学の二大柱を軸に，各トピックにおける理論をわかりやすく説明する．さらに図表・コラムによってより現実的な問題にまで視野を広げることができる．2色刷．

【主要目次】
貯蓄と投資／金融市場と金融の基礎知識／貯蓄とリスク／証券の価値と売買／投資と金融／金融仲介／金融システムと規制／貨幣の理論／貨幣市場／金融政策とマクロ経済／国際金融／金融のトピックス

発行　新世社　　　発売　サイエンス社